악마의 가면

거짓말 벗기기

악마의 가면

초판 1쇄 인쇄일 2024년 12월 18일
초판 1쇄 발행일 2024년 12월 31일

지 은 이 김종호
기　　획 최자랑
펴 낸 이 양옥매
디 자 인 표지혜
마 케 팅 송용호
교　　정 조준경

펴낸곳 도서출판 책과나무
출판등록 제2012-000376
주소 서울특별시 마포구 방울내로 79 이노빌딩 302호
대표전화 02.372.1537　팩스 02.372.1538
이메일 booknamu2007@naver.com
홈페이지 www.booknamu.com
ISBN 979-11-6752-552-9 (03180)

악마의 가면

거짓말 벗기기

김종호 지음

책과나무

서문

　인간은 능숙하게 거짓말을 하는 한편, 타인의 거짓말을 간파하는 것은 서투르다. 하지만 거짓말은 분리하기 어려운 인간 본성의 일부이며, 매우 인간다운 행위라고 해도 과언이 아니다.

　인류는 긴 진화 과정에서 지능을 비약적으로 발달시켜 지구상에 고도의 문명을 쌓아 왔다. 그리고 거짓말을 하는 능력도 획득했지만, 우리는 거짓말을 하는 것을 부끄러운 일이라고 알고 있다. 그래도 진실을 감추고 거짓말을 계속하는 것은 왜일까? 잉태되었을 때부터 거짓말을 하도록 우리 뇌가 만들어져 있는 것일까? 기술이 진보하면 상대의 거짓말을 순식간에 알아볼 수 있을까?

　과학자에 따르면, 우리의 기억 자체가 우리를 속이고 잘못된 기억을 뇌에 저장할 수 있다고 한다. 과연 인간과 거짓말의 관계란 어떻게 이해해야 할까? 이처럼 거짓말과 관련하여 수많은 물음을 제기하였으나 명확한 답을 얻지 못하여 이참에 아예 거짓말을 공부하고자 하였다.

　미국 NBC TV에서 방영하는 판타지 시트콤이자 도덕극인《더 굿

플레이스(The Good Place)》의 시즌 1에 이런 장면이 있었다. 세네갈 출신 윤리학과 도덕철학의 대학교수, 치디 아나곤예(Chidi Anagonye)는 어느 날, 친한 동료로부터 자신이 신은 새로운 부츠(boots)를 어떻게 생각하는지 물어 와 어떻게 대답해야 할지 매우 난처함을 느꼈다. 화려한 빨강에 크리스털을 뿌린 그 부츠(장화)는 분명 그의 취향이 아니었다. 하지만 동료가 신경 쓰지 않도록 "굉장히 좋게 보인다."고 말했다.

하지만 치디는 곧 거짓말을 했음을 후회하고 도덕에 등을 돌렸다는 생각에 사로잡혔다. 힘들어하는 상황을 지켜본 연인이 "누구나 때로는 예의로 거짓말을 하는 것"이라고 위로해도 쓸모없었다. 마침내 죄책감을 견디지 못하고 동료에게 정직한 느낌을 털어놨다. "그 부츠는 사실 최악이고 확실히 멋이 없다. 전혀 내 취향이 아니다."라고 고백했다. 그 말을 들었던 동료는 치디의 돌변 때문에 오히려 크게 상처를 입었다.

이렇듯 거짓말을 하는 것은 언제든지 최악의 선택이다. 우리는 현실에서 건강미가 넘친다든지, 젊어 보인다든지 하는 말을 자주 듣고 있지만, 그것이 반드시 진실은 아니다. 치디 같은 일부 철학자들에게 거짓말을 해서는 안 된다는 원칙은 삶의 최우선 명제이다. 사람의 감정을 해치지 않는 다른 모든 도덕적 원칙에 우선한다.

다만, 정직한 감정 · 신념 · 생각 · 태도를 실제로 현실에서 엄밀하게 지키는 사람은 거의 없다. 따라서 거짓말은 일상생활의 일환으로 인정받고 있다. 예를 들어, 친구의 새로운 부츠(장화)가 최악인데, 어떻게 생각하는지 물어 칭찬을 돌려주는 것도, 상대가 인사하면서 '건강하냐'고 물어 실은 몸이 몹시 아픈데도 '잘 지내고 있다'고 거짓 대답하는 것도 모두 그렇다.

이처럼 거짓말은 삶의 곳곳에 매일 일어나는 일이지만, 그것을 아는지 모르는지 확인하지 않는 사람이 대부분이다. 하지만 어느 날 갑자기 거짓말을 했을 때 그것이 거짓말임을 확실히 알게 되면 어떨까? 이 있을 수 없는 신기(神氣)를 도대체 어떻게 하면 사용할 수 있을지 궁금할 것이다.

인간의 마음에 대한 생리학적 · 정신의학적 · 신학적 · 기술적 · 심리학적 구조를 논한 여러 곳에서 답을 찾아보았으나 명쾌한 답은 없었다. 그보다 더 중요한 것은 생활 속에서 거짓말이 하는 역할, 어쨌든 간과되거나, 가볍게 보이기 십상인 그 역할에 대해서, 무엇을 알 수 있을까 하는 것이 더 의미 있는 연구라고 생각하였다.

거짓말은 말하는 사람에게 도대체 어떤 도움이 되는가? 많은 연구자들은 인류가 언어를 발명한 것과 거의 동시에, 먼저 다른 사람들 앞에 나가기 위한 수단으로서 서로 거짓말을 하기 시작했다고 생각한다. 미국 하버드 대학의 윤리학자 시셀라 복(Sissela Bok) 박사는 내셔널 지오그래픽에 "누구나 힘을 얻는 다른 방법에 비해 거짓말을 하는 것은 매우 간단하다."고 말했다. "누군가의 돈이나 부를 빼앗기 위해서는 머리를 때리거나 은행을 습격하는 것보다 거짓말을 하는 것이 훨씬 쉽다."는 것이다.

미국 럿거스 대학의 소아의학과 정신의학의 권위자 마이클 루이스(Michael Lewis) 교수에 의하면, 거짓말은 "인류의 역사 속에서 자신들을 위해(危害)로부터 지키기 위한 진화의 필수품"이라는 역할을 완수해 왔다. 박해로부터 몸을 지키는 역할도 그 하나이다. 지금도 전 세계

많은 사람들이 이를 위해 거짓말을 하고 있다. 어느 날 갑자기 모든 거짓말이 허위로 밝혀지면 불륜이나 동성애, 일부 종교가 불법으로 여기는 생활은 큰 위험에 처할 우려가 있다고 진단하였다.

그런가 하면, 거짓말은 대인관계에서 싫지만 어쩔 수 없이 있어야만 하는 요소이다. 치디 아나곤예의 사례에서처럼, 누군가의 부츠를 어떻게 생각하는지 물었을 때, 본심을 말하지 않고 대화를 끝낼 때도 필요하다.

위험이 그다지 높지 않은 직장에서의 일상적인 장면에서도 거짓말은 도움이 된다. 상사나 동료를 어떻게 생각하고 있는지 본인에게 말하거나 상대가 싫은 진짜 이유를 밝히면 자신이 매장될지도 모른다. 상대에게 자신을 실제로 더 잘 보여 주기 위해 가상(假像)의 자기를 연출하기 위해 거짓말을 하기도 한다. 출근 시간에 늦어 지각을 했을 때 "지하철공사 직원들이 파업했기 때문"이라고 말하는 것은 분명 바람직하지 않다.

일상에서 이러한 거짓말을 했을 때, 상대가 진실을 간과했다면 자신은 살아난다는 생각 때문에 우리는 거짓말에 익숙해지는 것이다. 사람들이 알고 싶은 진실을 알 수 있다면, 거짓말은 훌륭하지 못한 일이라고 생각한다. 세계에서 거짓말이 없어진 순간 사람들은 어떤 자기상을 보게 될지 여간 흥미로운 일이 아니다.

진실과 함께 사는 것은 독자 여러분의 일상의 일이나 모든 관계에서 평화로움을 전해 줄 것이라 믿는다. 모두 사람들로부터 주목받지 못한다거나 자신이 생각하는 만큼 귀중하고 유능한 사람이 아니라고 생각할 것이 아니라, 진실이 자신을 높이는 기회를 가져온다는 믿음을 가지시길 바란다.

　사람의 감정을 해치고 싶지 않다는 것이 도덕의 통념이 되고 있는 세상에서 거짓말에도 사회적 가치가 있다는 고명한 학자들의 논리는 모두 곡학아세의 끝판이다. 죄가 없는 사소한 거짓말이 무해하다는 상황을 우리 자신이 만들어 내고 있다. 그러므로 우리는 모두가 공범자가 된다. 거짓말하는 방법을 배우는 것은 우리의 인지 능력에 좋은 영향을 주지 못한다고 믿고 싶다. 우정이 망가지고, 일상의 인간관계도 뒤틀릴시라도 진실을 말해야 한나.

갑진년 만추 입동지절, 안서동 우거서실(寓居書室)에서

김종호 근식

차례

서문   5

제1부 악마의 속삭임, 거짓말의 심리와 기제

1장 악마의 속삭임

Ⅰ. 거짓말의 모든 것   19

Ⅱ. 왜 거짓말하는가? '거짓말 버릇'의 원인   29

Ⅲ. 거짓말의 종류와 심리적 영향   34

Ⅳ. 사람은 10분에 3회 거짓말을 한다   39

Ⅴ. '거짓말 버릇'을 일으키는 원인과 '거짓말을 하는 사람'의 특징   42

Ⅵ. 거짓말은 기능인가? '거짓말의 효용'   47

Ⅶ. FBI 첩보원이 전수하는 "거짓말을 간파하는 8가지 방법"   53

Ⅷ. 철학의 관점에서 생각하는 정직하게 사는 것의 이점   56

2장 악마의 가면

Ⅰ. 거짓말쟁이는 마음의 병? 거짓말하는 심리와 특징   **63**

Ⅱ. 아이가 거짓말을 하는 이유와 거짓말을 했을 때의 대응 방법   **69**

Ⅲ. 거짓말하는 사춘기 특유의 이유와 부모의 대처법   **77**

Ⅳ. 주의력결핍 과잉행동장애(ADHD)와 거짓말 버릇의 관계   **83**

Ⅴ. 발달장애 성인의 거짓말   **91**

3장 거짓말과 정신작용

Ⅰ. 거짓말은 절대 해서는 안 되는가?   **99**

Ⅱ. 왜 사람은 거짓말을 하는가?   **101**

Ⅲ. 공적 측면에서 거짓말의 역할   **105**

Ⅳ. 신경과학에서 풀어내는 인간의 거짓말과 성격장애의 관계   **109**

Ⅴ. 거짓말 버릇이 있는 사람의 특징과 고치는 방법   **118**

4장 거짓말의 작동기제

Ⅰ. 좋은 거짓말, 나쁜 거짓말?   **125**

Ⅱ. 정당화되는 거짓말의 가능성   **128**

Ⅲ. 거짓말쟁이와 정직한 사람의 뇌 메커니즘   **134**

Ⅳ. 거짓으로 진리에 도달할 수 있을까? 실증경제학에 의한 검증   **142**

Ⅴ. 다가올 진리를 위한 예비 고찰로서 데리다 『거짓말의 역사』를 읽다   **147**

5장 거짓말의 사회심리

Ⅰ. 사회심리학에서의 거짓말 현상과 전망   155

Ⅱ. 사기의 사회학 서설   162

Ⅲ. 거짓말의 발견과 그 전개에 관한 담론   176

제2부 일상 속 거짓말, 그 가면 밖의 세계

1장 대인관계에서의 거짓말

Ⅰ. 거짓말 동기와 상하관계의 영향   203

Ⅱ. 대인관계에서의 거짓말   221

Ⅲ. 거짓말이 사회적 관계성에 미치는 영향   242

Ⅳ. 거짓말을 할 때 나타나는 개인 특성이 비언어 행동에 미치는 영향   258

2장 사람은 어떻게 상대방의 거짓말을 간파하는가?

Ⅰ. 거짓말의 단서를 찾아서   280

Ⅱ. 거짓말의 단서에 대한 연구 방법   283

Ⅲ. 연구의 목적 및 방향   291

Ⅳ. 연구 방법 및 결과   293

Ⅴ. 거짓말의 단서에 대한 연구 고찰   306

3장 거짓말과 자신의 행동을 허위로 연출하는 연기

Ⅰ. 거짓말과 연기의 재고   313

Ⅱ. 거짓말과 연기의 개념 구분   316

Ⅲ. 연극 제작 현장에 보는 연출기법   325

Ⅳ. 앞으로의 전개   330

4장 일상생활에서 거짓말의 지각

Ⅰ. 거짓말의 정의와 거짓말에 대한 인식   334

Ⅱ. 연구의 세 가지 목적   341

Ⅲ. 일상생활에서의 거짓말 지각에 관한 연구 방법   343

Ⅳ. 고찰 및 앞으로의 과제와 전망   357

5장 거짓말을 하는 사람, 그 허구의 세계

Ⅰ. 거짓말을 하는 사람 자신과 자기 이야기가 만들어 내는 허구의 세계   365

Ⅱ. 거짓말을 하는 사람과 대응하는 사람의 개성   396

제3부 윤리와 철학으로 벗겨 보는 거짓말의 민낯

1장   거짓말 광고와 윤리적 책임

Ⅰ. 광고 속 거짓말, 윤리적 책임이 있나   415

Ⅱ. 광고윤리에 대한 연구 목적 및 방법   418

Ⅲ. 선행연구의 정리   419

Ⅳ. 광고윤리 연구와 거짓말 개념   422

Ⅴ. 윤리적 책임에 대한 고찰   432

Ⅵ. 광고 실무에 대한 제언 및 과제   435

2장   왜 사기는 성공하는가? 하이퍼 게임에 의한 분석

Ⅰ. 사기의 본질적 이해   441

Ⅱ. 선행연구의 정리   443

Ⅲ. 하이퍼 게임을 통한 사기 분석   454

Ⅳ. 고찰 및 결론   465

3장   인간애를 위해서라면 거짓말을 해도 좋은가?
- 칸트 도덕철학의 보편화 가능성

Ⅰ. 인간애로부터의 거짓말   482

Ⅱ. 의도의 선악   484

Ⅲ. 권리와 의무   487

Ⅳ. 의무와 자율   491

Ⅴ. 정언명법과 보편화 가능성   494

Ⅵ. 칸트의 도덕법칙 보편화 가능성의 의의   500

4장 거짓말에 관한 재설
- 칸트에 대한 두 가지 비평

Ⅰ. 베르댜예프: 윤리의 원칙으로서 신(神)   507

Ⅱ. 본회퍼: 진실이란 대체 어떤 것인가?   518

Ⅲ. 도덕률, 선의지   527

Ⅳ. 인격과 거짓말의 윤리   534

Ⅴ. 도덕철학의 길   540

5장 칸트의 도덕적 형이상학의 토대에서 보는 거짓말

Ⅰ. 칸트의 거짓말에 대한 고찰   545

Ⅱ. '도덕형이상학의 기초'에서 '거짓말 약속'의 사례   551

Ⅲ. 도덕형이상학의 기초에 관한 거짓 약속의 선행연구   562

Ⅳ. '도덕형이상학의 기초'의 논의의 발전   571

색인   577

참고문헌   583

제1부

악마의 속삭임,
거짓말의
심리와 기제

1장

악마의 속삭임

The Devil's Mask

Ⅰ. 거짓말의 모든 것

거짓말은 사실이 아닌 것을 말하는 것이다. 사람을 속이기 위해 하는 말(言)이다. 사실과는 다른 말이고 거짓 내용이다. 본능적인 소리가 아닌 것을 말로 하므로 거짓이라는 인식을 전제로 한다. 언어철학자들은 거짓말이란 무엇인가에 대해 다음과 같이 설명한다.

> "성스리움은 간단하게 정의할 수 있을 것이다. 하지만 거짓말은 올바르지 않은 것을 말하는 것이다. 원래 거짓말을 정의하는 것은 어렵다. 한마디로 거짓말은 사람을 속이는 것이다."

독자 여러분은 위와 같이 생각할지도 모른다. 그러나 이는 대략적인 특징이며 정확한 거짓말의 정의와는 거리가 멀다. 오해나 실수나 증거의 부족으로 사실과 다른 발언을 한 사람에게 '당신은 거짓말을 했다'라고 평가할 수 없다. 그렇다면 "거짓말은 사람을 속인다."라는 제안은 어떨까?

누군가가 거짓말을 할 때, 그 사람은 잘못된 것을 말하고 있다는 것을 스스로 알고 있다. 대개 "나는 몰랐다."라고 하는 경우, 그것은 거짓말이라고 보면 된다. 거짓말쟁이는 자신의 발언이 사실과 일치하지 않음에도 불구하고 그것을 인지한 상태에서 상대방에게는 그 잘못된 내용을 믿게 하기 위해 발언하는 것이다. 사람을 속이고, 속이기 위해서는 뭔가를 말하는 것이 필요한데, 이것은 확실히 전형적인 거짓말이다.

1. 기만의 정의
- 성 아우구스티누스의 'De Mendacio' 및 'Contra Mendacium'

아우구스티누스는 "A가 B에 p라고 거짓말했다."를 다음과 같이 설명한다.

> "A가 B에 q라고 말한다. A는 q가 거짓이라고 인식한다. A는 q
> 가 참이라는 것으로 B를 속여 q가 참이라고 생각하게 하려고 의
> 도했다."

위의 3개 항목을 충족할 때 거짓말이 되는 것이다. 거짓말은 사실에 반하는 것의 표명이며, 특히 고의로 표명된 것을 말한다. 거짓말을 포함한 '허세'나 '허풍'은 일부 업계에서 사용되고 있던 모든 은어가 일반적으로 보급된 것으로, 원래는 '가짜'를 말한다.

아우구스티누스는 「거짓말에 대해서」(395년)와 「거짓말을 반대한다」(420년)의 이론문에서 거짓말에 대해 "속이려는 의도로 이루어지는 허위진술"이라고 정의하였다. 이 고전적 정의는 중세 유럽의 언론·사상계에 큰 영향을 주었다.

거짓말의 역사에 대해 이야기할 때, 서구에서는 구약성경에 등장하는 카인과 아벨 이야기를 인용하는 경우가 많다. 카인이 동생 아벨을 죽인 후, 아벨의 행방을 묻는데 카인이 "나는 몰라요. 내가 동생의 감시자입니까?"라고 대답한 것에 대해 그것이 "인류의 첫 번째 거짓말"이라고 한 것이다.

거짓과 거짓말에 대해서는 옛날에는 명확한 구별이 있었는데 현재

의 서울 지역에서만 거짓말을 거짓의 의미로 사용하였고, 다른 지역에서는 농담의 의미였다고 한다. 또 거짓말과 비슷한 말로 '속인다'는 게 있는데 원래는 같았다고 한다.

거짓말이라는 어원이 '새의 울음소리'에서 왔다는 주장도 있다. 인간이 거짓말을 할 때는 자신도 모르게 진지하지 않은 소리를 내고 있고, 그 소리가 마치 새의 울음소리와 비슷하므로 거짓말을 새의 울음소리라고 이해한 것이다.

다양한 문화권에서 기본적으로 거짓말은 나쁘다고 여겨진다. 거짓말하는 것은 신용, 신망을 잃는다. 하지만 거짓말 가운데 문화적으로 허용되는 것이 있다. 어떤 거짓말이 문화적으로 허용되는지는 그 문화마다 다르다. 어느 문화에서도 욕심과 허영심에 의해 하는 거짓말은 나쁜 것으로 여겨지고 있다.

사람을 구하기 위해 혹은 사람을 해치지 않기 위해 하는 거짓말도 있다. 불교에서는 '사람에게 모순된 것을 불어넣고 다툼을 부추기는 것'은 '양혀'(거짓말쟁이의 별칭인 2개의 혀라는 의미)라는 최악의 죄가 되지만, 사람을 구하기 위해, 사람을 깨달음으로 이끌기 위해서 당면의 거짓말을 하는 방법도 취할 수 있다고 한다. 대승불교국인 한국에서는 '거짓말도 하나의 수단'이라는 말도 있고, 사람을 구하기 위해서라면 거짓말도 용서하려는 경우가 있다.

영국 등에서는 타인을 기쁘게 하는 거짓말을 선의의 거짓말(white lie)로 부르기도 한다. 상대의 마음에 들기 위해 자신이 정말로 생각하는 것보다 상대가 좋다고 생각하는 것처럼 말하는 것을 아첨이라고 한다. 아첨을 허용하는 문화도 있지만, 그러한 것은 최대한 하지 않아야 한다고 하는 문화도 있다.

거짓말을 하지 않고 진정한 것만을 말해도 소통은 가능하지만, 전혀 거짓말을 하지 않는다는 제약이 있으면 인간관계는 오히려 삭막해진다. 이렇게 거짓말은 인간관계의 유지에 도움이 되는 면이 있지만, 역시 사람에 대한 악의적인 거짓말을 자주 하는 사람은 악귀(惡鬼)가 되어 일반적으로 인간관계는 악화되는 경향이 있다.

거짓말을 하는 동기와 기술, 사실과의 관계 등에 의해 거짓말은 긍정적이고 양(+)의 효과를 미칠 수 있다. 예를 들어, 구미의 어른에게서 듣는 유머는 다른 사람이 들었을 때 분명히 사실이 아니라는 것을 알 수 있다. 이렇듯 함께 웃기 위해 유머로 거짓말을 하는 경우가 많다. 한국의 대화에서는 서구에 비하면 이러한 유머성 거짓말은 적은 편이다.

그런가 하면, 계획적이고 의도적인 거짓말로 사회에 부정적이고 음(−)의 효과를 미치는 경우도 있다. 자신의 나이에 대해 거짓말을 하는 것은 '연령사칭'이라고 한다. 재무제표에 거짓말의 숫자를 기재하는 것은 '분식결산'이라고 한다. 정치자금 수지보고서에 거짓말의 숫자를 기재하는 것은 '허위기술'이라고 한다. 거짓말 중에는 유력한 정치지도자나 유명인(celebrity) 그리고 규모가 큰 집단이 조직적으로 행하는 것도 있어 내용에 따라 사회에 큰 영향을 미친다.

2. 정부에 의한 거짓말: "모든 정부는 거짓말을 한다."

미국의 저널리스트 스톤(I. F. Stone)은 "모든 정부는 거짓말을 한다 (All governments lie)."라는 신념을 가지고 있었다. 그래서 특정 보도조직 등에 속하지 않고 자력으로 꾸준한 조사를 통해 베트남 전쟁을 둘러싼 거짓말 등을 차례차례로 폭로해 갔다. 미국 정부는 베트남 전쟁을 진행하는 동안 정부에게 불편한 사건이나 데이터를 숨기는 등 자국 국민들을 상대로 거짓말을 계속하여 국내의 여론을 조작해 미국인들의 판단에 영향을 미쳤던 것이다. 또 대형 언론도 전쟁 기간 동안 거짓 정보만 흘리고 있었다.

스톤이 지적했듯이, 거짓말은 미국 정부뿐만 아니라 지구상의 모든 정부가 한다는 것이다. 러시아의 보도관이 거짓말의 내용을 발언하고, 정부는 매스미디어로 그것을 흘려보내고 있는 것을 잘 알고 있다. 또 제2차 세계대전 중의 일본에 대해 연구한 적이 있는 사람이라면 누구나, 일본의 군부나 일본 성부가 대본영 발표라는 거짓말 가득한 발표 및 보도를 해서 일본 국민을 속였다는 것을 알고 있다.

『이솝우화』에는 원숭이의 왕과 두 명의 여인이라는 이야기가 실려 있다. 어느 곳에 두 명의 여인이 있었다. 한 사람은 거짓말을 전혀 하지 않는 정직한 자였고, 또 한 사람은 입을 열기만 하면 거짓말만 하는 거짓말쟁이였다. 두 사람은 어느 날 원숭이만 있는 원숭이의 나라에 도착하였다. 낯선 자가 왔다고 원숭이들은 흥분했고 마침내 잔잔하게 왕이 나왔다. 그리고 두 여인 앞에 나타난 원숭이 왕은 "내가 어떤 식으로 보이는가?"라고 물었다. 거짓말쟁이 여인은 "훌륭한 왕이십니다."라고 대답하였으나, 정직한 여인은 "훌륭한 원숭이군요."라고 대답했다. 왕은 거짓말쟁이 여인에게는 많은 보상을 주고 정직한 여인은 처형해 버렸다.

타인에게 거짓말을 하여 착오에 빠지게 하는 것을 사기라고 하며, 재산상 불법의 이익을 얻는 것은 사기죄이다. 우리나라 사기죄는 형사사건 중에서 가장 많은 비율을 차지한다. 그만큼 우리나라 사람들이 거짓말을 많이 한다는 의미이다. 악덕 상행위나 판매 등의 사기로 사용되는 거짓말, 또 교통사고의 피해자를 가장하는 보험금 편취 등도 악질이며, 사적인 이익을 위한 거짓말(허위)에 의해 타인에게 불이익을 가져오는 것은 법률에 의해 처벌받는 것이 대부분이다. 또한 법률에 따라 선서한 증인이 허위진술을 한 경우에는 위증죄로 취급한다.

피노키오의 코는 거짓말을 할수록 늘어난다고 여겨졌다. 연소자, 특히 유아의 거짓말은 어른의 거짓말과 사정을 달리하고 있으며, 그 대부분은 오인, 추상 착오, 공상과 현실과의 혼동 또는 언어유희로서의 작화이며, 성인의 거짓말과는 질적으로 다르다.

3. 자기 결정권과 거짓말

세계적으로는 한 사람 한 사람이 자신의 삶을 선택할 권리(남은 시간을 어떻게 사용하는지 선택할 권리, 자신이 생각하는 대로 살 권리)가 중시되고 있으며, 이에 따라 환자의 병명도 정직하게 전달되고 있다.

1960년대 미국에서 환자에 대한 진찰 고지율은 12%였지만, 정치운동 및 소송의 증가에 따라 병명의 고지 비율은 증가했다. 프랑스, 스페인, 이탈리아, 그리스 등 남유럽 또한 동유럽에서는 사회통념이나 종교적 사유로 인하여 대체로 50%대의 고지율로 나타났다. 한때 우리나라에서도 사회 통념상 말기암 등 질병의 진짜 이름이 고지되지 않았고, 의사가 환자에게 거짓 병명이 고지되는 경우가 많았으나, 최근 고지율은 90%대에 달한다.

친족 등은 '환자 본인에게 진실을 전하는 것이 너무 힘들다'는 것을 이유로(자신에게도 일종의 거짓말을 하면서) 환자에 대해 거짓말을 하는 경우가 많았다. 하지만 서면 동의나 자기 결정권이라는 개념을 이해하게 되면서 거짓말을 하지 않고도 진실이 전해지는 비율이 점차 늘어나고 있어, 이미 사실을 전하는 사람들의 비율이 약 80~90%에 달한다.

거짓말은 심리학, 사회학, 정신의학으로 연구되는 경우가 많다. 하지만 최근 들어 거짓말의 연구에 신경과학적 연구도 더해지고 있다. 한 대학의 연구 그룹은 측좌핵이 활발하게 활동하는 사람은 그만큼 거짓말을 하는 비율이 높다는 사실을 세계 최초로 발견했다. 미국인 남녀 28명에게 동전의 표리를 예상하게 하고, '예상이 맞았다'라고 스스로 신고하면 보상을 받을 수 있는 게임을 실시해 뇌의 활동을 측정한 결과 측좌핵이 활발하게 활동하는 사람일수록 거짓 신고를 하는 비율이 높다는 것을 밝혀, 2014년 8월 7일 뉴로사이언스지(Journal of Neuroscience)에 발표하였다. 또 이 연구에서는 거짓말을 하지 않았던 사람의 경우, 이성적인 판단이나 행동을 결정하는 뇌의 영역인 배외측 전두엽이 활발하게 활동하고 있었음이 밝혀졌다.

발레리오(Valerio)에 따르면 악의적인 거짓말을 하는 것은 여성보다 남성이 훨씬 많다는 결과가 나왔다. 통계적 문헌분석에 의하면, 거짓말을 하는 사람이 보다 부정적인 용어를 사용하며, 사건으로부터 거리를 두고, 감각이나 지각과 관련된 말을 많이 사용하지 않으며, 인지 부하가 무겁고, 인지 과정에 대한 언급이 적다는 경향이 있음을 알 수 있는데, 이는 질 높은 증거로 생각된다.

4. '거짓말 발견 기술'의 거짓말

"거짓말을 할 때 사람은 (그 사람 입장에서 봐서) 오른쪽 위를 본다."라는 거짓말을 깨닫는 기술이 널리 알려져 있으며, 오른손잡이 사람이 오른쪽을 향하면 뇌의 창조적인 부분인 오른쪽 반구가 활성화되어 거짓말을 하고 있음을 알 수 있는 반면, 왼쪽을 향하면 이성적인 좌반구의 활동을 나타내며 말하는 사람이 진실을 말하고 있음을 보여 주기 때문에 안구의 움직임으로 거짓말을 간파한다고 한다. 이는 경찰의 조사에 대한 훈련에 사용되었다고 말할 정도로 상식으로 정착하여 웹상에서도 쉽게 찾아볼 수 있게 되었다.

그러나 여러 실험적 검증을 통해 이런 지식은 완전히 잘못되었음이 드러났으며, 연구자 중 한 명인 하트퍼트셔대학(University of Hertfordshire) 심리학 교수 리처드 와이즈먼(Richard Wiseman)은 이 생각은 "광기의 사태"라고 진단했다. 이 잘못된 심리학의 이론은 1970~80년대에 만들어진 자조철학(self help philosophy)의 NLP(신경 언어 프로그래밍) 문헌의 잘못된 해석에서 기인한다. 와이즈먼은 원래 NLP 문헌에서는 재구성된 기억과 생성된 기억, 즉 상상과 실제로 일어난 사건의 차이에 대한 이야기였는데, 시간이 지남에 따라 거짓말과 사실에 관한 이야기로 바뀌어 갔다고 지적한다. 이 사고방식이 퍼짐에 따라 엄격한 검증도 거치지 않은 채 매뉴얼에 내장되어 많은 조직에서 면접관은 채용지망자가 자신의 과거에 대해 이야기할 때 거짓말을 하는지 간파하기 위해 안구운동의 패턴에 주의하도록 지도받았으니, 이는 잘못된 이론의 폐해이다.

허구를 전제로 하는 소설이나 영화, 만화나 만담 등 예술이나 오락 분야에서는 표현기법의 하나로서 거짓말이 이용된다. 일례로서 KBS 대하드라마 등의 시대극(역사극)에 있어서는 실재한 역사상의 인물이나 사실을 드라마에 도입하는 것과 동시에 대사를 현대 구어에 가깝게 하거나, 사진이나 효과음 등을 전용 스튜디오에 도입한다고 한다. 이처럼 다양한 '표현기법의 하나로서의 거짓말'이 이용되고 있다.

또 문학 분야에서는 거짓말을 하는 것 '그 자체'를 스토리로 그린 작품이 셀 수 없이 많다. 그 밖에도 만화와 사진에서는 '표현기법의 하나로서의 거짓말'을 마치 사실처럼 표현함으로써 작품의 효과를 높이는 방법이 사용된다. 따라서 이들을 감상할 때에는 악의를 수반하지 않는 '표현기법의 하나로서의 거짓말'이 작품에 포함되어 있다는 것을 논리적으로 이해하고 즐기는 자세(소위 미디어 리터러시)가 필요하다.

문제는 역사의 왜곡이다. 진영논리에 매몰된 사람들은 아무런 죄책감도 없이 이른바 가짜 뉴스를 남발한다. 이로 인해 가짜 역사를 신짜로 믿는 사람이 늘어 심각한 정체성 혼란이 야기되고 있는데, 안타까울 뿐만 아니라 범죄라고 생각한다.

5. 비인간의 거짓말

인간 이외의 동물이나 식물이 거짓말을 하는 경우도 있다. 소위 '의태(擬態)'는 다른 것의 모습인 척하고 다른 생물을 속이는 것이다. 보다 거짓말에 가까운 것은 조류에서의 '의사(擬死)'라고 하는 예도 있다. 무엇보다 이들의 거짓말은 본능적인 행동이나 습성이라고 생각하고, 인간이 하는 거짓말과는 근본적으로 다른 것으로 보는 것이 좋다.

그러나 인간과 같은 의미의 거짓말을 하는 것도 있으며, 특히 포유류에서 몇 가지 예가 알려져 있다. 콘라트 로렌츠는 그의 저서『사람 개에게 맞는』작품 속에서 한 장을 이 문제에 대하여 쓰고 이를 논하고 있다. 예를 들어, 돌아온 주인에게 실수로 짖는 개가 주인의 얼굴을 인정한 후 이웃집 개에게 짖는 예가 있다. 이것은 "주인에게 짖지 않았고 개에게 짖고 있었다."라는 포즈를 취함으로써 직전의 자신의 행동을 설명하려고 하는 거짓말이라고 한다. 또, 고양이는 거짓말을 하지 않는다고 말했는데, 이것은 오히려 고양이가 개보다 지능이 낮기 때문이라고 판단했다. 게다가 영장류의 경우도 거짓말을 할 뿐만 아니라 거짓말임을 자각하고, 인간의 거짓말에 속거나 그것을 간과하고 화내는 것이 가능하다고 한다.

6. 거짓말쟁이 역설

거짓말하는 사람이 말하는 것을 신용할 수 있을지 어떨지는 까다로운 문제(패러독스)를 낳는다. 크레타인이 '크레타인은 거짓말쟁이'라고 말했지만, 이것을 신용할 수 있는지 여부는 거짓말쟁이의 역설이라고 불린다. 이것을 에피메니데스의 역설이라고도 한다. 에피메니데스의 역설은 다음과 같은 추론에 따라 모순에 봉착한다.

(i) 에피메니데스는 '모든 크레타인은 거짓말쟁이'라고 주장했다. (ii) 그의 주장이 맞다고 전제한다면, 모든 크레타인은 거짓말쟁이이다. (iii) 그런데 에피메니데스는 크레타인이다. (iv) 고로 에피메니데스는 거짓말쟁이다. (v) 거짓말쟁이의 말은 거짓말이므로, 에피메니데스의 말은 거짓말이다. (vi) 에피메니데스의 말이 거짓말이므로, 어떤 크레타인은 거짓말쟁이가 아니다.

위의 추론에서, 2번 항목과 6번 항목은 서로 모순된 내용을 갖지만, 두 항목 모두 올바른 추론에 따라 나온 결과이다.

악마의 가면

비슷한 예는 그 밖에도 많다. 예를 들면, 다음과 같은 퀴즈가 있다. 길이 천국행과 지옥행으로 나뉘어 있다. 천국에 가고 싶지만 어느 쪽인지는 모른다. 갈림길에는 정직한 자와 거짓말쟁이가 있는데, 어느 쪽이 천국인가에 대한 질문은 1회만 가능하다. 자, 뭐라고 물으면 좋을까?

지금 우리 사회는 무분별한 거짓말 사용으로 극도로 혼란스럽다. 정보조작이 예사롭지 않게 이루어지고 속임수와 가짜 정보, 허위 보도(가짜 뉴스)가 비일비재하다. 정치적 프로파간다는 사람들을 양극단으로 몰아넣고 여론을 왜곡시키고 있다. 거짓말을 질병으로 본다면 정신질환·허위성 장애, 연기성 성격장애, 거짓말 버릇 등과 깊은 관련이 있다. 치료가 필요한 상황까지 퍼져 있다.

II. 왜 거짓말하는가? '거짓말 버릇'의 원인

누구나 정도의 차이는 있지만 거짓말을 할 수 있다. 거짓말을 하면 대부분 마음이 아파하지만, 내면에서는 태연히 거짓말을 계속하는 '거짓말 버릇'을 가진 사람도 있다. 거짓말 버릇을 가진 사람이란 어떤 사람일까? 거짓말 버릇은 성격인가? 아니면 마음이 아픈 상태인가? 거짓말 버릇이 있는 사람의 특징은 무엇인가?

한 정신과 의사는 『거짓말 버릇, 거짓말쟁이는 병인가』라는 책에서 거짓말 버릇을 가진 사람의 공통항으로서 '많은 거짓말을 한다'와 '보통으로는 생각할 수 없는 거짓말을 한다'는 2가지 점을 들고 있다. 또, 모두 그런 건 아니지만 다음과 같은 공통된 특징도 갖고 있다고 한다.

- 외모로부터는 전혀 거짓말쟁이라고 보이지 않는다.
- 꽤 세세한 이야기를 사실처럼 만들어 낸다.
- 이득이 없는데도 늘 거짓말을 한다.
- 거짓말의 순간은 무자각이지만, 나중에는 거짓말이라고 자각한다.

　예를 들어, 이 책에서는 거짓말 버릇이 있는 남편 때문에 괴로워하는 아내의 사례를 소개하고 있다. 사실은 샐러리맨인데 직업은 외과 의사라고 말해 의사가 된 경위를 세세하게 말하는가 하면, 이야기 속에서 남편의 아버지는 2번 죽었고 장례식 모습까지 실감나게 말하였다. 검사도 하지 않고 환자에게 '암이 발견되었다.'라고 말하는가 하면, '처음에는 폐암이었던 것이 나중에 고환암, 뇌암에 이르렀다.'고 늘어놓는 허언이 그럴듯하게 쓰여 있다.

　이 책에 대해서 의학적 연구는 거의 이루어지지 않았기 때문에 거짓말 버릇을 질병이라고 단정할 수는 없지만, 거짓말 버릇을 가진 사람은 어떠한 성격장애(자기애성, 연기성, 경계성 등) 경향이 강한 사람이 많기 때문에 위와 같이 병적인 거짓말 버릇을 가진 사람은 그러한 정신병적 의심이 있다고 한다.

1. 거짓말 버릇이 생기는 사람의 주요 심리 패턴
　어떤 사람이 거짓말 버릇이 있는가? 대부분의 경우, 거짓말을 하는 것은 나름대로 이유가 있거나 거짓말을 바로잡을 수 없는 배경이 있다. 그렇다면 왜 거짓말을 할까? 그리고 어떤 사람이 거짓말 버릇이 생기기 쉬운가? 이 문제에 대해 거짓말 버릇이 생기는 사람의 심층심리를 뒤집으면서 몇 가지 패턴을 소개한다.

• 비난받고 싶지 않으며 화내고 싶지 않다

과거에 강하게 비난받은 경험을 잊지 못하고, 자신의 마음을 지키기 위해 거짓말을 하는 사람이 있다. 비록 자신의 실수였다고 해도 타인 탓으로 돌리거나 숨겨진 일을 무심코 하는 것이다. 실패를 빚어나고 싶지 않기 때문에 그 자리에서 곧바로 거짓말을 하고, 그 뒤에 숨겨진 진실을 달래기 위해 한층 더 심한 거짓말을 하고…. 이렇게 거짓말의 악순환에 빠진다.

• 사람에게 미움받고 싶지 않다

이른바 팔방미인의 사람은 거짓말을 하고 싶어 하는 경향이 있다. 모든 사람이 자신을 좋아하게 하고 싶고, 좋은 사람으로 자신을 보여주고 싶다는 일념으로, 비록 거짓말이라도 상대가 기뻐할 것 같은 말을 늘어놓는다.

• 노력하고 싶지 않다

꾸준한 노력이나 계획적인 행동에 약한 사람은 거짓말을 하고 그 자리를 속이려고 한다. 뭔가 실수를 해도 회사의 환경이 나쁘다고 얼버무린다.

• 사람에게 더 인정받고 싶다

더 주목받고 싶다. 승인욕구가 강한, 이른바 '관종'의 사고를 가진 사람은 거짓말을 하는 것으로 사람으로부터 주목받고 싶어 하고 찬미를 얻고 우월감에 우쭐거리고 싶다고 생각하기 쉽다. 주위의 관심을 끌기 위해 거짓말을 하고 점점 현실에서 멀어져 간다. 이러한 유형은 사랑받지 못하고 자란 등 가정환경으로 인한 애정 결핍의 경향이 있다.

• 자존심을 지키고 싶다

'자신은 누구보다도 대단하다'라고 자신을 과대평가하는 타입도 거짓말 버릇이 되기 쉽다. '자신을 알지 못하는 사람은 등신'이라는 사고방식으로 사람을 깔보거나 내려다보고, 타인을 업신여기기 위해 뿌리도 잎도 없는 소문을 흘리거나, 폭언을 토하기도 한다. 비정상적으로 높은 자존심 때문에 거짓말을 계속하고 진짜 자신과는 멀리 동떨어진 인물상을 만들어 내는 경우도 있다.

• 약점을 보이고 싶지 않다

'자존심을 지키고 싶다'라는 타입과도 연결된다. 하지만 이쪽은 자신의 본래의 모습이 '다른 사람보다 뒤떨어진다'라고 자각하고 있기 때문에 거짓말을 해서 이를 은폐하는 유형이다. 능력으로도 인간적으로도 타인보다 열등하다는 것을 다른 사람에게 알리고 싶지 않기 때문에 거짓말을 하고 자신을 크게 보여 주려고 한다.

• 자신의 이익이나 보신을 우선하고 싶다

자신조차 상대가 좋으면서도 이를 부정하고 자신을 최우선으로 생각하는 사람은 어떻게든 거짓말을 하고 싶어 한다. 특권의식이 강하고, 좋은 대우를 받고 싶지만 현실은 그러한 조건이 아니기 때문에 거짓말을 계속하는 것이다. 이런 부류의 사람은 다른 사람에 대한 공감성이 부족하고 상대가 상처를 입어도 무관심하다.

2. 거짓말 버릇을 치료하는 방법이 있는가?

실제로 내키지 않기에 '거짓말을 하는 것을 그만둘 수 없다'든가 거짓말을 하는 자신이 괴롭다고 느끼고 있는 사람이 있을지도 모른다. 거짓말 버릇을 치료하기 위해서는 어떤 일을 해야 할까? 왜 거짓말을 하게 되었는가를 분명하게 이해해야 한다. 거짓말을 하게 된 계기나 원인을 알면, 만약 다음에 거짓말을 하고 싶어도 이를 억제하기 위한 제동장치를 밟을 수 있을 것이다.

• 왜 치료하고 싶은지를 명확하게 해야 한다

무감각하게 거짓말을 하는 사람도 많은데, 치료하고 싶다고 생각한 당신은 진정으로 전진하고 있다. 그러나 왜 치료하고 싶은지가 분명하지 않으면 곧 마음이 부러질 것이다. 치료 후 어떻게 되고 싶은지, 명확하게 해 두어야 한다.

• 본심을 털어놓는다

미움받고 싶지 않다든가 약점을 보이고 싶지 않다는 등 거짓말을 하는 사람의 대부분의 경우 '진짜 자신을 숨기고 싶다'라는 심리가 작동하고 있다. 그러나 중요한 사실은 모든 사람에게 선호되는 인간은 없다는 것이다. 이를 먼저 자각하고 누군가와 본심으로 부딪히는 것에 도전해 보는 것은 어떨까?

· 먼저 거짓말을 들은 상대의 기분을 생각하게 한다

만약, 당신이 거짓말을 하면, 거짓말을 들은 상대는 충격을 받거나 슬퍼할 것이다. 앞으로 당신을 신뢰하지 않을 수 있다. 그러한 상상력을 작동하게 하는 것도, 거짓말 버릇을 고치는 한 걸음이 된다.

· 전문가의 진단을 받는다

거짓말 '버릇'이라는 이름 그대로, 한 번 몸에 익힌 버릇은 자력으로 치료하는 것이 매우 어렵다. 자기류로 치유하려고 하면 불필요하게 고통받고, 자포자기가 되어 버릴 가능성도 있다. 자신의 거짓말 버릇 탓으로 건강한 생활이 남지 않게 되는 경우는 전문가에게 확실히 진찰받는 것이 자신을 더 이상 해치지 않기 위해서도 바람직하므로, 되도록 빨리 진찰받을 것을 추천한다. 타인을 곤란하게 하고 상처를 입는 거짓말은 백해일 뿐이다.

III. 거짓말의 종류와 심리적 영향

상대를 해치지 않기 위해 거짓말을 하는 "선의의 거짓말", 악질적인 "검은 거짓말", 그 중간에 있는 "회색 거짓말" 혹은 취하기에 부족한

"조금은 약한 거짓말"이든 사람은 누구나 평생 동안 어떠한 형태로든 거짓말을 한다.

도덕에 반해도, 자신의 평판이나 인간관계에 해를 끼칠 가능성이 있어도, 거짓말은 거기서 태어나고 있다. 양심이 흔들리거나 처벌을 받지 않는 한 거짓말의 직접적인 결과는 대부분 아주 작다. 그럼에도 불구하고 거짓말과 관련된 심리적 부담이 발생할 수 있다.

'솔직함'과 '솔직한 수단으로는 달성할 수 없는 이익에 대해 주의 깊게 생각한 뒤의 사기' 사이에는 미묘한 균형이 존재한다. 잠재적 이익이 잠재적 손실을 능가할 때, 사람은 종종 거짓말을 하고 싶다는 유혹을 겪는다. 그렇게 태어난 거짓말에는 몇 가지 유형이 있다.

1. 거짓말 뒤의 동기

2018년 수행된 연구에서는 수혜자와 동기라는 두 가지 요소를 바탕으로 거짓말 뒤에 있는 심리적 과정을 설명하고 있다. 거짓말하는 결정은 수혜자, 즉 거짓말로 이익을 얻는 사람의 영향을 받는다. 거짓말 뒤에 있는 동기는 원하는 결과를 얻기 위한 것이거나, 원하지 않는 결과를 피하기 위한 것일 수도 있다. 연구자들은 사람이 불성실하게 되는 이유에 따라 6가지 유형의 거짓말을 제시했다.

• 이익을 얻기 위한 자기 지향적인 거짓말

이런 종류의 거짓말은 자신이 좋은 결과와 이익을 얻는 것을 목적으로 한다. 예를 들어, 주운 돈을 자신의 것이라고 주장하는 경우이다.

- **손실을 피하기 위한 자기 지향적인 거짓말**

  이런 종류의 거짓말은 나쁜 결과와 손실을 피하기 위한 것이다. 예를 들면, 주차할 때 타인의 차에 부딪혔는데, 그것을 부정하는 경우이다.

- **타인의 이익을 위한 타자 지향적인 거짓말**

  이런 종류의 거짓말은 타인이 좋은 결과와 이익을 얻는 것을 목적으로 한다. 예를 들면, '꾀병으로 결근하고 있는 동료'를 옹호하기 위해 상사에게 거짓말을 하는 경우이다.

- **타인의 손실을 피하기 위해 타인 지향적인 거짓말**

  이 유형의 거짓말은 타인을 손실이나 나쁜 결과로부터 보호하는 것을 목표로 한다. 예를 들면, 부모에게 걱정시키지 않도록 "자신은 건강하게 지내고 있다."라고 거짓말을 하는 경우이다.

- **함께 이익을 얻기 위한 호혜적인 거짓말**

  이런 종류의 거짓말은 거짓말을 하는 본인뿐만 아니라 타인도 이익을 얻는 것을 목적으로 하고 있다. 예를 들어, 팀원 모두 좋은 성적을 얻기 위해 그룹 프로젝트의 결과를 거짓으로 보고하는 경우이다.

- **함께 손실을 피하기 위한 호혜적인 거짓말**

  이런 종류의 거짓말은 자신과 타인의 손실을 피하기 위한 것이다. 예를 들어, 중요한 마감일을 지키지 못했을 때 팀 관리자가 직장 상사에게 작업을 완료할 수 없었던 팀이 비난받거나 개인이 책임을 맡지 않도록 기술적 문제가 원인이라고 거짓 설명하는 경우이다.

양심이 있는 사람이라면 거짓말하는 동기와 상관없이 거짓말을 했다는 심리적 부담에 무겁게 짓눌린다. 거짓말을 하지 않고 끝난다고 해도 거짓말하는 과정 자체가 본질적으로 스트레스가 큰 행위가 될 가능성이 있는 것이다. 아래에서는 그러한 연구 결과를 살펴보겠다.

2. 거짓말의 '숨겨진 비용'

거짓말하는 행위는 사람의 편안한 삶(wellbeing)에 직지 않은 영향을 미친다. 연구에 따르면, 진실을 숨기는 경향이 있는 사람은 자신이 하는 거짓말에 마음을 빼앗기기 쉽고, 더 강하고 부정적인 감정을 안고 사는 경향이 있으며, 인생과 인간관계의 만족도가 낮다는 것이 밝혀졌다.

거짓말하는 사람은 거짓말을 한 상대가 진실을 알지도 모른다는 불안에 마음이 점령되는 경우가 있다. 그러한 불안은 죄악감이나 피해망상 혹은 자신의 성실함이나 거짓말을 받은 상대와의 인간관계에 미치는 기만의 영향 등에 기인하는 경우가 많다. 거짓말의 발각에 대한 불안의 크기는 자신이 하는 거짓말에 얼마나 마음을 빼앗기는지, 그 결과 느끼는 부정적인 감정의 크기에 영향을 줄 수 있다.

최근 연구에서는 거짓말의 심리적 영향이 검증되었다. 그 결과 거짓말을 한 사람은 다음과 같은 몇 가지 점에서 자신이 거짓말의 영향을 받는다는 것을 알았다.

· 자기긍정감의 저하

거짓말을 한 사람은 진실을 말한 사람보다 자기긍정감이 저하했다.
또 거짓말을 한 날 그 사람의 자기긍정감은 전날이나 다른 날의 평균
적인 자기긍정감 수준에 비해 낮아졌다.

· 부정적인 감정의 증가

거짓말을 한 사람은 진실을 말한 사람에 비해 불쾌감, 후회, 불안,
낯섦, 죄책감, 불결함, 부끄러움, 분노 등 부정적인 감정을 강하게 느
낀다.

· 긍정적인 감정의 감소

이 연구에서는 부정적인 감정 평가 외에도 거짓말을 한 사람의 긍
정적인 감정도 검증되었다. 그 결과 거짓말을 한 사람은 진실을 말한
사람에 비해 편안함, 행복감, 안심감, 자랑이라는 감정이 적었다.

거짓말의 심리적 부담은 심각하고 편안한 삶(wellbeing)의 다양한
측면에 영향을 미친다. 그러한 악영향은 성실함이 건전한 자기의식과
타인과의 좋은 관계를 유지하는 데 있어서 중요한 요소임을 다시 부각
시킨다. 거짓말의 유혹에 저항하기 어려울 때가 있을지도 모르지만,
자기인식을 깊게 하고 전문가의 도움을 구함으로써 그 어려움을 극복
하는 것은 가능하다.

Ⅳ. 사람은 10분에 3회 거짓말을 한다

거짓말쟁이의 특징에 어떤 것들이 있을까? '사람은 10분간에 3회 거짓말을 한다'는 말을 듣고 가슴이 두근거렸다. 그렇게 빈번하다니 믿고 싶지 않지만, 사적인 관계가 많은 이 사회 속에서 "거짓말"을 빼놓으면 원활한 소통은 성립되지 않을지도 모른다. 아이러니하게도 부드러운 거짓말이 소통에 도움이 될 수도 있기 때문이다. 내가 여기서 소개하고자 하는 것은 그런 '거짓말쟁이'의 특징적인 행동에 당신도 들키지 않을 수 없으니 항상 거짓말을 조심하여야 한다는 것이다.

사람은 생후 6개월부터 거짓말을 하기 시작한다. 생후 6개월의 유아(乳兒)는 아직 말을 할 수 없어도 '거짓말 울기'라는 방법으로 부모의 관심을 끌려고 한다. 살아가기 위한 잠재의식이라고도 할 수 있다. 다만, 누가 가르친 것도 아니고, 벌써 상황을 이해해서 원하는 것을 원할 때 얻기 위해서는 어떻게 하면 좋을지를 본능적으로 생각하고 실천하는 것이다. 그 증거로서 거짓으로 울고 있는 동안 아이는 울음소리를 들은 부모의 반응을 확인하기 위해 부단히 관찰하고 있다. 인간에게 있어서 '거짓말을 하는' 것은 너무나 자연스럽게 몸에 스며들고 있는 행위인 것이다.

1. 거짓말을 하고 있다는 신호

• **"믿어 줄래?" "내 말 믿지?"라고 물어 온다**

이것은 가장 알기 쉬운 상식어구이다. "솔직히 이야기하자.", "솔직히 말해서"라는 말은 이미 어느 정도 거짓이라는 걸 내포하고 있다. 전 미합중국 대통령 리처드 닉슨은 자신의 불평에 대해 "솔직하게 말해도 마찬가지라고 할 수 있을 것"이라고 했다. 자신의 말이 거짓말이 아니라는 뜻이지만 사실은 거짓말이라는 암시인 것이다.

• 왠지 갑자기 어리석은 말을 사용한다

사람은 괴롭히고 싶지 않을 때 그만큼 대상과 자신과의 거리가 멀어지도록 어필한다. 예를 들어, "그 사람은 A"라고 말했는데, 갑자기 "그 사람은 B"라고 말한 것으로 전환한다. 지금까지의 대화의 흐름에서 갑자기 부자연스러운 말을 하면, 오히려 거짓말은 눈치채기 쉬워지는 것이다.

• 상체에 힘이 들어가 있다

거짓말을 하고 있는 사람은 좌절하고 침착하지 않는 이미지가 있을지도 모르지만, 실제로는 다르다. 아무래도 긴장을 해서 어깨의 힘이 들어가는 것이다. 만약, 거짓말이 들키지 않고 싶다면 힘을 빼는 의식을 하게 된다. 상대가 매우 경직된 몸짓을 하고 있다면 거짓말을 하고 있다는 신호일 수 있다.

• 눈 마주침(eye contact)이 많아진다

상대가 감당할 수 없도록, 믿을 수 있도록, 태연한 척 의식하지 않는다면 거짓말하는 것이 아닌지 의심해 봐야 한다. 거짓말하는 경우 다른 대화를 할 때와 비교하여 갑자기 눈 마주침(eye contact)이 많아지는 경향이 있다. '거짓말쟁이는 눈을 돌린다'라고 생각하기 쉽지만, 일괄적으로 그렇게 말할 수 없는 것 같다.

・ 긍정하면서 목을 흔든다

상대가 강하게 목을 흔든다면 이만큼 위화감을 느끼는 일은 없을 것이다. 말과 목의 움직임이 상반되는 것은 거짓말을 하고 있을 때 무의식적으로 나오기 쉬운 행동 중 하나이다. 심각한(serious) 이야기를 하고 있는데 입꼬리가 올라가는 것은 상대에게 자신의 속이 빤히 들여다보여 가상 동요하고 있다는 신호(sign)이다.

2. '거짓말'보다 '있는 그대로' 생활하는 것이 더 행복하다

한때 인류는 정보나 농작물 등의 교환을 하며 생활하고 있었기 때문에 '다른 사람에게 선호되는 것'이 직접적으로 생명에 관여하고 있었다. 그렇다면 아첨과 속임수는 아무래도 필수 불가결했을 것이다. 그런데 사람을 속이려고 할 때 뇌는 생각하는 것보다 더 많은 에너지를 필요로 한다. 가상의 스토리에 맞추고, 그 후에도 죽이 맞도록 행동해야 하기 때문이다.

그러나 이 힘든 일을, 살기 위해 서로 경쟁해 왔기 때문에, 자꾸자꾸 능숙해져서 의식하지 않아도 거짓말을 하도록 진화해 버렸다. 하지만 지금은 강한 근육이 필요한 시대가 아니다. 거짓 관계를 구축하는 것보다 본심으로 서로 연결되어 있는 것이 서로의 마음을 채우고 안정된 관계를 유지한다. 때로는 거짓말도 필요할지도 모른다. 다만, '있는 그대로' 생활하는 것이 행복하게 되기 위한 지름길이다.

V. '거짓말 버릇'을 일으키는 원인과 '거짓말을 하는 사람'의 특징

사람은 누구나 많거나 적거나 거짓말을 한다. 그리고 거짓말을 하는 것이 인간관계를 잘되게 하는 길일 수도 있고, 또 때때로 거짓말을 바로잡을 수 없는 순간도 있을 것이다. 그렇다고 해도 너무 많은 거짓말을 하는 사람은 점차 주위로부터의 신뢰를 잃어 간다.

1. 원래 거짓말 버릇은 어떤 버릇인가?

거짓말 버릇은 아무래도 거짓말을 하는 성질을 의미한다. 보통 거짓말을 하는 경우에는 뭔가 큰 이유가 있거나 거짓말을 하면 어떻게 될지까지 생각해서 하는 경우가 많다. 대부분은 필요에 따라 어쩔 수 없이 거짓말을 한다. 다만, 거짓말 버릇의 경우는 다르다. 거짓말을 하는 것이 버릇이 되는 고질적인 것이다. 덧붙여 거짓말 버릇은 속어이며, 병적인 질환을 의미하는 명칭은 아니다. 그러나 거짓말 버릇이 지나치면 점점 병적으로 되는 경향이 있다.

2. 거짓말 버릇을 일으키는 원인

거짓말 버릇을 가진 많은 사람들은 자신을 현실보다 크게 보여 주고 싶어 한다. 그 심리의 원인으로 다음과 같은 것을 생각할 수 있다.

악마의 가면

· 자존심이 높고 허영심을 채우고 싶다

자존감(pride)이 높기 때문에, 할 수 없는 자신을 좀처럼 받아들일 수 없다. 자신보다 주위의 사람들이 행복해 보이거나 주위의 사람으로부터 바보가 되는 것을 극단적으로 싫어한다. 그 때문에 거짓말을 해서라도 허영심을 채우려고 하는 것이다.

· 열등감이 강하고, 자신감이 없다

자존심이 높은 것과 모순되는 것처럼 보일지도 모르지만, 근본적인 곳에서는 열등감이 상한 사람이 거짓말 버릇이 되기 쉽다. 자신감이 없기 때문에 더 나은 자신을 상상하고 거짓말을 한다. 과거에 뭔가 큰 외상이 있는 사람도 많다.

· 노력할 수 없다

보통 사람이라면 할 수 없는 일이라도 자신의 노력으로 극복해 나가는 것이 건강한 정신이다. 그런데 거짓말 버릇이 형성된 사람은 이것을 할 수 없다. 다른 사람으로부터 인정받고 싶지만, 노력이나 고생은 싫기 때문에, 빨리 거짓말을 하는 것이다.

· 숨기고 싶은 일이 있다

숨기고 싶은 일이나 큰 비밀을 가지고 있는 사람도 거짓말을 하기 쉽다. 처음에는 그 비밀을 지키기 위해 거짓말을 했겠지만, 거짓말에 거짓말을 거듭해 가는 동안 거짓말 버릇의 경향이 나온다. 이 유형은 거짓말에 자각적일 수 있다.

- **주위에 자신을 인정하는 사람을 두고 싶다**

거짓말 버릇의 사람은 '주위에 있는 사람들이 자신을 인정해 주었으면 한다.'라는 마음을 다른 사람보다 강하게 가지고 있다. 눈에 띄고 싶고, 부러움을 받고 싶고, 다른 사람들이 최고라고 말해 주기를 기대한다. 외로움을 느끼거나 외로움을 메우기 위해 거짓말을 하는 사람도 많고, 어린 시절의 소원한 부모와 자식 관계 등에 기인하는 경우도 있다.

3. 거짓말 버릇을 간과하고 의식하지 못하면서 거짓말하는 사람의 특징

- **거짓말을 하고 있다는 자각이 없고 악이 없다**

거짓말 버릇의 사람은 정말로 아무래도 좋은 것 같은 사소한 거짓말을 한다. 화제의 영화를 본 적이 없는데 보았다고 말하거나, 상대가 말하고 있지 않는데 'ㅇㅇ는 이렇게 말했다'라고 하거나 '본인에게는 거짓말을 하고 있다'라는 자각이 희미하고, 악의가 없는 것이 대부분이다. 조금이라도 자신에게 편리하다고 생각하면 거짓말에 거짓말을 거듭하고 결국 거짓말과 현실의 경계선이 모호해진다.

- **사람을 해치는 거짓말을 해도 괜찮다고 생각한다**

거짓말 버릇의 사람이라도 처음부터 사람을 해치려고 생각하고 거짓말을 하는 사람은 적다. 그러나 거짓말 버릇을 가진 사람은 자신이 귀엽고 자기 정당화하고 싶다는 욕망이 다른 사람보다 강하다. 그러므로 자신의 실수를 숨기기 위해 다른 사람에게 젖은 옷을 입히거나 다른 사람의 탓으로 하는 것에 상관하지 않는다. 거짓말 버릇이 있다는 것을 모르면 주위 사람이 그 사람의 거짓말을 참으로 받아들이기 때문에 타인이 피해를 입을 가능성이 있다.

• 죽이 맞지 않아도 신경 쓰지 않는다

거짓말을 하면 현실과 죽이 맞지 않는 장면도 자주 나온다. 그러나 거짓말 습관이 붙은 사람은 거짓말이 일상이기 때문에 모순을 지적해도 당황하지 않는다. 추가 거짓말을 거듭하거나 모순점을 성공적으로 설명하여 쉽게 어색한 상황을 극복할 수 있다. 물론 정도가 더한 거짓말이 누적되는 것이다. 이렇게 되면 앞뒤가 맞지 않는 것도 신경 쓰지 않고, 좋은 말주변이나 입담으로 막무가내로 거짓말을 하기 때문에 주위의 사람들이 속아 버리는 것이다.

4. 거짓말 버릇이 있는 사람에 대한 대처법

거짓말 버릇이 있는 사람과 잘 사귀는 방법이 있으면 알아 두고 싶을 것이다. 여기에서는 몇 가지 교제 방법을 소개한다. 상대방의 거짓말로 스트레스를 느끼지 않으려면 다음과 같이 처신하는 게 좋다.

우선 상대의 거짓말을 가볍게 받아들인다. 거짓말이라고 알고 있거나 그 거짓말이 특히 중요한 일이 아니라 경미한 경우에는 가볍게 듣고 흘리는 것이 좋다. 중요한 것은 여러 사람이 듣는 것이다. 자랑을 하고 싶어 잡담 등으로 거짓말을 하는 정도라면 좋지만, 중요한 이야기의 경우엔 여러 사람이 듣도록 하자. 거짓말에 근거한 내용으로 중요한 것을 결정하지 않도록 주의가 필요하다.

다음은 이야기를 절반만 듣는 것이 좋다. 거짓말 버릇의 사람의 이야기를 전부 그대로 받아들이는 것은 위험하다. 처음부터 상대의 이야기를 의심하고 듣는 것은 저항이 있을지도 모른다. 다만, 평소에 거짓말을 하는 사람의 이야기는 절반만 듣는 편이 좋을 것이다.

거짓말 버릇이 있는 사람은 나쁜 일을 하고 있다는 자각이 거의 없다. 따라서 자신의 힘으로 개선을 촉진하는 것은 기대하기 어렵다. 또한 거짓말을 지적해도 효과는 낮고 잘 바뀔 가능성이 없다. 그중에서도 당신 혼자만 거짓말 버릇을 알아차리고, 주위는 눈치채지 못한 경우는 귀찮다. 거짓말 버릇이 있는 사람은 어쨌든 입담이 좋기 때문에, 잘못하면 오히려 당신이 거짓말쟁이로 취급될 가능성이 있다.

따라서 상대방에게 거짓말 버릇이 있다는 것을 알게 되면 가능한 한 거리를 두는 것이 좋다. 그런 사람이라면 관계나 교제를 포기할 필요가 있다. 친하게 대해야 하는 경우를 제외하고, 자신의 몸을 지키기 위해서라도 일정한 거리를 유지한 교제 방법을 추천한다.

마지막으로, 거짓말을 한 적이 없는 사람은 없을 것이다. 다만, 거짓말이 버릇이 되면 다르다. 누구나 거짓말에 휘둘리거나 스트레스를 받는 것은 피하고 싶을 것이다. 또 거짓말이 습관인 사람은 점차 주위에 신용을 잃고, 경우에 따라서는 죄책감으로 고통받기도 한다. '혹시 나는 거짓말쟁이일지도 모른다.'라는 생각이 든다면, 이를 계기로 자신의 언행을 재검토해 보기 바란다.

VI. 거짓말은 기능인가? '거짓말의 효용'

　지난 몇 년 동안 나는 "민간 영어시험의 활용에 열심히 반대하는 사람" 중 한 명이었다. 휴학을 위해 교수 면담을 받으러 온 학생에게까지 '외국어 학습에 노력하라'는 조언을 할 때도 마찬가지였다. 왜 내가 이렇게 열심히 반대했을까? 몇 번씩 응시해야 하는 경우, 비용은 차치하고서라도 그것은 분명히 입시정책에 문제가 있었던 것이다. 그렇지만, 내가 우선 신경이 쓰인 깃은 '언어의 기능'이라는 이념 때문이었다. '4등급'이라든가 '2등급'이라고 하는 등급 구분이 과연 좋은 교육인가 하는 불신 때문이었다.

　원래 말을 '기능'이라고 구분 지어 나누어도 좋은 것인가? 말이란 더 취급하기 어려운 것이 아닐까? 외국어는 나의 경험상 좀 더 "실용적인 학습이 필요한" 것이 아닌가 생각한다. 외국어 정책의 논쟁이 중단된 지금도 이 문제는 해결되지 않았다. 학문과 사회라는 주제에도 관련되기 때문에 이 기회에 다시 논의해 보기로 한다.

1. 말의 기능으로서의 효용

　영어 단어 'skill'의 번역어인 '기능'이라는 단어는 20~30년 정도 외국어 교육의 세계에서 자주 사용되었다. 분명히 그 이점이 있다. 하나는 말의 세계가 친숙해진다는 것이다. 역사상 말을 익히는 것은 지식의 습득이나 문헌 해독이라고 하는 지적인 영업과 제휴하는 것이 많아서 아무래도 엘리트주의적인 언어관을 만들어 내는 경향이 있었다.

르네상스기 유럽의 궁정인이 종종 시가(詩歌)로 통하고 있던 것은 언어 운용 능력을 신분의 높이나 지성의 증거로 평가하였기 때문이라는 지적도 있다. 우리 역사에서도 지위가 높은 사람 사이에서는 한문의 소양이 중시되었다. 과거시험도 한문을 모르면 급제할 수가 없었다. 근대가 되어서도 공직자 선발 시험에서는 외국어 과목에 큰 비중이 놓여 왔다.

말씀이 종교적인 권위와 밀접하게 연결되어 온 것도 잊어서는 안된다. 태고의 옛날부터 인간은 말에 신성한 힘을 보고 초월적인 존재로부터 언어적인 메시지를 받는 것에 관심을 가져왔다. 근대가 되어 세속화가 진행되어도 말의 신성시는 형태를 바꾸어 계속되었고, 낭만주의 시대에는 시인이 천재로 간주되기도 하였다.

그러나 과도한 두려움에는 폐해도 있었다. 말은 누구나 꾸준한 노력으로 나름대로 익힌다. 너무 신성하다면 그러한 측면에 눈을 뜨지 않을 것이다. 기술이라는 말은 그런 과대한 신성시를 극복하고 말을 말하자면 '민주화'하는 데 도움이 되었다. 영어 등의 외국어 과목을 이과나 문과, 예술 등의 '교과내용'과 구별하고 음악이나 미술, 체육 등과 같은 실기 중심의 '기능교과'라고 주장하는 사람이 있는 것도 이 때문이다. 외국어의 습득은 고급 지성보다 노력과 요령이다. 언어가 사람을 선택하는 것은 아니라는 것이다.

2. 단어와 "위험성과 유용성"

이렇게 기술(skill)이라는 단어에는 해방성이 있다. 다만, 그래서 "모두 좋아"라고도 하지 않는다. 여기에서 나의 우려가 있다. 요즘 세상에서는 '지금까지는 없었다'라고 하는 사건이 일어나고 있다. 예를 들어, SNS에서 자살 희망자와 알게 된 사람이, 본인이 번의(翻意)했는데도 그 사람을 살해하였다. 혹은 TV 프로그램에 출연한 여성이 SNS에서의 중상(中傷)을 견디지 못하고 스스로 목숨을 끊는다. 이들은 인터넷 시대 특유의 사건으로 보이기 쉽지만, 뿌리는 오래된 곳에 있다. 말과 어떻게 사귀는가 하는 것이다.

말은 상대를 끌어들이거나 구속하거나 반대로 폭력성이나 살상력을 갖기도 한다. 이상한 힘이 있다. 위의 사건은 결코 특이한 사례가 아니며, 눈에 띄지 않는 곳에서 수많은 사례가 발생하고 있을 것이다. 내 가까이에서도 일어나고 있다. 분명히 피해를 증폭시킨 것은 인터넷과 SNS이지만 그 점만 주목해도 사건의 본질을 놓친다.

내가 다시 생각하는 것은 다음과 같다. 확실히 기술(skill)이라는 단어의 도입 덕분에 인간의 말과의 교제는 보다 자유로워지고 해방되었다. 그러나 그러한 해방감은 말을 달게 보는 것에도 연결된 것이 아닐까? 말을 단순한 도구나 기능으로 보고, 사용법만 기억하면 간단하게 사용할 수 있다고 과신하면, 말의 (그리고 궁극적으로는 인간의) 부끄러운 부분에 생각이 미치지 않게 되는 것은 아닐까?

우리는 이 부드러운 부분을 다시 봐야 한다고 생각한다. '위태로움'에는 '폭력적이고 위험하다'는 뜻도 담겨 있다. 다만, 다른 한편으로 거기에는 '섬세하고 독에도 약이 된다'는 함의가 있다. 단어의 위험과 유용성과 매력은 종이 한 장 차이이다.

3. 거짓말의 효용

상징적인 것은 거짓말이다. 거짓말은 도덕적으로 "악"이라고 여겨지기 쉽지만 실제로는 단어의 중요한 기능 중 하나이다. 구체적인 예를 들어 생각해 보자.

사람들은 작은 난국을 수습하고 새로운 체재를 만들기 위해 편리한 도구로서 주저 없이 거짓말을 한다("기능으로서의 거짓말"이라는 말이 떠오를 정도이다). 그러나 사람들은 "거짓말"의 진정한 힘을 알지 못한다. 그것이 불행을 부른다.

이것은 어떤 의미에서 거짓말을 한 사람이 세계의 일의성 같은 것에 안심하고 있다는 증거이기도 하다. 그렇기 때문에 태연하고 전략적인 거짓말을 한다. 한번 내뱉는 거짓말이 어떤 무서운 현실을 일으킬지도 상상하지 않고, '거짓말은 거짓말이니까'라고 분리해서 생각한다. 말은 말, 물건은 물건이라고 생각한다. 쉽게 거짓말을 하는 자는 아무래도 물건(물질)의 세계에서 안정감을 믿고 있는 것 같다. 그래서 말이나 마음 같은 부분에, 아마 둔감하게 무감각으로 있을 수 있다.

거짓말을 하는 자는 거짓말을 자주 사용하지만, 거짓말의 힘을 알고 있기 때문이 아니라 거짓말을 달게 보는 것이다. 사실, 발화자는 거짓말임을 알면서 일부러 상대를 악마로 부르고 그것을 사건으로 이어간다. 대개 범죄사건에서 혐의자들은 '나는 아무것도 하지 않았다'라고 항변하지만, '빨리 거짓말을 죽이지 않으면, 진실 쪽이 죽을 것 같아서 무서웠다'라고 자백하고 거짓말을 멈추게 된다. 이때 되면 오히려 털어놓으니까 속이 후련하다고 고백한다.

이처럼 거짓말은 끔찍한 독을 낳고 사람을 다치게 한다. 하지만 효능도 있고 매력도 있다. 눈앞의 현실에서 벗어나 가상적인 세계를 구축할 수 있는 것은 대단한 일이다. 그것이 어디까지 퍼질 수 있는지, 어떤 기능이 있는지, 어떤 위험과 깊이가 있는지는 사실 충분히 이해되지 않는다. 그러므로 말을 사용하는 과정에서 생각하지도 못한 일이 일어난다. 때로는 무서운 사건으로 이어진다.

그러므로 거짓말은 말의 가장 '위태로운' 부분 중 하나이다. 정치, 행정에서부터 교육, 예술, 심지어 일상적인 말의 교환에서도, 진실성의 판단을 보류하고 말로 해 보자는 행위는 우리가 세계와 사귀는 데 중요한 역할을 수행해 왔다. 다만, 사용법을 잘못하면 큰 피해를 가져온다. "빨리 거짓말을 죽이지 않으면 진실한 쪽이 죽을 것 같아서 무서웠다."는 피고인의 반응은 굉장히 거친 것이 아니다.

그럼 어떻게 하면 좋을까? 역시 말을 달게 보지 말아야 한다. 개개인의 수준이나 사회로서, 우리는 단어의 작동 방식을 모두 알고 있는 것은 아니다. 하지만 그것은 긍정적이다. 말씀의 효능을 듣고 관심을 갖고 이해를 깊게 하면 우리의 삶은 더욱 풍부해질 것이다.

근근한 예로 말하자면, 우리는 삶 속에서 알기 쉬운 가치에 주의를 기울인다. 누구나 적확한 수치를 원한다. 가장 좋은 예가 돈이다. 그러나 돈의 가치는 유일하지 않다. 돈에 대해서 말할 때 우리는 '환상이나 주관적 가치평가를 주입한다'든가 '색깔이 있는 돈'이라는 비유를 사용한다. 다만, 같은 1만 원이라도 그것이 의미하는 작용은 다양하다. 되돌아보면 '그때 근로의 대가로 받았던 1만 원', 일주일 후에 받게 될 '약속된 1만 원', 갑자기 '대가 없이 받은 1만 원'도 심리적으로는 모두 다르다. 그 메커니즘을 이해하려면 언어 상상력을 구사하고 인간화하는 것이 필요하다. 이것도 '거짓말의 효용'의 일환이다.

근대인이 붙잡아 온 돈은 실용성의 궁극의 물건으로 여겨지기 쉽지만, 그 기능은 정말 말이 본질인 것이다. 돈은 연산 처리만으로는 도저히 이해할 수 없는 숨겨진 뉘앙스나 착오나 가상 이미지를 통해 인간의 마음을 움직인다. 따라서 '돈의 수사학'이라는 관점에는 아직 탐구의 여지가 있을 것 같다.

또 하나는 '안전보장'이다. 국가 수준이든 개인 수준이든 위험으로부터 몸을 보호하는 것이 중요하다. 하지만 이른바 무력만으로 몸을 지킬 수 있을까? 역사 연구가 밝힌 것은 탐욕스러운 전쟁의 발발과 그 행방에서 정말 의미를 갖는 것이 단순히 수치화되는 무력뿐만 아니라 외교 노력과 그 이전의 신뢰 관계 구축, 가치관 공유라는 것이다. 다양한 국제기구가 그러한 철학을 바탕으로 만들어진 것은 잘 알려진 대로이다. 여기에서도 단어에 매개되는 사고방식과 비전의 공유가 큰 의미를 가지고 있다.

경제나 안보는 '실용성'을 상징하는 것이겠지만, 이것들도 금액이나 병력 등의 수치만으로는 측정할 수 없는 것이 많다. 국가와 사회는 여느 때나 부드러운 지반에 실린 '위태로운' 것이다. 이것을 이해하지 못하는 문학을 공부한 사람이라면, 매일 화약을 생각하고 있는 것이 전쟁 냄새에 도움이 된다고 생각한다. 반복한다. 말을 달게 보지 말라.

말이나 인간을 둘러싼 학문의 최대 효용은 세계를 제대로 알고 다니는 것에 있는 것이 아니다. 오히려 세계의 신기함에 놀라게 되어, 날마다 새로운 경외의 마음에 얽매이는 것, 그것이 먼저이다. 지금 우리에게 필요한 것은 우선 놀라운 진실과 참이라는 말의 힘일지도 모른다.

VII. FBI 첩보원이 전수하는 "거짓말을 간파하는 8가지 방법"

라라에 퀴(LaRae Quy)는 23년간 FBI에서 첩보원으로 활약했다. 그녀는 현장에서의 풍부한 경험을 바탕으로 거짓말을 깨는 방법을 작가 저스틴 바리소(Justin Bariso)에게 전수했다. 'Inc.com'에 소개된 전 FBI 수사관에 의한 날카로운 고찰을 소개하기로 한다. 실생활, 특히 인간관계 중에서도 남녀관계에서 상대의 마음을 읽는 데 노움이 될 것 같다.

1. 우선은 부드럽게 이야기할 수 있는 관계를 구축한다

인심 '좋은 경찰관'일수록 대개 좋은 성과를 낸다. 냉철한 사고에 익숙하거나 무엇이든 비난하는 경찰의 인상이 다른 사람들에게 강한 것은 말할 필요도 없다. 하지만 마음을 열고 대화 속에서 감정이입할 수 있는 부분이 있다면 결과적으로 상대의 마음을 열 수 있다. 우선은 상대의 마음에 들어가는 것이 중요하다.

2. 거짓말하는 상대가 예상하지 못한 질문을 던진다

사람을 속이는 사람은 대체로 상대방의 질문을 미리 읽고 대책을 세울 수 있다. 그것이 가능하기 때문에 그들의 대답은 어딘가 본능적이고, 적대감을 얻고 있는 것처럼 느끼는 것이다. 하지만 이것은 착각이다. 그들은 사전에 질문에 대답할 준비를 주도면밀하게 하고 있다. 그렇다면 그들이 예상하지 못한 내용을 일부러 질문해 보자. 분명 곧바로 버럭 화를 낼 것이고, 그러면 이제 예정한 질문을 도로 집어넣으면 변화를 감지할 수 있을 것이다.

3. 자신이 말하는 것보다 "듣기"로 돌아간다

거짓말을 많이 하는 사람일수록 성실한 사람보다 더 많이 말하는 경향이 있는데, 이는 자신의 정당성을 주장하려고 하는 것이다. 게다가, 그들은 진실을 부끄러워하기 때문에 일부러 복잡하고 이해하기 어려운 표현을 사용한다. 상대를 재촉하는 듯한 행동이 계속되는 것은 그가 긴장하고 있다는 증거이다.

4. 상대가 무엇에 대해 "No"를 말하는지 주의를 기울일 것

누군가가 당신을 속이려고 할 때, "아니오"는 하나의 키워드이므로 간과하지 말라. 대부분의 경우 사람이 거짓말을 하려는 순간 긍정적인 의미의 단어보다는 부정적인 단어를 사용한다. 그러므로 "예"라는 긍정의 답을 할 때보다 부정할 때, 발화자와 눈을 맞추려고 하지 않는다.

5. 태도가 바뀐 순간을 놓치지 않기

흔들림 없이 미묘한 변화가 나타나는 때는 거짓말의 시작일지도 모른다. 아래와 같은 태도의 사람에게는 충분히 주의를 기울여야 한다.

악마의 가면

- 대화의 처음은 조심스러웠는데, 중요한 때에 일탈하는 행동을 보인다.
- 질문에 대해서 상세한 설명을 하지 않고, 극단적으로 회답이 짧다.
- '좋다'라고 말하면 좋은 곳에서, '훌륭하다', '멋지다' 등 굳이 과장된 표현으로 바뀐다.

6. 이야기의 구조를 자세하게 설명해 달라고 요구한다

성실한 사람의 대화를 조립하는 방법은 상세를 추가하거나 장면을 생각하면서 내용을 신행해 가는 것이나. 이에 내해 거짓말을 하는 사람들은 스토리를 암기하는 것처럼 기억하고 그대로 전하려고 시도한다. 왜냐하면, 만약 불필요한 추가 정보가 더해지면, 협조가 맞지 않게 되어 버리기 때문이다. 만약, 그 사람이 이야기하고 있는 내용이 '의심스럽다'라고 느껴졌을 때는, 그 사람이 상세한 설명을 할 수 있을까를 시험해 보면, 일목요연하게 응답하는지 알 수 있을 것이다. 거짓말이 없는 사람이라면 아무렇지 않은 것이라도 그들에게는 모순이 생기는 요소가 있다. 거짓말하는 사람이 필사적으로 이야기를 간략화하려고 하는 이유이다.

7. 아첨이나 칭찬을 하면 아웃(Out)시켜라

확실히, 이 세상에는 순수하고 좋은 사람들이 많이 있다. 그렇지만, 부드럽게 하는 인상이 좋거나, 어딘가 밀어주는 것과 같이 좋다는 느낌을 받을 때는 주의가 필요하다. 당신의 의견에 전면적으로 찬성하거나 언제나 칭찬만 하고, 당신의 농담에 과도하게 웃어 보이는 이들이 있다면, 반대로 신뢰성과 정직함이 부족하다는 것을 이해해야 한다.

8. 의심은 질문으로 공격하라

물론 누구라도 거짓말을 한다. 그러나 거짓말은 때로는 대화의 결과에 의존하거나 개인적인 질문에 부끄러움이나 특정 질문에 대한 불안감 등이 크게 영향을 미친다는 것은 기억해야 할 중요한 사실이다. 예를 들어, 면접 시에 이전 회사를 그만둔 이유를 숨기고 싶은 사람도 많을 것이다. 하지만 만약 당신이 개성적이고 그 회사에 적합한 인재라고 믿는다면 퇴직의 이유를 숨길 필요가 있을까?

대답이 곤란할 것 같으면, 질문을 점점 깊이 파고들어 가는 것이 좋다. 의심스러운 경우 통찰력 있는 질문을 계속해서 상대를 당황하게 하는 것이다. 심지어 할 수 있다면, 당신도 프로처럼 거짓말을 알아채는 천리안이 몸에 붙을 것이다.

Ⅷ. 철학의 관점에서 생각하는 정직하게 사는 것의 이점

'거짓말을 해서는 안 된다'는 것은 아이라도 알고 있는 도덕이다. 다만, 실제로 지키려고 하면 어려운 경우가 많다. 사람을 걱정하는 부드러움으로 거짓말을 하는 경우도 있을 것이다. 삶 속에서 모르는 사이에 작은 거짓말을 쌓고 있지 않은가를 재검토해 보자. 솔직하게 사는 "사뜨야(Sattya: 정직)"의 실천으로 마음의 순도를 올린다고 생각하라.

파탄자리의 『요가 수트라』 중에서는 8지칙이라 불리는 8가지 실천 방법을 차례로 실시함으로써 깊은 명상상태인 사마디에 도달하여 고뇌에 걸리지 않는 자유로운 마음을 키운다. 여기 소개하는 사뜨야는 8지칙의 1번째인 야마(제계)에 포함되어 있다. 마음속의 불순함을 없애는 요가의 실천에서 거짓말을 하지 않는 것은 중요한 실천 방법이다. 야마에는 다음 5가지가 있다.

- 아힘사(비폭력): 육체적으로, 언어적으로, 사고의 수준에서도 폭력을 행하지 않는다.
- 사뜨야(솔직히): 거짓말을 하지 않는다.
- 아스테야(불도): 다른 사람을 훔치지 말라.
- 브라마차리(금욕): 성욕 등으로 에너지 낭비를 하지 않는다.
- 아파리그라하(불모): 소유하지 않는다.

야마는 사회생활에서의 규칙이나 도덕이 아니라 자신의 마음의 순도를 높이기 위한 요가 연습법이다. 거짓말은 모르는 모습에 쌓여 있는 것이다. 거짓말의 종류는 다양하다. 우리는 일상에서 무의식적으로 작은 거짓말을 쌓아 가고 있다. 어떤 거짓말이 있는지 생각해 보자.

1. 일상 속 거짓말의 종류

· 악의적인 거짓말과 부드러운 거짓말

상대를 해치려고 하거나 자신의 이익을 위해 상대를 속이는 거짓말은 언어도단이다. 예를 들면, 아이에게 농담으로 "너는 다리 아래에서 주워 왔어."라고 말하면 아이는 그것을 진실이라고 여겨 두려워한다. 부모로부터 화를 낼 때마다 '자신은 진짜 부모의 아이가 아니기 때문에, 엄마에게 사랑받을 수 없다.'라고 착각한다. 농담이라 해도 마음의 상처가 될 수도 있다. 물론, 사기꾼이 상대의 부를 빼앗기 위해서 사용하는 거짓말도 악의적인 것이다.

일상에서 고민하는 것은 상대를 위한 부드러운 거짓말이다. 예를 들어, 직장에서 상사나 거래처에 대한 아첨으로 생각하지 않는 것을 말하는 경우는 없을까? 또, 체형에 고민하고 있는 친구에게 "나, 뚱뚱하지 않아?"라고 물으면, "그렇지 않아. 날씬해."라고 순간 말해 버릴지도 모른다. 그러한 말들도 자신의 마음속에는 거짓말로 축적된다.

· 타인에게 하는 거짓말과 자신에게 하는 거짓말

다른 사람에게 하는 거짓말은 종종 자각이 있다. 만약, 무의식적으로 거짓말이 나오고 있다면, 자신의 언행에 대해 주의 깊게 의식하는 편이 좋다. 우리가 간과하기 쉬운 것은 자신에게 하는 거짓말이다. 타인의 말만 신경 쓰고 있으면, 자신에게 의식이 향하지 않고, 모르는 사이에 자신의 마음에 거짓말을 하게 된다.

• 의식적인 거짓말과 무의식적인 거짓말

거짓말을 하고 있다고 알고 있을 때와 무의식적으로 거짓말을 하는 경우가 있다. 예를 들어, 사람으로부터 들은 정보를 잘못 해석하여 다른 사람에게 말할 때는 무의식적으로 상대에게 잘못된 정보를 주게 된다. 상대의 이야기를 정확하게 듣지 못하고 있을 때도 무의식적으로 거짓말을 하고 있을지도 모르겠다.

자신에 대해서도 마찬가지이다. 피곤하지만 일이 끝나지 않을 때, "괜찮아! 아직 할 수 있다!"라고 하면서 에너지 음료나 카페인을 섭취하고 무리하게 노력하는 것도 자신에 거짓말이 될지도 모른다. 진짜로 신체는 쉬고 싶은데, 카페인으로 속이고 있는 상태이다.

거짓말을 해서는 안 된다는 것은 누구나 알고 있다. 그렇다면 실제 생활에서 작은 거짓말을 멈출 수 없는 이유는 무엇일까? 대부분의 경우 악의는 없어도, 상대나 자신을 해치고 싶지 않고, 지키기 위해 거짓말을 하고 만다.

2. 일상 속 사뜨야의 실천

• 굳이 아무 말도 하지 않는 것이 좋을 때도 있다

많은 요가 선생님은 사뜨야(솔직함)와 아힘사(비폭력)를 모두 보호하기 위해 침묵하는 것이 좋다고 가르친다. 상대를 해치는 진실이라면 말하지 않는 것이 좋다는 것이다. 예를 들면, 체형을 신경 쓰고 있는 친구에게 "최근 살찌는구나?"라고 물으면, 살찐다고 생각해도 좀처럼 사실을 말할 수 없을 것이다. "그래?" 이런 장면에서 갑자기 침묵

해도 부자연스럽다. "다이어트하고 싶어? 내 친구도 최근 워킹을 시작하면서 효과가 있었던 것 같아."라고 긍정적인 화제로 돌리거나 "나도 팔뚝 살이 최근 신경이 쓰여서 좋은 방법을 찾고 있어. 가볍게 운동해야 하지 않을까?"라고 자신의 화제로 돌려 버리면, 사뜨야를 지키면서도, 상대의 감정을 손상시키지 않는 대화를 계속할 수 있다.

상대의 감정을 손상시키지 않으려면 약간의 요령이 필요할 수 있다. 일시적으로 상대의 감정을 다치게 하더라도, 말하는 것이 더 좋은 경우도 있다. 같은 장면에서도, 진실을 말해 주는 것이 좋은 경우도 있다.

다소 뚱뚱할 뿐이라면 위의 예와 같이 화제를 긍정으로 변환하여 대화를 즐길 수 있을지도 모른다. 그러나 확실히 건강에 좋지 않은 비만이거나, 건강에 악영향이 나오고 있다면, 진지하게 말해 주는 것이 좋다. 그때도 말하는 방법에 의해 상대가 최대한 상처를 입지 않도록 바꿔서 말할 수 있다. "너는 피부도 깨끗하고 표정도 밝고, 지금 그대로라도 멋있지만, 최근 호흡하기 힘들어졌다면 걱정이구나.", "건강하고 싶으면, 달콤한 군것질이라도 삼가는 것이 건강을 위해 좋을지 모르겠다." 뭔가 이상이 있으면 이야기해 주라며 상대를 긍정하면서도 걱정이라고 전하면 상대도 기분 나쁜 생각이 일어나지 않을 것이다.

· **말할 때와 말하지 않을 때의 균형도 중요하다**

그렇다면 사람을 해치는 진실이라고 해도 솔직히 전해야 하는가? 아니다. 말의 균형도 중요하다. 상대방에게 필요한 말이라도 모두 말하는 게 반드시 좋은 것만은 아니다. 예를 들면, 일에서 매일 같은 실수를 하고 있는 후배에게 실수를 바로잡아 주는 것은 중요하다. 하지만 이미 본인도 자각해 우울해하고 있을 때는 중요하지 않은 작은 실수에 대해선 침묵으로 커버해 주는 것이 좋다. 때로는 말하지 않는 것이 좋을 수 있다.

- **오늘부터 실천하고 싶은 무리 없는 진실의 사뜨야는?**

사뜨야는 단지 옳은 일이나 옳다고 생각한 것을 말하면 되는 것은 아니고, 동시에 아힘사(비폭력) 등의 다른 가르침도 생각해야 하기 때문에 일상생활 속에서 실천하면서 고민하게 된다. 그러므로 자신의 말에 의식을 돌리는 습관이 매우 중요하다.

우선, 별도로 거짓밀은 가급직 피하도록 하자. 예를 들이, 부탁받고 있었던 것을 잊고 있을 때 '기억했지만 다른 일이 바빠서'라고 변명하는 것은 좋지 않다. 잊어버렸다면 솔직히 말하고 성실하게 사과하도록 하자. 성의가 전해지면, 상대도 용서해 주는 경우가 있다. 자신도 거짓말로 변명하지 않도록 습관을 붙이는 것으로 해야 다음번에는 조심하려고 정직하게 유의할 수 있다.

이것을 할 수 없으면 매번 거짓말을 반복하여 마침내 버릇이 된다. 작은 거짓말의 축적은 어느새 아늑한 상태로 이어진다. 하나의 작은 거짓말이라도 들키지 않았기 때문에, 다른 거짓말을 쌓는 경우도 많아지고, 그러다 보면 자연스레 자신의 마음속에 안심이 모인다. 사뜨야를 신경 쓰면 마음이 매우 깨끗해지는 것을 느낄 수 있다. 일상생활 속 자신의 말을 의식해 보자.

2장

악마의 가면

The Devil's Mask

Ⅰ. 거짓말쟁이는 마음의 병?
거짓말하는 심리와 특징

다소 사소한 거짓말이라면 누구나 한 적이 있다고 생각한다. 다만, '이 사람, 언제나 거짓말뿐이다.'라고 느끼는 사람을 만난 적이 있을 것이다. 사람이 거짓말을 하는 이유는 무엇인가? 특별한 원인이 있을까? 너무 거짓말이 눈에 띄는 경우, 그 사람은 마음의 질병이 있는 것일까? 거짓말을 하는 심리나 거짓말만 하는 사람에 대해 적절하게 대응하는 방법에 대해서 알아보자.

1. 거짓말을 하는 심리

• 자신의 실수와 실패를 숨기고 싶어서

실수를 하거나 실패를 하면 이를 숨기기 위해 거짓말을 할 수 있다. 예를 들면, 일하는 과정에서 뭔가 실수를 했을 때 "그런 일은 설명을 잘 듣고 있지 않았다."거나 "위험한지 몰랐다."고 하는 경우이다. 이것은 자신을 지키는 방어본능의 하나로 '자신을 잘 보여 주고 싶다'는 마음과도 연결된다.

• 누구나 나 자신을 잘 보여 주고 싶어서

사람들이 나를 잘 평가해 주었으면 좋겠다고 생각한다. 지금의 상황보다 나를 더 좋게 보여 주고 싶다는 생각에서 거짓말을 하는 경우가 있다. 예를 들면, 사실은 전혀 아는 것도 아닌데 "○○와 사이좋네요."라고 거짓말을 하거나, 진짜는 2주간 어학 과정에 등록하였을 뿐인데 "해외의 대학에 유학하고 왔다."라고 하는 등 완전한 거짓말은 아니지만 편승적으로 거짓말을 하는 예를 들 수 있다.

• 마음에 끌리는 사람의 주위에 머물고 싶어서 또는 주목받고 싶어서

누군가의 주위에 머물고 싶다. 타인이 자신에게 주목해 주었으면 하는 마음, 즉 승인욕구에서 거짓말을 하기도 한다. 불쌍한 자신을 연기하거나, 대단한 사람인 것처럼 자신을 연기하는 등 다양한 패턴이 있다. 그 자리의 분위기를 고조시키기 위해, 음료 마시기 행사 등에서 그 자리의 흥을 북돋우기 위해서, 주목을 끌기 위해서 이야기를 크게 하거나 거짓말을 하는 경우가 있다. 분위기를 잘 만들어 내는 재능이 있는 사람은 언제나 쉽게 거짓말을 하는 것이 아닐까? 이 경우에는 악의나 해악이 없는 경우가 대부분이다.

• 상대방을 기쁘게 하기 위해서

상대를 기쁘게 하기 위해서, 아첨으로서 마음에 생각하고 있지 않는 것을 말하는 경우가 있다. 예를 들어, "내 나이가 몇으로 보이시죠?"라고 물었을 때 5살 정도 젊게 대답하거나, 사실은 꽤 불쾌한 폐를 끼쳤는데, "별로 큰일 아니에요."라고 말하는 상황이다. 이런 거짓말은 반드시 나쁜 것은 아니며 소통기술 중의 하나이다.

• 상대를 속이고 빠지기 위해서

완전한 악의를 가지고 상대를 속이고 빠지기 위해 거짓말을 하는 사람도 있다. 전혀 사실이 아닌 거짓말을 믿게 해서 불안을 부추기거나, "○○가 당신의 욕을 하고 있었다." 등과 같은 거짓말의 정보를 제공하는 상황을 예로 들 수 있다.

• 병적인 거짓말쟁이

거짓말 버릇이 몸에 붙은 사람이다. 가능한 한 거짓말을 하지 않으려는 사람이 대부분이라고 생각한다. 다만, 마음 안에는 병적인 수준으로 자주 거짓말을 하는 사람이나, 거짓말을 하고 있다는 자각조차 없는 사람도 있다. 이런 거짓말을 하는 성질을 '거짓말 버릇'이라고 한다. 거짓말 버릇에는 몇 가지 패턴이 있으며, 연기성 성격장애 혹은 망상성 성격장애라고 불린다.

연기성 성격장애는 타인의 주목을 끌기 위해서 다양한 손을 사용하는 것이 특징이다. 또한 주목을 받지 못하면 기분이 나빠진다. 사람의 주목을 끌거나 보다 친절하게 돌보는 것을 강요하기 위해 거짓말을 하는 경우가 많고, 사람에 따라서는 죽을 생각은 없는데 자살하는 모습을 연출하거나, 자살할 거라고 위협하면서 더 적극적인 자살행동을 보이는 경우도 있다.

망상성 성격장애는 타인을 믿지 않고 자신의 느낌에 근거가 없거나 불충분한 근거밖에 없는 경우에도 타인이 자신을 해치려고 하거나 자신을 기만하고 있다고 생각하는 것이 특징이다.

2. 일과성 거짓말과 거짓말 버릇을 구별하는 방법

'이 사람은 단순한 거짓말쟁이일까, 거짓말 버릇 같은 병일까?' 주위의 누군가에 대해, 그런 식으로 생각한 적이 있는 사람이 많지 않을까 생각한다. 어떻게 대응하면 좋은 것인지, 고민한 경험이 있을지도 모른다. 일과성의 거짓말쟁이와 거짓말 버릇 같은 병적인 거짓말쟁이의 구별은 '폐를 끼치고 있는지' 여부에서 생각해 보면 좋을 것이다. 누군가의 거짓말에 의해 일상적 · 심리적 · 실무적으로 폐를 끼칠 수 있고 곤란한 사태가 발생하고 있다면, 거짓말 버릇을 의심하고, 어떠한 특별한 대처를 할 필요가 있을지도 모른다.

예를 들어, 회사에 거짓말을 하는 사람이 있고, 그 사람의 거짓말이 회사와 직원 모두에게 폐를 끼치고 그로 인해 트러블이 발생하고 있다면 여간 고민스러운 일이 아니다. 이와 같은 사례가 수반되는 경우에 회사로서는 "당신의 거짓말로 인해 모두가 곤란해지기 때문에 한 번 병원에 가서 의사의 상담을 받을 수 없는가?"라고 촉구하는 것이 가능하다.

3. 거짓말쟁이에 대처하는 방법

사실 거짓말 버릇이 있는 거짓말쟁이인 사람과 사귀는 방법은 어렵다. 또한 상대의 거짓말에 농락되어 자신이 피폐하거나 경우에 따라서는 금전적 분쟁에 휘말려 버리기도 한다. '이 사람은 항상 거짓말을 하는구나.', '이 사람의 이야기는 거짓말뿐이구나.'라고 느끼는 사람과는 능숙하게 사귀는 것이 중요하다.

• 일정한 거리를 유지하여야 한다

깊이 관계를 맺을 필요가 없다. 자신의 노력으로 상대를 바꾸는 것은 어렵다. 트러블에 휘말리지 않으려면 상대방과 거리를 두는 것이 중요하다. 업무상 아무래도 관여해야 하는 경우에도 가능한 한 접촉 정도를 줄이도록 유의해 보자.

• 혼자서 관계를 맺는 것은 안 된다

일대일 관계가 되지 않도록 하는 것도 포인트이다. 예를 들어, 점심에 초대받으면 거절하거나 "○○도 초대하시지요."라는 식의 대처로, 두 사람만의 오찬이 될 수 있는 상황은 가능한 한 피하는 것이 좋다.

• 굉장한 반응을 돌려주지 않는다

자주 거짓말을 하는 사람에게는 승인욕구가 강한 경향이 많다는 것은 이미 지적하였다. 이야기를 했을 때에 "정말 그럴까요?" 등과 같은 의심을 돌려주는 식으로 반응하면, 승인받고 싶은 상대의 기분을 감쇄시키게 되어 있다. '이 사람은 좋은 반응을 해 주지 말라'는 식의 대응이 좋을 것이다.

• 중요한 이야기는 기록에 남기도록 하라

일 처리 과정 등에서의 중요한 교환은 구두가 아니라 메일 등 문자로 남기도록 하자. 구두로 교환할 수밖에 없는 경우는 "정확한 내용을 기록하기 위해서 녹음하겠다."라고 말하고 녹음하는 것도 좋다. 실제로 녹음까지는 하지 않아도, 그렇게 말해 두는 것만으로도 상대에게는 거짓말에 대한 억제력이 된다.

• 거짓말인가? 그렇다면 반복해서 들어야 한다

상대의 이야기를 거짓말이라고 생각해도 "거짓말일까?"라고는 말하지 않는 것이 더 좋다. 상대방도 대응해서 반론하거나 이야기를 한 층 더 담아내거나 수습을 할 수 없게 되기 때문이다. 거짓말이라고 생각하면 상대방이 말한 것을 반복해서 듣는 것이 효과적이다.

• "다른 사람에게 확인해 보겠습니다."라고 반응한다

"○○가 이렇게 말했어요."라고 말했을 때 '그것이 대체 사실인가?' 라고 느끼면, "그럼 그 사람에게도 확인해 보는 게 좋겠네요.", "그럴까요, 그렇다면 이걸 ○○에게도 공유할 때인 것 같군요." 등으로 반응을 돌려주는 것도 좋은 방법이다. 관계를 두 사람만으로 완결시키지 않고 제3자를 개입시키는 것으로, 거짓말을 하기 어려운 상황을 만들 수 있다.

• 거짓말이 아닌 것을 칭찬하자

상대와의 관계를 계속 유지해 가고 싶다거나 계속할 수밖에 없다면, 조금이라도 양호한 관계를 맺는 것이 좋다. 그러한 경우에는 거짓말이 아닌 것을 칭찬해 보자. 상대로부터 얻은 정보로 자신의 도움이 된 것, 상대에게 도움을 받은 것 등 상대를 인정받는 부분이 있으면, 그 점에 대해 감사의 말을 제대로 전한다.

이러한 상대를 대접하는 방법을 잘해 나가는 것으로, 상대의 거짓말 버릇이 개선되는 경우도 있다. 거짓말쟁이의 사람은 본심에 '자신을 인정해 주었으면 한다.', '보다 잘 보이고 싶다.'라는 생각이 강하게 내재하고 있어, 그것이 거짓말의 원동력이 되고 있다. 그러므로 거짓말을 하지 않아도 칭찬받는 경험이나 인정받는 경험이 쌓여 가면 거짓말을 하지 않고 있는 그대로의 스스로를 보여 줄 수 있게 되는 것이다.

• 동료나 친구에게 상담하라

타인의 거짓말로 내가 피폐하거나 고민하거나 해서 에너지를 사용하는 것은 시간이 너무 아깝기 때문에 거짓말쟁이 사람 때문에 고민하고 있는 경우는 동료나 친구 혹은 회사 내부 적절한 사람에게 상담하는 것도 좋을 것이다.

Ⅱ. 아이가 거짓말을 하는 이유와 거짓말을 했을 때의 대응 방법

"거짓말을 하지 말아야 한다."고 가르쳤음에도 불구하고, 아이가 거짓말을 했다. 거짓말을 하는 것은 아이가 성장한 증거이지만, 그렇다고 해서 그대로 아무것도 하지 않고 방치한다면 거짓말을 하는 것에 전혀 죄의식을 느끼지 않는 아이가 되어 버릴 우려가 있다. 이번 항에서는 아이가 거짓말을 하기 시작하는 나이나, 거짓말을 하는 이유, 아이의 거짓말에 대한 대응에 대해 해설한다.

1. 유아기와 아동기의 거짓말 패턴

아이가 거짓말을 하는 것은 몇 살부터일까? 아이는 빠르면 2.5세 경부터 거짓말을 하게 된다. 다만, 유아기의 거짓말과 아동기의 거짓말은 내용이 크게 다르다. 여기에서는 아이의 거짓말의 특징이나 내용을 유아기 · 아동기의 2가지 패턴으로 나누어 해설한다.

· 유아기(2.5~6세경)

2.5세 정도에 시작하는 거짓말은 '사실과 다른 것을 말하고 있다'라고 하는 자각이 없고, 공상이나 소망이 본능으로 돌아가 거짓말이 되는 사례가 대부분이다. 본인에게 있어서는 거짓말이 아니고, 자신에게는 '정말로 있었던 것'이므로, 주위로부터 거짓말이라고 지적받아도 정당한 것이라고 부정하거나, '진짜인데 왜 안 믿어 주느냐'고 슬퍼하는 의사표시를 하기도 한다.

한편, 3세 정도가 되면, 자신이 말한 것이 사실과 다르다는 것을 이해하면서 의도적으로 거짓말을 하게 된다. 예를 들어, 옷장에 놓여 있는 과자를 "이것은 내일 분의 간식이기 때문에, 먹지 말라."라고 말했음에도 불구하고, 참을 수 없어 먹어 버렸을 경우, 아이는 아빠 · 엄마에게 화내는 것을 어떻게든 피하려고 "먹지 않았다."라고 거짓말을 한다. 다만, 3세의 아동이 쓰는 거짓말은 매우 간단한 데다 죽을 맞출 수 없기 때문에 "과자 맛있었어?"라고 물으면 "응."이라고 대답해 버리기도 한다.

'화나게 하고 싶지 않다'는 생각에 일시적인 단순한 거짓말을 하는 것은 누구나 갖고 있는 마음이다. 거짓말을 할수록 지능이 발달하고 있다는 증거이기 때문에, 그다지 문제시할 필요는 없다. 유아의 거짓말은 성장의 증거라고 생각하고, 언어 발달 과정을 잘 지켜봐야 좋을 것 같다. 빈도가 많은 등 신경 쓰이는 경우는 대책을 세워 대응해 나가도록 하자.

• **아동기**(초등학생 이상)

초등학생이 되고 나서는 늘 가득한 거짓말이 아니라, 어느 정도 계획적으로 거짓말을 하게 된다. 예를 들어, 테스트에서 나쁜 점수를 받았을 때, 부모가 발견하기 전에 방의 어딘가에 성적표를 숨겨, "테스트 결과를 보여 줘."라고 해도 "이번 주에는 테스트하지 않아."라고 대답하는 등이다. 그 과정에서 테스트 결과를 미리 숨겨 둔다는 궁리를 도입하게 되므로 거짓말이 발각되기까지 시간이 걸리게 된다. 또 '엄마를 화나고 하고 싶지 않다'라는 보신(保身)을 위해서만이 아니고, 거짓말의 원인도 복수로 생각해서 한편 복잡하게 준비한다.

어린 시절의 거짓말처럼 단순하고 빨리 들키는 거짓말이라면 그렇게 신경 쓸 필요는 없지만, 일부는 아이 자신의 심각한 고민과 SOS로 이어질 수 있다. 그러한 거짓말은 조속히 대응할 필요가 있기 때문에, 크게 보아도 좋은 거짓말인지, 긴급성이 높은 거짓말인지, 확실히 파악하는 것이 중요하다.

2. 아이가 거짓말을 하는 4가지 이유

그렇다면 이즈음 아이가 거짓말을 하는 이유가 무엇일까? 아이가 거짓말을 하는 이유는 나이와 상황에 따라 다르다. 거짓말을 했던 이유에 따라 대처 방법도 달라지므로, 아이가 거짓말을 한다면 우선 그 원인을 확인하는 것부터 시작하자. 여기에서는 아이가 거짓말을 하는 4가지 이유를 소개한다.

• 소망이 강하여 현실처럼 말해 버린다

특정 상황이나 물건에 대한 소망이 너무 강한 나머지, 마치 현실에 있던 것처럼 말하는 경우이다. 거짓말을 하기 시작했을 무렵에 자주 볼 수 있는 패턴으로, 예를 들면 '유원지에 놀러 가고 싶다!'라고 생각하는 아이가 친구에게 "나, 유원지에 갔다 왔다."라고 말하기도 한다. 2.5~3세 정도 아이는 공상과 현실의 구별이 되지 않고, 마치 정말로 있었던 것처럼 착각해 이야기하는 일도 있다.

다만, 나이가 올라가면 "지난 일요일에 놀이공원에 갔다 왔다."라고 말하는 친구를 너무 부럽게 생각하면서 그럴 계획이 없으면서도 "나도 이번 주 일요일에 유원지에 간다."라고 거짓말을 하기도 한다. 이러한 거짓말은 '진짜라면 좋겠다'라는 소망에서 유래하고 있어, 거짓말을 하고 있다는 자각이 얕은 것이 특징이다.

• 꾸짖고 싶지 않다는 마음에서 거짓말하기도 한다

아이가 거짓말을 하는 이유 중, 가장 많은 패턴이 '엄마에게 꾸짖음을 당하고 싶지 않다'거나 '엄마가 자신에게 화내는 것을 원하지 않는다'라고 하는 보신(保身)에서 오는 것이다. 테스트에서 나쁜 점수를 받았을 때나, 소중한 물건을 깨뜨렸을 때 등 아이 자신이 '나쁜 것'이라고 인식하고 있는 것을 해 버렸을 때, 꾸짖음을 받고 싶지 않은 마음으로 "이번 주는 테스트가 없었다.", "물건을 깨뜨린 것은 내가 아니다."라는 거짓말을 하게 된다. 이러한 거짓말은 상대로부터 질문을 받게 되면 거짓말에 거짓말을 거듭하게 되기 때문에, 최종적으로는 죽이 맞지 않게 되어 노출되는 경우가 대부분이다. 다만, 성장할 때마다 내용이 교묘해지므로 소위 '거짓말쟁이'가 되고 싶지 않다면, 빨리 대응할 필요가 있다.

• 상대를 걱정시키지 않기 위해 거짓말한다

보신을 위해 하는 거짓말이 있는 한편, 상대를 생각하기 때문에 하는 거짓말도 있다. 예를 들어, 학교에서 친구들에게 괴롭힘을 당하거나 동료가 규범에 어긋나는 경우, 진짜 일을 부모에게 털어놓으면 충격받거나 마음 아파할 것으로 예측된다. 부모를 슬프게 하고 싶지 않다거나, 걱정 끼치고 싶지 않다는 생각에서, 학교생활이 즐거운지를 묻는 부모에게 "응, 친구도 많고 즐겁다."라고 거짓말을 하는 경우가 있다.

보신을 위한 거짓말에는 다소 죄책감이 함께하기 때문에, 의외로 드러내기 쉽다. 하지만, 상대를 걱정시키지 않게 하기 위한 거짓말은 '어쩔 수 없는 것'이라고 하는 생각이 있기 때문인지, 자신의 거짓말을 악의 없이 하려 한다. 또, 이런 경우는 상대에게 걱정을 끼치고 싶지 않다는 기분뿐만 아니라, 자신이 괴롭힘을 당하고 있다는 사실을 알리고 싶지 않거나 부끄럽다는 자존심에서 거짓말을 할 수도 있다. 이러한 거짓말은 정면에서 직접 물어도 강하게 부정되기 때문에 일상생활의 잡담 등에서 힌트를 찾아서 잘 이야기를 꺼낼 필요가 있다.

• 어른에게 머물기를 원하기 때문에 거짓말을 할 수도 있다

보신의 거짓말이나 배려의 거짓말은 실제로 일어난 일을 숨기기 위해 거짓말을 하지만, 사람의 주의를 끌기 위한 거짓말은 아이가 스스로 거짓말의 내용을 설정한다. 예를 들어, 신체에 아무 문제가 없는데 "배가 아프다."고 호소하거나, "학교에서 선생님에게 칭찬받았어."라고 거짓말을 한다.

상대를 속이자는 기분은 잘 표현되지 않지만, 일단 성공하면 맛을 보게 되어, 반복해서 같은 거짓말을 하기 쉬워진다. 이런 상황을 접하는 방법이 엄격하면 거짓말을 많이 하기 쉬워진다. 전 항에서도 설명했듯이, 아이의 거짓말에는 몇 가지 이유가 있다. 그러므로 아이가 엄청난 거짓말을 하게 되면 아이의 성격에 문제가 있다고 생각하기보다 거짓말을 해야 하는 환경이 어떤 상황인지 문제를 제기해야 한다.

예를 들어, '확실한 아이로 자라면 좋겠다'라는 생각에서, 아이에게 엄격하게 훈육하고 있는 가정에서는 실패나 실수를 강하게 꾸짖는 경향이 있기 때문에 '꾸짖음받고 싶지 않다.'거나 '부모님을 화나게 하고 싶지 않다.'는 생각에서 거짓말을 할 수 있다. 또, 부모에게 우수한 아이인 것을 어필하기 위해, "학교에서 칭찬받았다.", "반에서 1등이었다."라는 허위의 보고를 하기도 한다.

아이가 거짓말을 하는 것은 성장의 증거이기도 하지만, 거짓말을 하는 것이 당연히 허용된다는 것은 반드시 아이를 위한 것이 아니다. 그러므로 아이가 거짓말을 하면, 거짓말을 한 아이를 비난하기 전에 거짓말을 하게 된 이유나 원인을 추궁하고 필요에 따라서 부모 자신이나 환경을 재검토하는 것도 중요하다.

악마의 가면

3. 거짓말을 하지 않는 아이로 키우기 위한 대처법

아이가 거짓말을 했을 때는 어떻게 대응하는 것이 좋은가?

• 거짓말쟁이라고 부르지 않기

우선 가장 주의하고 싶은 것은 아이를 거짓말쟁이라고 부르지 않는 것이다. 이유도 묻지 않고 "거짓말쟁이는 도둑의 시작"이라거나 "거짓말을 하는 아이는 싫다."라는 말로 비난하면, 아이는 깊게 상처를 입어, 그 이후 마음을 열지 않을 가능성이 있다. 다시 말하지만, 아이가 거짓말을 하기 시작하는 데는 그만한 이유가 있다. 그 말도 듣지 않고 두서없이 무조건 꾸짖으면, 아이는 반성하기는커녕 반발심에서 '이번엔 좀 더 거짓말을 잘하자.'라고 생각할 가능성이 있다.

아이가 거짓말을 하는 것은 분명 충격이다. 이럴 때일수록 우선은 냉정하게 왜 거짓말을 했는지, 그 이유를 정확하게 파악하는 것이 중요하다. 거짓말을 알게 된 후에 그것에 대해 "어째서 이런 거짓말을 했는가?", "어째서 이런 일을 한 거야?"와 같이 무리하게 물으면, '화난 것을 듣고 싶지 않아서'라는 생각에서, 거짓말을 한층 더 거듭할 우려가 있다. 같은 질문을 한다고 해도 "왜 거짓말을 했는지 가르쳐 줄래?"라고 온화하게 물으면, 아이는 '진짜를 말해도 꾸짖지 않을지도 모른다'며 안심하고 본심을 이야기하기 쉬울 것이다.

• 거짓말의 이유와 내용에 따라 냉정하게 대응하기

대부분은 아이가 거짓말을 하고 있다고 알았을 때는 깜짝 놀라거나 충격을 받기 쉽다. 다만, 이럴 때는 긴 호흡을 하고 나서, 냉정하게 대응하여야 한다. 꾸짖는 편이 좋은 거짓말과 꾸짖지 않아도 좋은 거짓말의 구별이 중요하다. 아이가 거짓말을 한 이유가 밝혀지면 그 내용에 따라 꾸짖어야 하는지 여부를 판단해야 한다.

타인을 긁거나, 과시하거나, 심하게 잡아당기거나, 때리거나, 훔치는 등 범죄에 관여하는 거짓말에는 당연히 강한 대응을 취해야 한다. 예를 들어, 싫어하는 친구의 평판을 떨어뜨리기 위해서 "그 아이는 나에게 ○○라고 욕을 했어."라는 거짓말을 했을 경우, 그 거짓말에 의해 상처 입는 피해자가 나오므로, 제대로 꾸짖은 다음 "절대로 하지 말아야 할 것"이라고 말하고 확실히 사과받아야 한다.

한편, 보신을 위한 거짓말이나 사람의 주의를 끌고 싶을 때의 거짓말에 관해서는, 두서없이 꾸짖는 것이 아니라 거짓말을 할 수밖에 없었던 것에 대해 공감을 나타내고, 거짓말을 한다면 다른 선택을 제안하도록 하자. 예를 들어, 놀고 싶은 친구가 놀아 주지 않아서 그와 놀고 싶어서 거짓말을 했던 것이 판명된 경우에는 솔직하게 "나 혼자서는 심심하니까 나와 놀아 줘."라고 제안하고 그 목적을 달성하기 위해 거짓말을 할 필요가 없다는 것을 설명한다. 게다가 "네가 외로워하고 있는 것을 깨닫지 못해 미안해."라고 사과하고 그 후에는 아이에게 거짓말을 하는 상황이 되지 않도록, 부모도 자신의 대응이나 환경을 재검토하는 것이 중요하다.

또한, 사려 깊은 거짓말은 다른 거짓말보다 세심한 주의를 기울여야 한다. 왜냐하면, 배려의 거짓말은 아이 자신에게 문제가 있는 것이 아니라, 제3자가 관계하고 있는 경우가 많기 때문이다.

• 아이가 거짓말의 이유를 털어놓았을 때 대응법

아이가 용기를 내어 거짓말의 이유를 털어놓으면, 우선은 "말해 주어 고맙다."라고 감사의 기분을 전하고 그 후는 유치원이나 초등학교 당국과 제휴하면서, 신중하게 대응하는 것이 중요하다. 두서없이 막무가내로 꾸짖지 않고 아이의 기분을 확실히 받아들이자. 아이는 3세경부터 의식적으로 거짓말을 하게 된다. 거짓말하는 계기는 보신 때문에, 배려 때문에, 소망을 위해 하는 등 여러 가지가 있다. 다만, 어느 경우도 아이에게는 나름의 이유가 있다.

다른 사람을 때리거나, 긁거나, 괴롭히는 거짓말에 대해서는 의연한 태도로 꾸짖을 필요가 있다. 거짓말을 할 수밖에 없는 환경을 만들지 않았는지, 반성하는 것이 중요하다. 아이가 거짓말을 하는 것은 부모에게 있어서 적지 않은 충격을 받는 사건이다. 그러나 두서없이 함부로 꾸짖지 말고, 우선은 거짓말을 한 아이의 기분을 확실히 받아들여 보자.

III. 거짓말하는 사춘기 특유의 이유와 부모의 대처법

대부분의 부모는 사춘기 아이들의 대처법에 대해서 잘 모른다. 이 무렵 아이는 거짓말을 하고 이어서 화내는 행위의 반복으로, 아이도 자신도 매일 좌절한다. 거짓말을 자주 하기 때문에, 다른 사람에게 폐를 끼치지 않았는지 부모는 걱정이다. 또 잘못된 길로 빠지지 않을지 노심초사하기도 한다. 중학생 아이가 거짓말을 하는 것을 정확히 알지 못해 자녀 교육에 어려움을 느끼는 사람을 위해 사춘기 특유의 이유와 부모가 취해야 할 대처법에 대해 언급한다.

1. 중학생 아이가 거짓말을 하는 이유

• 부모가 화나게 하고 싶지 않다

중학생이 거짓말을 하는 이유 중 하나는 부모가 자신에게 화내는 것이 싫기 때문이다. 다른 사람에게서 화를 내는 것은 어른이라도 좋은 느낌이 들지 않는다. 화내는 것이 싫다고 느끼는 심리는 부모님을 싫어하고 싶지 않기 때문에, 자신의 존재 자체를 부정된 것처럼 느끼기 때문에, 내가 나 자신을 가장 잘 자각하기 때문에, 마음이 섬세하고 강한 긴장을 느끼기 때문에, 부모의 분노가 비정상적이고 안전을 보장할 수 없기 때문에 등 다양하다.

어떤 이유라도 공통적으로 말할 수 있는 것은 아이가 안심하고 상담할 수 있는 환경이 아니라는 것이다. 부모 자신이 아이에게 거짓말을 하지 않았는지, 평소부터 아이를 제어하려고 위압적인 태도를 취하고 있지 않은지, 아이의 이야기를 끝까지 듣는 등 자녀의 존재를 제대로 인정해 주고 있는지 등 가정 내에서의 자녀 관련 대응 방법을 검토해 보면 좋을 것이다.

• 보기 좋다

중학생이 거짓말을 하는 두 번째 이유는, 보기 좋기 때문이다. 보기 좋게 나오는 거짓말이란, 예를 들어 허위의 내용을 조금 담아 친구에게 자랑하거나, 친구의 비밀을 주위에 흘리는 등의 행동이 여기에 해당된다. 보기 좋게 하고 싶은 것은, 주위로부터 한눈에 관심받고 싶고 그룹의 중심이 되고 싶으며 자신을 눈에 띄게 하고 싶다고 하는 승인 욕구나 자기 현시욕이 드러나서인데, 사춘기에 보이는 특징의 하나이다. 이는 많은 사람들이 이 시기에 경험하는 일이기 때문에 너무 걱정할 필요가 없다. 그러나 수위를 넘는 거짓말은 돌이킬 수 없는 상황을 초래할 수 있다. 그 때문에 "거짓말을 하지 않아도, 당신은 당신 그대로 좋다."라고 자기긍정감을 높여 주는 말을 해 주자.

• 친구를 사귀기 위해서 거짓말을 한다

중학생이 거짓말하는 세 번째 이유는 친구를 사귀기 위해서이다. 예를 들면, 친구와 카페에 가서 케이크를 먹었을 때, 진짜 마음은 맛있다고 느끼지 않아도, 주위 분위기에 맞추어 '맛있다'라고 그 자리의 분위기를 잡거나, 하고 싶지 않은 놀이를 '모두가 하고 있다'라고 반응해야 할 때 어쩔 수 없이 하고 있는 것이 이에 해당한다.

중학생은 자신의 내면에 있는 세계와 타인이 가진 세계와의 차이에 대해 고민하는 시기이다. 친구 사귀기를 원활하게 하기 위해, 죄책감을 안고도 거짓말을 하는 상황이 늘어나는 것이다. 이런 경험을 거쳐 어른이 되어 가는 것이다.

기본적으로, 부모가 자녀 간의 문제에 개입할 필요는 없지만, 자녀가 도움을 받을 수 있는 신속한 지원을 제공하는 것이 중요하다. 예를 들어, 아이가 사실은 친구와의 교제를 그만두고 싶어도 거부할 수 없다고 한다면 "스스로 결정해도 좋다."라는 말로 안심할 수 있는 환경을 만들어 주는 것이 좋다. 구체적인 소통의 취급이나 대처 방법에 대해서도 전해 주면 좋을 것이다.

• 이야기를 들을 수 있는 상태가 아니다

중학생이 거짓말을 하는 네 번째 이유는 이야기를 들을 수 있는 상태가 아니기 때문이다. 공부나 게임, 친구와의 전화 등 무언가에 집중하고 있을 때는 부모의 이야기가 귀에 들어오지 않는 것이다. 우선 적당하게 대답을 하고, 그 자리를 벗어나기 위해 힘내고 있다고 거짓말하는 경우가 있다. 나중에 "그때 ○○라고 말했지?"라고 물어도, 본인은 "전혀 그 내용을 기억하지 못한다."라고 하는 상황은 자주 있는 이야기이다. 그러므로 아이에게 뭔가를 확인하고 싶을 때는 "지금 말을 걸어도 괜찮아?"라고 허락과 동의를 받아 대화하는 것이 좋다.

• 부모를 신뢰할 수 없다

중학생이 거짓말을 하는 다섯 번째 이유는 부모를 신뢰할 수 없기 때문이다. 예를 들어, '진짜 상황을 말하면 부모가 화를 낸다.', '진짜를 말해도 어쨌든 이해하지 못한다.', '부모는 자신의 이야기를 끝까지 들어 주지 않는다.' 혹은 '진짜 일이 있는데 말할 수 없다.', '진짜를 말해도 낭비라고 생각하고 있다.'라는 상태는 자녀가 부모를 신뢰하지 못하고 있을 가능성이 높다. 이 경우 자녀와의 신뢰 관계를 재구축해야 한다.

자녀와의 신뢰 관계를 구축하기 위해서는 부모도 자녀에게 정직하게 접근하는 태도가 필요하다. 아이는 안 되는데 부모는 좋다고 하면 납득할 리가 없다. 그러므로 가정 내의 생활규칙을 옳게 보이게 하고 부모와 자식이 공통 인식을 갖도록 하는 것이 중요하다. 또, 아이의 요구 사항을 무조건 부정하지 않고, 우선은 이야기를 끝까지 듣고, 쌍방의 의견을 도출한 다음에 절충안을 찾아보도록 하자.

2. 중학생 아이가 거짓말을 할 때의 대처법

· 부모의 본심을 전한다

중학생의 아이가 거짓말을 할 때는 "신뢰하고 있었는데 유감이구나, 실망했구나." 등과 같은 표현으로 부모의 본심을 정직하게 전하면 좋다. 아이가 거짓말을 했을 때는 화가 나기 쉽지만, 공격적인 말은 반대로 아이의 마음을 닫는 원인이 된다. 그럼 어떻게 대처하면 좋을까? 분노의 감정의 뒤편에는 '실망했다.', '기대하고 있었다.', '걱정하고 있었다.', '피곤했다.' 등의 조응하는 감정이 있기 때문에 이 뒷면에 있는 솔직한 기분도 함께 전해 주는 것이 중요하다. 그렇게 함으로써 부모가 왜 화가 났는지 이해할 수 있도록 해야 한다. 또 이때 감정 그대로 말을 계속해서는 안 된다. 서로의 좌절감이 진정되기를 기다렸다가 부드럽게 전달하도록 조심해야 한다.

· 아이가 안심할 수 있는 환경을 약속한다

중학생의 아이가 일상적으로 거짓말을 할 때 부모는 아이가 안심할 수 있는 환경을 약속해야 한다. 구체적으로는 "진짜를 말해도 결코 화내지 않으니까 괜찮아.", "안심하고 진짜 너의 마음을 들려주었으면 한다."라고 눈을 보고 진지하게 전한다. 그리고 본심을 듣고 나면 아이의 약속을 끝까지 지켜 주어야 한다. 예를 들어, "아버지에게는 비밀로 해라.”라고 말했는데, 어머니의 판단으로 몰래 전해 버리거나, 약속을 깨는 것이라면 아이는 결코 안심하고 대답할 수 없다.

• 아이의 의견을 끝까지 듣는다

중학생의 아이가 거짓말을 할 때는 아이의 의견을 끝까지 듣도록 노력하자. 자신의 의견을 전하려고 해도 말하기 전부터 ‘안 돼’라고 받아들일 수 없거나 이야기의 중간에 ‘그것은 하지 말라’라고 부정하는 것이 계속되면 아이는 자신의 의견을 부모를 신뢰하고 말할 수 없다. 과거에 한 말 중에서 생각나는 구절이 있으면, “내가 이야기를 들어 주지 못했기 때문에, 진짜를 말할 수 없었구나. 정말 미안해.”라고 사과한 다음, “앞으로는 제대로 끝까지 이야기를 듣는다. 그러니까 진짜를 가르쳐 주었으면 한다.”라고 하면 아이는 마음의 문을 연다.

• 신뢰할 수 있는 관계를 만들어야 한다

중학생은 사춘기 · 제2차 성장기 · 제2차 반항기로서 자녀의 심신 모두 큰 발달을 볼 수 있는 시기이다. 아이로 취급받는 것을 싫어하고, 자립하고 있는 모습을 보여 주고자 하는 경우도 있다. 다만, 아직도 부모로부터의 애정이 필요한 때이므로, 말이나 신체 접촉으로 애정을 표현하거나, 시험 성적이나 결과가 아닌 아이의 존재 그 자체를 인정하는 말을 소중히 해야 한다.

또, 가정 내에서 적절한 대처를 할 수 없다고 하면 전문가 상담이나 학원 등을 활용할 것을 추천한다. 특히 이 시기의 아이는 부모나 학교의 선생님이 말하는 것을 듣지 않아도, 제3자 어른이라면 솔직하게 속마음을 털어놓는 경향이 있다. 고등학교 진학을 앞두고 있으면, 학습 측면에서의 불안도 해소할 수 있을 것이다.

수업은 물론 수업 이외에도 기본적으로 아이를 잘 칭찬하고 자신의 힘으로 문제를 푸는 즐거움을 전하도록 유의하는 것이 좋다. 예를 들어, 실패나 실수를 해도 부정하지 않고, 답변을 찾을 때까지의 과정을 함께하면서 자신감을 고취시키면 서서히 공부를 좋아하게 된다. 그리고 문제가 풀리면 아이와 함께 엄청난 기쁨을 나눈다. 또한, 그 아이 특유의 '잘못된 버릇'을 찾아 아이 자신에게 그것을 깨닫게 해서 '실수 줄이기'라고 인식시키며 아이의 능력을 믿고 신뢰 관계를 늘린다. 이런 관세를 발전시키면 골칫거리가 쉽게 풀릴 수 있다.

Ⅳ. 주의력결핍 과잉행동장애(ADHD)와 거짓말 버릇의 관계

아이가 거짓말을 하면, '혹시 발달장애가 있나?', '거짓말이 버릇인가?'라고 걱정하는 보호자도 있다. 솔직히 말해 달라고 할 때 아이가 거짓말을 하면 고민이 된다. 어떻게 대응해야 할까? 이번에는 아이가 거짓말을 하는 이유나 발달장애와의 관계성, 아이가 거짓말을 할 때 보호자가 취해야 할 대처 방법을 설명한다.

1. 주의력결핍이나 과잉행동장애 아동에게 거짓말 버릇이란?

우선 거짓말 버릇은 거짓말을 하는 것이 버릇이 된 상태를 가리킨다. 간단히 말하면 "거짓말쟁이"이다. 사소한 것에서 큰 거짓말까지 거짓말이 많아 실제 사건을 왜곡하여 말하는 것이 습관화되는 것이다. 거짓말 버릇의 원인은 복잡하고, 마음의 상태나 환경 등 다양한 요인이 영향을 준다고 한다. 치료에는 심리요법과 상담이 이루어져 본인이 자신의 언행을 깨닫고 개선하도록 해야 한다. 다만, 아이가 거짓말을 하는 것은 반드시 거짓말 버릇은 아니고, 이유가 있거나, 놀이의 일환으로서의 거짓말도 있다. 거짓말 버릇은 거짓말이 많고 그 결과로 일상생활에 지장이 생기는 경우를 말한다.

2. 거짓말 버릇과 ADHD의 관계

우선 아이가 거짓말을 하는 것과 ADHD 등의 발달장애 사이에 직접적인 관계는 없다고 한다. 다만, 거짓말 버릇은 거짓말의 내용에 따라 발달장애가 의심되는 경우도 있다. ADHD는 그 특성 때문에 일상생활에서 주위에서 꾸짖거나 하는 경우가 많은 경향이 있다. 또한 자기평가가 낮아서 자주 화를 내거나 자기평가가 낮은 것을 깨닫지 않도록 거짓말을 할 수 있다.

예를 들어, 몇 번 주의를 주었어도 분실물이 생기고 잘 화내기 때문에, 그중 분실물을 없애 버리는 경우, 아이가 ADHD의 성향인 '잊어버리기 쉬운' 특성을 가지고 있을 수 있다. 그 밖에 발달 특성으로서 타인의 감정을 읽는 것이 어려울 가능성이 있고, 거짓말을 하는 것으로 주위의 사람이 상처를 받는 것을 생각하지 못하기도 한다.

또, ADHD의 아이는 충동성이나 부주의 경향이 있어 비교적 빤히 보이는 쉬운 거짓말을 많이 하고, 정상적인 발달의 아이와는 달리 거짓말을 자주 하기 때문에, 거짓말쟁이라고 인정되는 경향이 있다. 만약, 걱정되는 일이 있는 것 같으면 전문가와 상담해 보자. 그렇다면 왜 ADHD 아이들에게 거짓말 버릇을 볼 수 있는가?

통상, 거짓말 버릇을 가진 사람은 눈에 띄고 싶어 하고, 내가 이 모습 그대로, 자존감이 높은 사람이라고 생각하는 등의 성격인 경우가 많다고 한다. 다만, ADHD의 아이에게 거짓말 버릇이 보이는 경우는, 그렇지 않고 ADHD의 특성 때문에 꾸짖음당하는 것을 피하고 싶고, 주목받고 싶다는 이유로 거짓말을 할 수 있다고 한다. 그러나 본인은 거짓말이라고 생각하지 않는다. 그럼, 하나씩 차례로 검토해 보자.

· 현실과 공상의 차이를 구별하지 못하는 경우

아이는 공상과 현실의 구별이 되지 않고, 스스로 생각해 낸 것, 상상한 것을 사실이라고 생각하는 경우가 있다. 그래서 공상에서 '이렇다면 좋은데….'라고 생각하는 것을 현실처럼 실행할 수 있다. 특히 6세 정도까지의 아이는 '현실과 공상'의 구별이 어렵고, 나이가 올라가면서, 현실과 공상의 차이를 구별할 수 있게 되어 간다. 또한 발달장애를 안고 있는 아이는 사물을 느끼는 방식, 사고방식, 뇌 내부의 정보를 처리하는 방법이 독특하고, 객관적인 사실과 다르게 오해하여 거짓말이라고 생각한다. 이야기에 흠뻑 빠지는 경우에도 거짓말을 하지 않고 아이가 어떻게 느끼고 있는지 확인해 보자.

- **꾸짖음을 피하기 위해 거짓말을 하는 경우**

　ADHD의 아이는 그 특성상 가만히 있는 것을 힘들어하거나, 자주 물건을 잃어버리거나, 배운 것을 잊거나, 규칙과 순서를 지키기가 어려운 경우 등 잘할 수 없는 것으로 주목받기 쉽고, 부모나 주위로부터 꾸짖음을 받는 경우가 많은 경향이 있다. 사람들이 자신을 꾸짖을 것이라고 생각하면 자신의 실패를 꾸짖지 않도록 거짓말을 하여 자신을 지키려고 한다. 게다가 앞의 것을 생각하는 것이 약하기 때문에, 그 자리를 어떻게든 벗어나고자 필사적으로 시도한다. 거짓말을 하여도 그것이 미치는 영향을 생각할 수 없는 경우도 있다. 자신이 거짓말을 하는 것에 화내는 경우를 피하기 위해 또 거짓말을 하는 악순환에 빠진다.

- **보호자와 주위의 주목을 끌기 위해**

　아이는 주목받는 것을 좋아하기 때문에 보호자와 주위의 주목을 자신에게 모으기 위해 거짓말을 할 수 있다. 아이가 주위의 주의를 끌기 위해 거짓말을 하거나 장난을 하는 것을 '시도행동'이라고 한다.

　　아이가 거짓말을 한다. → 부모가 꾸짖는 등 반응을 한다. → 그 반응에 대해 '자신을 봐 주고 있다'라는 기분을 느낀다. → 거짓말을 하면 자신을 봐 줄 수 있다.

　이러한 루프로 거짓말을 하는 것이 에스컬레이팅 되는 경우가 있다. 예를 들면, 아이가 건강한데 복통을 호소하고 컨디션 불량이라고 거짓말을 하는 것이 있다. 이러한 거짓말을 하는 이유는 보호자가 자신을 걱정해 준 데 대해 안심하는 기분이 들기 때문이다. 또한

ADHD의 특성은 감정 제어가 약하고 눈에 띄고 싶다는 감정 때문에, 충동적으로 떠오른 대로 말해 버리고, 결과적으로 거짓말이 되는 경우가 많다.

3. 거짓말 버릇이 아이에게 미치는 영향

그렇다면 앞에서 말한 것처럼 거짓말을 잘하는 상태가 계속되면 아이에게 어떤 영향을 미칠까?

• 병적인 증상으로 진행될 수 있다

거짓말 버릇이 질병이나 장애는 아니지만, 거짓말이 너무 심하면 병적인 증상으로 진행될 가능성이 있다. 거짓말하는 장애 질환은 다음과 같은 것이 있다.

우선 망상성 성격장애가 있다. 주위의 사람을 이상하게 의심하는 성격장애이다.

다음은 기술적 성격장애이다. 과도하게 사람의 주목을 모으려고 하는 성격장애이다. 애정 부족의 아이에게 많이 볼 수 있다.

마지막으로 허위성 장애/작위증이 있다. 몸이나 정신에 병적인 증상이 있는 척을 하거나 증상을 날조하는 정신질환이다. 신체 부위에 상처가 많을 경우 이 증상을 의심해 볼 수 있다. 심해지면 일부러 부상을 입기도 하기 때문에 주의가 필요하다. 아이가 어떤 거짓말을 하고 있는지, 부모는 확실히 판별하고 거짓말을 하는 것이 당연하지 않을 때 아이와 마주해 가는 것이 중요하다.

• 신뢰 관계를 구축할 수 없다

거짓말이 반복되면, 아무리 사이가 좋은 친구끼리라도 믿는 것이 어려워져, 신뢰 관계를 구축할 수 없다. 우정은 신뢰와 큰 연관이 있으므로 거짓말을 하면 친구 관계가 잘못될 수 있다. 그리고 '그 아이는 거짓말만 한다.'라는 평판이 퍼져 버렸을 경우, 자신의 주위로부터의 신뢰도 무너져 버려, 또래 집단에서 고립될 가능성도 있다.

4. 아이가 거짓말할 때의 대처법

아이가 거짓말을 한다면 거짓말의 내용에 따라 부모의 대처 방법을 달리해야 한다. 아이가 거짓말을 할 때의 대처법을 전술한 이유별로 나누어 해설한다.

• 진실한 생각이 아닐 때의 대처법

우선은 아이의 이야기를 부정하지 않고 들어 보자. 아무래도 어른은 아이가 현실과 다른 것을 말하면, 꾸짖기만 한다. 그러면 아이는 자신이 옳다고 생각하는 것이 받아들여지지 않으므로 쉽게 좌절한다. 다만, 자신의 소망이나 공상을 실제로 있었던 것처럼 말하는 것은 유아기의 특징이기 때문에 성장과 함께 현실과의 구별이 가능하게 되면 자연스럽게 없어지므로 별로 신경 쓰지 않아도 괜찮다. 오히려 공상은 아이가 상상력과 배려를 키우는 데 필요한 것이다. 부모도 함께 아이의 상상의 세계에 들어가서, 즐겨 듣고 맞장구를 쳐 줄 수 있으면 좋겠다.

• 꾸짖는 것을 피할 때의 대처법

평소부터 언행이 엄격하거나 부모가 화가 나면 '또 나에게(나 때문에) 화낸다.'고 느끼거나 부모의 기대에 부응하는 좋은 아이로 생각되고 싶다는 생각에서 본심을 말할 수 없게 되어 거짓말을 하는 경우가 있다. 보호자 자신에게 지금 아이의 수준에 맞는 생각이 준비되어 있는지 생각해 보자. 사실이 불분명하거나 힘들어 꾸짖지 않았는지, 우선 한 번 생각해 보자. 그리고 거짓말을 했을 경우, 우선 왜 거짓말을 했는지, 침착하게 이유를 들어 보자. 솔직히 말할 수 있으면 "제대로 말해 주어서 고맙다."라고 자녀를 붙잡아 주라. 그것을 반복하는 것만으로도 신뢰가 생기고 마침내 아이도 자신의 본심을 안심하고 말할 수 있게 될 것이다.

• 주목을 끌려고 할 때의 대처법

보호자의 주의를 끌려고 거짓말을 하는 경우는 상대하지 않는 것이 효과적이다. 꾸짖어 버리면, 거짓말을 하는 것으로 '자신을 봐 주고 있다'는 기분이 형성되므로, 거짓말을 해도 얻지 못한다는 것을 아이에게 느끼게 하는 것이 중요하다. 또한 거짓말을 하고 신경 쓰지 않아도 보호자가 관심을 가져 주고 있다고 느끼는 환경 만들기도 중요하다. 일상적으로 자녀와 신체 접촉을 취하고 가볍게 신체를 만지는 습관이나 아이의 이야기를 듣는 시간을 의식적으로 만들어 보라.

5. 거짓말하지 않는 아이로 키우는 방법

위에서 거짓말을 했을 때의 대처법을 이유별로 소개했다. 원래 거짓말을 하지 않으려면 가정에서, 어떻게 아이를 접하면 되는지를 해설한다.

• **무엇보다도 거짓말을 하지 않아도 좋은 환경을 만들어야 한다**

타고난 거짓말쟁이는 없다. 우선 거짓말에 이르게 된 배경을 제대로 파악하는 것이 중요하다. 예를 들어, 부모님이 실직자로 일하지 않는데도 일하고 있다고 주위에 말하는 것은 가정환경에 콤플렉스가 있기 때문으로 받아들이고, 건강하지만 컨디션이 나쁘다고 말하는 것은 보호자로부터의 애정이 부족하다고 생각해야 한다. 아이가 왜 거짓말을 하는지, 어떤 상황에서 거짓말을 하는지 가정환경이나 부모의 행동을 되돌아봐야 한다. 어린이에게 안심감을 주고 감정과 불안을 솔직하게 표현할 수 있는 환경을 제공하는 것이 중요하다. 어떤 아이도 보호자에게 사랑받고 싶은 것이다. 거짓말이 나쁘다고 결정하기 전에 부드럽게 아이의 의견을 들어 주는 자세가 중요하다.

• **거짓말 뒤의 불안과 마주할 때 당황스러움을 자연스럽게 해소해야 한다**

앞에서 말한 거짓말을 하지 않도록 하는 좋은 환경 만들기와 비슷하지만, 아이가 보호자에게 거짓말을 하는 것은 보호자에게 공포심이나 불신감을 갖고 있는 것으로 생각하면 된다. 또, 부모님이 걱정하지 않게 하고 싶다는 것도 생각할 수 있다. 어린아이라도 보호자의 기분이 나쁘거나 별로 웃지 않는다는 것에 민감하다. 그런 때에, 보호자가 아무것도 걱정하지 않도록 행동하면, 아이는 '거짓말을 하고 있구나.'라고 느끼게 된다. 아이에게 슬픈 일이 있어도, 걱정을 끼치지 않게 행동하려고 한다. 소중한 감정을 거짓으로 보이고 거짓말을 하게 되어,

장래에 부모와 자식 관계에 왜곡이 생기는 원인이 되기 때문에, 부모 자신이 거짓말을 하지 않고, 자연스럽게 아이에게 접근하는 것이 필요하다.

· 전문가와 상담하는 것이 좋다

아이의 거짓말 버릇이 심각한 경우, 고민하지 말고 전문가에게 상담하자. 심리상담사나 정신과 의사와 상담하면 거짓말 뒤에 있는 심리적 문제와 상황을 이해하고 적절한 대응을 할 수 있다. 전문가의 조언을 받으면 아이가 건강한 소통과 행동 패턴을 습득하는 지원을 얻을 수 있다. 어린이의 건강한 발달을 촉진하기 위해서는 초기 단계에서 전문가에게 상담하는 것이 큰 도움이 된다.

V. 발달장애 성인의 거짓말

여러분은 발달장애인과의 관계 속에서 그들이 왜 자주 거짓말을 하는지 생각해 본 적이 있는가? 실은 그 거짓말은 상대를 곤란하게 하기 위해서 하는 것이 아닌 경우가 많다. 이 항은 (i) 가족이나 직장에 발달장애가 있는 사람의 거짓말에 고민하고 있는 사람, (ii) 상대방이 거짓말쟁이라고 생각하는 발달장애인이어서 관계 설정에 고민하는 사람, (iii) 평소에 자신이 있는 자리에서 태연하게 거짓말을 하는 사람들 때문에 고민하는 사람들에게 정독을 권하고 싶다.

1. 발달장애의 성인은 수시로 거짓말을 할 수 있다

발달장애를 가진 사람은 사소한 것을 고집하는 힘이 있다. 집중이 계속되지 않는다. 감정이나 상황 파악이나 설정된 장면의 읽기가 약하다. 애매한 표현의 이해가 어려운 것이다. 인간관계를 구축하는 것이 약하다. 이처럼 다양한 특성이 있다. 이러한 특성들로부터 발달장애인은 특정한 사실을 없었다고 말한다. 때로는 사실을 과장하여 말한다. 사실이 아님에도 어떤 일이 있었다고 말하므로 그 결과 거짓말을 하고 있다고 생각하게 된다. 그러나 그것은 아스퍼거 증후군의 특징으로, 본심(속마음)과 겉마음을 명확히 구별하는 데 어려움이 있기 때문이다.

본심과 겉마음이 차이가 없는 자는 좋든 나쁘든 정직한 자이다. 하지만 아스퍼거 증후군이 있는 사람은 본래 '알기 어려운 거짓말'을 하는 것에 서투르다. 그 때문에 사기꾼처럼 사람을 속이기 위해서와 같은 목적이나 악의를 가지고 거짓말을 하고 있는지 구별하는 것은 어렵다.

2. 발달장애와 거짓말 버릇 사이에는 어떤 관련성이 있을까?

거짓말 버릇은 거짓말의 내용에 따라 몇 가지 장애의 가능성을 생각할 수 있다. 그러나 거짓말 버릇의 사람이 모두 발달장애인 것은 아니다. 오히려 '거짓말 버릇'은 질병의 명칭이 아니라 거짓말을 하는 사람의 성질을 나타내는 전문용어이다. 간단히 말하면 거짓말쟁이를 가리킨다. 그는 분명히 자신이 한 말이 허구이지만 거짓말이 사실이라고 알고 있다. 정신분열증처럼 자신이 말하고 있는 것을 인식하지 못하고, 결과적으로 사실에 반하는 것을 말한다. 따라서 거짓말을 하고도 어떠한 죄책감이나 후회도 없다.

해리성 장애의 해리가 일어나고 있던 사이의 기억이 없기 때문에 그사이에 한 약속을 기억하지 못하고 거짓말을 하게 된다. 발달장애의 경우에 일반적으로 거짓말 버릇은 '명확하게 거짓이라고 알고 말하고 있다'는 것을 가리킨다(처음에는 거짓말을 하고 있는 자각이 있어도, 어느 순간부터 거짓말과 사실의 경계를 모르는 사람도 있으며, 이 경우도 그 안에 포함된다).

• 발달장애인의 속마음 본심과 겉마음의 구분의 어려움이 있다

발달장애인은 단어 읽기, 이해력, 상상력의 부족이라는 특성이 있다. 표정이나 태도가 어색해져 거짓말을 하고 있는 것처럼 느껴진다. 이야기 전후에 엇갈림이나 모순이 발생하여 거짓말이 명확해지고 결과적으로 거짓말을 했다는 정황이 생긴다.

게다가 발달장애인은 '보통'을 요구한 결과, 실패의 체험을 거듭해온 경우가 많다. 그 자리를 극복하기 위해서 이야기를 얼버무리는 습관이 형성된 사람이나, 무의식적으로 그 자리에서의 즉석 거짓말을 하는 사람도 적지 않다. 또, 자신의 정당성이나 합리성을 지키기 위해 거짓말을 하기도 한다. 하지만 그 거짓말이 이미 들통났다는 것을 깨닫지 못하고, 그 거짓말을 지키기 위한 제2, 제3의 거짓말을 하는 경우도 있다.

• 감정의 통제가 불가능하기 때문에 무심코 거짓말을 한다

누구나 분노나 공포, 초조로부터 그 상태를 극복하기 위해, 사실과는 정반대의 일이나 생각하지 못한 것이 순식간에 입에서 나오는 경험이 있지 않을까 생각한다. 특히 발달장애인은 감정의 기복이 심해 감정의 제어를 할 수 없는 어려운 사람이 있다. 그러면 생각한 것을 빨리 입에서 발화할 수 있다. 감정이 높아지고 있을 때는 머리(이성)가 감정에 지배되고 있기 때문에, 그때에 한 말을 기억하지 못하거나 혹은 그 사건조차 선명하게 기억하지 못하는 경우도 있다.

일단 입에서 내놓은 말이 반드시 사실은 아니고, 말한 것을 기억하지 못하기 때문에, 주위에서 보면 태연하게 거짓말한다고 생각한다. 의도적으로 거짓말을 하는 것은 아니기 때문에 어떻게 말하고 있는지 서로 번갈아 생각해 보아야 한다.

• 상황을 파악하는 방법의 차이에서 거짓말을 느낀다

대화 속에서 '사물을 파악하는 방법'이나 '가치관', '표현하는 방법', '감각의 어긋남'의 차이로 인하여 인식에 차이가 생겨 이야기가 맞물리지 않고, 때로는 싸움으로 발전되는 일도 있을 것이다. 이와 같은 '사물을 파악하는 방법'이나 '가치관' 등이 발달장애인은 독특하기 때문에, 객관적으로 보면 사실과 다르게 오해되어 '자신의 형편이 좋게 보이도록 거짓말을 하고 있는 것'처럼 이해할 수 있다.

ADHD(주의력 부족·다동증)의 경향이 강한 A의 사례를 살펴보자. A의 머릿속은 언제나 고속회전을 하고 있다. 실수를 지적했을 때, A의 머릿속에서는 '거기에 이른 경위'나 '향후의 개선책' 등을 생각하고 타임 루프를 설정하고 있는 것 같은 감각에 사로잡혀 있다. 그 때문에 고

속회전으로 여러 가지를 생각하고 있는 동안에, 사과하는 타이밍을 놓쳐 버리거나, 사과하기 진에 피곤해서 망각해 버리기도 한다. 실제로 사과하지 않아도 머릿속에서는 여러 번 사과하고 있다고 인식하고 있기 때문에 왜 용서해 주지 않는가 하는 기분이 든다.

A로부터 추측하는 발달장애인의 거짓말을 설명해 보자. A의 말을 어떻게 평가해야 할까? 실수를 지적받고, A는 순간적으로 "자신이 말한 것은 그것이 아니다."라고 대응할 것이다. 결과적으로 거짓말을 한 경우에도 A는 '희망'을 대답했을 뿐이라고 발뺌한다. 아마 A는 자신의 실수라고 알면서도 "자신의 말은 그것이 아니다.", "이리면 좋겠다"라는 마음, "희망"이라는 사고(思考)가 입에서 나왔을 것이다. 게다가 발화한 이야기를 주워 담지 않는다.

3. 발달장애인의 거짓말 대응법

발달장애의 특성에 의해 결과적으로 거짓말을 한다. 다만, 자주 거짓말을 하면 주변의 이해를 얻을 수 없기 때문에 고립되는 상황이 발생한다. 일이나 생활에 안 좋은 영향이 생긴다. 또한 발달장애인은 스스로 '거짓말을 하고 있다.'고 인식할 수 없기 때문에 가족이나 지인, 직장인 등 주위의 사람이 알아서 지원하는 것이 필요하다. 지원할 때 곤란하거나 불안하게 느꼈다면 의료기관 혹은 복지시설 등의 전문기관에 상담하는 것을 권고한다.

발달장애의 조기 발견이나 조기 지원을 목적으로 하고, 발달장애가 있는 분이나 가족의 일상생활을 지원하고 있는 시설이 발달장애인 지원센터이다. 발달장애의 진단을 받은 사람뿐만 아니라 발달장애의 가능성이 있는 사람도 상담할 수 있다. 또한 시설에 따라 차이는 있지만, 기본적으로는 전문가 직원 이외에 사회복지사가 있다. 그 밖에도 정신보건복지사나 의사도 있으므로 각각의 전문 분야에 따른 지원을 받을 수 있다.

악마의 가면

3장

거짓말과 정신작용

Ⅰ. 거짓말은 절대 해서는 안 되는가?

왜 거짓말을 해서는 안 되는가? 우리는 어린 시절부터 "거짓말을 해서는 안 된다."고 가르쳐 왔다. 그러나 지금까지의 인생에서 한 번도 거짓말을 한 적이 없는 사람은 없을 것이다. 게다가, 상대를 생각해서 하는 좋은 거짓말이라는 것도 있다. 이번에는 그런 '거짓말'에 대해, 상식과는 조금 다른 생각을 갖고 있는 한 명의 철학자를 소개하기로 한다. 거짓말에 대해 말할 때 절대적으로 빠뜨릴 수 없는 철학자가 한 명 있다. 그것은 독일의 철학자 임마누엘 칸트(Immanuel Kant)이다.

그는 거짓말에 대해 분명히 이렇게 말한다.

"언제 어떠한 때에도 거짓말을 해서는 안 된다."

어떤 예외도 인정하지 않고 절대로 거짓말을 해서는 안 된다고 하였다. 매우 엄격한 철학적 주장이다. 상대방을 생각해서 하는 거짓말인 악의 없는 거짓말(white lie)도 그에게 있어서는 허용되지 않는다. 예를 들어, 영화《라이프 이즈 뷰티풀》과 같이 강제수용소에서 아들 조수아에 살 희망을 주기 위해 이것은 단체게임이라며 아버지 귀도가 격려하는 것도, 《다크나이트》처럼 블루스를 지키려고 배트맨의 정체는 자신이라고 하비가 선언한 것도, 칸트에게 있어서는 허용이 안 되는 것이다. 왜냐하면, 그것은 좋다고 생각하고 거짓말을 하는 것과 실제로 상대가 그 혜택을 받는 것 사이에는 인과관계가 성립되지 않기 때문이라고 말한다.

이러한 예에서 딜레마로 나오는 것이 프랑스의 철학자 벤자민 콘스탄(Benjamin Constant)이 비판 재료로 꼽은 살인귀의 문제이다. 살인자에 쫓기는 친구를 자신이 집에 묵게 하였다고 한다. 거기에 살인자가 찾아와서 이 집에 친구가 있지 않느냐고 묻는다. 칸트는 거기서 자신은 살인자에 대해 정직하게 친구가 집에 머물고 있다고 말해야 한다고 한다. 일반적으로 친구를 구하기 위해 친구는 집에 없다고 거짓말을 해야 한다고 생각할 것이다. 콘스탄도 그렇게 생각하고 칸트를 비판했다.

그러나 칸트는 이런 상황에서도 거짓말을 해서는 안 된다고 말한다. 그것은 집에 없다고 거짓말을 하면 친구는 구원받고, 집에 있다고 솔직하게 말하면 친구는 죽는다고 하는 일반적으로 생각되는 인과관계가 성립되지 않기 때문이라고 주장한다. 예를 들어, 친구가 자신의 집에 없다고 거짓말을 했다고 해도 살인자와 만날 가능성도 있고, 반대로 있다고 솔직하게 말했어도 친구가 자신의 집에서 빠져나갈 수 있을 가능성도 있기 때문이다. 즉, 양자의 관계에 필연성은 없고 우연성이 개입한다는 것이다.

또, 거짓말을 주관에 맡겨도 좋다고 하면 끝이 없다고 하는 우려도 있다. 상대를 위해서라는 면죄부에 의해서 뭐든지 되는 것을 막는다는 효용도 있다. 그러므로 거짓말을 하지 않는 것, 즉 정직하다는 것은 우연이나 상황에 좌우되어서는 안 되는 인간의 절대적인 의무라는 것이다. 그래서 "언제 어떠한 때에도 거짓말을 해서는 안 된다."는 이성의 명령에 따르려는 양심을 칸트는 "선의지"로 명명하고 이것이야말로 도덕을 구현하기 위한 중심개념이라고 했다.

칸트는 결과가 아니라 동기를 무엇보다 중요시했다. 어떤 행위가 좋거나 나쁜지는 양심에 준거하는지의 여부로 판단되어야 하고, 결과만으로 판단되어서는 안 된다. 결과적으로 사람을 구하게 된다면 거짓말을 해도 상관없다는 결과주의를 비판하는 것이다. 이것을 칸트는 '정언명법'으로 정립하고 있다. 도덕은 목적을 위한 수단으로 일해서는 안 되며 항상 그 자체를 목적으로 취급해야 한다는 것이다.

예를 들어, 노인들에게 지하철에서 자리를 양보하는 경우라도, 타인에게 좋은 사람으로 생각되고 싶기 때문이거나, 부모님이 그렇게 가르쳤기 때문이라고 하는 이유로는 정당화되지 않는다. 또 '행복하고 싶다면 거짓말을 해서는 안 된다.'라고 하는 것처럼 가언명법으로서 조건부로 정해도 되지 않는다. 즉, 칸트가 말하는 거짓말을 하지 말아야 하는 이유란 그 자체에 가치가 있으니까 정당하다는 것이다. 거기에 이유를 더해 버리면 가언명법이 되기 때문에, 이렇게 말하지 않을 수 없을 것이다.

아마도 칸트의 주장은 극단적이고 논쟁의 여지가 있을 것이다. 다만, 목적이 아니라 동기를 중시한다는 관점은 현대의 자본주의 사회에서의 결과지상주의에 일석을 던지게 될지도 모른다.

II. 왜 사람은 거짓말을 하는가?

우리는 자주 거짓말을 한다. 무의식중에서라도 거짓말을 한다. 누구나 거짓말을 하지 않으면 살 수 없을 것이다. "너 뭔가 싫어."라든가, "그 옷, 아무도 닮지 않았다."라고 생각하는 대로 말하지 않으면, 사회 속에서 하루도 살아갈 수 없다. 자신에게 거짓말을 할 수도 있다. 멋진 여성에게 접근한 후 만남이 거절되면, "응, 여자는 얼마든지 있다."라고 자신에게 말하게 하거나(마음의 방어규제), 적당히 통제할 수 있는 거짓말을 한다는 것은 지적 수준의 높이와 마음의 건강함의 표현이다. 그러나 놀라운 거짓말도 있다.

1999년 칸 영화제 그랑프리 수상작 《라이프 이즈 뷰티풀》의 내용 중 일부이다. 유대인 포로수용소에 들어간 주인공은 아이들을 위해 목숨을 걸고 거짓말을 한다. 여기에서는 모두 즐거운 게임을 하고 있다고 한다. 하지만 이러한 거짓말은 대의를 위해 의도적인 설정의 거짓말이므로 거짓말이라고 할 수도 없다.

오 헨리(O. Henry는 필명이고 William Sydney Porter가 본명)의 유명한 단편 「마지막 잎새」의 장면을 상상해 보자. "마지막 잎이 떨어지면 나는 죽는다."고 말하는 사람을 위해 노화가는 책의 묘사와 똑같은 잎의 그림을 그린다. 이처럼 삶의 희망이 꺼져 가는 사람을 위해 할 수 있는 거짓말도 있다. 희곡이나 소설 자체는 거짓말의 이야기이다. 하지만 사람에게 기뻐하는 거짓말 이야기이다. 여기서 꼭 지적하고자 하는 것은 역사를 거짓으로 왜곡하는 사람들이다. 이들의 역사 왜곡은 사악한 거짓말이다. 정치적 목적으로 교묘하게 속이는 것이므로 용서할 수 없다.

1. 병적인 거짓말

연기성 인격장애인이나 경계성 인격장애인은 자신이 주목받기 위해서 거짓말도 거침없이 내뱉는다. 하지만 그 거짓말을 발화하였을 때에는 점점 비참해질 뿐이다. 다만, 자신에게 자신이 없을 때, 지위나 돈이나 가문이나 호화로운 소지품으로, 자신의 마음에 빈 것을 채우고 붙인다. 그런 채울 것이 아무것도 없을 때에는 자신감이 없기 때문에 거짓말을 해서 허세를 부린다. 누구나 다소는 거짓말을 할 것이다. 다만, 도를 지나치게 되면 불행의 근원이 되고, 병적인 거짓말 버릇이 되어 버린다.

2. 절대로 거짓말을 하지 마라

너무 엄격한 징계는 부모의 생각과는 정반대로 자녀를 거짓말쟁이로 키우게 된다. 엄격한 징계에 솔직히 미안하다고 말하는 것이 무서워 거짓말에 거짓말을 거듭하고, 그중에 항상 책임을 허물고 사실을 속이는 거짓말쟁이가 완성된다.

3. 거짓말을 어떻게 간파하는가?

단어나 내용만으로는 누구도 거짓말이 어떤 것인지 모른다. 따라서 맥락에 따라 판단할 수밖에 없다. "100만 원 드립니다.", "당신을 사랑합니다. 결혼합시다." 이런 표현이 거짓인지 여부는 상황에 따라 판단이 달라질 것이다. 거짓말은 말하는 사람의 태도에 나타난다. 다변이 되거나, 시선이 침착하지 않거나, 자기 신체의 곳곳을 만지거나 듣는 사람을 똑바로 바라보지 못한다. 거기서 감이 좋은 사람은 어쩐지 거짓말 같다고 알 수 있다(남성에 비해 여성은 이런 변화가 나오기 어려운 것 같다).

4. 거짓말은 얻을 것이 있기 때문에 하는 것이다

인간은 어떠한 형태로든 자신이 원하는 것을 얻는 일을 하도록 설계되어 있다. 자신에게 득이 되거나 사람에게 득이 되는(그것이 자신의 기쁨이 되는) 같은 행동을 취한다(이것이 심리학에서 말하는 '학습'이다.). 거짓말도 결국은 무언가를 얻을 수 있기 때문에 만들어진다. 다만, 단기적으로 보면 얻을 수 있는 경우와 장기적으로 보면 얻을 수 있는 경우가 있다. 그 자리의 상대를 속이는 것만으로도 거짓말은 단기적으로는 이익을 얻는다. 다만, 장기적으로 보면 손해가 될 것이다. 면전의 사람을 위하는 척하는 거짓말, 사려 깊은 거짓말은 장기적으로 이득을 보고 하는 거짓말이다.

1987년 1월 14일 일어난 고문 사건과 관련하여 경찰의 거짓말이 사회적으로 큰 문제가 되었다. 정치인이나 관료의 거짓말이 문제가 되는 경우가 많이 있다. 하지만, 그들은 단기적인 정치적 이득을 얻으려고 거짓말을 하는 경우 장기적으로는 신뢰자산의 손실이라는 큰 손해를 입는다. 그래도 그 조직 안에서 출세해 온 사람들이기 때문에 머리가 나쁜 사람이 아닐 것이다. 그 조직이나 우리 사회 속에서 거짓말을 하고 자신의 실패를 속이는 편이 실제로 얻은 것이 많았던 경우가 아닐까 생각한다.

만약, 그렇다면 그들에게는 물론 반드시 책임을 물어야 하고, 그들을 단지 비난하는 것만으로는 충분하지 않고 반드시 선거에서 낙선시켜야 한다. 하지만 거짓말하는 정치인은 3류 인간이고 그들에게 표를 준 유권자는 5류 인간이다. 아니, 정치인의 공범자들이다.

실패하는 것보다 실패를 숨기고 거짓말하는 것을 비난하는 사회가 건강한 사회이다. 우리 사회는 어떨까? 잘못을 속이는 사람과 솔직하게 잘못을 인정해 진심으로 회개하는 사람, 우리는 그들 중 누구를 받아들일까? 한국에서 선거철이 되면 유권자들은 모두 거짓말하는 정치인들의 선전 선동에 취해 냉철한 이성이 작동하지 않은 것 같다. 거짓말을 대수롭지 않게 늘 버릇으로 하는 정치인이 당선되는 것을 보면, 분명 우리 사회는 건강하지 못한 사회이다.

Ⅲ. 공적 측면에서 거짓말의 역할

'거짓말'이 사회관계 형성에 있어 어떤 일을 하는가? 우선 마이너스 측면에서 보자. 현대와 같은 '보다 풍부하고 보다 광범위한 문화생활'에서 '거짓말'은 '생활의 기초'를 뒤흔드는 큰 문제가 될 수 있다고 게오르그 짐멜(Georg Simmel)은 생각한다. 현대와 같이 복잡화한 사회에서는 한 사람 한 사람의 인간이 자신의 생활을 조건 짓고 있는 다양한 규범이나 제도를 직접 전망하는 것은 전혀 불가능한 것이기 때문이다. 정말로 한 사람이 의존하고 있는 다양한 제도와 규칙은 옛날에 비해 훨씬 복잡해지고 다방면에 걸쳐 있다.

우리의 하루의 삶은 그러한 제도와 규칙, 그리고 그 담당자들에 대한 막연한 '신뢰'에 근거하고 있다. 만약, 아침에 와야 할 버스가 오지 않으면, 도착할 우편물이 도착하지 않으면, 가게에서 점원으로부터 조악한 상품을 속아서 사고, 게다가 법외적인 가격을 붙이면, 그러한 사태가 곳곳에서 일어나면, 우리의 생활 전반엔 지금과는 전혀 다른

긴장이 촉발될 것이다. 즉, 손해를 입은 사람은 기대한 바와 다른 어긋
남이 일어났을 때 이를 바로잡는 태도를 취하라고 요구할 것이다.

현대인의 생활은 경제적인 의미보다 훨씬 넓은 의미에서 신용경제
라고 생각한다. 그러므로 현대의 사회생활에서 거짓말은 생활상의 큰
리스크가 된다. 그러나 거짓말에도 적극적인 의미가 있다. 우선 사회
의 질서 형성에 기여하는 측면에서 검토해 보자.

1. 거짓말의 사회적 기능

짐멜이 말하기에는 '원시상태'에서는 거짓말이 어느 정도 허용되고
있지만, 그것은 다음과 같은 사태를 의미한다. 그가 말하는 원시상태
란, '조직화와 등급화와 권력의 집중화'가 막 생겨난 사회를 말한다.
그러한 계급분화에서 권력적 지위를 획득하기 위해서는 두 가지 계기
를 생각하게 된다.

하나는 직접적 · 신체적 힘이고, 다른 하나는 정신적인 힘이다. 그
리고 정신적인 힘의 행사의 유력한 방법이 거짓말이다. 정신적인 힘
의 행사는 직접적인 폭력적인 힘을 갖지 않더라도 인간사회에 부정적
인 역할을 수행한다.

매우 빠른 시기부터 지배적 지위를 획득하는 것이 가능하며, 그것
은 거짓말에 의해 정신적인 우월을 작용시켜 보다 교활하지 않은 자를
조종하고 억압하는 방식에 의하여 권력을 확보한다. 이 경우 거짓말
은 정보의 은폐나 변용을 더한 형태의 소통 능력의 높이를 의미한다.

현대에서도 거짓말이 가진 적극적인 사회적 기능은 없어지지 않았
다. 그것은 상품을 팔려고 과도하게 과장한 선전이나 판매 전략을 진

행시키는 경우이다. 물론 소비사회가 성숙함에 따라 그러한 명백한 과대선전은 서서히 줄어들고, 상품광고가 거짓말이라는 성격은 희미해진다. 그러나 광고가 상품을 보다 좋고, 보다 훌륭한 것으로 소비자에게 어필하는 것을 목적으로 한다는 것을 생각하면, 광고가 거짓말이라고 하는 성질을 완전히 제로로 만드는 건 불가능할 것이다.

이처럼 거짓말은 확실히 사회관계를 파괴할 위험이 있을 수 있지만, 오히려 짐멜은 거짓말이 사회관계 형성에 갖고 있는 '적극적인 의의'에 주목한다. 그러나 적극적인 의의는 오히려 '비밀'이라는 '소극적인 형식'(거짓말처럼 적극적으로 타인에게 말하는 것이 아니라 사실을 숨기는 소극적인 형태)에 의해 보다 현실 가능성이 높아지는 것이다. 즉, 사회관계를 적극적인 형태로 형성해 나가는 계기로서 거짓말은 '공격적인 기술'이 너무 많다. 한편, 비밀의 사회학적 기능은 더욱 온화하고 본질적으로 인간관계에 영향을 미친다. 말하자면 비밀은 소통의 기본적인 방식을 크게 규정하는 '사회학적 형식'이다.

아마도 거짓말에 위와 같은 적극적인 의미가 있음에 놀랐을 것이다. 이제 거짓말이라는 주제를 통해, 사람의 마음과 행동의 이상한 세계를 들여다보자. "거짓말"의 문제는 인간관계 자체의 문제이다. '거짓말'에 관심이 있는 사람에게도, 인간관계의 심리 전반에 관심이 있는 사람에게도, 무심코 사람에게 이야기하고 싶어지는 심리학의 '재료'가 가득하다. 자신을 알고, 사람을 알고, 멋진 인간관계를 구축하기 위해 심리학을 사용하여 거짓말의 구조와 마음의 신비를 뒤집어 본다.

2. 직장에서의 거짓말

많은 거짓말을 볼 수 있는 곳은 직장이다. 좀 더 자세하게 말하면, 일을 해결하기 위한 거짓말이 가장 잘 포착된다. 이력서 작성 서비스를 제공하는 제티(Zety)가 미국인 1,000명 이상을 대상으로 최근 실시한 설문 조사에서는 '힘든 일을 피하기 위해 거짓말을 한 적이 있다.'고 인정한 사람은 96%였다. 주요 조사 결과에 따르면, 특히 많았던 거짓말에는 컨디션 불량(84%), 가족의 긴급사태(65%), 통원(60%), 신체 내 불행(31%)이 있었다.

일을 회피하기 위해서 사용한 적이 있는 거짓말의 종류는 평균으로 7가지였다. 일을 회피하기 위해 거짓말을 한 것을 후회하고 있던 사람은 불과 27%였고, 또 그 항목에도 거짓말을 할 것이라고 생각하는 사람은 41%였다. 일에서 벗어나는 거짓 이유를 꾸며내고도, 한 번도 들키지 않았던 사람은 91%였다. 거짓말을 한 사람은 여성보다 남성이 더 많았다. 거짓말을 한 사람 가운데 거짓말을 후회했던 사람의 비율은 70%였다.

3. 거짓말 버릇이 있는 직원 대처법

회사나 팀에 거짓말 버릇이 있는 사람이 있으면 나중에 큰 갈등이나 불상사로 이어질 수 있다. 그렇다면 어떻게 대처하는 것이 좋을까?

• 취업규칙에 내용을 명기한다

우선, 허위의 보고 등을 한 경우의 징계 등에 대해서 취업규칙에 기재되어 있는지를 확인하고, 없는 경우라면 이런 상황에 대응할 수 있는 내용으로 개정한다. 악의 없이 거짓말을 하는 사람도 있기 때문에 규칙화하지 않으면 적절한 처분을 할 수 없다.

• 정기적으로 직원에게 설문 조사를 실시한다

월 1회 혹은 1년에 1회라도 구성원에게 설문 조사를 실시해서 인간 관계나 괴롭힘 피해 등에 대해서 대응할 수 있도록 하는 것이 좋다. 빨리 알아차리고 대처함으로써 큰 피해가 발생하는 것을 막을 수 있다.

• 거짓 의심이 있다면 증거를 남겨 두자

메일의 교환으로 허위의 의심이 있는 경우는 발언이나 제출 서류 등의 기록을 취해 두는 것을 추천한다. 만일 재판 등이 시작되었을 경우, 발언 등의 로그는 중요한 증거가 된다. 평소에는 사이좋게 일하고 있다고 해도, 자신이나 회사를 지키기 위해서 기록해 두도록 하자.

IV. 신경과학에서 풀어내는 인간의 거짓말과 성격장애의 관계

"나는 괜찮아.", "물론 너를 사랑해." 이처럼 사람이 거짓말을 하는 이유에는 면목을 유지하거나, 타인을 해치는 것을 피하고, 주위를 감탄시키거나, 책임을 피하고, 악행을 숨기거나, 사회적인 윤활제로서 충돌을 막는 등 많은 것이 있다. 더구나 남자는 수시로 거짓말을 한다.

그러나 거짓말은 기업이나 정부에게는 수십억 달러의 손실을 낳고, 인간관계를 망치고, 자신이 소중히 여기는 것을 손상시키거나 심지어 생명을 빼앗기도 한다.

1. 신경과학에서 말하는 인간이 거짓말하는 이유

뇌의 백질이 많을수록(혹은 '대뇌신피질의 지능이 높을수록'이라고도 말할 수 있을지도 모른다) 거짓말을 할 가능성이 높아진다. 미국 버지니아 대학의 심리학자 벨라 데파울로 박사는 거짓말을 하는 것이 단순히 생활의 일부임을 확인했다. 데파울로 박사의 연구로부터, 사람은 성별에 관계없이 10분 이상 계속되는 사회적 교류의 약 5분의 1시간 동안 거짓말을 하는 것을 알았다. 게다가 사람은 일주일 안에 1회 이상, 1대 1로 교류하는 사람의 약 3할이 거짓말을 한다.

여성은 종종 다른 사람을 해치지 않는 이타적인 거짓말을 하며, 남성은 종종 자신에 대해 거짓말을 한다. 데파울로 박사는 남성이 주위를 감탄시키기 위해 거짓말을 하는 경우가 많다는 것을 발견했다. 두 남자 사이의 전형적인 대화에 포함된 자기에 관한 거짓말은 다른 사람에 대한 거짓말의 약 8배였다.

• 뇌와 거짓 구조

거짓말을 하면 뇌의 주요 부위 중 3개가 자극을 받는다. 우선, 진실을 억제하는 기능이 있는 대뇌신피질의 전두엽이다. 전두엽은 그 지적 역할에서 불성실한 행동을 취할 수 있다. 다음은 변연계이며, 거짓말을 함으로써 생기는 불안이 이 부위를 자극한다. 마지막은 기억의

악마의 가면

검색과 심상의 작성을 담당하는 측두엽이다. 뇌는 거짓말을 하는 동안 아주 바쁘게 일한다. 한편으로 진실을 말할 때 변연계는 스트레스를 느끼지 않고 전두엽은 진실을 억제하지 않기 때문에 뇌는 훨씬 평온한 상태다.

2. 거짓말 버릇과 성격장애의 관계

누구나 거짓말을 하는 경우는 있지만, 더 이상 거짓말과 현실의 경계를 모를 정도로 거짓말을 기듭하는 사람이 있다. 거짓말이 너무 많으면 성격장애가 배경에 있는 '거짓말 버릇'일 수 있다. 이번에는 거짓말 버릇의 특징과 타입, 성격장애와의 관련성에 대해 설명한다.

거짓말 버릇은 아무래도 거짓말을 하는 인간의 성질을 나타내는 전문용어이다. 1891년 독일 심리학자 안톤 델브루크에 의해 제창되었다. 간단히 말하면 거짓말쟁이를 가리키지만, 분명히 거짓말이라고 알고 있는 경우와 정신분열증처럼 자신이 말하고 있는 것을 인식할 수 없어 결과적으로 사실과 반대되는 것을 말해 버리거나, 해리성 장애의 해리가 일어나고 있는 동안 기억이 없기 때문에 그사이에 한 약속을 기억하지 못하므로 거짓말쟁이라고 말하는 경우가 있다.

일반적으로 거짓말 버릇은 전자의 경우를 말한다. 그런데 거짓말 버릇은 거짓말의 내용에 따라 다음과 같은 장애의 가능성을 생각할 수 있다.

• 허위성 장애/작위증

명백한 외적 보상이 없는 가운데, 질병이나 외상의 징후나 증상에 대해 사실을 왜곡해서 말하거나, 의태하거나 또는 그것을 일으킬 목적으로 부정행위를 하고 있는 것을 나타내는 경우에 허위성 장애로 평가된다. 이는 자신에게 병이 있다고 호소하는 경우와 타인(아이, 애완동물 등)에 병이 있다고 호소하는 2가지로 구분할 수 있다. 구체적으로는 마찰열을 사용하여 발열을 일으키거나, 설탕을 소변에 섞어 당뇨병이라고 주장하거나, 스스로 반복적으로 상처를 입히고 낫지 않는 상처를 만드는 등의 방법을 사용할 수 있다.

• 연기성 성격장애

연기성 성격장애의 경우, 자신을 실제 이상으로 잘 보여 주고 싶다는 생각에서 거짓말을 할 수 있다. 망상을 사실처럼 말하거나 유명인이나 권력자와 아는 것처럼 행동한다. 또한 자신에게 주목을 끌 동기에서도 거짓말을 할 수 있다. 지성이 높은 경우는 권력 지향의 인물이라고 평가되는 경우가 많다. 다만, 대부분의 경우는 주위와의 이해를 조정할 수 없고, 거짓말이 되어 사회적 제재를 받거나, 사기 등의 범죄행위를 일으킬 수 있다.

• 망상성(猜疑性) 성격장애

망상성 성격장애의 경우, 근거가 없는 것을 진실이라고 믿고 결과적으로 거짓말을 하는 경우가 많다. 예를 들어, 자신이 재벌가라고 생각하며, 그것을 믿고 의심하지 않기 때문에 주위에서는 그를 거짓말쟁이라고 생각하여 믿지 않는 경우이다.

악마의 가면

• 반사회성 성격장애

　반사회적 성격장애의 경우, 자신의 이익과 욕망을 위해 반복적으로 거짓말을 한다. 사람을 속이고 돈을 빼앗거나 성적 교섭을 위해 신분을 가짜로 속이고 이성에 다가가는 등의 경우에 하는 거짓말이다. 타인이 금전적·정신적 피해를 당하는 경우도 많고 때로는 범죄행위로 체포될 수도 있다.

3. 거짓말 비롯의 사람에게 많은 성격

　거짓말은 성격장애와도 관련되어 있지만, 거짓말 버릇을 가지는 사람은 다음과 같은 성격인 경우가 많다.

• 타인의 감정을 생각할 수 없다

　반사회성 성격장애의 특징이기도 하지만, 자신의 행동에 의해 타인이 어떻게 생각하는지를 생각할 수 없는 사람이 많다. 타인의 마음보다 자신의 이익이나 욕구를 우선한다.

• 눈에 띄고 싶다

　연기성 성격장애의 특징이기도 하다. 다만, 자신에게 관심이 모이지 않으면 불편하게 생각한다. 그러나 이러한 사람은 주위에서 경원되기 쉽고, 사람들에게 자신이 주목받기 위해 더 거짓말을 하는 경우가 많다.

- **완고하고 의지적이다**

  망상성 성격장애에 많다. 다만, 타인의 의견을 전혀 듣고 싶지 않아 하는 사람에게서 많이 나타난다. 자신의 생각을 수정할 수 없어 주위에서 고립되기 쉽다.

- **사물을 손익으로만 생각한다**

  이쪽도 반사회성 성격장애에 많지만, 기본적으로 자신의 장점밖에 생각하지 않고, 모든 것들을 손익으로 생각하는 경향이 있다. 주위에서는 인정이 박하고 타산적인 사람이라고 생각되어 거리를 취하는 것이 일반적이다.

- **자기중심적이고, 자기 멋대로 행동한다**

  거짓말 버릇을 가진 사람은 자신 중심으로 세계가 돌고 있다고 생각하는 경우가 많다. 거짓말을 해 주목을 모으려고 하고 있기 때문에, 상대가 자신에게 맞추는 것을 당연하다고 생각한다.

- **자존심이 높다**

  거짓말 버릇의 사람은 심상이 아니라 자존심이 높을 수 있다. 거짓말로 자신을 부자로 보여 주거나 권력자 혹은 유명한 사람과 연결되어 있다고 말해 권위성을 어필하거나 한다. 또, 조금이라도 타인에게 무언가를 지적받으면 기분이 나빠져 버리기 때문에, 이런 사람과는 사귀기 어렵다고 생각된다.

· 외로움을 많이 탄다

거짓말 버릇을 가진 사람은 타인에게서 주목받고 싶다는 생각이 강하고, 그 뒷면에는 외로움이 있는 경우가 많다. 어린 시절에 그다지 인간관계를 잘 구축할 수 없거나 부모의 애정 부족으로 성장기를 보낸 사람도 있을지 모른다.

4. 거짓말 버릇의 신경·정신적 치료

거짓말 버릇은 에스컬레이션하면 큰 갈등이나 범죄행위로 이어질 수 있다. 배경에는 성격장애가 원인이 되는 일도 있기 때문에, 친한 사람에게 거짓말 버릇이 있는 사람이 있으면, 정직하게 말해 신경외과나 정신과에 가 보는 것을 추천해 주는 것도 좋을 것이다.

의사의 주관이 아니라, 대규모 뇌파 데이터베이스와 비교해서 객관적인 데이터로 증상의 정도를 진단해야 한다. 뇌의 상태를 진단하는 QEEG 검사(정량적 뇌파검사)는 기술의 진보로 치료 전과 치료 후 QEEG의 변화를 객관적으로 평가할 수 있다. QEEG 검사로 뇌 상태를 가시화하고 결과에 따라 약을 사용하지 않는 치료 등 개인에 맞는 치료를 제안한다.

:: 15세 남성 ADHD, 아스퍼거 증후군 합병 ::

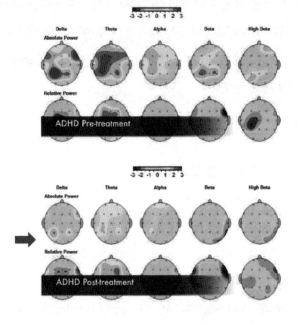

:: 21세 남성 아스퍼거 증후군, 불안장애 합병 ::

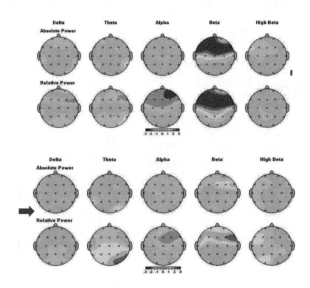

악마의 가면

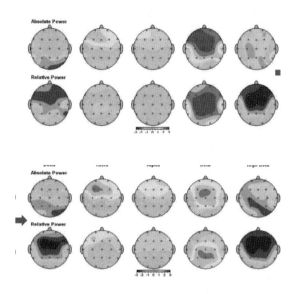

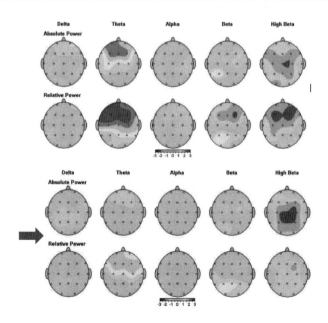

V. 거짓말 버릇이 있는 사람의
특징과 고치는 방법

거짓말 버릇이란 허언증의 일종이라 할 수 있고, 심하면 '관종'이라고 하는데 간단하게 말하면 '곧장 거짓말을 하는 성질'이다. 사람은 누구나 많거나 적은 거짓말을 한 적이 있다. 인간관계를 원활하게 하거나 사람을 해치지 않도록 걱정하거나 하는 부드러운 거짓말도 있다. 하지만 습관이나 습성이 되면 심각하게 생각하고 고치는 것이 좋다.

1. 거짓말 버릇의 원인

같은 거짓말 버릇이라도 거짓말을 하는 원인이 전혀 다른 경우도 적지 않다. 원인을 알고 거짓말 버릇을 이해하면, 고치는 방법도 알 수 있다.

· 자존심이 높고 허영심이 강하다

자존심이 높고 허영심이 강하면 자신을 크게 보여 주려고 거짓말을 할 수 있다. 자신이 대단한 사람이라고 생각되고 싶고, 존경받고 싶은 등 우월감에 잠기고 싶은 경우도 많다. 그런 허영심과 자존심을 채우기 위해 거짓말을 한다. 또한 자존감이 높은 사람은 어리석은 사람이나 아래에 보이는 것을 극단적으로 싫어하는 사람이 적지 않다. 타인에게 자신이 누구보다 행복하고 축복받고 있다고 생각하게 하기 위해, 보기 좋게 거짓말을 하며, 이런 거짓말을 하는 것은 악의 없이 습

악마의 가면

관적으로 무심결에 행해진다.

• 허영심이 강한 사람은 열등감이 강하다

열등감이 강한 것도 거짓말 버릇의 원인 중 하나이다. 열등감이 강하면, 자신의 지식이나 경험 등이 부족하다고 생각되고 싶지 않은 기분이 마음속에서 자라기 쉽다. 열등감 때문에 약점이나 자신감을 거짓말로 커버하려고 한다. 그러나 자신의 열등감에서 오는 거짓말은 그 자리에서 거짓말이 되어 버리기 쉽고, 곧바로 간파당하는 경우도 적지 않다. 거짓말이 들러 진실이 드러나게 되면, 자신의 말이 신뢰받을 수 없게 되어 주변의 사람이 자신으로부터 떨어져 나가기 때문에 보다 열등감이 깊어져 가는 악순환에 빠진다.

• '열등감'을 안고 사는 사람의 특징: 노력하지 않는다

노력할 수 없는 사람도 거짓말을 잘한다. 보통이라면 노력으로 자신이 원하는 기술이나 물건 등을 손에 넣으려고 시도한다. 그러나 노력을 할 수 없는 사람은 빨리 거짓말을 해서 해결하려고 한다. 실제로 능력이나 실적이 없어도 신경 쓰지 않는다. '대단해', '부럽다'라고 칭찬받으면 만족한다. 그러나 증거가 없는 등 흠이 눈에 띄기 쉽기 때문에, 결점을 속이기 위해서 그 자리에 채워 넣는 거짓말을 쌓아야 한다.

• 숨기고 싶은 일에 대해 거짓말을 한다

많은 사람들은 사실을 숨기고 싶을 때도 거짓말을 한다. 예를 들어, 어린아이는 어른이 자신에게 화를 내고 싶지 않다고 생각하도록 "~하지 않는다"고 거짓말을 한다. 이처럼 거짓말 버릇이 아닌 사람도 작은 실패를 숨기기 위해 적지 않은 거짓말을 하는 경우가 있다. 그러나 비밀이 클수록 많은 거짓말을 거듭할 필요가 불거져 나온다. 거짓말을 거듭하면 거듭할수록 거짓말이 복잡해져 가고, 거짓말을 하는 것이 스스럼없이 잘되어 가기 때문에, 보다 간단하게 거짓말을 하게 되는 것이다.

2. 거짓말 버릇의 3가지 특징

거짓말 버릇의 사람은 거짓말을 한다는 자각이 희미하거나 거짓말이라고 지적되어도 움직이지 않거나 심각하게 반응하지 못한다. 또, 거짓말을 하는 것으로 이야기를 맞추기 때문에 팔방미인이라고 생각되는 일도 적지 않다. 이러한 특징은 보통 수준의 거짓말쟁이에는 없는 특징이므로, 거짓말 버릇이 있는지를 판단하는 기준도 될 것이다. 여기에서는 거짓말 버릇의 3가지 특징에 대해 자세히 설명한다.

• 거짓말하는 자각이 없다

거짓말 버릇의 큰 특징으로서 우선 들 수 있는 것은 거짓말을 하고 있는 자각이 없거나, 자각을 한다고 해도 평상시보다 얕다는 점이다. 작은 거짓말부터 큰 거짓말까지, 온갖 거짓말을 평범하게 하는 악의가 없는 경우도 많다. 너무 자연스럽게 거짓말을 하기 때문에 거짓말과 현실의 경계가 모호해지는 경우도 있다. 또, 악의는 없지만, 거짓말로 사람을 상처 입혀도 태연한 경향도 있다. 젖은 옷을 입어도 죄책감이 없기 때문에, 거짓말 버릇이 있는지 모르고 이야기를 참으로 받으면, 많은 사람에게 폐를 끼치는 일도 드물지 않다.

- **거짓말하는 습성이 있는 사람은 대개 팔방미인이다**

무엇이든 '싫어하고 싶지 않다'라는 의식이 강하고 주위의 화제에 맞추기 위해 거짓말을 계속하므로, 팔방미인이라고 생각하는 사람도 적지 않다. 이야기를 맞추기 위해서는 어떤 거짓말이라도 붙여 말하는 것이 특징이다. 예를 들어, 실제로는 한 번도 보지 못한 UFO를 보았다고 말하거나 좋아하지 않는 아티스트의 팬클럽에 가입해 있다고 말하는 것과 같다. 그 자리에서 판명될 수 있는 분명한 거짓말이므로, 점점 이야기가 분위기와 맞지 않게 되어, 주위에 들키기 쉬운 것도 특징이다.

- **청자가 이야기의 모순을 지적해도 오류를 수정하려 하지 않는다**

거짓말이 있는 사람은 거짓말을 지적해도 움직이지 않는다. 거짓말을 하는 것이 일상이기 때문에 이야기의 모순이 지적되어도 당황하지도 않는다. 비록 거짓말이라고 지적되더라도 거짓말을 자연스럽게 다루기 위해 거짓말을 더한다. 너무 당당하게 거짓말을 거듭해서 속이기 때문에, 주위에 있는 사람이 속는 일도 많다. 또, 거짓말 버릇의 사람은 거짓말을 하는 것에 익숙해져 있기 때문에, 속임수법이 교묘하게 사용되고 있는 사례도 많다.

3. 거짓말 버릇을 고치는 4가지 방법

자신이 거짓말 버릇을 고치고 싶다면, 우선은 어떻게 거짓말을 하는지 원인을 찾아, 거짓말을 싫어하는 사람이 있다는 것을 제대로 인식하고 마음에 여유를 갖도록 해야 한다. 또, 거짓말 버릇의 사람이 하는 거짓말은 항상 들키고 만다는 것을 자각하고 객관적으로 보는 것도 유효하다. 여기에서는 이런 습관을 고치는 방법의 4가지 요령에 대해서 자세히 설명한다.

• 왜 거짓말을 하는지 원인을 찾는다

먼저 왜 거짓말을 하는가 하는 원인을 알아내야 한다. 거짓말 버릇을 고치는 것은 자신의 마음과 마주하고 자신에게 거짓말 버릇이 있다고 자각하는 것에서부터 시작한다. 자신의 거짓말 버릇을 인식하면 왜 거짓말을 하는지, 차분히 생각해 보면 좋을 것이다. 원인을 정확히 알면 대책도 쉬워진다. 거짓말을 하는 타이밍을 알면, 평소에는 순간적으로 하는 거짓말을 참을 수 있다. 갑자기 거짓말을 하지 않게 하기는 어렵기 때문에, 우선은 거짓말 버릇을 자각해 원인을 찾아내고, 거짓말을 하는 타이밍을 알면 조금씩 참을 수 있도록 훈련하자.

• 거짓으로 상처받는 사람이 있다는 것을 인식한다

거짓말을 하면 누군가가 마음을 다치게 된다. 자신을 믿어 준 사람은 그 말이 거짓말이라고 알았을 때 "배신당했다."고 충격을 받을 것이다. 자신은 누군가를 해칠 생각이 없었던 사소한 거짓말이라도, 거짓말을 한 사람이 사실을 확인하게 되면, '믿고 있었는데!'라고 실망할 수밖에 없다. 거짓말을 하면, 악의가 없어도 상처받는 사람이 있다는 것을 인식하자. 자신의 거짓말로 상처를 입고 싶지 않은 사람을 다치게 하고 있을지도 모른다고 생각하면 조금씩 거짓말을 하는 것에 죄책감을 느끼게 되어 거짓말을 하는 횟수가 줄어들 것이다.

· **거짓말은 마침내 들키게 된다는 것을 자각한다**

거짓말은 언젠가는 들키고 만다. 자신은 거짓말이 좋다고 생각해도, 실은 동료는 모두 거짓말임을 알고 있어 자신이 어리석었다는 경우도 드물지 않다. 자부심이나 허영심, 승인욕구를 충족시키기 위해 거짓말을 하고 있지만, 사실은 듣는 사람에게는 거짓말이 들리며 거짓말로 신용을 없애고 있을 가능성도 있다. 거짓말을 할 것 같으면, 이 거짓말은 언젠가 반드시 들키고 말 것이라고 생각해야 한다. 그렇게 생각하고 있는 동안 점차 거짓말을 하는 것이 어색해져, 거짓말을 하지 않게 되어 가는 효과를 기대할 수 있다.

· **마음에 여유가 있는 상태를 유지하라**

평상시 수시로 거짓말을 하는 것은 자신의 마음이 채워지지 않은 것의 표현이라고도 할 수 있다. 마음이 채워지지 않으면 불안하고 응석 부리고 싶은 기분을 갖게 된다. 인정받고 싶어 거짓말을 하는 원인은 마음에 여유가 없는 탓이다. 인간은 개성이 있어 취향은 천차만별이다. 모든 사람이 좋아할 수는 없다는 것을 인식하자. '궁합이 맞지 않는 사람에게도 사랑받을 수 있을까?', '있는 그대로의 자신을 좋아하게 해 주자.'라는 마음이 되어 마음에 여유가 생기면, 거짓말을 할 필요가 없어진다. 솔직해지거나 내 삶의 속도에 맞춰 가는 것을 유의하고 자신다움을 되찾으면 점차 거짓말을 할 필요가 없게 될 것이다.

4장

거짓말의 작동기제

Ⅰ. 좋은 거짓말, 나쁜 거짓말?

"거짓말쟁이는 도둑의 시작"이고 "거짓말을 하면 염라대왕에게 혀를 뽑힌다."라고 하는 것처럼, 보통은 거짓말은 나쁜 것이라고 평가한다. 그러나 '거짓말도 수단'이라는 말에서 보듯이 때에 따라서는 거짓말이 필요함을 나타내는 말도 있다. 그런데 거짓말이라는 것을 좀 더 넓게 파악하면, 일상생활에서도 (사교나 아첨이 반드시 거짓말이라고는 할 수 없지만) 예를 들면, 사교나 아첨과 같은 인간관계를 원활하게 하기 위한 약간의 거짓말이라는 것도 있지 않을까 생각한다.

샌디에이고 캘리포니아대학교의 연구자(Sanjiv Erat & Uri Gneezy)들이 실시한 연구에서는 거짓말을 하는 경우 그 거짓말이 어떠한 귀결을 가져오는지 다음의 4가지 유형으로 분류하고 있다.

- 유형 1: 자신은 행복하지만, 상대는 상처받는 거짓말
- 유형 2: 자신은 상처받지만, 상대는 행복해지는 거짓말
- 유형 3: 자신과 상대방 모두에게 상처를 주는 거짓말
- 유형 4: 자신과 상대방 모두에게 행복이 되는 거짓말

위 연구자들은 간단한 게임을 설계하고 실험참가자들이 그 게임을 실제로 실행하도록 함으로써 사람들이 어떤 때 거짓말을 하는지를 밝혀내려고 했다. 그들이 실시한 게임은 다음과 같은 것으로, 게임의 참가자로서 '보내는 사람'과 '받는 사람' 두 명이 등장한다.

게임에서는 실험 실시자가 6면의 주사위를 던져 나온 눈을 보내는

사람에게만 가르쳐 준다. 그 후 실험 결과 정보를 보내는 사람이, 주사위의 생김새에 관해서, '주사위의 눈은 ○○입니다'라는 메시지를 받는 사람에게 보낸다. 받는 사람은 그 메시지를 보고, 1~6 중에서 숫자를 1개 선택한다. 이 게임에서 보내는 사람의 이득과 받는 사람의 이득은 각각 다음과 같이 설정되어 있다. 덧붙여 아래의 이득에 관한 규칙을 알고 있는 것은 보내는 사람뿐이고 받는 사람에게는 알려져 있지 않다.

- 받는 사람이 실제 주사위의 숫자와 같은 숫자를 선택한 경우 → 보내는/주는 사람도 받는 사람도 20달러
- 받는 사람이 실제 주사위의 숫자와 다른 숫자를 선택할 경우 → 보내는/주는 사람은 X달러, 받는 사람은 Y달러

그들은 이 이득 규칙에서 받는 사람이 주사위의 숫자와 다른 숫자를 선택할 때 X달러, Y달러의 값을 성공적으로 변경함으로써 조건을 변경한다. 조건 1~조건 5의 5가지 종류의 상황을 만들어 냈다. 조건 1: X=21, Y=15, 조건 2: X=19, Y=30, 조건 3: X=21, Y=30, 조건 4: X=30, Y=20, 조건 5: X=30, Y=30이다.

앞에서 말한 네 가지 유형의 거짓말에 이것을 적용해 보면, 조건 1은 보내는 사람이 거짓말을 하는, 즉 실제 출발과 다른 메시지를 보내고, 받는 사람이 다른 숫자를 선택하게 함으로써, 보내는 사람의 이익은 20달러에서 21달러로 증가하고 받는 사람의 이득은 20달러에서 15달러로 감소하므로, '유형 1: 나는 행복하지만, 상대는 상처받는 거짓말'에 해당한다.

악마의 가면

마찬가지로 해서, 조건 2는 유형 2의 거짓말, 조건 3~조건 5는 유형 4의 거짓말로 분류된다(3가지 거짓말은 여기에서는 분석하지 않았다). 그런데, 위의 게임에서 보내는 사람의 입장이 되었다고 해서, 당신은 거짓말을 해서 실제의 주사위 숫자와 다른 메시지를 보낼 것인가? 아니면 솔직히, 실제의 주사위 숫자와 같은 메시지를 보낼 것인가? 그들의 실험 결과에 따르면, 거짓말을 한 발송자의 비율은 조건 1: 37%, 조건 2: 33%, 조건 3: 49%, 조건 4: 52%, 조건 5: 65%가 되었다. 이 결과를 통해 다음 사항을 알 수 있다.

먼저, 거짓말을 함으로써 자신이 손해를 보는 조건 2는 물론, 자신은 조금 이득을 보지만 상대방이 크게 손해를 보는 조건 1의 경우에도 거짓말쟁이의 비율이 낮아지고 있다. 이는 사람들이 거짓말을 할지 말지의 의사결정을 할 때 자신의 이득이 어떻게 되는지뿐만 아니라 상대방의 이득이 어떻게 되는지, 즉 거짓말을 할 수 있는 상대방도 고려하고 있음을 시사한다.

또한 조건 1이나 조건 2에 비하면, 조건 3~조건 5의 유형 4의 서로가 행복해지는 거짓말의 경우에는 거짓말쟁이의 비율이 커지고 있다. 이는 사람들이 자신만이 이득을 볼 때보다, 자신과 상대방 둘 다 이득을 볼 때 더 쉽게 거짓말을 할 수 있다는 것을 보여 준다. 이와 관련하여 다른 연구에서는 자신에게 이익이 되는 진실을 전달하는 것보다 다른 사람에게 이익이 되는 거짓말을 하는 것이 도덕적인 것으로 평가된다는 흥미로운 결과도 제시되고 있다.

그러나 거짓말로 크게 이득을 보는 조건 5의 경우에도 거짓말쟁이의 비율은 65%에 그쳤고, 35%는 여전히 진실의 메시지를 보내고 있다. 아무리 이득을 본다고 해도, 거짓말을 한다는 것 그 자체가 좋지 않다고 생각해서, 거짓말을 하는 것을 피하려고 하는 경향이 인간에게는 있을지도 모른다.

인간의 거짓말쟁이 행동에 대해서는, 이것 외에도 수많은 연구가 행해지고 있다. 나의 전문 분야는 법학이지만, 자주 미디어를 떠들썩하게 하는 분식회계 결산 등의 기업회계 스캔들도 그 근본은 외부의 이해관계자에 대해서 기업이 진짜 업적에 대해서 '거짓말을 한 행위'나 다름없다고 할 수 있다.

회계라는 응용 분야의 특정한 콘텍스트에서의 문제일지라도, 거기에 관련되어 있는 것이 인간인 이상 왜, 어떤 때에, 어떻게 해서 사람들은 거짓말을 하는가 하는 인간행동의 기초에 관련되는 것으로 경제학이나 심리학 등의 다른 분야의 지식도 아주 중요하지 않을까 생각한다.

II. 정당화되는 거짓말의 가능성

거짓말을 하는 것은 나쁜 일이다. 하지만 실제로 한 번도 거짓말을 한 적이 없는 사람이 있을까? 또 그런 거짓말은 모두 부정한 것일까? 물론 우리는 다른 사람들을 무시하지 않고 자신의 이익을 얻기 위한 거짓말이나 다른 사람들을 깎아내리기 위한 거짓말이라면 정당화될 수 없다며 거부할 것이다. 그러나 많은 사람들은 그들의 인간관계를 위한 윤활유로서의 아첨이나 말기 암 환자들에게 그들의 병을 숨겨 희망을 주기 위한 거짓말에 대해 어쩔 수 없거나 적극적으로 행동해야 한다고 생각하지 않을까? 이 항에서는 이러한 거짓말을 어떻게 정당화할 수 있는지에 대해 살펴본다.

1. 거짓말이란?

거짓말의 성립요건은 두 가지이다. 첫 번째 요건은 '반사실성'이다. 여기서 기준이 되는 사실이란 객관적 사실에 관한 것이 아니다. 상식적인 의미의 거짓말은 '진실이라고 생각하지 않는 것을 마치 진실이라고 생각하는 것처럼 말하는 것'에 의해서 이루어진다. 어떤 언어적 표현이 거짓인 것은 그것을 표현하는 정작 본인이 이해하는 진실인 주관적 사실과 배치되는 경우이다.

그러나 연기나 연출, 소설이나 드라마 등의 허구도 반사실성의 기준을 충족시킨다. 하지만 우리는 보통 이것들을 거짓말이라고 부르지 않는다. 거기서 중요해지는 것이, '속일 의도'라는 두 번째 요건이다. 예를 들어, 연기에서의 언어적 표현은 연극 속에서 이야기되는 것으로, 연기자는 미리 자신의 언명의 허위성을 표명하고 있다. 그리고 듣는 사람들은 그 진술이 연기자 자신의 주관적 사실이 아니라는 것을 안다. 그러므로 연기에서의 언어적 표현과 연기자 자신의 주관적 사실이 모순된다고 해도 본래의 거짓말이라고 할 수는 없다.

2. 모든 거짓말을 거부하는 사람들

• 칸트

거짓말 문제에 대한 가장 간단한 대답은 모든 거짓말을 거부하는 것이다. 칸트는 거짓말은 인간으로서의 존엄성을 포기하는 것이라며 모든 거짓말에 반대하는 가장 엄격한 주장을 펼쳤다. 이러한 칸트의 철저한 생각에 대해서는 다음과 같은 문제점을 지적할 수 있다. 첫째, 칸트는 진실에 우선하는 의무의 존재를 인정하지 않고, 진실의 의무와 다른 의무 사이의 모순을 검토하기를 거부한다. 둘째, 자기방어나 위험에 처한 사람들을 보호하기 위해 권력을 행사하는 것을 허용하면서도 거짓말을 허용하지 않는 것은 일관성이 없다.

• 아우구스티누스

모든 거짓말을 거부하는 입장을 가진 또 다른 철학자로 아우구스티누스를 들 수 있다. 그에 의하면, 말은 자신의 생각을 남에게 알리기 위해서 신(God)에 의해서 주어진 것이며, 본래의 목적과 다른 목적을 위해서 말을 사용하는 것은 죄이기 때문에, 거짓말은 모두 죄인 것이다. 그러나 모든 거짓말을 거부하는 그의 주장은 신은 모든 거짓말을 인정하지 않으며, 신은 거짓말을 하는 자를 처벌한다는 두 가지 전제에 기초하고 있다. 이러한 전제는 궁극적으로는 신앙에 근거한 것이며, 입증할 수도 반증할 수도 없는 것이다.

3. 공리주의적 사고방식

신의 존재에 의거하지 않고 거짓말을 정당화하는 이론으로서 공리주의를 들 수 있다. 공리주의자들에게 있어서 올바른 행위란 공리성의 원리에 적합한 행위이다. 공리성의 원리란 이익이 문제되는 사람들의 행복을 증대시키느냐 감소시키느냐에 따라 모든 행위를 시인 또는 부인하는 원리이다. 그들은 거짓말과 거짓말 사이에서 보이는 결과의 차이에 주목하고, 결과에 따라 거짓말을 정당화할 수 있다고 생각한다는 점에서 우리가 실제로 내리는 도덕적 판단에 가깝다고 할 수 있다.

공리주의에 근거한 거짓말의 정당화에는 다음과 같은 문제점이 있다. 첫째, 행위가 복잡할수록 그 결과를 충분히 비교하는 것이 어렵다. 둘째, 공리주의자들은 진실이든 거짓이든 같은 결과를 가져오면 동등한 가치를 갖는다고 생각하는 것처럼 보이는 것에 대해 충분한 비교를 하기 어렵다. 그러나 거짓말을 한 경우와 그렇지 않은 경우의 결과를 비교하기 이전에, 거짓말은 그 자체로서 부정적으로 받아들여진다.

4. 시셀라 보크(Sissela Bok)에 의한 정당화

• 공개성 테스트에 기초한 거짓말

그렇다면 실제로 거짓말을 하는 사람이 옳다고 생각하는 것과 같은 여러 가지 거짓말 중에서 진정으로 정당화될 수 있는 것을 어떻게 구별할 수 있을까? 시셀라 보크는 도덕적 정당화를 요구하는 사람은 자신의 개인적 그리고 특수한 상황을 떠나서, 단순한 주관적인 생각을 넘어, 타인과 공통의 관점을 선택해야 한다고 생각한다. 그렇게 해서 이루어진 도덕적 정당화는 배타적이거나 은폐되지 않는 공개적인 것이다. 그러므로 그녀는 이를 공개성의 테스트라고 부른다. 이 테스트는 틀을 제시하는 형식적인 측면과 검토한 내용을 공개하는 실질적인 측면으로 이루어진다.

형식적인 측면은 다음의 세 단계로 구성된다. 자신의 양심에 호소하는 제1단계, 친구나 나이 든 인생 선배, 동료 등에게 조언을 구하거나, 선례를 조사하거나, 종교나 윤리의 문제에 정통한 사람과 상담하는 제2단계, 모든 신념의 조망을 통한 조언이 가능한 현자(賢者)에게 상담하는 제3단계이다.

또 하나의 테스트는 형식적 측면으로 이루어진 테스트의 각 단계에서 구체적으로 무엇이 검토되어야 하는가 하는 실질적인 측면에 관련된다. 첫 번째 검토되어야 할 사항은 거짓말이 기본적으로는 바람직하지 않다는 것을 전제로 한 후에 거짓말을 하는 것 외에 다른 선택의 길은 없는지를 주의 깊게 확인하는 것이다. 두 번째 검토 과제는 거짓말의 변명으로 꼽히는 이유와 그 반론으로 꼽히는 이유에 대해 고찰하는 것이다. 마지막으로, 우리는 이 거짓말들에 대해 사리에 맞는다고 생각하는 대중들이 어떻게 말하는지 물어봐야 한다. 즉, 그러한 거짓말을 한다는 규칙을 개별 사례에 있어서 당사자뿐만 아니라 공중에게도 권유할 수 있는지를 묻는 것이 필요하다.

• 병명 고지와 윤리위원회

여기에서는 그녀의 공개성 테스트가 구체적인 상황에서 기능한다는 것을 지적하고 싶다. 본 항에서 다룰 것은 환자에게 그가 갖고 있는 정확한 병명을 고지할 것인가의 문제이다. 한국에서는 불치병에 걸린 환자에 대해서는 병명을 알리지 않는 것이 지금까지의 관행이었다. 그러나 개인정보보호법의 시행과 의식의 변화로 인하여 환자에게 병명을 고지하는 사례가 조금씩 증가하고 있다.

그러나 그렇게 공지된 비율이 증가한다고 해서 항상 진실을 알리는 것이 적절한 것은 아닐 것이다. 환자가 자신의 질병에 대해 알게 되면 심각한 충격을 받을 가능성이 극히 높은 경우에 고지하는 것은 '환자를 해쳐서는 안 된다.'는 '무위해 원칙'에 위배되기 때문이다. 그러므로 거짓밀을 하는 것이 적질한 깅우가 있음을 부정할 수 없다.

그러나 거짓말을 인정하는 틀이 바뀌고 있다. 전통적으로 병명 고지의 여부는 주치의 개인의 판단, 기껏해야 의료진의 판단에 달려 있었다. 앞에서 제시한 공개성 테스트를 고려할 때, 이 문제는 양심과 동료들 사이의 상담에 해당할 것이다. 그러나 개인정보보호법의 제정에 맞추어 정부가 제시한 의료 · 돌봄관계 사업장에서의 개인정보의 적절한 취급을 위한 가이드라인에서는 환자 본인으로부터의 진료 정보 등(보유 개인 데이터)의 공개요구에 대해 공개하지 않는다고 판단할 경우에는 '원내에 설치한 검토위원회 등에서 공개 여부를 검토할 것'이 요구되고 있다.

그리고 이러한 위원회의 역할을 하는 장소로서 상정되는 것이 많은 병원에 설치되어 있는 윤리위원회이다. 이 위원회에는 시민들을 비롯해 다양한 배경을 가진 회원들이 참여할 것이다. 즉, 그러한 위원회에 대해 검토하는 것은 공개성 테스트의 마지막 단계, 즉 '모든 신념의 소유자인 현자들에게 상담한다.'라는 형식적 조건의 3단계와 '도리(道理) 혹은 조리(條理)를 아는 공중이 이러한 거짓말에 대해 어떻게 판단할

것인가를 물어야 한다.'라는 실질적 조건의 제3의 수준을 함께 충족시
키는 것이다.

5. 결론

환자에 대한 병명 고지에 해당하는 거짓말 외에도 예를 들어, 변호
사들이 피고인들을 위해 하는 거짓말과 같은 정당화될 수 있는 거짓
말이 있다. 즉, 피고인이 법정에서 거짓의 증언을 하거나 변호인이 피
고인의 증언을 사실로 볼 수 없는 경우에도 변호인은 피고인의 주장에
따라 변호를 해야 하는 경우가 있다. 때로는 피고인의 거짓말이 드러
나지 않기 때문에, 아니면 피고인의 비밀을 지키기 위해서는 거짓말이
필요할 수도 있다. 그러나 그러한 모든 거짓말이 정당화될 수 있다고
생각하는 것은 잘못된 생각이다. 현재로서는 거짓말을 할지 안 할지에
대한 판단은 모두 변호사 개인에게 맡겨져 있지만, 이 영역에서도 윤
리위원회와 같은 자리를 통해 공개성 테스트를 하는 것이 필요하다.

Ⅲ. 거짓말쟁이와 정직한 사람의 뇌 메커니즘

거짓말을 소재로 한 영화나 소설이 세상에 넘쳐나고 있다. 거짓말
이 많은 사람의 관심을 끄는 것은 사회생활에 참여하는 인간의 인간다
운 부분, 즉 복잡한 감정이나 복잡한 마음의 작용이 여실히 나타나기

때문이 아닐까? 나는 교통사고를 당해 경찰청에 거짓말 탐지기 테스트를 요청해서 시험에 응한 적이 있다. 내가 나 자신을 객관적으로 파악할 수 있는 꽤 흥미로운 경험이었다.

거짓말은 인간의 수많은 심리적 과정 중에서도 상당히 고차적인 것임에 의심의 여지가 없다. 그 고차적인 과정을 뒷받침하는 것은 다름 아닌 뇌의 작용이다. 최근에는 뇌 기능 화상법이라고 불리는 살아 있는 인간의 뇌 활동을 화상화하는 기법이 눈부신 발전을 이루고 있으며, 거짓말에 대해서도 많은 연구가 이루어져 왔다. 이 항에서는 필자 자신의 생각을 곁들이면서 거짓말을 하는 과정의 배경에 있는 뇌의 작용에 대한 최신의 성과를 소개한다.

1. 지금까지의 뇌기능 영상연구와 문제점

거짓말과 뇌의 작용에 대한 연구가 발전한 배경에는 거짓 탐지 연구의 축적이 있다. 흔히 사용되는 것은 어떤 사건에 관한 기억의 흔적을 객관적으로 검출하기 위해 피부 전위 반응이나 호흡, 맥박과 같은 생리지표를 측정하는 방법이다. 이러한 배경 속에서 생리지표가 아니라, 거짓말을 만들어 내고 있는 뇌의 작용을 직접적으로 조사하려는 움직임이 일어나는 것은 당연한 흐름이었을 것이다.

뇌기능 화상법에 의해서 사람이 거짓말을 할 때의 뇌활동을 조사한 연구는 금세기 초에 영국의 스펜스 등(Spence, et al., 2001)에 의한 실험에서 처음 보고되었다. 그들이 이용한 것은 기능적 자기공명영상법(functional Magnetic Resonance Imaging: fMRI)이라고 불리는 기법으로, 현재는 인간의 뇌의 작용을 조사하기 위한 가장 주요한 툴이 되었다.

스펜스 등은 실험참가자에 대하여 특정한 행동을 취했는지 여부(예를 들면, 오늘 약을 먹었는가?)에 관한 질문을 실시해 정직한 반응 및 거짓말의 반응을 할 때의 신경활동의 변화를 fMRI를 이용해 측정했다. 그 결과 거짓말을 할 때는 정직한 답변을 할 때에 비해 뇌의 광범위한 영역에서의 부활이 인정되었지만, 그중에서도 주목할 만한 영역으로서 전두전야에서 유의한 부활이 인정되었다.

전두전야는 인간의 뇌 중에서 가장 고차의 영역이며, 자제심이나 행동의 제어에 관련되는 영역이다. 그 후의 연구에서도 정직한 반응을 하는 것이 인간에게 있어서 자연스러운 행위라고 밝혀졌다.

'거짓말을 하는 프로세스에는 전두전야에 의한 행동의 제어가 필요하다.'라는 생각에 따른 연구 성과가 몇 개나 보고되어 왔다. 그러나 이러한 거짓말의 신경 기반에 대한 많은 선행연구에서는 거짓말을 과학적으로 연구하는 데 있어서 간과할 수 없는 중요한 문제점이 남아 있다. 그것은 실험참가자들에게 거짓말을 하도록 지시했다는 점에 있다. 만약, 실험이라는 특수한 환경에서 거짓말이 정당화된다면 긴장감도 죄책감도 생기지 않는다.

본래 거짓말은 상대에게 들키지 않게 하려고 하는 것이며 거짓말을 하는 것이 상대에게 미리 파악되고 또한 허용되고 있는 상황에서는 현실 세계에서의 거짓말이라고는 할 수 없다. 따라서 '진실과는 다른 대답을 한다'는 점은 비교적 쉽게 실험적 검토가 가능하지만, 자발적인 거짓말의 신경 기반에 접근하는 것은 그리 간단하지 않다. 현실 사회를 본뜬 실험 패러다임에 의한다.

2. 부정직함에 대한 연구

그렇다면 자발적으로 거짓말을 할 수 있는 상황, 다시 말하면 거짓말을 할지 말지를 스스로 결정할 수 있는 상황이라도 거짓말을 하는 것은 정직하게 행동하는 것에 비해, 전두전야의 기능을 필요로 하는 복잡한 처리라고 할 수 있을까? 이 물음을 생각함에 있어서 나는 중국의 고전에서 힌트를 구하고자 한다.

맹자(孟子)가 주창한 성선설을 감안하면, 위의 물음에 대한 답은 '예(yes)'일지도 모른다. 성선설에서는 '인간은 선(善)을 행해야 할 본성을 선천적으로 지니고 있으며, 자라면서 악행을 배우게 된다.'고 한다. 따라서 정직하게 행동하는 착한 행동은 자연스럽게 발현되며, 거짓말을 하는 나쁜 행동은 전두전야에 의한 고차의 처리에 의해서만 실현된다고 생각하는 것도 가능하다. 그러나 순자(荀子)가 주창한 '성악설'에 근거한다면, 답은 '아니오(No)'일지도 모른다.

성악설에서는 '인간의 본성은 이기적 욕망이며, 선한 행위는 후천적 습득에 의해서 가능하다.'라고 가르치고 있다. 인간은 보통 어떤 이익을 얻기 때문에 거짓말을 하는 것이다. 그리고 이익을 추구하는 것 자체는 생물이 자신의 생존이나 번영의 가능성을 높이기 위해서는 지극히 당연한 일이다. 따라서 거짓말로 이익을 얻을 수 있는 상황에 직면했을 때에는 거짓말을 하는 것이야말로 오히려 자연스러운 행위이며, 정직하게 행동하는 것이 전두전야에 의한 행동의 제어를 필요로 하는 과정이라고 생각하는 것도 가능하다(이 책에서는 어디까지나 해석의 일례로서 제시하고 있는 것에 지나지 않는다. 뇌의 작용과 성선설·성악설을 단순하게 연결시키는 것은 위험성도 있기 때문이다).

이 문제에 대해 fMRI를 이용해 정면으로 접근한 것이 그린과 팍스톤(Joshua Greene & Joseph Paxon)에 의한 연구이다. 동전 던지기를 이용하여 실험참가자가 자발적으로 거짓말을 하는 것이 가능한가에 대한 실험 패러다임이다. 실험참가자들은 동전이 앞이냐 뒤냐를 예상한다. 예상에 성공하면 금전적 보상이 주어지지만, 실패하면 보상이 줄어든다. 이 과제의 중요한 포인트는 거짓말을 할 수 없는 '기회 없음' 조건과 거짓말을 할 수 있는 '기회 있음' 조건이 설정되어 있다는 점이다. '기회 없음' 조건에서, 실험참가자들은 버튼을 눌러 자신의 동전, 즉 앞면이 나올지 아니면 뒷면이 나올지 예측하는 것을 기록한다.

한편, '기회 있음' 조건에서는 실험참가자는 앞면이 나올지 안 나올지를 자신의 마음속에서만 예측하고, 버튼 누르기는 랜덤(왼쪽 혹은 오른쪽)으로 실시한다. 그리고 실험참가자들은 자신의 예측이 정확했는지 확인하는 버튼을 눌러 동전 던지기 결과를 보고한다. '기회 없음' 조건에서는 실험참가자가 미리 기록한 예측에 근거해 정답·부정해가 결정된다. 그러나 '기회 있음' 조건에서는 동전 던지기 예측의 성공 여부는 자기신고에 근거하기 때문에 예측을 하고 거짓말을 하는 것이 가능하다. 즉, '기회가 있는' 조건에서 예측의 정답률이 우연의 확률을 초과하는 경우에는 그 실험참가자가 더 많은 보상을 얻기 위해 거짓말을 하고 있다고 간주하는 것이 가능하다.

덧붙여 실험이 모두 종료할 때까지 이 과제가 거짓말을 하는 것에 관련된 뇌의 메커니즘을 조사하기 위한 실험이라는 것은 실험참가자에게는 알려 주지 않는다. 실험참가자들은 그것이 무작위 사건을 예측할 수 있는 능력에 관한 실험이라고 미리 말한다. 그린 등은 '기회 있음' 조건에서의 동전 던지기 예측의 정답률이 높은 실험참가자를 거짓말쟁이 그룹으로, 정답률이 낮은 실험참가자(우연의 정답률인 50%에 가까운 실험참가자)를 정직한 사람 그룹으로서 뇌활동의 해석을 실시했다. 그 결과 거짓말쟁이 그룹에서는 거짓말을 할 때도 정직하게 행동할 때도 둘 다 전두전야의 활동이 인정되었다. 한편, 정직한 사람의 그룹이 정직하게 행동할 때는 전두전야의 활동이 인정되지 않았다.

이러한 결과를 앞서 언급한 성선설과 성악설의 논의에 적용하면, 정직한 사람들에 대한 결과는 성선설을 지지하는 결과로 해석될 수 있다. 정직한 사람의 정직한 행동은 전두전야에 의한 고차의 제어를 필요로 하지 않기 때문에 자연스러운 행동이라는 생각이다. 한편, 거짓말쟁이 그룹에서는 거짓말과 정직한 행동 각각에서 진두엽의 활동 사이의 연관성이 인정되고 있다. 전자는 성선설을 지지하는 결과로 해석할 수 있지만, 후자는 성악설을 지지하는 결과로도 해석할 수 있으며, 이 연구 결과만을 바탕으로 확실한 결론을 도출하기는 어렵다.

그린과 팍스톤(Greene & Paxton)의 연구에 의하면, 거짓말 행위가 전두전야에 의한 고차적인 처리를 필요로 하는 과정임에 틀림없는 것 같다. 그러나 정직한 행동에 대해서는 '자연스러운 정직함'(정직한 자 그룹의 정직함)과 '의도적인 정직함'(거짓말쟁이 그룹의 정직함)이 존재하는 것 같다. 자연스러운 정직은 전두전야의 기능을 필요로 하지 않는 반면, 의도적인 정직은 거짓말을 하는 행위와 마찬가지로 전두전야의 기능을 필요로 한다.

이제 도식이 떠오른다. 그와 동시에 이러한 지식은 정직성의 개인차를 고려하여 연구를 진행시킬 필요성도 시사하고 있다. 따라서 정직성의 개인차에 착안하여야 한다. 그렇다면, 무엇이 원인이 되어 이러한 정직함의 개인차가 생기는 것일까? 연구자들은 그린과 팍스톤의 패러다임을 응용한 연구에 의해 정직성의 개인차를 규정하는 뇌의 메커니즘을 밝히기 위해 fMRI에 의한 추가적인 연구를 실시했다.

　연구자들이 실시한 연구에서는 보상에 대한 뇌의 반응성의 개인차가 부정직함을 결정하는 중요한 요인의 하나라는 가설을 검증했다. 이 연구는 앞서 소개한 동전 던지기 과제에 더해, 보상 정보의 처리에 관련된 뇌 활동을 측정하기 위한 '금전상의 보상지연 과제'를 실시했다. 이 작업은 화면에 매우 짧은 시간, 사각형 모양이 표시되며, 그 사이에 버튼을 잘 누르면 금전적 보상을 받을 수 있다. 도형이 제시되기 직전의 시점에서의 뇌활동을 해석하는 것으로, 보상을 기대할 때의 뇌활동, 특히 보상정보의 처리에 중요한 '측좌핵'이라고 불리는 영역의 활동을 특정하는 것이 가능하다. 이 연구에서는 이 측좌핵의 활동을 보상에 대한 반응성의 개인차의 지표로서 해석을 실시했다.

　연구에서 얻은 결과는 2가지이다. 우선 금전상의 보상지연 과제에서의 보상기대에 관련된 측좌핵의 활동이 높은 실험참가자일수록 동전 던지기 과제에서 거짓말을 하는 비율이 높다는 것이 밝혀졌다. 게다가 금전상의 보상지연 과제에서의 측좌핵의 활동이 높은 실험참가자일수록 동전 던지기 과제에서 거짓말을 하지 않고 정직한 행동을 할 때에 전두전야의 활동이 높은 것도 밝혀졌다. 즉, 보상에 대한 반응성의 개인차(이 연구에서는 측좌핵의 활동의 개인차)가 정직성의 개인차와 그 배경에 있는 뇌의 메커니즘을 어느 정도 규제할 가능성을 시사하고 있다. 즉, 자연스러운 정직성을 발현하느냐, 의사의 힘으로 정직성을 발현하느냐가 개인의 보상에 대한 반응성에 의존한다고 해석할 수도 있다.

　이 연구 성과를 근거로 하면 정직하게 행동하는 것은 거짓말을 하는 것에 비해 반드시 저차적인 처리라고는 할 수 없는 것 같다. 당신이 논리적인 도약이 있다는 것을 알고 토론한다면, 정직성의 메커니즘을 생각할 때는 성선설과 성악설 중 어느 한쪽이 옳다고는 결론을 내릴 수 없을지도 모른다. 지금까지의 정직한 연구를 통해 성선설과 성악설을 통합하고 이해할 수 있는 새로운 관점이 제공되었다고 할 수 있을 것이다.

3. 결론

최근의 연구에서는 실험실적인 것이 아니라 보다 현실 사회에 가까운 상황에서의 부정직성에 대한 연구가 진행되고 있다. 특히 자발적으로 거짓말을 할 수 있는 상황에서는 정직하게 행동하는 것이 거짓말을 하는 것에 비해 반드시 자연스럽고 저차적인 과정은 아니라는 것이 분명해졌다. 게다가 보상에 대한 반응의 개인차가 인간의 정직성을 규정하는 것과 동시에 자연스러운 정직성을 발현시킬지, 의도적인 정직성을 발현시킬지의 열쇠를 쥐고 있다는 것도 밝혀졌다.

거짓말과 뇌의 작용 사이의 연관성에 대해서는 서서히 연구 성과가 쌓이고 있지만, 많은 점이 밝혀지지 않은 채로 남아 있다. 보상에 대한 반응의 개인차 이외에 어떤 요인이 인간의 관점에서 충분히 설명될 수 있으려면 아직도 많은 연구가 필요하다. 거짓말의 가면을 벗기기는 어려운 과제이다.

IV. 거짓으로 진리에 도달할 수 있을까? 실증경제학에 의한 검증

1. 거짓의 경계선

많은 사람들이 거짓말을 하지 않는 것보다 더 좋은 것은 없다고 생각하겠지만, 우리의 일상생활에서는 드물게 거짓말을 할 수밖에 없는 상황이 발생할 수도 있다. 예를 들어, 살인을 계획하고 있는 사람이 상대방의 행방을 묻는다면, 정직하게 대답하는 것이 옳은 일이라고는 할 수 없다.

현대 윤리학의 틀에서 거짓말에 대해서 처음으로 본격적으로 논의한 하버드 대학 시셀라 보크(Sissela Bok) 교수가 『거짓말의 인간학』에서 논하고 있듯이, 워터게이트 사건을 취재하고 대통령의 음모를 백일하에 드러낸 두 명의 신문기자는 그 정보를 모으기 위해서 몇 가지 거짓말을 하고 있다. 그러나 대부분의 사람들은 두 명의 신문기자를 칭찬하고 있다.

그러나 거짓말을 허용하는 범위가 느슨해지기 시작하면 문제가 생긴다. 신중한 법학자요 윤리학 연구자인 나는 기자들이 기만적인 방법으로 취재하는 데 도덕적 딜레마를 느낀 흔적이 없다는 점을 문제 삼는다. 최근 국내에서도 1인 미디어인 유튜버들이 취재를 참칭하여 몰래 녹음·녹화한 대상자의 인격 말살을 일삼는 행위가 백일하에 드러나기도 하였다.

워터게이트 사건에 관해서는 기자의 행위가 정당화된다고 하더라도 보다 정직한 다른 취재 방법은 채택할 수 없었는지, 어떤 상황에서는 거짓말이 정당화되어야 하고, 어떤 상황에서는 거짓말이 부정되어야 하는지는 기자로서 충분히 검토했어야 한다고 생각한다. 실제로 워터게이트 사건 이후 많은 현장 취재기자들이 목적을 위해서는 수단을 가리지 않는 취재를 하게 되면서, 기사 조작 사건도 상당히 많이 일어나는 사태에 빠져 있다.

이것은 저널리즘에 한정되지 않고, 법정에서 변호사가 피고를 돕기 위해서 피고나 증인에게 위증을 시키거나, 식품회사가 가짜 식자재를 판매하거나 건축사가 내진 강도를 위장하는 등 셀 수 없이 많다. 이는 거짓말이 허용되는 상황을 엄격하게 압축하고 거짓말을 방지할 수 있는 메커니즘을 직업윤리 규정이나 처벌로 설정할 필요가 있음을 시사한다.

과학이 거짓을 받아들이면 걷잡을 수 없는 부작용이 나타난다. 그러나 학문으로서 '가짜' 이외에 진리에 접근할 수 있는 길은 없다고 하면 어떨까? 예를 들면, 의약품의 효과를 정확하게 측정하기 위해서는 유사한 건강 상태에 있는 복수의 환자를, 무효과적이고 무해한 가짜 약을 먹는 그룹과 진짜 약을 먹는 그룹으로 나누고, 어느 그룹에 속하는지는 환자 본인뿐만 아니라 때로는 의사나 간호사에게도 알리지 않고, 일정 기간 후에 두 그룹의 평균 효과의 차이를 알아보는 실험이 행해질 수 있다. 이는 약의 효과를 보다 순수하게 추출하기 위해서, 속고 있는 환자가 진짜 약을 먹고 있다고 믿음으로써 얻는 심리적 효과에 의한 치유분을 공제해 순수한 약의 효과를 측정해 보기 위함이다.

그러나 치료가 필요한 환자로부터 아무런 합의도 없이 병원이 효과가 전혀 없는 약을 투여하는 것은 윤리적으로 정당화되기 어려울 것이다. 이 경우 실험의 전체 과정에 대해 설명을 하면 어느 환자가 가짜 약을 먹을지는 모르지만, 그것을 합의(informed consent)한 상황에서 실험에 참가할지 여부의 승낙을 받아 둘 필요가 있다는 것을 인식할 필요가 있다.

2. 경제학의 비교 실험

경제학에서는 의학이나 심리학과 같은 관리실험을 기본적으로 할 수 없다. 예를 들어, 감세의 경제적 효과를 측정하기 위해 전면적인 세제 개혁을 하기 전에, 특정한 사람들에게게만 세금을 인하하고 다른 사람들에게는 현행 세율을 적용하는 것은 법에 따라 평등을 원칙으로 한다면 그것을 정당화하기 어려울 것이다.

경제학에서 특정 정책효과를 분석할 때 다음과 같이 생각한다. 자금 조달에 어려움을 겪고 있는 중소기업들에 대한 대출 지원 정책의 효과를 측정하고자 한다. 대출을 신청하기 위해서는 일반적으로 특정 조건이 충족되어야 한다. 이를 충족하는 기업 중 금융기관이 대출을 인정한 기업과 인정하지 않은 기업에 대해 업종이나 지역, 재무 상황 등 상당히 상황이 비슷한 기업들의 쌍을 만들어 대출을 받은 후의 실적 차이를 비교해 본다. 이것은 이전의 의약품 실험에 상당히 가까운 비교평가를 실시하고 있는 것이지만, 문제는 관리실험을 하지 않은 만큼, 원래 자금 조달이 곤란했던 기업이라면 대출 지원 정책에 근거한 융자를 받을 수 없었던 기업은 당연히 다른 경로로 자금을 조달하고 있을 것이며, 그 효과는 통제되지 않는다는 것이다.

경제학과 같이 자연실험, 즉 실험을 의식하지 않고 통상적인 경제 활동을 실시한 후, 사후적으로 관찰되는 차이로부터 정책이나 어떤 역사적 사건이나 제도가 초래하는 효과를 측정하려는 경우, 자발적인 행동은 완전히 통제할 수 없다. 물론 이 점이 경제학 비교실험의 한계이긴 하지만, 반대로 얼마나 잘 관리된 자연실험의 사례를 찾아내어 실증연구를 실시하는가 하는 것이 경제학자의 능력을 보여 주는 것이라고 할 수 있다.

거짓말을 하는 유인을 이용해 거짓말을 억제할 수 있을까? 경제학에서는 상대방을 '속이는' 인간적인 행위를 어떻게 억제해야 하는지에 대해서도 생각해 왔다. 예를 들어, 공원이나 도로 같은 공공재를 건설할 경우 잠재적 이용자들이 얼마를 지불할 의향이 있는지 미리 조사해 보면, 대개는 상당히 낮은 금액만 제시한다. 이것은 자신의 진정한 공공재 이용가치에 따른 금액을 솔직하게 제시하지 않는다는 것을 의미한다. 즉, 다른 사람이 지불해 준다면, 자신은 낮은 공헌으로 무임승차할 수 있지 않을까 하는 전략이다.

경제학자들은 이러한 문제들에 앞서 어떻게 사람들이 진실을 말할 수밖에 없도록 하는 메커니즘을 설계할 수 있는지에 대해 연구해 왔다. 때마침 2007년 노벨 경제학상은 시장경제가 제대로 배분할 수 없는 자원을 효율적으로 배분하기 위한 메커니즘 설계에 참여한 세 명의 경제학자 레오니드 후르비츠와 에릭 매스킨, 로저 마이어슨에게 돌아갔다.

이전의 공공재 공급의 예로 돌아가면, 지방자치단체는 공공재를 안이하게 공급하는 것이 아니라, 잠재적 이용자에게 자신이 지불하고 싶은 금액을 신고하게 하고, 그 총액에서 공공재를 공급하기에 부족한 만큼에 대해서는 공공재 공급에 드는 평균비용과 자기가 신고한 금액의 차액을 세금으로 납부하도록 하는 메커니즘을 만들어 두면 된

다. 무임승차를 위해 낮은 자기신고만 한 이용자에게는 높은 세금이
부과되며, 자신의 이용가치에 가까운 금액을 신고한 이용자에게는 추
가적인 세금이 거의 부과되지 않는다는 것이다. 즉, 거짓말을 할 유인
이 높은 추가 징세에 의해서 거짓말이 억제되는 것이다. 하지만, 여러
가지 현실적 제약 때문에 이 메커니즘으로 공공재 공급이 결정되는 단
계에는 아직 이르지 않고 있다.

3. 경제학의 향방

철학과 수학은 '거짓말쟁이의 역설'이라는 자기 언급적 명제를 말한
다. 이것은 기원전 6세기 크레타 철학자 에피메니데스가 "크레타인은
거짓말쟁이다."라고 말한 데서 비롯된 역설이다. 에피메니데스의 말
이 맞다면, 그는 거짓말을 하지 않은 것이 되고, 크레타인은 거짓말쟁
이라는 언명과 모순이 된다. 또, 에피메니데스가 한 말이 거짓이라면,
크레타인은 거짓말쟁이가 아니게 되고, 에피메니데스가 크레타인이
라는 것과 모순이 된다.

20세기 전반, 이러한 구조를 가진 명제로서 수학상 임의의 공리계
로부터 형식적으로 연역할 수 없는 명제가 있다는 것을 증명한 것이
쿠르트 괴델(Kurt Gödel)이며, 그것을 경제학 · 정치학의 세계에 부연
한 것이 케네스 애로우(Kenneth Joseph Arrow)의 '일반 불가능성 정리'
이다. 이러한 형식 논리적인 논의가 현대사상에 끼친 영향은 헤아릴
수 없다. 즉, '개별 공리는 옳더라도, 그것들을 조합하면 모순을 초래
하고, 하나의 올바른 판단에 도달할 수 없다.'는 정말 절망적인 결과이
다. 물론, 경제학은 지극히 실용적인 학문 분야이며, 형식 논리학상의

문제에 시달려 거기서 그치는 것은 허용되지 않는다. 현실에서 발생하는 문제에 대해 정책을 입안하고, 그 과정에서 오류를 수정하여 새로운 지식을 실용화해 나가야 한다.

경제학이 과학적이고 실용적이고자 한다면, 관찰된 현실과 가상현실의 비교를 강요당하고, 어떤 식으로든 현실 속에서 가상현실에 가까운 '가짜 사례'를 찾아내는 것이 필요하다. 이것은 경제학이 '거짓'에 의해서만 진리에 접근할 수 있으나, '거짓'에 의해서는 결코 진리에 도달할 수 없다는 한계를 안고 있다는 것을 의미한다. 달리 말하면, 경제학에 남겨진 길은 순진한 낙관론을 취할 수는 없고, 그렇다고 해서 암울한 비관론에도 빠지지 않고, 절대로 도달할 수 없는 무지개를 계속 따라갈 수밖에 없는 상황에 있다고 생각한다.

V. 다가올 진리를 위한 예비 고찰로서 데리다『거짓말의 역사』를 읽다

아렌트에 따르면, 거짓말은 항상 정치인들의 정당한 도구로 여겨져 왔다. 복잡해진 현대에 있어서 일상적으로 거짓말의 효용을 경험하고 있는 우리에게 칸트나 고전 철학자들의 엄격한 거짓말의 단죄는 이제 너무 소박한 도덕으로 보인다. 그러나 데리다가『거짓말의 역사』에서 우선 제기하는 가설은 거짓말을 오류와는 구별하고, 타자를 해치는 내재적 지향성으로 정의하는 고전적인 '솔직 개념'이다. 이러한 함의는 플라톤, 아리스토텔레스, 아우구스티누스, 루소 등에 의해서 지지되고 있다. 이와 같이 정의함으로써, 인식론이나 공리주의, 실증주의, 상대주의와는 다른 원리를 제안하고, 지속적인 윤리, 법, 정치의 근거를 요구하는 것이다.

데리다가 『거짓말의 역사』 도입부에서 제시하는 이 논의와 고찰의 동기는 적어도 3가지가 있다.

첫째, 제목 『거짓말의 역사』는 니체의 '우상의 황혼'의 '오류의 역사'를 의식한 것이라고 데리다는 말한다. 하이데거가 니체의 최종적 플라토니즘 초극으로서 참조하고 있는 이 짧은 아포리즘에서 니체는 플라톤으로부터 실증주의까지의 철학의 역사를 회고하고 거기에 잔존해 있던 플라토니즘을 우화로서 제시한다. 데리다는 오류와 거짓말을 구별함으로써 니체를 반박하지 않고 오히려 그것과는 다른 철학의 역사를 제기하고 싶어 한다.

둘째, 두 번째로 제시되는 것은 아렌트가 현대정치에 있어서 거짓말 증식의 특이성을 규탄하는 언설이다. 데리다는 초시간적 진리와 연관되어야 할 거짓말이 역사를 가질 수 있는지에 대해 조사하기를 원한다.

셋째, 근원적인 것보다 부대적인 특성(신조나 연민)의 초월성을 주장하는 라이너 슐만의 하이데거론을 제시한다. 이것은 진리의 성성(聖性)과 허구의 효용을 생각하게 하는 것이다. 다음으로 데리다는 현대정치에서의 거짓말 증식의 특이성을 규탄하는 아렌트나 코이레의 논설, 또 과거에 발생한 인도(人道)에 대한 범죄의 국가에 의한 인지라는 역사인식의 불연속적 변경의 사건을 참조하고 스스로 제기한 거짓말의 정의를 검증한다.

데리다는 이러한 사례를 분석함에 있어서 거짓말의 개념이나 사건이라는 외재적 사실적 현상과 현상학적 환원을 거친 내재적 잔여로서의 거짓말의 지향성을 분리함으로써 주체의 결정에 의미를 부여하는 구조, 나아가 증언의 진실성의 근거로서의 성성(聖性)을 전제하고 있다. 결론적으로 거짓말 역사의 실재나 필연성을 증명할 수 없다고 언명함으로써, 데리다는 당분간 이 거짓말 가설의 초월성을 지지하지만, 그 경계상의 조건으로서 거짓말의 환원 불가능한 역사적 차원도 지적하고 있다. 역사학자 마틴 제이는 철학을 역사학의 길로 삼기 위해 데리다의 거짓말에 대한 정의에 대해 많은 의문을 제기하고 있다.

이 글은 앞에서 서술한 동기, 정의, 경계조건의 해명과 더불어 이러한 마틴 제이의 물음에 응답을 시도함으로써, 데리다의 거짓말의 규정이 1990년대부터 데리다가 다져온 근원적 다양성을 가능하게 하는 윤리의 구조의 일환으로서 읽혀야 할 것이고, 효용과 쾌락을 주는 거짓말의 다른 측면에도 주목하면서, 동시에 미디어 기술의 파격적 증식 등 현대와 미래의 새로운 현상에 대해서 항상 관점을 열어 둘 것, 이러한 철학과 과학영역과의 제휴가 미래의 진리의 도래를 재촉할 것을 제시하고 있다.

마틴 제이의 질문들 중 중요한 것을 꼽자면 다음과 같다.

(1) 데리다의 거짓말의 정의는 사실확인과는 명확히 구별되는 행위 수행적인 언어표현으로서 거짓말을 정의하고 있다. 그러나 기도와 같은 순수한 수행적 언어표현과는 달리 거짓말은 사실의 창출을 의도하고 있는 점에 있어서, 이 구별은 애매함을 포함하고 해명을 필요로 한다.

(2) 거짓말의 개념의 역사, 거짓말의 실천의 역사, 거짓말의 성실한 이야기가 분리하기 곤란하다고 말하고 있으나 해명을 요한다.

(3) 출발점에서 언명으로서 두 사람의 인용 즉, 거짓의 역사성의 주장(아렌트)과 진리의 성성(聖性)의 주장(슐만)을 제시하고 있으나 해명을 요한다.

(4) 역사적 사실에 대해 정치적 견해의 차이가 있는 점에 있어서, 거짓말이 진리를 구성하는 환원 불가능한 역사성이 있다고 기술하고 있지만 해명을 요한다.

(5) 결론으로 거짓 역사의 실재와 필연성을 증명할 수 없다고 여겨지지만 역시 해명을 요한다.

본 항에서는 이상의 물음에 대해 응답함으로써, 데리다의 논의를 다가올 진리를 위한 예비고찰로서 독해하는 것을 시도하고자 한다.

1. 거짓말의 솔직 개념의 강력함

내재적 의식에서 거짓 욕망의 발생은 어떤 외재적 사건에서 영감을 받고 있다. 그 특정한 경험에 대해 사실적 요인 전부를 일시적으로 차단하고, 그 욕망의 순수한 내재적인 동기를 끄집어내는 사고의 실험이 가능하다. 거짓말을 실천하는 사람과 거짓말이 향한 상대만을 남기고 세계 전체를 중립화하면, 그 거짓말이 다른 사람을 해칠 의지가 있는지 확실히 알 수 있을 것이다. 이와 같이 다른 사람들을 해하려는 의지를 거짓의 조건으로 정의함으로써, 사실적 상황에 관계없이 명석하게 거짓말을 정의할 수 있을 것이다.

게다가 이 정의는 우리의 소박한 인식을 묻는 힘을 갖는다. 정치인들의 주장은 그것이 정치적인 한 국민들에게 선을 보이려는 의도이며, 전체주의 체제라 할지라도 김정은 체제와 같은 예외도 있지만 거짓으로 정의되지 않는 것은 아닐까? 다른 한편으로 친구를 지키기 위해 적(살인자)을 속이는 거짓말도 단죄하는 칸트의 가혹한 정언명법을 지지해야 하는가? 이 질문에 대한 논의는 이 책의 각 해당 부분을 참조하기 바란다.

2. 거짓의 개념, 실천, 지향성의 구별과 경계획정

내재적인 거짓말의 지향성이 생산하는 거짓말의 개념과 거짓말의 실천은 외재적이고, 그러한 관점의 문화나 사회의 구조적 영향하에 있으며, 또한 역사적이다. 제 실천은 그 시대와 지역의 강역에 있어서 유효한 형이상학 개념에 따라 분절됨으로써 역사화되고, 제 개념은 초시대적인 형이상학의 관점에서 역사화된다.

예를 들어, 하이데거 철학에서는 근원적인 존재의 진리로서 증여, 정의, 성성(聖性)이 있다고 여겨진다. 다른 한편으로 초월론적이라고 여겨지는 지향성의 한계로서, 그것이 순수하게 내재적인 자기의식의 성찰에 의해서 가능하게 되는 전술의 정적 경험으로부터 무의식적인 기억의 침전이 미치는 영향을 면치 못할 위험이 있다. 거짓의 성찰은 이러한 여러 한계에 열려 있을 필요가 있다.

3. 정치에서 허구의 긍정적 작용

정치로서의 거짓말은 데리다의 거짓말의 정의에서 배제되는 것이며, 데리다는 여기서 이러한 허구의 진리 창조적 효과에 존재론적으로 중요한 의미를 부여하고 있다. 하이데거는 어떤 사건이 초시간적으로 수많은 텍스트에게 발견됨으로써 그 진리성을 나타내려고 했지만, 데리다에게는 일찍이 현전한 적이 없는 초월론적 진리가 발견될 가능성도 역사성이라고 여겨진다. 거짓말을 수행성(performativité)의 차원에서 파악하면 일본 제국주의 침략에 대한 역사적 반성도 이런 맥락에서 이해해야 되고 나아가 진솔한 반성문의 발표도 필요하다. 일본 정치인들의 역사 왜곡은 '반진실'(Contre-vérité) 행위이고 범죄이다.

4. 거짓 역사의 불가능성

거짓의 정의를 내재적인 지향성으로 기술하는 이상, 그 실재는 증명 불가능하다. 우리 모두는 탈진실로 이어질 수 있는 다양한 인지 편향을 타고나기 때문이다. 그것은 현재로서는 초역사적이라고 생각할 수 있지만, 향후의 문화사회적 상황에 따라서는 변화를 겪을 수 있다. 푸코의 『광기의 역사』나 『성(性)의 역사』처럼, 거짓의 개념이나 실천에 대해서 강역 내에서의 역사를 기술하는 것은 가능하다. 그러나 데리다는 강역을 초과하는 구조의 경계 획정과 개별적인 범례의 기술에 거짓말을 넣어 두려는 생각이다. '탈진실'의 시대에 아무리 거짓말을 통해서 진실을 덮으려고 해도 거짓말은 어디까지나 진실에 기대어 생산되는 것이기 때문에, 결국에는 거짓말로 진실을 전부 가릴 수는 없다.

5장

거짓말의 사회심리

Ⅰ. 사회심리학에서의 거짓말 현상과 전망

최근의 인상 깊은 거짓말은 무엇일까? 나 자신에게 생긴 평소의 무심한 거짓말들은 대부분 잊히기 때문에, 조직에 의한 은폐 등 사건성 있는 거짓말들이 더 많이 떠오를지도 모른다. 우리가 평소에 하는 거짓말, 잡히는 거짓말의 대부분은 심각한 것이 아니라 사회적인 거짓말이므로 좀처럼 설명되기 어렵다.

한 선생님이 이야기하던 '배가 나온 남편에게 한 작은 거짓말'이 생각난다. 자신이 산 옷의 치수를 약간 적게 말한다는 것이다. 이런 일상적인 거짓말은 자주 발생할 것이다. 루소에 의하면, 속이더라도 상대방 혹은 자기에게 어떤 해도 끼치지 않는다면 이는 거짓말이 아니라 '허구'라고 불러야 한다. 상대방에게 "어떤 믿음의 효과(날씬한 몸매)를 일으키려고 하므로" 이런 종류의 거짓말은 거짓말 연구의 도마에 오르기가 쉽지 않다. 거짓말을 발화한 자의 본심은 원론적으로는 그 어떤 외부적인 담론으로도 반박할 수가 없으니 당연하다고 할 것이다.

1. 거짓과 기만

지금까지 '거짓말'이라는 단어를 무제한 사용해 왔지만, 실제 거짓말 연구에서는 여러 용어가 혼용되고 있다. '거짓말'의 연관어로 기만, 허위, 속임수 등 다양한 단어가 사용되고 있는데, 여기서는 전공어로 거짓말(lie)과 기만(deception)의 차이에 대해 언급해 둔다(이하, 인간만을 상정한다).

레바인(Levine)은 이론의 열쇠개념의 하나로서 거짓말과 기만을 평가하고 있으며, 기만이란 타자를 의도적으로 잘못된 방향으로 이끄는 것이며, 거짓말이란 기만의 하위 유형으로, 틀렸다는 것을 알고 있는 정보를 말해 타자를 속이는 것으로 구분하고 있다. 그것은 속임수가 더 광범위한 개념이며, 사람들을 속일 때 반드시 거짓말을 할 필요는 없다. 예를 들어, 진실을 지나치게 거짓되게 말하면 듣는 사람은 믿지 않을 것이다. 즉, 기만이다.

이상, 거짓말과 기만은 엄밀하게는 다르지만, 실제 논고에서는 용어의 사용에 대해 혼용하는 다소 거친 면이 있다. 양 단어는 상호교환 가능한 것으로서 활용해도 무방하다. 이 책에서는 '거짓', '기만'을 문맥에 따라 사용하는 것으로 한다('진짜', '진실', '정직'에 대해서도 마찬가지이다).

2. 실험자극 생성의 어려움

거짓말 연구는 심리학의 각 영역에서 이루어져 왔지만, 이 항은 사회심리학에 초점을 맞춘다. 사회심리학 영역에서의 거짓말 연구라고 하면, 에크만이 가장 널리 알려져 있다. 에크만 등(Ekman & Friesen)이 사회심리학적 거짓말 연구의 단초라고 해도 좋을 것이다.

에크만의 소개 사이트에는 연대순으로 기재된 논문 목록이 있어 각 논문을 다운로드할 수 있도록 준비되어 있는데, 논문 제목에 최초로 'decession'의 단어가 등장하는 것이 1969년이다. 환자의 비언어적 행동에서 거짓말을 알 수 있는가 하는 임상적 관심에 따른 이 연구는 개별 환자마다 그 특징을 소상히 살펴보는 사례연구이다.

사람의 행동 어디에 주목하면 거짓말을 간파할 수 있는지에 대해 밝히기 위한 정통적인 방법의 하나는 실험 협력자에게 거짓말/진짜를 이야기하도록 하고, 그것을 녹화해 분석하거나 혹은 다른 실험참가자에게 제시해 거짓말/진짜의 판단을 구하는 것이다. 여기서 가장 중요한 점이 실험자극의 질이다. 자극의 거짓말이 정말로 거짓말이어야 한다.

　즉, 실험 협력자들이 제대로 거짓말을 하고 있다는 것이 보장되어야 한다. 예를 들면, 실제로는 아침을 먹고 왔는데 굶은 것처럼 이야기해 달라고 하는 교시라면, 때때로 거짓말을 하는 것에 대한 동기부여는 낮고, 거짓말을 하는 필연성도 낮게 느낄 것이기 때문에 '진짜 거짓말'이라고는 할 수 없을 것이다. 그 점에서 에크만 등(Ekman & Friesen)의 자극을 작성하는 실험은 능숙하다.

　여성 간호 대학생에게 쾌적 혹은 스트레스를 주는 영상을 보게 하고 감정을 거짓으로 표출시키는 경우(=거짓말)와 정직하게 표출시키는 경우(=정말) 두 가지 자극을 작출하여 실험하였다. 스트레스를 주는 영상으로서 사지 절단이나 심각한 화상을 입은 환자의 치료에 관한 의료용 비디오가 이용되었지만, 간호 대학생을 대상으로 하는 것으로 윤리적 문제의 회피를 의도하고 있고 또 동기부여도 확보하였다. 그러나 그렇더라도 인위적인 자극 작성을 위해서 굳이 거짓말을 하는 것이므로, 실험설정이라는 거짓말의 요소는 혼입되어 있기 때문에 실생활에서의 생생한 거짓말과는 괴리가 있다.

　특별하게 생생한 것이 아니라도, 서두의 예와 같은 무심한 일상에서 엿볼 수 있을 것 같은 거짓말에 대해서도 자극의 작성은 어려운 것이다. 그 후에도 에크만은 많은 거짓말 연구를 수행했지만, "실험실에서 사람들에게 거짓말을 시키는 것이 얼마나 어려운 작업인지 나는 예상도 하지 못했다."라는 술회가 인상 깊다. 그만큼 실험을 위한 거짓말/진짜의 자극 작성은 매우 곤란한 것이다.

필자는 학교에서 형사법, 범죄수사와 재판(소송) 등 수업과 학생 면담지도를 담당하고 있는데, 그룹마다 거짓말/진짜 자극을 제공한 후에 실험을 수행하게 하였고, 분석 결과를 발표하는 연습을 실시한 적이 있다. 수강생들은 이것저것 조건을 따지고, 힘들게 자극을 만들고, 실험을 수행하고, 경과를 편집하였다. 실험에서 자극 작성의 중요성을 느끼고, 범죄심리학 연구법에 대해 생각할 수 있는 좋은 기회가 되었으며 동시에 거짓말이란 무엇인가에 대해 생각하고 경험할 수 있는 기회도 되었다.

3. 기만탐지의 부정확성

거짓말을 간파하는 것은 기만탐지 또는 허위탐지라고 한다('허위탐지'는 생리심리학 분야에서 자주 사용되는 용어이다). 많은 연구가 수행되고 있지만, 속임수 탐지의 정확성에 대해 반복적으로 재현되는 사실은 사람들은 거짓말을 간파하는 것이 서툴고, 정답률은 '50%를 조금 넘는 정도'라는 것이다. 본드 등(Bond & DePaulo)의 메타분석에 의하면, 평균 정답률은 53.98%였다. 이 책의 FBI 수사관의 경험을 다시 확인해 보기 바란다.

'50%를 조금 넘는 정도'라는 사실은 애초에 제시하고 있는 자극에서 진위의 비율이 반반이라는 데서 기인할 가능성은 없는가? 레바인 등(Levine et al.)은 일련의 자극에 포함된 진실한 자극의 비율(기준율:

Base Rate)을 변화시켜 각각의 조건에서 정답률(accuracy)을 산출하는데, 선형관계가 나타났다. 주어진 자극에서 진위를 각각 어느 정도의 비율로 제시하는가 하는 것이 정답률을 잘 예측하는 방법이다.

이를 진위성 효과(veracity effect)라고 한다. 사람들은 실제 진위 여부와 상관없이 어떤 사건을 진실로 판단하는 경향이 있다. 즉, 진실편향(truth bias)을 가진다고 알려져 있지만, 그러한 편향이 있기 때문에 오히려 일상생활을 거부감 없이 적응하면서 보낼 수 있는 것이고, 낮은 정답률은 어떤 의미에서는 당연한 귀결이라고도 할 수 있다.

인간은 인지편견에서 벗어날 수 없다. 그중에서도 일상생활에서 유의해야 할 것으로 확증편향을 들 수 있다. 즉, 상대를 거짓말쟁이라고 생각하고 보면 그렇게 보이기 시작하는 것이다. 이는 폴리그래프(거짓말 탐지기) 검사에 있어서도 마찬가지이며, 누구나 머리 한구석에 두는 가치가 있을 것이다. 평안한 생활을 위해서는 거짓말을 완전히는 간파할 수 없다는 일종의 체념을 가지고, 거짓말을 간파하는 것에 대해 이상하게 자신감을 갖지 말아야 한다. 또 상대를 이상하게 의심하지 않고, '평범하게' 생활하는 것, 이것밖에 없다고 생각한다.

4. 기만탐지 연구의 실재와 향후

반면에 속임수 탐지의 정확성을 높이기 위한 연구는 오랫동안 지속되고 발전하고 있다. 그랑학 등(Granhag et al.)은 거짓말을 간파하기 위한 일반적인 접근으로 (i) 생리반응의 측정, (ii) 행동의 관찰, (iii) 발언의 분석, (iv) 뇌활동의 측정의 4가지를 들고 있으며, 또한 거짓말을 간파하기 위한 확립된 5가지 방법으로 (a) 언어행동의 분석, (b) 비언어행동의 분석, (c) 폴리그래프, (d) 사건 관련 전위, (e) 뉴로이미징을 들고 있다. 이상의 방법은 그것을 사용함으로써 100% 가까이 거짓말을 간파할 수 있는 것은 아니지만, 정확도를 향상시키기 위한 여러 가지 궁리가 이루어지고 있다.

기만탐지 연구는 측정 방법과 측정 대상의 세련함을 더하여 나날이 진행되고 있으며 트레이닝 효과의 검토 등도 보고되고 있다. 측정 방법에 대해서 역시 뉴로이미징 기술의 진전은 눈부시다. 측정 대상에 대해서 말하자면, 사회심리학에서는 전통적으로 비언어행동에 대한 검토가 많다. 자주 검토되는 행동도 있고 그렇지 않은 행동도 있지만 본드 등(Bond et al.)은 데파울로 등(DePaulo et al.)의 데이터를 분석하여 산포도를 이끌어 가고 있다. 가로축에 효과량 d(의 절대치), 세로축에 연구수 k를 취하고 있지만, 효과가 작은 행동일수록 연구 수가 많은 것을 알 수 있다(과학에서의 일반적 현상인 'decline effect'가 나타나고 있다).

앞으로는 연구 수가 적은 행동에 대한 연구의 축적 및 연구 수가 많은 행동이라도 자극의 정밀도를 높인 다음 재실험 등이 필요할 것이다. 또한 향후 연구 전개로서 수동적 기만탐지에 더해 능동적 기만탐지의 방향성, 의식적 처리에 더해 무의식적 처리에 주목한 기만탐지의 방향성 등의 연구도 수행될 것이다.

5. 결론

최근 거짓말 연구가 열기를 보이고 있는 것 같다. 최근 레바인 (Levine)의 저서가 발간되었데 기만(decession)이라는 주제 아래, 이렇게 다양한 토픽이 있는가 생각하면 그저 압도될 뿐이다. 한편, 우리나라에는 브라이(Vrij) 작업이 소개되었다. 그리고 이 책의 출간도 거짓말에 대한 관심의 표현일 것이다.

본서에서는 여러 선행연구의 소개에 초점을 맞추었지만, 향후의 연구 방향은 양적 기법을 취하는 대신 질적 분석을 통한 거짓말 연구도 필수라고 생각한다. 예를 들면, 어떤 사람이 왜 거짓말을 하기에 이르렀는지에 대해 심층적인 분석을 통한 기술을 하는 것도 유용할 것이다. 수사와 재판에서 허위자백에 관한 논의는 이 점에서 유용하다 할 것이다. 애당초 사회심리학적 거짓말 연구의 단초인 에크만 등(Ekman & Friesen)의 연구는 사례연구였던 만큼 '원점회귀'의 필요도 있을 것이다.

요즈음, 진실의 규명이라는 기치 아래, 필요 이상으로 거짓말을 규탄하는 세상의 풍조가 강해지고 있는 것처럼 느껴진다. 역으로 오히려 가짜 뉴스가 판을 치고 있는 세태이다. 정치권과 언론계는 무분별한 폭로로 가짜 뉴스를 생산해 내고 있다. 누명 등 절대로 진실을 밝혀야 하는 국면에 있어서는 철저하게 진실을 추구할 필요가 있지만, 그렇지 않은 국면에서도 지나치게 거짓을 규탄하고 제재를 가하려는 풍조가 있어야 하는 것은 아닐까 생각한다. 우리 사회는 이미 한도를 넘어선 극단의 세상이 돼 버렸다.

거짓말은 인간적인 냄새의 표시이며, 거짓말을 하는 사회가 더 정상이며, 거짓말에 좀 더 따뜻한 눈길을 주는 것이 좋지 않을까 생각하는 사람도 있다. 물론, 거짓말은 진실이 없으면 나오지 않는 것이고, 거짓말의 대부분에는 진실이 있기 때문에 거짓말을 소중히 하는 것은 진실을 소중히 하는 것이기도 할 것이다.

블란톤(Blanton)의 『Radical Honesty』와 같이, 거짓말은 유해하므로 철저하게 배척한다는 것은 극단적이고 일면적임에 틀림없다. 칸트의 주장도 현대사회에서 전혀 설득적이지 않은 것으로 보인다. 거짓말과 진실이 뒤섞인 세계에서 살고 있는 것이 인간이며, 거짓말과 진실이 모두 존재하는 것은 마음의 기능을 지탱하는 에너지원과 같은 것으로 생각한다.

II. 사기의 사회학 서설

이 항에서 논의의 본론은 사기라는 개념이 기존의 사회학 이론을 정리하는 데 도움이 될 뿐만 아니라, 사회란 무엇인가 하는 수수께끼에 접근하는 데도 중요한 역할을 한다는 것을 보여 주고자 한다.

1. 사기와 사회학

• 법과 사회학

사기라는 말에는 사람들을 매혹시키는 이상한 울림이 있다. 그것은 사기가 인간 존재의 심연을 감싸 주기 때문이다. 사기 사건이 신문의 사회면을 떠들썩하게 하고, 텔레비전의 와이드 뉴스 쇼에서 반복적으로 다루는 것도 독자나 시청자가 거기에서 암묵적으로 인간의 본성을 보고 있기 때문이다. 이처럼 사기는 단순한 불법행위가 아니다. 어떤 행위가 현실의 법칙에 부합하는지는 사회적으로 부차적인 문제이다.

　사람들이 때로는 객관적으로 비판하고 때로는 저항하면서도 속아 넘어갈 수도 있는 유혹의 씨앗, 그것이 사기일 것이다. 법이나 도의적 책임이 추궁당하기 이전의, 유혹하고 유혹당하는 관계를 사회학에서 는 사기라고 불러야 한다. 법에 있어서 사기의 위치에 관해서는 이 책 에서 따로 다루고자 한다.

• 비밀과 사기

　사회학자들 중에서 일찍 사기 개념의 중요성을 깨달은 사람은 게오 르그 짐멜이다. 짐멜은 인간이 타인의 내면을 완전히 이해할 수 없는 이상, 타인에게 진실을 보여 줄 수도, 타인을 속이는 것도 함께 가능하 다고 말한다. 게다가 인간은 살아가기 위해 종종 기만을 필요로 하며, 심지어 스스로 속기까지 한다는 점을 지적하고 있다. 여기에는 사기 가 인간관계가 성립하는 근본에 항상 복재하고 있다는 관점이 포함되 어 있다.

　짐멜은 상거래를 예로 들면서, 사기는 둘 사이의 지식 보유량에 현 저한 차이가 있을 때에 태어나기 쉽다고 한다. 구매자들은 판매자들 에 비해 그들의 상품에 대한 명백한 지식이 부족하기 때문에 판매자들 에게 속을 수 있다. 사실 상품을 사고파는 문제는 짐멜 시대에 비해 상 품경제가 훨씬 발달한 오늘날에도 끊이지 않는다.

　상거래에 한정하지 않고 본래 대화에 의한 소통은 상대방의 말이 맞는지 어떤지가 하나하나 확인되지 않고 진행된다. 사실, 만약 당신 이 그들의 말을 일일이 확인하려고 노력한다면, 대화는 이루어지지 않을 것이다. 그러나 당신은 그것 때문에 다른 사람들에게 속을 수도 있다. 사기는 의사소통이 있을 때 필연적으로 수반되는 위험이다.

적지 않은 짐멜의 영향을 받은 상징적 상호작용론자 또한 사기에 관해서 짐멜과 비슷한 견해를 보이고 있다. 예를 들어, 이들은 사기가 상황을 정의하는 정보의 양과 정보 조작 능력의 차이에서 발생한다고 생각한다. 가짜 보석을 팔려는 사기꾼들은 보석상 행세를 하며 마치 거래가 정당한 것처럼 행동한다.

사기꾼들은 사기꾼들이 만들어 내는 상황을 진짜라고 믿지만 사기꾼들이 저지르고 있는 함정을 알아차리지 못한다. 어느 거래의 상황에서, 한쪽이 보유하는 정보량이 다른 쪽에 대해 현저하게 부족할 때, 사기의 가능성이 생기는 것이다. 상징적 상호작용론자들이 사기 사례를 사용하는 것은 사람들이 실제 의사소통에서 단지 특정한 역할만 한다는 점을 강조하고 싶기 때문일 것이다.

연기가 진실인지 아닌지는 문제가 아니다. 그 자리에서 적절하게 행동할 수 있다면 의사소통은 성립된다. 즉, 의사소통을 논할 때 중요한 것은 서로가 상대방에게 적절한 연기를 하는 것처럼 보이기만 하면 된다는 점이다. 사기꾼들은 이러한 의사소통의 연기적 성격을 최대한 이용하면서 상대방에게 속임수를 쓰도록 하려는 존재이다. 구축주의나 에스노메소돌로지라고 하는 미국의 사회학 이론도 원리적으로는 같은 생각을 한다.

단지, 사기는 속이려고 하는 상대에 대해서 정보량, 지식량에 있어서 우위에 서는 것, 상대에 대한 '비밀'을 적극적으로 만들어 내는 기술로서 파악하는 것만으로는 충분하지 않다. 그 이유의 하나로, 사람은 일방적으로 사기꾼에게 속는 것이 아니라 스스로 자진해서 속는 경우가 있다는 점을 들 수 있다.

토마스 만의 소설 『사기꾼 펠릭스 쿠루루의 고백』 중에서 쿠루루는 유혹받고 싶은 욕망, 보다 단적으로 말하면, 속고 싶은 욕망은 "신이 직접 인간성에 심어 준 보편적인 욕망이다."라고 한다. 쿠루루는 "사람들이 단지 무지하기 때문에 속는 것이 아니라 기꺼이 속아 넘어가려고 할 수도 있다."고 말한다. 짐멜은 이 점에 대해 간단히 언급하고는 있지만, 논의의 핵심은 어디까지나 소통에서의 정보량의 차이에 있다. 그래서 어떤 사기 사건을 통해서, 짐멜이나 상징적 상호작용론자 등이 간과하고 있던 사기의 특질, 그리고 소통 자체의 특질이 어디에 있는지 자세히 살펴보자. 다음은 1975년에 발각된 아메리카은행 횡령 사건이다.

• 아메리카은행 횡령 사건

아메리카은행 토론토 지점의 대부계 오린 롱락(가명, 당시 21세)은 몽고메리로 향하는 암트랙의 열차 안에서, '밤의 올빼미(Night Owl)'호를 탑승하여 여행을 하고 있는 자칭 '국제 비밀첩보원'이라는 남자를 알게 된다. 오린은 이 남자의 이야기의 진위를 따지지 않고 마치 이 남자가 진짜 국제 비밀첩보원인 것처럼 응대하자 망설임 없이 아주 자연스럽게 남자와의 관계를 맺어 간다. 알게 된 지 열흘 만에, 그 남자는 국제 비밀경찰 조직을 빠져나가기 위해 자금이 필요하다며 오린에게 자금의 융통을 부탁한다.

오린은 처음에 600만 달러(아버지의 저금), 다음에 700만 달러(자신의 저금)를 남자에게 건넸고, 세 번째부터는 가공의 대출을 꾸며 약 2년간에 걸쳐, 합계 53회 총액 2억 달러를 아메리카은행에서 인출한다. 이

후 오린의 행위는 들통났고 수사를 거쳐 기소되었다. 오린은 공판에서 처음에 돈을 건넸을 때의 기분을 묻자, "죄송합니다만, 왜 건넸는지 모르겠습니다. 호의적 감정을 가지고 있었던 것은 확실합니다."라고 대답하였다. 오린 자신이 왜 정체불명의 남자에게 돈을 빌려주었는지, 잘 모르겠다. 단지 공판의 진술로 미루어 짐작할 수 있는 것은 그 남자가 오린의 있는 그대로를 받아들였다는 점이다.

오린은 어릴 적 손가락 끝을 잃어 다른 은행원들이 "손가락 없는 여자와 악수하는 것이 역겹다."고 말해 상처를 받았다. 그런데 남자는 손가락 결손이 있는 여자와 그렇지 않은 여자를 차별하지 않았다. 남자의 이름은 젤리코 아벨(가명)이었다. 아벨은 '상식'과는 무관한 존재로, 그것이 어떤 사람에게 있어서는 무관심하고 적당히 관대한 것으로 보인다. 그러나 이러한 아벨의 태도가 오린에게는 오히려 손가락의 결손이라는 심리적 부담을 잊게 하고 일종의 안정감을 주었다. 아벨과 같은 사기꾼은 이렇듯 공평한 태도로 있는 그대로를 받아들이는 관용성과 사회성의 결여의 양면성을 겸비하고 있다.

또, 아벨은 오린에 대해 폭력을 행사하거나 횡포한 태도로 나온 적도 없다. 아벨은 공판에서 "(오린을) 위협하거나 겁박하거나 두드리거나 하지 않았어요."라고 증언하였다. 자신에 대해 부담감을 느끼지 않고 행동하는, 결코 폭력을 행사하지 않는 아벨이라는 남자에게 끌렸던 것이다. 이 아벨에게 오린은 자신이 속고 있는지, 그 정체가 무엇인지의 판단을 멈추고, 남자의 태도에 유혹되어, 은행으로부터 돈을 빌려 혹은 자금을 제공하는 일에 자신의 몸을 맡긴 것이다.

• 상호동조 관계

오린은 거의 한순간에 남자의 말, 남자가 만들어 내는 가상의 세계에 빠져 버렸다. 단지, 남자의 말을 의심하는 일 없이, 안이하게 받아들였다는 소극적인 의미로 속은 것이 아니라, 적극적으로 남자의 세계에 몰입해 갔던 것이다.

일반적으로 사기 관계는 돌발적으로 시작된다. 사기꾼의 말은 의심할 여지 없이 즉각적이고 전면적으로 받아들여진다. 또는 좀 더 정확하게 말하면, 믿거나 믿지 않는 등의 신용이나 신뢰의 문제가 생길 리기 없는 곳에서 관계기 맺어진다. 이러한 관계는 두 사람 이외의 제3자가 개입하지 않는 한 계속된다. 거기에는 두 사람 사이의 정보량의 차이를 운운하기 이전의 관계가 있다.

짐멜의 관점에서 사기꾼들은 어떤 정보를 의도적으로 은폐하고 비밀을 꾸며 상대방을 속인다고 생각한다. 그러나 이런 관점에서는 사기꾼과 사기꾼에 연루된 여성 사이에 형성된 제3자를 거부하는 독특한 관계를 충분히 고려할 수 없다. '비밀의 사회학'의 논의의 중심은 역시 사기의 발각 이후에 놓여 있다. 왜냐하면, 사기꾼의 비밀은 제3자의 개입에 의해 사기가 발각된 시점에 비로소 폭로되기 때문이다. 이전의 단계, 즉 속이는 쪽과 속은 쪽이 공모의 관계로 연결되어 있을 때, 서로의 사이에 비밀이 있는지는 중요하지 않다. 이런 의미에서, 소통자체가 본질적으로 비밀을 낳는 것은 아니다. 그때 속는 자와 속이는 자 사이에 발생하는 것은 말이 개재되기 이전의 근원적인 관계이다.

알프레드 슈츠에 의하면 이러한 관계를 '상호동조 관계'라고 부른다. 그것은 신체적으로 서로 파장을 맞춰 가는 관계를 의미한다. 오린과 아벨은 바로 이러한 상호동조 관계를 구축하고 있었다. 오린은 아벨이 어떤 인물인지 묻기 이전에, 아주 쉽게 그 남자와 동조했던 것이다. 동조하는 사람들 사이에는 고유의 심리적 리듬이 울려 퍼진다. 알프레드 슈츠는 음악이 사회적 산물 중 하나라는 사실을 지나치게 과소평가한 음악 연주에서 전형적인 상호동조를 시도했다.

음악 공연 등과 비교했을 때, 사기꾼과 그에게 속은 사람들 사이의 관계는 훨씬 더 상호동조적일 것이다. 왜냐하면, 상대가 어떤 인물인가는 개의치 않고, 갑자기 관계가 생기고, 고유의 심리적 리듬을 가질 수밖에 없는 관계가 만들어지니까 거기에서는 사기꾼이나 속은 사람도 상대를 사회적 속성을 가진 존재로 생각하지 않는다. 상대방은 말로 사회적 의미를 부여하기 이전의 일종의 '순수한 경험'에 가까운 것으로 느끼게 된다.

• 윌리엄 제임스의 '무서운, 무한한 현실'

즉, 의미를 이루지 못하는 혹은 의미가 부여되기 이전의 삶의 현실로서 정의한 순수경험은 순식간에 의미가 주어지고, 그 자체로서는 일시에 사라져 버린다. 이런 식으로 모든 경험은 의미를 부여하는데, 이는 사기적인 관계에서도 얼핏 보면 마찬가지인 것처럼 보인다.

아벨이 오린에게 '밤의 올빼미'에 탑승해서 여행을 하고 있는 '국제 비밀첩보원'이라고 대부분의 사람들에게는 황당해 보이는 자기소개를 할 때, 이미 두 사람의 관계에는 의미가 부여되기 시작한다. 그러나 이러한 의미 부여는 오린에게는 완전히 새로운 모험의 시작이었다.

'밤의 올빼미'라는 고속열차를 타고 여행을 하고 있는 '국제 비밀첩보원'이라는 남자의 자기소개는 황당한 것이 아니라, 순식간에 기성의 지식(이것을 상식이라고 불러도 된다)으로부터 오린을 해방시킨다. 더 이상 낯선 남자가 기차 안에서 말을 걸어도 대답해서는 안 된다거나 은행원이 가상의 대출을 하는 것은 허용되지 않는다는 식의 지식 혹은 상식은 의미가 없다. 대신 새로운 가능성, 관계의 설정이라는 선택지가 있음을 실감케 한다. 오린은 여기서 변신하는 것이다.

한편, 아벨 쪽에서는 처음부터 자신의 말에 대해 의미가 있다고는 생각하지 않는다. 좀 더 엄밀하게 말하면, 아벨의 말은 사회적인 맥락 속에 자리 잡지 않은 채 발화하고 있다. 아벨의 말에 근거가 없다고 하는 사람도 있지만, 근거가 없는 것은 아벨과 오린 이외의 사람에게 있어서이며, 오린에게 있어서 아벨의 한마디는 그야말로 새로운 현실을 만들어 내는 말인 것이다.

• 이중 현실

'밤의 올빼미' 에피소드로 시작되는 일련의 이야기는 당사자인 오린과 아벨에게는 현실 그 자체일 뿐이다. 그러나 당사자 이외의 사람에게는 전혀 반대로 현실성이 결여된 것으로 간주된다. 여기서 말하는 현실성은 제3자가 보기에도 양해 가능한 것을 의미한다. 또는 제도의 테두리 내에서 어떤 행위가 실현 가능한가, 현실적인가가 판단의 갈림길이 된다. 즉, 제도적인 현실 혹은 사회적인 현실이 당사자가 만들어 내는 비사회적인 현실, 당사자에게 고유의 세계와는 별개로 존재하는 것이다.

대부분의 경우, 이러한 현실의 이중성이 공개되는 일은 없다. 왜냐하면, 통상적인 관계에서 당사자 간의 현실은 제도의 틀을 벗어나지 않도록 세심한 주의를 기울이고 있기 때문이다. 그런데 사기적인 관계에서는 이러한 조심성을 찾아볼 수 없다. 그와는 반대로 당사자들은 상호동조적인 관계를 유지하기 위해 외부인과 접촉하는 것을 최대한 피하려고 한다.

사기적인 관계는 사회성을 띠는 것을 싫어한다. 그러나 그것은 인간관계가 본래적으로 가지고 있는 비사회적인 측면을 드러낸다. 비사회적인 현실과 사회적인 현실의 양면성이 사기적인 관계에서는 분리되어 버리기 때문에 결과적으로 제도의 테두리 안에서 만들어진 관계에서는 보이지 않는 현실의 이중성이 밝혀지는 것이다.

2. 사기와 철학

• 반사기의 철학

사기꾼들은 제도에 대한 배려 없이 당사자들만이 이해할 수 있는 현실을 만들어 간다. 현실은 상상되고 창조된다. 현실에 근거가 있는지, 실현 가능성이 얼마나 있는지에 대한 질문은 고려사항 밖에 있다.

철학에 있어서는 현실을 성립시키고 있는 근거를 무엇으로 요구하는가는 근본적인 문제이지만, 사기는 이러한 철학적인 물음을 무효로 하고 만다. 반대로, 현실의 근거를 묻는 것은 불확실한 것을 제거하고 확실성을 추구하는 것이다. 다시 말해, 확실성을 추구하는 것은 사기적인 관계를 불확실하고 위험한 관계로 간주하는 결과로 이어진다.

17세기의 철학자 르네 데카르트는 확실성을 철저하게 추구한 사람으로 알려져 있다. 데카르트는 안정된 삶을 살기 위해서는 사물의 진위를 확인하는 방법을 배워야 한다고 말한다. 데카르트는 불확실한 부분을 제거하고 확실한 것을 추구하려는 강한 자세를 가지고 있었

악마의 가면

다. 데카르트는 확실성(그것은 동시에 안정성을 의미한다)은 진실과 거짓을 엄격하게 구분함으로써 얻어질 것이라고 생각했다. 거기서 진실이란 무엇인가를 추구하기 위해서, 데카르트는 책을 읽고 여행을 하였지만, 무엇 하나 데카르트를 납득시키는 것은 없었다.

얼핏 보면 진실을 논하는 것처럼 보이는 철학도 사실은 단순한 허울뿐인 진실을 제시하는 것에 불과하다. 그리고 드디어 모든 것을 의심한 후에, 의심하는 자기 자신은 의심할 수 없다는 '진실'에 도달하고 나서 그 유명한 "나는 생각한다, 그러므로 나는 존재한다."의 격언이 도출되는 것이다.

데카르트 철학은 참과 거짓을 엄격하게 구분해야 한다는 것, 그것을 가능하게 하는 것은 자기라는 것을 설파했다는 점에서 결정적인 의미를 가진다. 그것은 인간관계가 항상 사기적인 측면을 가진다는 생각을 용납하지 않는 사상이 탄생했다는 것을 의미하기 때문이다.

'나'는 항상 상대방의 진의를 파악해야 한다. 여기서 상대방 말의 진위를 항상 확인하려는 독립된 존재로서 '나'는 포착한 것이다. 그러므로 '나'는 항상 판사나 과학자처럼 사물의 진위를 따져 보아야 한다. 스스로도 남을 속이는 짓을 해서는 안 된다. 데카르트의 사상이 '나'를 판단의 기준으로 두는 것을 선호하는 근대적 개인주의의 출발점에 있다는 지적은 훌륭하다. 다만, 여기서 다시 확인해 봐야 할 것은 진위를 엄격하게 가려야 한다는 철학적 협박이 개인주의를 이끌었다는 점이다.

조롱당하는 것에 대한 공포와 불안이 과잉으로 개인의 자립성을 설파하는 사상을 낳았던 것이다. 이런 의미에서, 데카르트의 사상을 '반사기의 철학'이라고 불러도 좋다. 데카르트의 반사기의 철학에 근거하면, 소통은 스스로 진위를 판단할 수 있는 개인끼리 서로 의논하는 데서 생겨날 것이다. 의사소통은 본질적으로 사기를 유발하는 성격을 가지고 있다는 생각은 그곳에서 완전히 부정된다.

• 진위의 구별과 도덕

개인이 이성에 의해 사물의 진위를 판단해야 한다는 반사기의 철학은 당연히 거짓말을 싫어한다. 개인은 자신의 의사에 따라 이에 충실하게 행동하는 존재이며, 상대방에게 자신을 속여서는 안 된다. 이것은 진위의 구별이 도덕과 직결됨을 의미한다. 상상력이 만들어 낸 세계는 거짓, 오류, 공상의 세계로 치부되고 여기에 '사실'이 대치된다. 사실의 수집, 분류, 체계화를 통해 옳고 그름이 판단된다. 따라서 사실 그 자체의 힘에 의해서, 상상력에 의해서 만들어진 세계는 부정되어 간다.

반사기의 철학은 모든 도덕이 그렇듯이 옳고 그른 것을 구별하려고 한다. 그러나 다른 도덕과는 달리, 그것은 진실성에 근거를 두고 있는지 여부로 판단한다. 이것은 오늘날에는 당연한 것처럼 보이지만, 데카르트가 살았던 17세기 유럽에서는 반드시 유일한 도덕관은 아니었다. 예를 들어, 데카르트 철학을 비판적으로 생각했던 브레이즈 파스칼의 경우, 가장 중요한 것은 자신의 행위가 타인에게 자연스럽게 보이는 것이었다.

파스칼에게 있어서, 행위선택의 대부분은 무의식적으로 행해지고, 또 그래야 하며, 자연스럽게 행동하는 것이야말로 '덕'이다. 당사자가 실제로 어떻게 생각하고 있는지 그 진의를 물을 필요는 없었다. 처음부터 유럽 중세 시대에는 행동과 행동의 '모양'이 중요하게 여겨졌다. 예를 들어, 중세 기사(Knight)가 신에게 맹세(pledge)할 때, 그것은 영혼의 맹세를 의미하지 않는다. 기사가 어떤 생각을 하고 있는지, 어떤 내면적 갈등이 있는지는 중요하지 않다. 신에 대한 맹세는 서약의 의례를 충실히 수행함에 있어 그것을 태도로 보여 주는 것이다. 기사답게 보이는 것이 기사들과 다른 사람들에게 가장 큰 관심사였다.

• 상상력의 철학

파스칼은 데카르트와는 달리 상상력이 인간에게 중요하다는 것을 간파하고 있었다. 파스칼에 의하면, 상상력은 거짓을 낳을 뿐만 아니라 진실을 말할 때도 필요하다. 그것은 파스칼이 사람을 실제로 움직이는 것은 이성이 아니라 상상력이라고 생각했기 때문이다. 여자는 '이 남자는 사기꾼에 지나지 않는다.'고 이성적으로 판단하는 것이 아니라, 남자의 상상력이 만들어 내는 세계를 그대로 믿는 쪽을 선택한다. 마찬가지로, 사람들이 판사와 의사를 믿는 것은 이성에 의해서가 아니라, 그들이 인간의 상상력에 호소하는 방법을 터득하고 있기 때문이다.

당시 판사들은 이 비밀을 잘 알고 있었다. 그들의 붉은 법복, 그들의 몸을 감싸는 고양이 털로 뒷받침되는 털가죽 망토, 재판을 하는 법정, 백합꽃, 그리고 그들의 당당한 도구들은 모두 필수적이었다. 의사들이 장의나 덧신을 입지 않고, 박사들이 네모난 모자나 어떤 부분도 이상하게 헐렁한 옷을 입지 않았다면, 그들은 세상 사람들을 속일 수 없었을 것이다.

세상 사람들은 엄숙한 옷차림에는 약하다. 만약, 판사가 올바른 재판을 하고 의사가 진정한 의술을 행할 수 있다면, 사각형 모자는 무용지물이 될 것이며, 그들의 학식의 존엄성은 그 자체로 충분히 유지될 것이다. 그러나 가공의 학식밖에 없는 것이므로, 그들은 이 허망한 도구를 사용해서 세인의 상상력에 호소하지 않으면 안 된다. 그리고 사실 그들은 이렇게 존경을 받는다.

파스칼의 이 흥미로운 지적은 사람들을 사로잡기 위해서는 사람들을 '속여야 한다'는 것을 말해 준다. 여자를 속이는 남자뿐만 아니라 판사나 의사도 상상력에 호소하면서 사람을 속인다. 그렇게 하지 않으면 그들의 지위를 유지할 수 없다고 파스칼은 말한다.

• 제도적인 현실

파스칼은 법이나 의학과 같은 지식이 실제로는 보이지 않는 제도로서 사람들을 구속하고 있다는 것, 그 지적 권위는 사실 근거 없는 사기에 불과하다는 것을 지적한다. 그것은 19세기부터 현대에 이르기까지 면면히 이어지는 사회비판 이론을 선점하고 있는 것처럼 보인다. 예를 들어, 피에르 부르듀(Pierre Bourdieu)는 교육제도에 대해 논하면서 다음과 같이 말한다.

> "그들(학교 교사)이 객관적으로 해야 할 역할을 하기 위해서는 그들이 실제로 하고 있는 역할과는 다른 것을 하고 있다고 믿는 것, 또 그들이 하고 있다고 생각하는 역할과는 다른 역할을 하고 있다는 것, 그리고 그들이 하고 있다고 생각하는 역할의 가치를 믿는 것이 필요하다."

이 부르듀의 이론처럼, 당사자가 제도의 진정한 의미, 실제 효과에 대한 인식이 없을 때, 제도는 가장 효율적으로 기능한다는 설은 제도 자체의 허위(=사기)를 파헤치는 것을 목적으로 하고 있다. 여기서 사회학자는 제도의 비밀을 폭로하고 진실을 말할 수 있는 유일한 존재이다. 이에 대해 파스칼은 제도의 기만을 지적할 때 부르듀처럼 '객관성'이라는 이름으로 진실을 말하는 입장에 서지 않는다. 아마도 파스칼이 문제 삼고 싶었던 것은 본론에서 지적해 온 현실의 이중성일 것이다. 일종의 추잡함(사기성)은 모든 인간관계에 부수되어 있다.

제도의 틀 안에서 이루어지는 인간관계에서도, 그 안에는 당사자끼리만 알 수 있는 일종의 공모 관계 혹은 동조 관계가 구축되어 있다. 의사는 단순히 합리적으로 진찰하고 처방하는 것만이 아니다. 명의(名醫)는 환자의 상상력을 만족시키기 위해 행동하는 방법을 터득한다. 또한 환자는 의사에 대한 정확한 진단을 기대할 뿐만 아니라 의사가 이미지대로 행동하기를 바라고 있다. 의사와 환자 사이에는 상호동조 관계가 구축되어 있어야 한다.

파스칼이 여기서 문제 삼고 있는 상상력은 허공에 떠 있는 환상이나 공상의 세계가 아니다. 그것은 어떤 의미에서 물질적이기까지 하다. 모피 망토, 심판을 실시하는 법정, 백합꽃, 장옷이나 덧신, 네모난 모자 등의 구체적인 것이 상상력을 환기시키는 것이다. 이 물건들은 신체를 가장하기 위한 것이며, 상상력은 신체를 통해 그 힘을 발휘한다. 사실 파스칼은 데카르트와는 정반대로 신체의 중요성을 인식하고 있었다.

파스칼은 인간은 이성적으로 행위의 선택을 하는 정신인 동시에 무의식중에 혹은 감정이 가는 대로 행동하는 '자동기계'이기도 하고, 게다가 이성의 기능은 완만해서, 금방 '잠들까 망설일까 한다'라고 한다. 따라서 예를 들면, 진정한 신앙이 성립하려면, 이성의 힘으로 정신을 납득시킬 뿐만 아니라, 자동기계, 즉, 무의식적으로 행동하는 신체도 동시에 납득시켜야 한다고 지적한다. 상상력은 의식의 산물일 뿐만 아니라 신체를 통해 행사된다.

• 사기의 사회이론

자, 다시 한번, 아메리카 은행 횡령 사건으로 돌아가자. 이 사건은 은행원이었던 오린이 가공의 대출을 꾸며, 은행에서 거액을 인출한 사건이다. 이 사건의 비교 대상으로 흥미로운 것은 버블 시기에 발생한 대형은행과 금융기관의 일련의 부정 대출 사건이다. 상환할 가망이 없음에도 불구하고, 거액의 대출을 계속하는 것은 사실상 가상의 대출을 하는 것과 같다. 즉, 오린의 개인적인 행위와 대형은행이나 금융기관이 조직적으로 한 행위는 질적으로는 거의 차이가 없다. 이는 무엇을 의미하는가? 이 물음에 대답하는 것은 제도란 무엇인가, 그리고 사회란 무엇인가를 밝히는 것으로 이어질 것이다. 그것은 '사기로 읽는 사회'라고도 명명되어야 할 이 한 권의 책『거짓말 벗기기』속에서 전개될 것이다.

III. 거짓말의 발견과 그 전개에 관한 담론

이 항에서는 거짓말의 발생과 그 전개에 대해 검토했다. 아이는 언제부터 거짓말을 하게 되는지, 왜 거짓말을 하는지, 그 거짓말에는 어떤 의미가 있는지에 대해서 청소년 및 어른들의 거짓말도 포함해서 고찰했다. 아이들은 부모에 대해 비밀을 유지하거나 거짓말을 함으로써 부모의 속박에서 벗어날 수 있다고 말할 수 있는 꽤 이른 시기에 거짓말을 하게 될 것이다. 아이들의 거짓말은 자기 확립 및 사회화와 밀접한 관련이 있다고 생각된다.

부모들은 아이들이 처음 거짓말을 하면 당황하거나 화를 낸다. 그러나 아이들은 거짓말의 형태를 취하면서 여러 가지 심리적인 문제를 호소할 수 있다. 우리는 아이들의 거짓말의 옳고 그름을 최대한 관대하게 다뤄야 할 것이다.

1. 거짓말의 개념

• 심리학에서 본 거짓말의 정의

스턴(Stern)은 '거짓말이란, 속이는 것에 의해서 어떤 목적을 달성하려고 하는 의식적인 허위의 발언(구술)'이라고 정의하고 있다. 그리고 거짓말이라고 하기 위해서는 다음과 같은 특징이 인정되지 않으면 안 된다고 하고 있다.

① 잘못된 의식이 있기 때문에 나는 내가 하는 말이 사실과 다르다는 것을 알고 있다.
② 속일 의도가 있다. 다른 사람이 틀렸다는 것을 믿게 하려는 의도가 있다. 또, 고의적으로, 계획적으로, 진짜인 것처럼 꾸며 대려고 한다.

③ 속이는 목적이 뚜렷하다. 죄나 처벌을 피하거나 자기방어를 하
   려는 목적이 있다.

이 목적은 이기적인 동기에서 나오지만 때로는 이타적(타인의 이익
을 위해 자신을 희생하는 것) 동기가 생길 때도 있다. 따라서 잘못된 기
억, 착각, 잘못된 말 등은 허위의 의식과 속일 의도가 분명하지 않기
때문에 거짓의 정의에는 해당되지 않는다. 그런데 페터슨(Peterson)은
거짓말을 '거짓말의 의도'와 '거짓말의 결과'라는 2개의 독립된 측면
에서 분류하고 있다. 의도와 결과는 각각 다음과 같은 3차원으로 나
누어지고, 거짓말의 인식이나 도덕적 판단은 총 6개 차원으로 설명
하고 있다.

첫째, 거짓말의 의도에 관한 3차원.
① 고의성(숙려성). 속일 의도가 있는지의 차원.
② 동기. 의도의 내용이 이기적인지 이타적인지의 차원.
③ 결과의 의도성. 결과가 예견되었는지 여부에 대한 차원.

둘째, 거짓말의 결과에 관한 3차원.
① 진실성. 진실과 동떨어져 있는 정도의 차원.
② 신뢰성. 상대가 그것을 믿느냐 마느냐의 차원.
③ 실질적인 결과. 상대방이 그로 인해 입은 피해나 이익의 차원.

• **거짓말쟁이의 병**
병적인 거짓말증을 앓고 있는 사람들은 자신이 하는 말이 사실에

어긋나는데도 자신은 사실인 것처럼 믿고 있다. 공상과 현실을 혼동하고 있기도 하고, 과거의 이야기와 미래의 이야기가 뒤엉켜 있기도 하다. 아무런 이득도 되지 않는데, 계속해서 거짓말을 한다. 이것이 보통 사람의 거짓말과 다른 점이다.

병적 거짓말증은 히스테리나 의지박약성 비행자에게서도 볼 수 있다. 예를 들면, 거짓말에 관련된 히스테리 사람의 특징으로서 다음 사항을 들 수 있다. ① 열정가인 것처럼 보이지만, 실제로는 차가운 사람이고, 사람들 앞에서는 열정가인 것처럼 행동한다. ② 병에 걸린 편이 이득을 본다고 판단하면 병으로의 도피 현상(꾀병이나 거짓말이 아니라 정말로 상태가 나빠진다)을 볼 수 있다. 날씨 때문에 몸이 불편하거나 편두통, 현기증, 불면증, 식욕 부진, 피로감 등을 호소한다. 극단적일 때는 기절하기도 한다. ③ 신경증이 심해서 약을 먹거나 주사 맞는 것을 좋아한다.

히스테리가 있는 사람들의 자기현시 욕구는 갈채욕망이라는 형태로 나타난다. 자신의 이야기에 상대가 몸을 내밀게 하여 흥미를 나타내거나, 감동해 주거나 혹은 존경의 눈초리를 보내 주면 더없는 기쁨을 느낀다. 이것이 갈채욕망이다. 갈채욕망을 충족시키기 위해서는 거짓말일지라도 어쨌든 상대를 사로잡을 만한 재미있는 이야기여야 한다. 여기에 병적인 거짓말이 생긴다. 그중 하나로 작화현상이 있다. 예를 들면, 코르사코프(korsakoff) 테스트의 도판을 보여 주었을 때, 도판의 내용과는 무관하게 이야기를 만들어 내는 사람이 있다. 작화(confabulatory)하고 있는 본인은 거짓말을 하고 있는 것은 아니지만, 다른 사람에게는 '엉터리 이야기'라고 하는 것이다.

몇몇 코르사코프 증후군(기억력 장애, 건망, 실측, 작화 등을 주증상으로 한다)이나 정신분열증(자신만이 알 수 있는 말이나 문자를 만드는 조어증, 무관계한 말을 늘어놓는 말의 샐러드(Word salad), 독어(혼잣말), 망상 등의 증상이 있다) 환자들은 이 작화현상을 볼 수 있다.

작화증의 가장 유명한 인물로 18세기 독일의 뮌히하우젠 남작이 알려져 있다. 그는 터키 전쟁에도 참가한 실재의 영주인데, 이야기『뮌히하우젠 남작의 모험』의 주인공으로 널리 알려져 있다.

> "호수에 오리를 사냥하러 갔을 때, 탄약이 떨어져서, 밧줄 끝에 점심 식사로 가져간 베이컨을 묶어서 던졌다. 오리 한 마리가 그것을 꿀꺽 삼켰는데, 베이컨이 창자를 미끄러지더니 금방 엉덩이에서 나와 버렸다. 그것을 차례차례로 많은 오리가 삼켰고, 수십 마리가 연결되어 하늘로 솟아올랐기 때문에 그대로 하나의 줄로 엮어 가지고 집으로 돌아왔다."

이런 지리멸렬한 거짓말을 듣고 화를 내는 사람은 적을 것이다. 거짓말을 하고 있는 당사자가 갈채욕망이나 공상벽을 만족시키려고 하고 있을 뿐이므로, 다른 사람에게는 그것이 거짓이라는 것을 금방 알 수 있기 때문이다.

그런데 도피현상에도 거짓말(단, 본인은 거짓말을 할 생각은 없지만, 타인에게는 거짓말이라고 생각된다)이 있다. 예를 들면, '아침 8시의 두통'이라고 불리는 병으로의 도피가 있다. 학교에 가는 것을 싫어하는 아이가 등교 시각이 되면 두통 등의 몸의 불편을 호소하는 것이다. '머리가 아프다'거나, '배가 아프다'고 해서 '오늘은 학교에 갈 수 없다'는 호소이다.

적응이 곤란한 상황에 몰리면, 그 상황에 대한 적응행동에 없어서는 안 될 신체의 기능에 이상이 나타난다. 예를 들면, 손이 떨려서 글씨를 쓸 수 없다든지, 눈이 침침해 글씨를 읽을 수 없다든지, 몸이 아파서 등교를 할 수 없다든지 하는 증상이다. 이것들은 꾀병과 달리 본인이 의식하지 못한 채 생기는 것으로 생각된다. 그 밖에 사기꾼의 거짓말이 있지만 여기서는 언급하지 않기로 했다.

2. 거짓말의 형성

· 거짓말의 발생

다음과 같은 사례가 있다. 한 살 열한 달 된 한 남자아이는 자는 척하고, 엄마의 부름에는 코골이로 대답하는 고도의 기술을 사용한다. 또 다른 한 살 7개월 된 남자아이는 익숙한 그림책 속의 그림 찾기에서 '잘 모르겠다'라고 방어하는 연기력을 발휘하기도 한다. 그러나 앞서 소개한 거짓말의 정의에 비추어 볼 때, 이것들을 거짓말에 포함시켜야 하는지에 대해서는 이견이 있을 것이다. '아이는 순수하다'는 생각 속에는 '그러길 바란다'는 어른들의 소망이 포함되어 있다.

심리학자 에크만(Ekman)에 의하면, 아이들의 거짓말의 종류는 어른 뺨 친다고 한다. 무고한 거짓말도 있고, 악질적인 거짓말도 있다. 상대방에게 상처를 주기 싫어서 하는 거짓말도 있고, 반대로 상대방을 모함하려는 거짓말도 있다. 게다가 벌을 받는 것을 피하려는 거짓말, 허세를 부리기 위한 거짓말 등도 있다. 이러한 거짓말은 발달과 더불어 조금씩 체득해 가는 것이며, 거짓말을 한다는 측면에서 어른 사회의 반열에 오른다고 할 수 있다.

• 거짓말과 지어낸 이야기

아동 정신과 의사인 코레스는 '만드는 이야기는 공상의 산물'이라고 한다. 거짓말은 '의도적으로 상대를 속이려는 행위'이지만, 공상은 '어떤 의미에서, 본인이 진실이라고 믿는 것에 가까워지려는 행위'라고 한다. 예를 들어, '숲속의 난쟁이를 만났다'고 아이가 말했다면, 그것은 거짓말이 아니라 단지 공상일 뿐이다. 코레스의 생각으로는 '그 아이는 자신의 공상과 현실의 경계선을 확인하려고 하는 것일지도 모른다.' 그래서 악의로 발화하는 거짓말과는 다르다는 것이다. 어린아이일수록 현실의 사건과 공상의 산물을 구별하지 못한다.

'거짓말은 나쁜 것이다. 그러므로 거짓말을 하지 말라.'는 아이들에 대한 가르침 결과 '거짓말은 나쁜 것'임을 이해한다. 예를 들면, 여섯 살짜리 아이의 경우 어머니가 착각을 해서 화요일에 학교에서 파티가 있다고 말했다. 그런데 파티가 있는 날은 사실은 다른 요일이었고, 이것은 사실에 반하는 발언이었다. 이러한 잘못은 흔히 있는 일로, 사실에 반한다고 해서 거짓말을 했다고는 할 수 없다. 그러나 이때 아이는 어머니를 거짓말쟁이라고 불렀다. 즉, 이 상황에서 아이는 아직 거짓말이라는 것이 도대체 어떤 것을 가리키는 것인지 제대로 이해하지 못하는 것이다. 앞에서 서술한 에크만(Ekman)은 8세 미만의 아이들은 여전히 이러한 차이를 이해할 수 없다고 한다.

• 거짓말과 지적발달

갓 태어난 아이에게 세상은 혼돈 상태이며, 의식 속에서 자타의 구별은 없다. 그러한 발달 초기를 지나면 아이는 어머니가 자신과는 다른 존재라는 것을 깨닫기 시작한다. 이것은 개인차는 있지만 대략 6개월에서 2살 사이로 생각된다.

와론(Waron)은 예를 들면, 거울을 보고 자신의 코에 붙어 있는 립스틱을 만지려고 하거나, 거울 앞에서 이것저것 동작을 하여 거울상과 실상을 비교하는 거울상의 양해 실험으로 그것이 12개월에서 15개월 사이에 가능하다는 것을 확인했다. 거울상의 이해라는 측면에서 보면, 이 연령대에 자기인지(자기의식적 행동)가 이 시대에 이르러서는 자타분의 구분이 꽤 분명해진다고 생각할 수 있다.

'자신 이외의 존재를 알고, 그러한 존재가 말하고 있는 것을 알 수 있는 시기가 되면, 아이는 거짓말을 하기 시작한다고 한다.' "아이는 순수하다."라고 말하지만, 실제로는 "순수한 것이 아니라, 거짓말을 할 정도로 지적으로 발달되어 있지 않을 뿐"이다. 예를 들어, 10개월 된 아이도 주변 사람들이 좋아하지 않는 일을 당하면 못 들은 척할 수 있다.

싫어한다고 하는 단순한 거부나, 울부짖는다든가 혹은 도망간다든가 하는 수단으로는 효과가 약하거나 혹은 노력이 너무 많이 들기도 하면 다른 반응을 한다. 그래서 재빨리 게다가 효과가 높은 '들리지 않는 방어'를 취한다고 생각된다. 말이나 행동이 조금 더 자유로워지면, 들리지 않는 방어에 더해, 그 자리에서 사라진다든가, 이야기를 바꾸거나, 다른 것을 시작하는 등의 고도의 기술이 몸에 배게 된다. 그리고 말을 자유자재로 잘 사용할 수 있는 단계가 되면 비로소 훌륭한 거짓말을 하게 된다는 것이다.

위에서 언급했듯이, 아이들이 거짓말을 잘하게 된다는 것은 그 아이가 성공적으로 지적 발달을 이루었다는 증거라고 할 수 있다.

· **거짓학습**

'거짓말을 하면 안 돼'라고 가르쳐 주는데도 아이는 어느새 거짓말을 익히게 된다. 거짓말을 하는 것은 사실 "거짓말은 안 된다."고 말하는 어른들이 모델이 되어 배우는 것으로 생각된다. 예를 들면, 원하는 것 앞에 주저앉아 움직이려 하지 않는 유아에게 부모는 "놔두고 갈 거야."라고 하지만, 정말로 부모가 아이를 두고 갈 리는 없다.

부모들은 또한 자녀들과 한 약속을 잊는 경우가 있다. 이런 일이 겹치게 되면 아이는 부모의 말은 실제로 실행되지 않는다(즉, 거짓말)는 것을 학습하는 것이다. 이것들은 간접적인 학습이지만, 직접적인 학습도 이루어진다. 예를 들면, "가정교사에게 와 달라고 하는 것은 누구에게도 있어서는 안 돼.", "아버지에게는 (혹은 어머니에게는) 비밀로 해 줘." (걸려온 전화에 혹은 찾아온 사람에게) "아빠(엄마) 없어요." 등의 대응은 아이에게 거짓말의 본보기를 보인 장면이다.

에크만(Ekman)은 "아이가 정말로 거짓말을 하는 사람이 되는 것을 원하지 않는다면, 부모님이 본보기를 보여라."고 말한다. 그에 의하면 부모는 '수단'으로서의 거짓말도 하지 말아야 하고 가족의 신뢰의 연결을 강조하여야 하며, 상냥함을 보이는 것이 중요하다. 또한 "나쁜 짓이나, 그것을 숨기기 위한 거짓말은 처벌해 주면 된다. 하지만 용서해 주는 것도 잊지 말라."는 태도로 아이의 거짓말과 어울려야 한다고 강조하고 있다.

• 거짓말의 의미를 아는 시기

 "거짓말은 안 된다."라고 교육받고 자라서, 자신의 아이에게도 똑같이 타이르고 있는 어른이, 실생활에서 '거짓말도 방편이라거나 수단'이라는 말을 공언하는 경우가 있다.

 에크만은 11세 무렵에는 거의 4분의 3에 해당하는 아이가 '거짓말도 수단'이라는 태도를 이미 터득하고 있다고 한다. 5세의 아이 단계에서는 '어떤 경우에도 거짓말은 안 된다.'고 생각하고 있는 응답이 95%였다. 그런데 11세에서는 28%의 아이가 '절대로 거짓말은 하지 않는다.'라고 대답한 것에 불과하였다. 5세 아이라도 5%의 아이들에게시는 '거짓말이 수단'이 될 수 있다는 것을 이해할 수 있는 징조가 보인다고 한다. 생각보다 일찍 아이들이 거짓말 처세술을 익힌다는 것을 알 수 있다.

 파크와 사윈(Parke & Sawin)은 어린이의 프라이버시를 연구하고 있다. 그중에서 부모가 아이의 방에 들어갈 때, 아이가 열 살 전후가 되면 부모에게 노크를 요구하게 된다는 것을 알았다. 아이들이 거짓말을 수단으로 사용하게 될 나이라는 것은 사생활에 대한 의식을 갖기 시작하는 시기이기도 하다는 것을 알 수 있다.

3. 아이의 거짓말 변천

• 적당한 비밀의 필요성

 미국에서 1980년대 말에 행해진 조사에서는 정서적 측면에서 문제가 있는 아이는 건강한 아이보다 거의 3배나 거짓말을 많이 한다는 결과가 나왔다. 또, 영국에서 1970년대 초에 행해진 조사에서는 거짓말 습벽이 있던 아이의 3분의 1은 후에 절도범이 되었다는 결과도 보고되었다. 이것들은 '거짓말쟁이는 도둑의 시작'이라는 격언을 지지하는 듯한 보고서들이다.

한 연구자의 분석에 의하면, 주위의 어른에 대해서 거짓말이나 숨기는 일이 많은 아이에게는 다음 2가지 패턴이 나타난다고 한다. 첫째, 부모의 과중한 요구로 자립을 방해받기 때문에 거짓말을 할 수밖에 없는 아이이다. 둘째, 부모와 어른들로부터 보호받지 못해 자신이 감당할 수 없는 일까지 떠맡고, 꼼짝 못하게 굴어서 계속 거짓말을 해야 하는 아이이다. 그런데 사람에게는 누구나 한두 가지 비밀이 있다. 비밀 때문에 그 사람이 매력적으로 보일 수도 있지만, 그 비밀이 너무 부담스러운 경우에는 심각한 문제가 된다.

이 연구에 따르면, 아이들은 '적당한 비밀'을 가질 수 있다. 그러나 여기서 '적당하다'는 것도 아이들 스스로 해결할 수 있는 범위 내에서 상당한 어려움이 있다. 비록 주위의 어른들에게 상담했다고 해도 결국 스스로 해결해야 할 종류의 것이며, 당분간은 비밀로 하는 편이 극복하기 쉽다는 내용인 경우가 많다. 거짓말을 많이 하는 아이들의 첫째 유형은 적당한 비밀조차 허락하지 않는 부모들이 아이들에게 지나치게 간섭하므로 아이들은 자신을 보호하려고 거짓말을 하는 패턴이다. 그에 비해 후자의 유형은 간섭은커녕 내버려 두거나 주위에 있는 어른들이 신뢰할 만한 사람들일 때 생긴다.

아무도 상담자가 되어 주지 않기 때문에 자신의 처리 능력 이상의 비밀을 떠안고 거짓말을 할 수밖에 없는 상황에 몰리게 된다. 이렇게 보면, 아이에게 거짓말을 시키는 것은 '거짓말은 안 돼'라고 타이르고 있는 그 어른들임을 알 수 있다.

아이들은 말과 행동이 일치하지 않는 어른들에게 둘러싸여 있으면 불안하고 정서적으로 안정되지 못하고 어른들을 불신하게 된다. 서두의 영국과 미국의 조사에서 지적한 정서적으로 문제가 있는 아이들이나 거짓말벽이 있는 아이들의 언행은 아이들을 둘러싼 어른들에 의해 만들어졌다는 결론이다. 이런 식으로 보면, 이 아이들은 거짓말을 함으로써 어른들에게 약간의 도움을 요청하고 있다고 해석할 수 있다.

• 허영심

거짓말쟁이 아이들은 허영심이 남달리 강하다는 보고가 있다. 예를 들어, 모든 거짓말쟁이 아이들은 '연예인과 결혼하고 싶다'는 열망을 피력했다. 그러나 거짓말을 하지 않는 아이들 중에는 이 소망을 적은 아이들이 없었다.

거짓말을 하는 아이들의 반응 경향으로 보아 나는 이것들이 '갈채에 대한 열망의 표현'이라고 분석한다. 스타, 영웅, 두목이 되어 사람들의 갈채를 받는 것이 소원인데, 이 자체가 나쁜 것은 아니다. 오히려 아이들이라면, 약간의 차이는 있지만 모두가 이런 소원 한 가지쯤은 가지고 있다고 생각할 수 있다. 이러한 열망이 긍정적인 방향으로 작동한다면, 아이들의 향상된 마음을 자극하고 그들의 열망을 실현시키기 위해 노력을 아끼지 말라는 동기부여가 될 것이다. 그러나 바라건대 그것을 실현시키기 위해 노력하지도 않고 단지 생각에만 머물러 있는 한, 실현 가능성은 매우 낮다.

갈채에 대한 열망은 있어도 현실에 대한 갈채를 받는 단계에 이르기는 쉽지 않다. 그래서 빨리 갈채를 받기 위해서, 상대의 마음을 끄는 거짓말이나 상대가 부러워하는 거짓말을 하게 된다. 예를 들면, 외국에 가기를 원해서 가족 모두 외국에 갔다는 거짓말을 하는 것이다. 비록 거짓말로 상대방의 마음을 끌 수는 있지만, 그것은 시간에 따른 것일 뿐이기 때문에 결국 그런 거짓말을 거듭하게 된다. 그런 거짓말을 해서는 안 된다고 그 아이를 비난하기보다는 그 아이가 왜 거짓말을 하면서까지 다른 사람의 마음을 끌려고 하는지에 주목할 필요가 있다. 때로는 갈채 때문이 아니라, 어른들의 도움을 구하는 SOS일 수도 있기 때문이다.

· **자기중심성**

자기중심적인 성격의 아이일수록 거짓말을 더 잘한다는 연구 결과가 있다. 게다가 이 성격의 아이는 어른에게 마음을 쓰는 것도 잘하기 때문에 어른에게 이러한 아이의 거짓말은 보다 그럴듯하게 들린다. 자기중심적인 사람은 객관적 현실과 주관적 현실을 구별할 수 없다. 관점을 바꾸어 생각하는 것이 불가능하다. 타인의 입장에 서서 생각할 수 없다는 특징이 있다.

자기중심적인 아이가 거짓말을 잘한다는 것도, 자신이 하고 있는 거짓말이 실은 거짓말인지 아닌지, 자신도 모르고 있기 때문이라고도 생각할 수 있다. 즉, 자신이 그 거짓말을 믿고 있으니, 주위 사람들도 당연히 믿는 것이다. 그런데 피아제(Piaget)는 9세 전후부터 자기중심성의 사고양식이 점차 소멸해, 타인의 입장이나 관점에서 사물을 이해할 수 있게 된다고 한다.

7세 전후부터는 부모의 도덕적 판단(예를 들면, 선악의 판단)이 절대적인 의미를 가지고 있다고 생각하고, 규칙이나 도덕은 절대적이고 움직이지 않는 것이라는 도덕관(도덕적 실념론)을 가지고 있다. 9세 전후가 되면, 도덕이나 규칙은 사람이 만든 것이며, 때와 경우에 따라 바꿀 수 있는 것이라는 이해가 가능해진다. 도덕적 실념론에서 도덕의 상대성으로의 이행이라는 것이 나타나는 시기이다. 즉, 9세 전후는 자기중심성에서 벗어나 도덕적 사고방식이 변화하는 시기라고 할 수 있다.

· 자기방어

프랑스의 동요 〈클라리넷을 부숴 버렸다〉의 제1절에, '아빠에게 받은 클라리넷 / … / 너무나 아끼고 있었는데 / 부러져 나오지 않는 소리가 있다 / 어떡하지…'라는 구절이 있다. 이것은 클라리넷을 깨뜨려 버려서, 아빠에게 들키면 혼날 것이 틀림없기 때문에 어떻게 해야 할지 곤란하다는 아이의 기분을 나타내고 있다.

이럴 때 자신이 악기를 부숴버렸음에도 불구하고, "내가 부순 게 아니야."라든가 "내가 불려고 했더니 벌써 부서졌어."라고 변명하면서 거짓말을 하는 아이가 있다. 부모가 벽에 갈겨 놓은 낙서를 발견했을 때, "나는 아니야."라고 말하며 자기보다 어린 아기나 개를 가리키기도 한다. 이는 모두 자신이 혼나는 것을 피하려고 하는 거짓말들이다.

이런 거짓말을 만나면, 어른은 "너는 뭐든지 금방 남의 탓을 한다."라든가, "스스로 한 거잖아.", "거짓말하는 거 아냐?"라는 식으로 질책할 때가 많다. 아이들이 왜 거짓말을 하면서까지 자신을 보호하려고 하는지 생각해 볼 필요가 있다. 이전에 비슷한 일이 있었을 때, 상당히 심한 꾸중을 들은 경험이 있을 때에는 같은 고통을 당하는 것은 피하려고 한다. 그 때문에 거짓말을 하지 않을 수 없는 것인지도 모른다.

에크만(Ekman)은 거짓말에 대한 엄벌은 "정직한 논리보다는 오히려 처벌에 대한 공포심을 심어 주는 결과가 된다."고 설명한다. 거짓말을 너무 심하게 하면 거짓말은 하지 말아야 한다는 것을 습득하기는커녕, 다음 기회에는 벌을 면하려고 또 거짓말을 하는 악순환이 시작될 가능성이 커진다고 할 수 있다.

• 정신적 불안정

학급에서 거짓말을 하는 아이들 중에는 어딘가 불안해 보이고 자신감이 없어 보이는 아이가 있다. 이 아이들의 배경을 살펴보면 부모의 사랑에 대한 욕구가 충족되지 못하거나, 형제애에 대한 질투심이 강하거나, 가족 간에 갈등이 있을 수 있다. 때로는 어른들이 실제 나이보다 더 어른이 되도록 요구한다. 이런 아이들은 외견상으로는 어른처럼 행동하지만 정신적으로는 아직 그렇게 자라지 못한 경우가 많다.

자신의 위치가 불안정한 아이들은 정신적으로도 불안정해지기 쉽다. 어떤 아이들은 거짓말로 그 불안한 감정을 해소하려고 노력한다. 또 애정욕구가 높아지는 나머지, 꿈꾸며 거짓말을 하는 아이도 있고, 다른 사람들의 주목을 자기가 받기 위해 거짓말을 하는 아이도 있다. 두 경우 모두 거짓말을 함으로써 정신적으로 불안정한 상태를 균형 잡힌 상태로 만들려는 것으로 생각된다.

4. 사춘기의 거짓말

• 불평등의 고발

사춘기는 더 이상 어린아이는 아니지만, 그렇다고 어른도 아닌 정신적으로나 신체적으로 미묘한 시기이다. 사실, 이 시기의 아이는 어른들의 세계에 발을 뻗고서라도 동참하기를 바라며, 마음속으로는 동격의 생각을 하고 있다.

그런데 어른들은 "너한테는 상관없어." 혹은 "너한테는 너무 빠르다." 등으로 달리 취급한다. 그곳에서 아이들은 비밀은 가지고 어른들과 동등해지려고 노력한다. 비밀을 가지는 것, 즉 어른이 간섭할 수 없는 세계를 구축함으로써, 어른과 대등해지려고 하는 것이다. 아이들은 이러한 과정에서 비밀을 유지하고 그것을 보호하기 위해 거짓말을 한다.

이 경우 거짓말을 함으로써 현실 세계에서는 입에 담지 못할 "어른과는 상관없다."라는 대사를 간접적으로 표현하여 어른들이 강요하는 불평등함을 고발하려는 것이라고 생각된다. 어른들과 같은 독립적인 존재가 되려는 욕구가 거짓말을 하게 만드는 것이라고도 할 수 있다.

• 사생활의 확보

어른이 된다는 것은 동시에 부모에게 조금씩 비밀이 생기는 것이기도 하다. 아이는 차근차근 자기 세계를 만들어 간다. 어린 시절에는 무엇이든 부모에게 말하던 아이들이 나이가 들면 그들의 나이에 걸맞은 비밀을 갖게 된다. 호이트(Hoit)는 "처음 거짓말을 잘할 때, 아이들은 절대적인 부모의 속박에서 자유로울 수 있다."고 설명한다. 거짓말을 하면 부모와 자신 사이에 적절한 심리적 거리를 둘 수 있다. 이는 아이들의 독립성과 정신적인 이유와 관련이 있는 것으로 보인다.

부모와 자식은 서로 다른 인격을 가진 존재이기 때문에, 각자의 세계가 있고 각자의 비밀을 가지는 것은 당연하지만, 이것을 인정하지 않으려는 부모가 있다. 예를 들면, 아이를 놓아줄 수 없는 부모는, 아이 쪽은 자립을 향해서 비밀을 가지고 있는데, 무엇이든지 이야기해 준 어린 시절의 그대로 두고 싶다고 생각해서 아이의 '비밀의 화원'에 발을 들여놓으려고 한다. 이에 맞서 아이들은 비밀을 지키려고 거짓말을 하거나 속임수를 쓴다. 때로는 반항도 한다. 이는 물론, 자립에 필요하기 때문이다. 다시 말하면, 이것들은 프라이버시를 지키기 위한 거짓말, 자립을 위한 거짓말인 것이다. 그러나 그들 중 일부는 부모의 힘이 더 강해서 이런 거짓말을 하지 못하는 때도 있다.

"아이에 대해서는 속속들이 알고 있어야 직성이 풀린다."고 말하는 부모의 아이는 비밀을 가질 수 없고, 자신의 세계를 이룰 수 없고, 그래서 자립할 수 없다. 이와 같이 아이들의 거짓말 중에는 자립을 위해 필요한 거짓말이 있다. 그러한 거짓말을 구분하고 봐주는 어른들의 태도가 필요하다.

• 장단을 맞추다

최근에는 더욱 저연령화되고 있다고 추측되지만, 중·고등학교 정기시험 때 시험이 임박하면 공부에 관한 것이 화제가 된다. 이런 대화가 오간다.

"이제 슬슬 시험공부를 시작했어?"

"아직 시작할 리 없어. 벼락치기(겉절이(=아침절이), '당일치기'라고 하는 것도 있는 것 같다)해야지."

"사실 나도 밤샘했어."

실제로는 둘 다 이미 시험공부를 시작한 경우도 있고, 한편은 이미 시작했지만, 하지 않은 것을 가장해서, 아직 시작하지 않은 것을 상대에게 장단을 맞추고 있는 경우도 있다. 공부하고 있다는 것을 드러내지 않는 것이 '나는 스마트하다'는 감각이 작용할지도 모르고, 공부벌레 타입은 또래 집단에서 미움을 받는다는 배려가 작용할지도 모른다. 그러므로 이러한 대화에는 대개 거짓말이 내재되어 있다. 서로 너무 촌스러운 모습은 보여 주고 싶지 않다'라고 하는 사춘기의 자만심이나, 수험전쟁에 있어서는 모두가 경쟁자로 '속마음은 보여 줄 수 없다'라고 하는 의식이 들게 하는 거짓말이라고 생각된다.

• 정의감에서 나온 거짓말

단체로 도둑질을 하다가 발각될 경우, 부모나 선생님의 추궁에도 불구하고 함께 행동했던 친구들의 이름을 밝히지 않을 수도 있다. 이것은 어린아이들만의 정의와 윤리에서 나오는 거짓말이다. 이 경우 단지 친구를 감싸고 있는 것이라면 아주 단순한 거짓말이라고 할 수 있다. 어려운 것은 동료들의 보복이나 괴롭힘이 두려워 진실을 말하지 못하는 경우의 거짓말이다.

한편, 나이가 들수록 거짓말을 하는 아이들도 점점 더 교묘해지기 때문에 이런 거짓말들이 과연 어떤 이유에 의해 감추게 되었는지 파악하기가 더 어려워진다.

5. 기타 거짓말

• 상냥함의 정의

   정신의학자는 최근의 젊은이와 지금의 어른의 '상냥함'에 관한 정의는 하늘과 땅만큼 다르다고 분석하고 있다. 예를 들면, 부모로부터 용돈을 받는 것은 '부모에게, 부모를 존경하고 사랑하고 있다고 맞춰 주기 위한 상냥함'이라고 말하는 여고생의 예가 있다. 또, 지하철 안에서 나이 든 사람에게 자리를 양보하지 않고 잠든 척하는 것은 '그 사람을 노인 취급하지 않기 때문'이라고 말하는 여성도 있다. 현대의 젊은이들은 이러한 이기적인 상냥함의 정의를 피력하고 또 '~척'함으로써, 즉 일종의 거짓말을 함으로써 상대와의 관계로부터 생기는 마찰로부터 자신을 지키려고 한다.

   자리를 양보하지 않는 '착한' 젊은이는 이전에 자리를 양보하는 친절함을 실행했을 때 '그것을 멋지게 배신당했다'는 괴로움을 맛본 경험이 있을지도 모른다. 이 경우에는 '두 번 다시 그런 싫은 일을 당하고 싶지 않다'라는 마음으로, 직접적인 마주침을 피하려는 '상냥함'을 몸에 익혔다고 호의적으로 해석할 수도 있다. 그러나 다른 사람들과의 접촉을 피하기 위한 친절함은 다른 사람들과 고통을 나눌 수 없다.

   상대방에게 친절하게 대하려고 해도 결국 '자신을 보호하기 위한 부드러움'이라는 거짓말을 하고 있다는 것을 깨달아야 할 것이다. 한 소설가와의 24년간의 결혼 생활에 마침표를 찍고 이혼한 부인이 "거짓말쟁이인 사람이 타인의 아픔에 편하다."라고 어느 잡지에서 대답하였다. 그의 주장은 다음과 같다.

"자신의 욕망에 정직해지려고 하면 할수록 거짓말쟁이가 된다. 그리고 거짓말을 한다고 하는 자신의 나약함을 아는 사람은 거짓말을 하는 타인에게도 상냥해진다. 반대로 자신이 옳다고 생각하는 사람은 다른 사람의 나약함에 쉽게 익숙해질 수 없다."

실제로 같은 아픔을 체험한 적이 있는 사람들은 부인의 장래를 진심으로 걱정해 주었다고 한다. 그의 말을 환언하면, 타인의 아픔을 자신의 아픔으로 알 수 있을 정도로 또 살아 있는 인간관계 속에서 괴로운 거짓말을 해 온 사람일수록 본래의 의미로 타인의 아픔에 상냥해진다는 것이다.

• 역할기대 관계에서 나오는 거짓말

혹자는 '속이는 일에 쉽게 속는다'라는 관계가 성립되지 않는 거짓말이 있다고 한다. 또, 거짓말은 동시에 '털기는 한다'라고 하는 성격도 가지지만, 이 또한 성립되지 않는 사례가 있다고 한다. 예를 들면, '억울한 범죄 사건'으로 재심에서 무죄를 선고받은 사람들의 고난의 길의 시작이 된 '허위의 자백'이 있다. 이에 대한 분석 요지는 다음과 같다.

진짜 범인이 자신의 범행을 부인한다면, 그것은 분명히 거짓말을 하고 있는 것이다. 수사관은 속지 않도록 이 거짓말을 폭로하려는 자세로 수사에 임한다. 수사는 기본적으로 그 사람이 범인이라는 전제하에 이루어진다. 조사실은 진실 추구의 장소라고 하면 그럴듯하지만, 그 전제를 긍정시키기 위한 장소이다. 무고한 사람들이 아무리 자신이 무고하다고 소리쳐 봤자, 그것을 증명하기 위해서는 확실한 증거가 있어야 한다. 그러나 그 '명확한 증거'라는 것이 좀처럼 입증되지 않는다.

무고한 사람들은 아무리 변명해도 들어 주지 않는 것을 참을 수 없어 '자백'하게 된다. 이것이 '첫 번째 거짓말'이 된다. 즉, 하지 않은 것을 '했다'라고 말한다. "이 자백이 사실인지 아닌지는 이 시점에서는 더 이상 묻지 않는다."라고 하는 것은 전제가 긍정된 것에 지나지 않기 때문에, 나머지는 진위와 상관없이 전진이 있을 뿐이다. 이제 "흉기는, 시체는, 돈은…"이라고 차례차례 조사가 진행된다.

모두 제1의 거짓말이 대전제가 되기 때문에, 이후에는 무엇에 대해서도 '모른다'라는 말은 통용되지 않게 된다. 진술은 증거와 맞는 방향으로 이끌어 갈 뿐이다. 거짓말이 거짓말을 부르는 것이 아니라 공동으로 거짓말을 해 나가는 것이 이 '거짓말 자백'의 특징이다. 이러한 거짓말은 조사 혹은 수사라고 하는 특이한 장소에 특유의 것이라고 생각하지만, 나는 '권력을 배경으로 하는 일종의 역할기대 관계'라는 관점에서, 이러한 거짓말의 일반성을 강조하고 싶다.

사회생활에서 우리는 부부, 부모, 자녀, 교사, 상사, 부하 등의 역할 관계를 떠맡고 있다. 우리는 그 역할이 기대하는 거짓말을 함께할 수도 있다. 예를 들어, 최근에 성생활을 하지 않는 부부가 화제가 되었다. 여기서는 남편이 의무나 역할로 섹스를 요구하고 아내가 남편의 기대에 부응하는 식으로 쾌락적 연기를 하고 있다고 한다. 이와 반대의 경우도 있을 것이다. 여기에도 심각한 거짓말이 엿보인다. 이상과 같은 예는 각각의 역할에 기대된 힘에 의해서 부지불식간에 혹은 어쩔 수 없이 거짓말을 당하고 있는 경우도 있다는 것을 시사한다.

6. 임상사례와 정리

내가 다룬 학생 면담 사례를 바탕으로 아이의 거짓말의 의미를 검토하고자 한다. 여기서 소개하는 사례는 사생활 보호를 위해 유사점이 많은 여러 경우를 조합한 것이고, 대학생의 면담이지만 과거 이야기이다.

고등학교 2학년인 A는 초등학교와 중학교 때는 학교에 가기에 아무 문제가 없었으나, 고등학교 2학년 여름 방학이 끝난 후 전혀 등교하지 않게 되었다. 고등학교 성적은 특정한 몇 과목이 낙제점이었다. 초등학생 때는 성적이 우수하고, 학교 스포츠의 대표선수로 선발되는 등 부모님의 기대가 높았다. 어머니는 다음과 같이 호소했다.

> "A의 생활은 최근 밤낮이 바뀌어 자기 방에서 밤늦게까지 무언가 하고 있다. 휴대폰 등을 만지고 있는 것 같다. 방학 중에 아르바이트를 했는데 과연 잘 되고 있었는지 모르겠다. 부모 자식 간의 대화는 정상적이고, 부모 자식 관계도 부부 사이도 나쁘지 않다. 그런데도 왜 우리 아이가 등교를 거부하는지 모르겠다."

면접을 진행해 보니, 어머니가 생각하는 '평범한 대화'란 사실은 어머니가 알고 싶어 하는 것을 아이들에게서 찾아내는 정보 수집적인 성격의 것임이 밝혀졌다. 또, 자기 방에서나 아르바이트 장소에서의 모습도 사실은 어머니 자신이 직접 들여다보고 싶지만, 들여다봤을 때 자신의 예상과 다른 것이 무섭다고 느끼고 있기 때문에 모두 추측으로 시종일관하게 된 것이었다. '내(어머니)가 없어도 같은 일을 할 수 있는 아이의 모습을 본다'는 무서움 때문에 진솔한 대화가 없다는 것이다.

이 어머니는 아이들에 대한 모든 사소한 것들을 자신의 지배하에 두고 싶어 한다.

유아기나 소년기와 마찬가지로 아이들은 엄마에게 무엇이든 말해야 하고 부모가 하라는 대로 해야 한다고 생각한다. 나는 아이들이 초등학교 때까지 모든 것을 돌봤기 때문에 아이들이 훌륭했다고 믿는 구석이 있다. 사춘기 아이의 입장에서 보면, 의존의 대상이 부모나 선생님이던 시절에서 친구나 선배에게 옮겨 가는 시기이며, 또 부모로부터의 자립을 목표로 하는 시기이기도 하다. 달리 말하면, 부모가 모르는 세계를 찾아서 그러한 세계를 만들려고 하는 시기이다. 그 세계는 아이들이 부모에게 알려지기를 원하지 않는 비밀을 간직하게 할 것이다. 그러나 엄마는 아이가 비밀을 갖는 것을 허락할 수 없기 때문에 '비밀을 밝혀라'며 아이를 추궁한다.

아이들은 자신들을 보호하는 수단으로서 어머니의 이러한 행동을 피하기 위한 방법 중 하나로 거짓말을 한다. 어른들은 아이들이 비밀 세계를 갖는다는 사실을 인정하고 아이들이 거짓말을 할 수밖에 없는 상황으로 내몰지 않도록 해야 한다. 그 이유는 아이들이 비밀 세계를 가질 수 없다고 자발성을 잃거나 물리적 · 정신적으로 집착하는 형태로 자신을 보호하는 수단에 호소하는 것이기 때문이다.

이상의 상황을 종합해 보면, 어린이의 거짓말 중에는 '어린이의 자립을 방해하는 어른이 시키는 거짓말'이 있는 것이다. 발달이나 자립이라는 측면에서 보면, 인간관계의 윤활유로서의 '거짓말도 수단'이라는 말은 별론으로 하더라도 발달 단계에서 아이는 거짓말을 통해서 어른과의 심리적 거리를 조정하거나, 거짓말에 의해서 어른의 원조를 요구하고 있음을 알 수 있다.

악마의 가면

나의 학생 면담 사례에 비추어 볼 때, 거짓말을 폭로하려는 쪽(부모)과 자기를 지키기 위해 거짓말을 하는 쪽(자녀)이라는 관점에서도 검토할 필요가 있어 보인다.

제2부

일상 속 거짓말,
그 가면
밖의 세계

1장

대인관계에서의
거짓말

Ⅰ. 거짓말 동기와 상하관계의 영향

이 장에서는 거짓말에 의한 의사소통의 빈도나 감정이 거짓말을 하게 된 동기와 대상 사이의 상하관계에 따라 달라지는지를 검토한다.

거짓말 동기(이기적인 거짓말, 수용을 요구하는 거짓말, 갈등 회피의 거짓말, 이타적인 거짓말)와 상하관계(선배, 친구, 후배)를 조작한 장면 설정 방법에 의한 질문지를 이용하여, 거짓말의 빈도나 거짓말에 따른 감정을 조사협력자에게 평정받았다. 그 결과 거짓말을 하는 동기의 주효과가 유의했고, 이기성이 높은 거짓말일수록 거짓말을 하는 빈도가 낮았으며, 불안, 혐오감, 죄책감과 같은 부정적인 감정이 높았다. 또, 거짓말의 빈도와 죄책감에서는 거짓말 동기 × 상하관계의 교호작용이 인정되었다.

하위 검정 결과, 수용을 요구하는 거짓말이나 이타적인 거짓말은 친구들에게 사용되기 쉽다는 것, 이기적인 거짓말에 대한 죄책감은 선배나 친구들보다 후배들에게 더 약한 것으로 나타났다. 다만, 전반적으로 거짓말 행동에 미치는 상하관계의 효과는 작아서, 여기에서 설정한 인간관계의 질이 영향을 미쳤을 가능성을 논의하였다.

1. 문제 제기

다른 사람과 소통을 할 때, 우리는 항상 진실을 말하는 것은 아니며, 거짓말을 하는 경우가 있다. 여러 심리학자의 연구에 의하면, 대학생은 하루 중 두 번 정도 거짓말을 한 것으로 드러났다.

거짓말의 내용을 포함한 소통은 기만적 소통이라고 불린다. 기만은 다양하게 정의되어 왔지만, 프레이(Vrij)는 그것들을 개관하고, 기만(거짓말, 속임수)을 "전달자가 거짓으로 간주하는 신념을 사전 예고 없이 다른 사람에게 형성하려는, 성공할 수도 실패할 수도 있는 의도적 시도"라고 정의하고 있다.

프레이(Vrij)는 거짓말을 하는 동기를, (1) 이기적인지 이타적인지, (2) 이익을 얻기 위해서 혹은 부담을 줄이기 위해서, (3) 물질적 이유 또는 심리적 이유 등의 3가지 차원에 따라 정리하고 있다. 특히 이기적이거나 이타적인 차원에서 다른 사람들에게 이익이 된다는 거짓말은 자기에게 이익이 되는 거짓말에 비해 수용되기 쉽다는 것을 보여 준다. 게다가 타인의 이익을 위해 의도적으로 거짓말을 하는 것은 진실을 전달하기보다는 도덕적으로 받아들여지는 경우가 있다는 것도 보고되고 있다.

이상은 거짓말을 받아들이는 사람이나 제3자의 관점에서의 검토인데, 거짓말 전달자의 관점에서 보면 거짓말의 동기에 따라 거짓말의 용이성이 다르다는 것을 보여 주고 있다.

데파울로 등(DePaulo et al.)에 의하면, 이기적인 거짓말이 이타적인 거짓말보다 사용 빈도가 높고, 물질적인 이유보다는 심리적인 이유로 거짓말을 하는 경우가 많다는 것이 발견되었다고 한다. 또한 인간관계의 차이에 따라 사용되는 거짓말의 유형이 다르다는 것을 보고하였다.

캐쉬와 드폴로(Kashy & DePaulo)는 사람들은 동성 친구 관계에 만족하고 있을 정도로, 타인의 이익이나 보호로 이어지는 타자 지향적인 거짓말을 하기 쉽고, 불만족스러울 정도로 자기 자신의 이익이나 보호로 이어지는 자기 지향적인 거짓말을 하기 쉽다는 것을 제시하였다.

드폴로와 캐쉬(DePaulo & Kashy)는 친밀도와 거짓말의 빈도의 관계에 대해 검토하기 위해, 초면·지인·절친·부부 사이에 거짓말을 하는 비율을 조사하였다. 여기서 초면의 타인과의 사이에 일어나는 거짓말이 가장 많고, 부부 사이에 일어나는 거짓말은 가장 적다는 것을 발견하였다. 또, 이러한 경향은 거짓말의 동기에 의해서도 달라지며, 친밀한 상대에 대해서는 이기적인 거짓말은 적지만 이타적인 거짓말이 많고, 지인이나 초면의 사람 등 친밀도가 낮은 상대에 대해서는 반대의 경향이 보인다는 조사 결과를 제시하였다.

이상으로 판단해 볼 때, 친밀한 관계에서는 거짓말의 빈도가 적고, 거짓말을 하는 경우에는 이타적인 동기에서 이루어진다고 생각된다. 이타적인 거짓말에는 진실을 말하기보다 다른 사람과의 상호작용을 원활하게 할 수 있다는 대인 마찰 완화효과가 있으며, 이것이 친밀한 관계에서의 이타적인 거짓말과 관련되어 있다고 생각된다. 하지만 아무리 친밀성이 높은 사람이라도 상사와 부하직원, 선후배와 같은 상하관계에 따라 거짓말을 하는 빈도나 감정이 다를 것으로 추측된다. 대학생의 경우 가까운 상하관계에는 동아리 활동이나 학생회 등 자치 조직, 아르바이트에서의 선후배 관계가 있다.

나의 학생 면담 지도 경험에 의하면 동아리 활동 등의 선후배 관계가 대학생에게 있어서 동년배의 친구 관계와 동등하게 안정화, 사회적 스킬의 학습, 발달모델로서의 중요한 기능을 수행하는 것 같다. 또, 대선배의 행동으로서 (i) 예의, (ii) 복종, (iii) 친교, (iv) 충돌 회피, (v) 참조의 5가지 행동이 일어나기 쉬운 것을 발견할 수 있었다. 이 중 '복종'이나 '충돌 회피'에는 자신의 의견을 주장하지 않고 선배에게 맞춘다는 내용이 포함되어 있어 본 연구에서 다루는 기만적 의사소통과 관련된 행동이라고 보인다.

상하관계와 관련된 개념으로 권력(기세, 세력)을 들 수 있다. 세력(권력 혹은 기세)은 사회경제적 지위, 지배성 등 여러 측면에서 검토할 수 있는데, '자원의 제공이나 철회 혹은 처벌의 행사에 의해, 타인의 지위나 상태를 변경할 수 있는 개인의 상대적인 능력이나 입장'이라고 정의할 수 있다. 즉, 기세(권력, 세력)는 다른 사람에 대한 영향력의 강함을 의미하며, 상사나 선배는 세력이 강하고, 부하나 후배는 세력이 약하다는 상대적인 관계에 있다고 생각한다.

코닝 등(Koning, Steinel, Beest, Dijk)은 최후통첩 게임을 이용하여, 세력과 거짓말 행동과의 관련을 검토하였다. 그 결과 권력이 낮은 사람들은 최후통첩 게임을 받는 사람들의 입장에서는 허위(기만) 메시지를 전달함으로써 많은 보상을 받으려고 하지만, 제안자들의 경우에는 거짓의 행동을 증가시키지 않는 것으로 나타났다.

또한 세력(권력)과 감정 표출에 대해 다룬 헥트 등(Hecht & La France)은 권력(세력)이 높은 사람이나 동등한 경우에서는 웃는 얼굴의 표출과 긍정적인 감정 상태 사이에 양(+)의 상관을 볼 수 있지만, 세력(기세)이 낮은 사람에서는 양(+)의 상관을 볼 수 없다는 것을 보고하고 있다. 마찬가지로 페르카노풀루 등(Perkanopoulou, Willis, Rodriguez-Bailon)은 힘(power)의 높이와 감정의 억제 사이에서 부정적인 상관관계를 발견하였다.

감정 억제를 자신의 내적 감정을 속여서 표출하는 기만적 소통으로 본다면, 권력이 높은 사람은 낮은 사람에 대해서 기만하기 어렵고, 권력이 낮은 사람은 높은 사람에 대해서 기만하기 쉽다고 생각된다. 이러한 연구 결과나 앞서 서술한 대선배의 행동을 아울러 생각해 보면,

선후배 관계에서의 기만적 소통에 있어서, 선배는 후배와 비교해서 거짓말을 하는 빈도가 높다는 것을 짐작할 수 있다.

우리는 거짓말을 아무렇지도 않게 하는 것이 아니라 다른 사람들에게 미안함을 느끼거나 그 자리를 빨리 넘기고 안도감을 느끼는 등 여러 가지 감정을 느낀다. 에크만은 기만적인 의사소통에 얽힌 감정으로 불안, 죄책감, 기쁨의 세 가지 감정을 지적하고, 이러한 감정에 영향을 미치는 요인을 정리하였다. 에크만에 의하면, 불안은 거짓말이 간파되지 않을까 하는 생각에서 환기되고, 거짓말에 의해서 얻을 수 있는 이익이나 손실이 큰 경우 혹은 거짓말이 간파되었을 경우에 가해지는 처벌이 큰 경우 등으로 갈수록 높아진다.

죄책감은 거짓말을 하는 행위에 의해 환기되는 감정으로, 이기적인 거짓말이 이타적인 거짓말보다 더 쉽게 느껴지고, 전혀 다른 사람들보다 가까운 관계에 있는 경우 그것을 더 잘 느낀다. 기쁨이란 거짓말을 하는 순간의 흥분이나, 거짓말을 한 후의 안도감이 수반되는 성취감 등의 느낌을 말하며, 거짓말을 하는 상대가 힘들수록 쉽게 일어나는 것으로 지적되고 있다. 즉, 거짓말을 할 때의 목적이나 동기, 대인관계에 따라서 환기되는 감정은 다르다고 할 수 있다. 또 거짓말에 의해 환기되는 감정은 거짓말을 하는 사람 개인의 기만적 소통에서의 동기와 상하관계의 영향을 미치는 유형에 따라 다르지만, 전반적으로 거짓말을 한 후에는 죄책감이나 혐오감이 생기기 쉽다.

거짓말에 얽힌 감정과 기만 동기나 상하의 관계에 대해서는 다음과 같이 생각할 수 있다. 전술한 에크만에 의한 지적이나, 개인적인 이해를 위해서 거짓말을 했을 경우는 죄책감이 높아진다는 보고(Ekman & Friesen)를 근거로 하면, 이기적인 동기에 의한 거짓말은 이타적인 동기에 의한 거짓말과 비교해서, 죄책감이 높을 것으로 예측한다. 또, 거짓말을 간파당했을 때의 처벌이 큰 경우에는 불안이 높아진다는 지적보다 권력이 높은 선배에 대해서가 후배에 대해서보다, 거짓말을 한 것에 의한 불안감이 더 높아지는 것을 짐작할 수 있다.

이상에서 본 장이 소개하는 연구는 거짓말 동기와 대상과의 상하관계에 따라 거짓말의 빈도나 거짓말에 따른 감정이 다른지 검토하는 것이다. 거짓말을 하는 동기의 분류에는 여러 가지가 있지만, 여기에서는 맥레오드와 제네르(McLeod & Genereux)에 의한 (i) 이기적인 거짓말, (ii) 수용을 요구하는 거짓말, (iii) 갈등 회피의 거짓말, (iv) 이타적인 거짓말의 4가지를 이용한다. 이러한 거짓말은 이기성-이타성의 차원으로 자리 잡으며, 전자일수록 이기성이 높고 후자일수록 이타성이 높다고 생각한다. 또, 상하관계를 검토하기 위해, 대학생에게 있어서 친밀한 동아리 활동이나 학생회 활동 그리고 아르바이트에서의 (i) 선배, (ii) 동년배(친구), (iv) 후배의 3종류를 설정한다. 거짓말에 수반하는 감정으로서는 에크만(Ekman)이 지적하고 있는 (a) 불안, (b) 죄책감, (c) 기쁨(쾌감)에 더해 (iv) 혐오감을 대상으로 한다.

선행연구의 결과를 바탕으로 본 연구에서는 다음과 같은 가설을 설정하였다.

- 가설 1: 거짓말 빈도는 이타성이 높은 동기에 의한 거짓말일수록 높아진다.
- 가설 2: 선배에 대해서는 후배에 대한 것보다, 거짓말을 하는 빈도가 높아진다.
- 가설 3: 거짓말에 따른 부정적인 감정(불안, 죄책감, 혐오감)은 이기성

이 높은 거짓말일수록 높아진다.

• 가설 4: 선배에 대해서는 후배에 대한 것보다 거짓말로 인한 불안감
이 높아진다.

덧붙여 거짓말을 하는 동기 × 상하관계에는 교호작용이 있는 것을
생각할 수 있지만, 이 점에 관해서는 선행연구에 대해 그다지 검토하
고 있지 않아 가설을 검증하는 것이 어렵기 때문에, 탐색적인 검토를
실시하기로 한다.

2. 방법

• 조사협력자

조사협력자는 대학생 168명(남성 52명, 여성 116명, 평균연령 20.6 ±
0.7세)이었다. 대상에 따라 선배군 55명, 친구군 58명, 후배군 55명으
로 분류하였다.

• 조건

거짓말 동기 × 상하관계의 혼합계획이었다. 거짓말 동기는 실험
참가자 내 요인이며, 이기적인 거짓말, 수용을 요구하는 거짓말, 갈등
회피의 거짓말, 이타적인 거짓말의 4가지 종류였다. 상하관계는 실험
참가자 간의 요인으로 선배, 친구(동배), 후배의 3가지 종류였다.

- 장면 설정

동아리 활동, 학생회 활동 또는 아르바이트를 할 때 거짓말 동기(이기적인 거짓말, 수용을 요구하는 거짓말, 갈등 회피의 거짓말, 이타적인 거짓말)가 다른 거짓말을 하는 에피소드 4가지 종류를 설정했다. 거짓말을 하는 대상(상하관계)에는 동성 선배, 친구, 후배를 설정하고, 어느 한쪽 한 사람을 상기시켰다.

대학생으로서 일상적으로 일어나기 쉽다고 생각되는 상황으로서, 학생회나 동아리(또는 아르바이트)에 관한 상황을 설정했다.

선배군의 시나리오를 작성하고 또 친구군이나 후배군에서는 문장 중의 '선배'를 '친구' 또는 '후배'로 바꾸어 사용했다. 또 거짓말의 대상과 동기를 나타내는 부분은 특히 강조했다.

- 동기 장면

  * 이기적인 거짓말: 당신은 자신 때문에 학생회 활동이나 동아리 활동(또는 아르바이트)에 지각했다. 그러나 솔직히 말하면 혼날 것 같아서 같은 동아리(또는 아르바이트)에서 동성 선배 A에게 학교 수업이나 전철 등의 지연이 이유라고 거짓말을 했다.

  * 수용을 요구하는 거짓말: 당신은 하지 않으면 안 되는 작업을 끝냈다. 이것은 그렇게 힘든 것이 아니었다. 그러나 열심히 한 자신을 인정해 주었으면 좋겠다고 생각해서 같은 동아리(또는 아르바이트)에서 동성 선배 A에게 그동안의 작업이 마치 엄청 힘들었던 것처럼 과장되게 말하고 거짓말을 했다.

  * 갈등 회피의 거짓말: 당신은 어떤 내용에 대해 여러 사람과 이야기하고 있었다. 그러나 그때 같은 동아리(또는 아르바이트)에서 동

악마의 가면

성 선배 A와 의견이 대립했다. 그러나 이대로 대립해도 시간이 점점 부족해지는 데다가 A와의 관계가 나빠질 우려가 있기 때문에 내키지는 않았지만 A의 의견에 찬동하는 듯한 거짓말을 했다.

* 이타적인 거짓말: 당신은 같은 아르바이트(또는 동아리, 학생회) 장소에서 동성 선배 A가 중대한 실수를 범해서 큰 손해를 끼친 것을 알았다. 하지만 침울해하는 A가 불쌍하게 느껴졌기 때문에 격려하기 위해서 큰 실수는 아니라고 거짓말을 했다.

• 질문 항목

처음에 거짓말을 하는 대상으로서, 가장 사이가 좋은 동성의 대상(선배, 친구, 후배 중 어느 쪽인가)을 상기시켰다. 그때 선명하게 상기시키기 위해 떠올린 인물의 이니셜을 기입한 후에 그 대상과의 친밀도에 대해서 '전혀 사이가 좋지 않다=1'에서부터 '매우 사이가 좋다=7'까지의 7점 척도법으로 회답을 요구했다.

다음으로, 거짓말에 관한 4가지 시나리오를 각각 읽고, 얼마나 자주 거짓말을 하고 느끼는지에 대한 질문 다섯 가지 항목에 대하여 회답을 요구했다. 각 항목은 거짓말 행동에 관한 질문지로부터, 에피소드에 대해서 회답하기 쉬운 항목을 선정하였고 또 항목을 변경해서 사용했다. 항목은 다음과 같다.

- **나는 이런 장면에서 거짓말을 하게 될 수 있다**(이하, 거짓말에 대한 죄책감).
- **나는 이런 장면에서 거짓말을 했을 때, 상대방에게 간파당하지 않을**

까 하는 불안이나 두려움을 느낄 때가 있다(이하, 거짓말 후 불안).

- 나는 이런 장면에서 거짓말을 했을 때, 나쁜 짓을 했다는 기분이 든다(이하, 거짓말에 대한 죄책감).
- 나는 이런 장면에서 거짓말을 했을 때, 속이는 후련하다는 쾌감과 같은 감정을 느낀 적이 있다(이하, 속이는 쾌감).
- 나는 이런 장면에서 거짓말을 하는 것에 혐오감이 있다.

답변 형식은 '전혀 들어맞지 않는다=1'에서부터 '매우 들어맞는다=7'의 7점 척도법이었다. 또, 조사협력자의 외향성을 측정하는 질문 항목도 마련하고 있었지만, 여기에서는 기술하지 않는다.

3. 절차

강의 시간의 일부를 이용하여 조사에 협조를 의뢰했다. 그때 조사에 협력하는 것은 임의성에 따라서 자율적으로 결정할 것, 대답하고 싶지 않은 질문이 있는 경우는 대답하지 않아도 되고, 조사는 무기명이며 데이터는 통계적으로 처리된다는 것을 설명했다. 조사표는 1명씩 전달하였으며 3군(선배군, 친구군, 후배군)을 무작위로 배포했다. 회답에 소요된 시간은 10분 정도였다.

4. 결과

위에 기술한 대상에 따라 친밀도에 차이가 없는지를 확인하기 위해 상하관계를 요인으로 한 1요인 분산분석을 실시한 결과, 주효과는 유의하였으나(F(2,163)=3.20, p=.04, η²=.04), 다중비교(다중비교는 모두 Bonferroni법에 따라 실시하였다)의 결과에서는 수준 간의 유의한 차이가 검출되지 않았다(선배군=5.39±.79, 친구군=5.74±.93, 후배군=5.31±1.13). 어느 군이든 평균값은 5점대였기 때문에 질문지의 지시대로 친한 대상이 상기되어 있었고 그 정도가 대략 같았던 것으로 확인되었다.

거짓말에 관한 각 질문항목에 대해 거짓말 동기 × 상하관계를 요인으로 한 2요인 분산분석을 실시했다. 거짓말을 하는 빈도의 조건별 평균값과 표준편차를 계산했다.

거짓말을 하는 빈도에서는 거짓말 동기의 주효과(F(3,495)=40.28, p<.001, η²=.20) 및 교호작용이 유의하였다(F(6,495)=3.12, p=.005, η²=.04).

교호작용이 유의했기 때문에 단순 주효과의 검정을 실시한 결과, 수용을 요구하는 거짓말(F(2, 165)=4.44, p=.014, η²=.05)과 이타적인 거짓말(F(2,165)=3.76, p=.046, η²=.04)에서 상하관계의 단순 주효과가 유의하였다.

다중비교 결과, 수용을 요구하는 거짓말에 대해서는 친구군이 선후배군에 비해 평정치가 높았고, 이타적인 거짓말에 대해서는 친구군의 평정치가 선후배군에 비해 높았다. 또한 상하관계의 모든 수준에서 거짓말 동기의 단순주효과가 유의하였으므로(선배: F(3,495)=14.61, p<.001, η²=.21, 친구: F(3,495)=48.73, p<.001, η²=.26, 후배: F(3,495)=30.75, p<.001, η²=.18), 각 수준에 대하여 다중비교를 실시했다.

선배군에서는 갈등 회피의 거짓말과 이타적인 거짓말 사이를 제외하고 수준 간에 유의차가 인정되어, 거짓말을 하는 빈도가 낮은 것부터 순서대로, 수용을 요구하는 거짓말, 이기적인 거짓말, 갈등 회피의 거짓말 및 이타적인 거짓말로 나타났다.

친구들 사이에서는 모든 수준 간에 유의한 차이가 있었고, 이기적인 거짓말, 수용을 요구하는 거짓말, 갈등 회피 거짓말, 이타적인 거짓말 순으로 점수가 높게 나왔다.

후배군에서는 수용을 요구하는 거짓말, 갈등 회피의 거짓말, 이타적인 거짓말 순으로 유의하게 득점이 높게 나타났으며, 이기적인 거짓말은 이타적인 거짓말 사이에서만 유의한 차이가 인정되었다.

거짓말에 대한 죄책감의 조건별 평균값을 계산했다. 거짓말에 대한 응답자가 느끼는 죄책감에서는 거짓말 동기의 주효과($F_{(3, 495)}$=143.21, $p < .001$, η^2=.47) 및 교호작용이 유의하였다($F_{(6, 495)}$=2.47, p=.02, η^2=.03).

한 요인의 효과가 다른 요인의 수준에 의존하는 교호작용이 유의하였기 때문에 단순주효과의 검정을 실시하였더니, 이기적인 거짓말에 있어서 상하관계의 단순주효과가 유의하였다($F_{(2, 165)}$=4.45, p=.04, η^2=.04). 다중비교 결과, 선배군과 친구군의 평정값이 후배군과 비교하여 높았다. 또한 상하관계의 모든 수준에서 기만 동기의 유의한 단순주효과가 인정되었다(선배군: $F_{(3, 495)}$=47.59, $p < .001$, η^2=.47, 친구군: $F_{(3, 495)}$=71.27, $p < .001$, η^2=.56, 후배군: $F_{(3, 495)}$=30.38, $p < .001$, η^2=.36).

다중비교 결과 선배군, 친구군, 후배군 모두에서 갈등 회피의 거짓말과 이타적인 거짓말 사이를 제외하고 유의한 차이가 인정되었고, 죄책감이 높은 것부터 차례로 이기적인 거짓말, 수용을 요구하는 거짓말, 갈등 회피의 거짓말 및 이타적인 거짓말이었다.

거짓말 후의 불안, 속이는 쾌감, 거짓말에 대한 혐오감의 조건별 평균치를 계산하였다. 이러한 항목에 관해서는 거짓말 동기의 주효과만이 유의했다(거짓말 후 불안: $F_{(3,495)}=6.63$, $p<.001$, $\eta^2=.04$, 속이는 쾌감: $F_{(3,495)}=52.89$, $p<.001$, $\eta^2=.24$, 거짓말에 대한 혐오감: $F_{(3,495)}=95.53$, $p<.001$, $\eta^2=.37$). 각각의 항목에서 다중비교를 실시한 결과, 거짓말 후의 불안에서는 갈등 회피의 거짓말과 이타적인 거짓말 사이를 제외하고 유의한 차이가 인정되어, 득점이 높은 것부터 순서대로 이기적인 거짓말, 수용을 요구하는 서짓말, 갈등 회피의 거짓말 및 이타적인 거짓말이었다.

속이는 쾌감은 수용을 요구하는 거짓말이, 갈등 회피의 거짓말 및 이타적인 거짓말에 비해 유의하게 득점이 높았다. 또, 전체적으로 평균값이 2점 전후로 낮은 값을 나타냈다.

거짓말에 대한 혐오에서는 모든 수준 간에 유의한 차이가 나타났고, 이기적인 거짓말, 수용을 요구하는 거짓말, 갈등 회피 거짓말, 이타적인 거짓말 순으로 높은 점수를 보였다.

5. 고찰

이 장에서는 거짓말을 하는 동기와 거짓말을 하는 대상과의 상하관계가 거짓말 행동이나 감정에 미치는 영향을 검토하는 것을 목적으로, 4가지 가설을 검토했다.

거짓말의 빈도에 대해서는 가설 1 "거짓말의 빈도는 이타성이 높은 동기에 의한 거짓말일수록 높아진다."와 가설 2 "선배에 대해서는 후배에 대한 것보다 거짓말을 하는 빈도가 높아진다."라는 두 가지 가설을 설정했다. 결과보다 거짓말의 빈도에 있어서는 교호작용이 인정되었으며, 어느 관계군에 있어서도 이타성이 높은 동기에 의한 거짓말일수록 빈도가 높은 것으로 나타났다. 이로부터 '가설 1'은 지지되었다.

한편, 상하관계에 의한 차이에 대해서는 수용을 요구하는 거짓말과 이타적인 거짓말에 의해서만 인정되었고, 수용을 요구하는 거짓말에서는 친구군이 선배군이나 후배군에 비해, 이타적인 거짓말에서는 친구군이 선배군에 비해 빈도가 높은 것이 발견되었다. 따라서 가설 2는 지지를 받지 못했다.

가설 2를 세울 때, 기세·권력·세력(power)과 기만 행동이나 감정 표출과의 관련을 다룬 선행연구를 참고했는데, 이러한 연구는 초면의 실험참가자에 대해서 권력·세력·기세를 실험적으로 조작하는 등의 절차를 사용하고 있었다. 이 장에서 검토한 연구에서는 친밀한 상하관계를 대상으로 했다는 점에서 선행연구와 괴리가 있었음을 생각할 수 있다. 따라서 가까운 관계가 형성되어 있는 경우에는 권력이 높은 선배에 대해서 기만적인 행동이 증가하는 것은 아닐지도 모른다.

게다가 일부 거짓말에서는 친구들에게 빈도가 높은 것으로 나타났기 때문에 상하관계에 있는 것보다 대등한 관계에 있는 쪽이 거짓말을 하기 쉽다고 생각할 수 있다. 이것은 친구들과 소통할 수 있는 기회가 많고 중요하지는 않지만 선배나 후배들에 비해 약간 더 친밀한 관계가 있기 때문일 수도 있다.

관계성과 거짓말 동기와의 관련을 조사한 연구에서는 친밀한 관계에서는 타자지향적인 거짓말이 이용되기 쉽다는 것을 보고하였으며, 이타적인 거짓말에 관한 연구의 결과는 이에 부합한다. 그렇지만, 이기적인 수용을 요구하는 거짓말에서도 관계성에 의한 차이가 발견된 점은 선행연구의 지적과는 다르다고 생각한다. 수용을 요구하는 거짓말에 사용된 시나리오는 자신이 끝낸 작업이 실제보다 더 힘들었다고 주장하는 내용의 것으로, 자기고양적 자기제시의 표현이라고도 볼 수 있다.

혹자는 친구에게 유능함의 자기표현을 제시하고 있는 사람일수록 후의 친구와의 관계에서 만족도를 높게 평가하는 것을 보고하고 있다. 동등한 친구 관계에서는 수용을 요구하는 거짓말과 같은 자기고양적 자기제시 표현이 관계를 유지하는 데 중요한 역할을 하고 있을지도 모른다. 게다가 수용을 요구하는 거짓말과 이타적인 거짓말의 공통점을 고려할 때, 양쪽 모두 감정을 고양시키는 거짓말로 볼 수 있을지도 모른다.

수용에 대한 거짓말은 자신의 감정을 고양시키는 역할을 하는 것으로 보이며, 이타적인 거짓말은 받아들이는 사람의 감정을 고양시키는 역할을 한다.

거짓말이 소통의 윤활유로서 작용하기에는 감정 조정이 전제가 된다고 하지만, 고양적인 감정 조정 방법이 친구 관계에 있어서 특히 중시될 가능성이 있다. 단, 이것은 시나리오의 내용에 근거한 추측에 불과하므로 감정 조정의 방향성을 조작한 시나리오에 의한 검토가 요망된다.

다음으로, 거짓말에 얽힌 부정적인 감정의 결과를 검토해 보면, 불안·죄책감, ·오감 모두 기만 동기의 주효과가 인정되었고, 이기적인 동기에 의한 거짓말일수록 점수가 높아졌다. 따라서 가설 3 "거짓말에 따른 부정적인 감정(불안, 죄책감, 혐오감)은 이기성이 높은 거짓말일수록 높아진다."는 지지를 받았다. 이타성이 높은 거짓말은 이기성이 높은 거짓말과 비교해서, 타인이 수용하기 쉽기 때문에 거짓말을 해도 부정적인 감정이 환기되기 어렵다고 생각한다.

가설 4 "선배에 대해서는 후배에 대한 것보다, 거짓말을 한 것에 의한 불안이 높아진다."에 대해서는 불안에 대해 상하관계의 주효과나 교호작용이 인정되지 않았기 때문에 지지되지 않았다. 이 가설이 지지를 받지 못한 원인으로 가설 2에 대한 고찰에서도 지적했듯이, 권력 · 세력 · 기세의 선행연구와 이 장에서 설명한 연구에서 다룬 친밀한 상하관계와의 인간관계의 질의 차이를 생각할 수 있다. 또한, 불안은 거짓말을 하는 행동 자체보다는 거짓말을 한 후에 받는 사람의 반응에 더 취약할 수도 있다. 예를 들면, 거짓말을 받는 사람의 태도가 힐난하는 질문의 경우에는, 거짓말을 하고 있는지 진실을 말하고 있는지에 관계없이, 거짓말을 하는 사람의 불안이 높아지는 것을 보고한 연구가 있다.

본 연구의 실험 설정에서는 거짓말을 한 후의 거짓말을 받는 사람의 반응에 대해서는 일절 언급하지 않았던 것에서 상하관계에 의한 불안의 차이를 검출하기 어려웠을지도 모른다.

거짓말과 관련된 부정적인 감정 중 죄책감에 관해서는 교호작용도 인정되어, 이기적인 거짓말에 있어서 후배군의 득점이 선배군이나 친구군에 비해 낮게 나타났다. 이기적인 동기에 의해 거짓말을 했을 경우에는 죄책감이 높아진다. 그것은 하위권의 사람들에게는 완화될 것이라는 점도 함께 지적되었다.

후배에 대해서는 자신이 상대적으로 높은 권력을 가지고 있어, 영향력을 행사하기 쉽기 때문에 이기적인 거짓말을 해도 정당화하기 쉽다고 추측된다. 또, 이 결과는 관계의 효용(relational utility)이라는 관점에서 해석할 수 있을지도 모른다. 관계의 효용이란, 어떤 관계가 자신의 목표 달성에 도움이 되는 정도를 말하며, 이것이 높을수록 죄책감이 발생하기 쉽다는 것이 시사되었다.

선배나 친구들은 후배들과 비교해서 관계의 효용이 높을 것으로 예상된다는 점에서, 나쁜 거짓말로 치부되기 쉬운 이기적인 거짓말에 대한 죄책감이 높아졌을 것이라고 생각한다. 상대를 속이는 쾌감에 관해서는 수용을 요구하는 거짓말이 갈등 회피의 거짓말이나 이타적인 거짓말에 비해 유의하게 높은 점수를 나타냈다. 또한, 이기적인 거짓말은 어느 거짓말과도 유의미한 차이가 인정되지 않았다.

불안이나 혐오감, 죄책감의 결과와 아울러 생각하면, 상대에게 받아들여지기 어려운 이기적인 내용의 거짓말은 부정적 감정을 높이는 것과 동시에 속이는 쾌감도 환기하기 쉬운 것임을 시사한다. 단, 상대를 속이는 쾌감의 평균값은 어느 거짓말에 대해서도 2점 전후로 낮은 값이며, 거짓말에 의해 자주 일어나는 것은 아니라고 생각된다. 이 점은 거짓말에 의해서 쾌감을 얻거나, 즐거워하는 사람은 드물다는 보고와도 일치한다. 에크만은 거짓말에 관련된 감정으로서 불안 · 죄책감 · 기쁨의 3가지를 들고 있지만, 불안이나 죄책감이 거짓말에 따른 전형적인 감정인 데 반해 기쁨 등의 쾌감은 대학생의 일상적인 거짓말로는 생기기 어렵다고 생각한다.

이 장에서 소개한 연구에서는 일부 상하관계에 의한 차이가 인정되었지만, 그 차이는 미미하며, 효과량의 크기에 근거해도, 전반적으로 그 효과는 작았다고 생각한다. 이것은 상하관계로서 학생회 활동이나 동아리 활동과 아르바이트 간의 상하관계를 상기시킨 것이 원인일 수도 있다. 대학생 동아리 집단에서의 선후배 관계는 공식적인 집단에서의 상사와 부하의 상하관계에 비해, 역할이나 명령관계 등에 관해서 애매한 부분이 있기 때문에 상하관계적인 행동뿐만 아니라 수평관계적인 행동의 측면이 혼재하고 있음을 시사한다.

본 연구에서는 동아리 혹은 학생회 활동이나 아르바이트 장소에서의 가장 사이좋은 대상을 상기시켰기 때문에 학년·연령차는 있어도 친밀도가 높은 선후배를 상기하고 있고 수평관계적인 측면이 강해서 상하관계 특유의 효과를 발견하기 어려웠을 가능성도 생각해 볼 수 있다. 기만적 소통에 있어서 상하관계의 영향을 명확하게 하기 위해서는 선후배 관계의 질과 거짓말 행동과의 관련을 검토하는 것이나, 직장에서의 상사와 부하의 관계라고 하는 공식적인 집단을 대상으로 한 검토가 필요하다고 생각된다.

이상을 정리하면, 거짓말의 빈도나 거짓말에 수반되는 감정은 거짓말을 하는 동기의 영향을 크게 받아, 이타적인 거짓말일수록 사용되기 쉽고, 부정적인 감정이 잘 생기지 않는다는 것이 밝혀졌다. 또, 상하관계의 효과가 일부에서 나타나 친구에게는 이타 감정을 고양하는 듯한 거짓말이 이용되기 쉽다는 것, 후배에게는 선배나 친구에 비해 이기적인 거짓말에 대한 죄책감이 약해진다는 것이 발견되었다. 단, 전반적으로 상하관계의 효과는 작으며 앞으로 관계의 질을 고려한 연구검토가 필요하다고 생각한다.

본 연구에서는 거짓말을 하는 쪽을 검토 대상으로 했지만, 기만적 소통은 거짓말을 하는 사람과 거짓말을 받는 사람의 상호작용으로 이루어진다. 거짓말을 했을 때 생기는 감정은 거짓말을 받는 사람의 반응에 의해서도 변화할 것으로 예상된다.

앞서 기술한 바와 같이, 거짓말을 받는 사람의 태도가 힐난하는 질문인 경우에는 거짓말을 하고 있는지 아닌지에 관계없이, 화자의 불안이 높아져, 거짓말을 하고 있다고 간주되기 쉽다는 것을 보고하고 있다. 앞으로 거짓말 동기나 관계에 따른 감정의 차이를 명확히 하기 위해서는 양자 간 소통을 대상으로 한 연구가 필요할 것으로 사료된다.

Ⅱ. 대인관계에서의 거짓말

이 항에서는 대인관계 중에서 거짓말(deception)이 어떻게 이용되고 있는지를 다룬다. 이를 위해 대학생과 사회인 남녀를 대상으로 실시한 설문조사를 분석했다. 그 결과 거짓말을 하는 사람들과 그들이 한 거짓말의 내용에 대한 분석은 각각의 사람들 사이의 관계가 어떤 특징을 갖는지 추측할 수 있다는 것을 보여 주었다.

거짓말에 관한 생각을 자유롭게 기술한 설문조사의 내용분석에서 다음과 같은 경향이 드러났다. (1) 거짓말에 대한 이미지는 ① 거짓말을 나쁜 것으로 생각하는 사람, ② 소극적이지만 거짓말을 긍정적으로 생각하는 사람, ③ 거짓말을 긍정적으로 생각하는 사람, ④ 거짓말의 일반론을 말하는 사람으로 분류할 수 있었다. (2) 거짓 이미지와 타당도 척도(lie scale)의 관계로 보아, 거짓말은 나쁘다고 생각하는 여성은 타당도 척도(lie scale)의 득점이 높았다. (3) 거짓말의 내용은 전체적으로 12가지 패턴으로 분류할 수 있었다. 특히, '예방선'이라고 명명된 거짓말은 전체 거짓말 경험 중 29%였으며, 마찬가지로 '그 자리에 가라'는 거짓말은 16%였다.

1. 연구 목적

'거짓말도 하나의 수단'이라는 격언이 있다. 거짓말이 바람직하지 않은 것은 당연하지만, 때와 경우에 따라서는 거짓말이 좋은 결과를 가져올 수도 있다. 따라서 이 장에서는 대인관계에서 거짓말이 어떻게 사용되고 있는지에 대한 기초적인 분석을 다루기로 한다.

국어의 거짓말에 상당하는 말로서, 영어의 deception, lie, cheating, faking 등을 생각할 수 있다. 외국 저널에서는 주로 비언어적 의사소통을 중심으로 많은 논문들이 발표되어 있다. 『Journal of Nonverbal Behavior』에서는 거짓말에 관한 특집을 발간하였다. 이 특집호에서는 상대방에게 실제 피해를 주지 않는 거짓말의 유용성에 관한 논문이 게재되어 있다.

이 장에서는 거짓말 사고방식에 근거해서, 대인관계의 장면에서 나타난 거짓말의 역할을 검토하기로 했다. 다만, 거짓말의 개념의 분류, 연구 전망 등은 언급하지 않는다. 이 문제들은 이미 앞에서 충분히 다루었기 때문이다.

2. 방법

• 질문지의 작성 및 실시

세 가지 질문으로 구성된 질문지를 작성했다. 그 구체적인 내용은 다음과 같다.

> [질문 1] 거짓말에 대한 조사를 하고 있습니다. '몰래, 거짓말을 했다' 라는 경험을 한 사람은 많은 것 같습니다. 만약, 거짓말을 한 경험이 있다면, 그 경험을 아래 빈칸에 기입해 주세요.

① '어떤 거짓말'을 ② '언제쯤' ③ '누구에게' 하였고 ④ '그 결과는 어떻게 되었습니까?'의 순서로 자유기술의 형식으로 회답을 요구했다. 이러한 응답란은 3개가 있었고, 복수의 응답을 요구했다.

> [질문 2] 거짓말이라는 말에 당신은 어떤 이미지(인상)를 가지고 있습니까? 그것을 아래 칸에 써 주세요. (주) 빈칸 안에 자유로운 기술 형식으로 응답을 하시면 됩니다.
>
> [질문 3] 다음 문장을 읽고, 들어맞는 것 전부에 M 표시를 해 주세요.

MAS 현재적 불안척도(Taylor) 중 타당도 척도(lie scale)의 문장만을 발췌하여 15가지 항목의 설문을 작성하였다. 다만, 선거와 관련된 한 가지 설문은 실제 선거에 참여한 경험이 많지 않아서 분석 단계에서 제외했다. 이 질문지에서는 대학생들이 출석 여부를 확인하기 위해 자유의사로 학번을 기입하도록 했다.

필자가 수업이 끝날 때나 특강이 끝날 때 질문지를 직접 배포하고 그 자리에서 회답하도록 요구했다. 사회인에 대해서는 무기명이었다. 또, 어느 경우에도 성별에 동그라미를 표시해서 답변해 주었다.

• 피험자

피험자는 지방 사립대학 1학년 남성 106명과 여성 57명, 사회인 남성 37명과 여성 26명이었다. 사회인 중 A는 공무원 관계, B는 회사원 관계, C는 대학에서 배우고 있는 사회인, D는 학교와 관계없는 사람이다. 단, 무응답이거나 응답이 불충분하거나 한 조사표를 제외했기 때문에 분석대상으로 한 응답 수는 목표보다 작았다. 또, 사회인 C와 사회인 D에 관해서는 거짓의 이미지에 대한 회답을 요구하지 않았기 때문에 분석 대상자의 수가 기재되어 있지 않다.

• 분석 방법

질문 1과 질문 2에 대해서는 자유로운 기술의 내용을 몇 가지 범주로 분류했다. 분류 작업은 다음 절차로 이루어졌다. 두 사람이 각각 독립적으로 분류작업을 한 후, 분류가 엇갈린 기술 내용에 관해서는 협의를 거쳐 분류를 결정했다. 결과적으로 거짓말 이미지는 4가지 범주로, 거짓말의 내용은 12가지 범주로 분류할 수 있었다. 질문 3에 대해서는 각 항목에 표시가 있는 경우를 1점으로 하여, 15가지 항목으로, 합계 15점이 되도록 집계했다. 그러나 응답 중에서 미성년자답지 않은 한 가지 항목을 제외했기 때문에 최종적으로는 총 14점 만점으로 집계했다.

3. 결과와 고찰

본론에서는 다음 사항에 관한 분석을 시도했다. 단, 이번에는 ⑤의 분석에도 시간을 할애했다. ① 거짓 이미지 유형의 구분, ② 거짓 이미지와 Lie scale과의 관계, ③ 거짓말 내용의 분석과 유형의 구분, ④ 거짓말을 하는 사람과 하는 거짓말 유형과의 관련, ⑤ 거짓말 이미지 유형과 거짓말 유형의 관련을 분석했다.

• 거짓말 이미지 유형 구분

응답자가 자유로운 응답의 형태로 기입해 준 '거짓 이미지'를 분석했다. 이 분석의 대상이 된 것은 거짓의 이미지의 기술이 있었던 대학생 남성 97명, 여성 55명, 사회인 남성 23명, 여성 13명이었다. 분석 결과 다음과 같은 4가지 패턴이 발견되었다.

- **나쁜 것:** '사람을 속이는 것', '나쁜', '치사하다', '역겹다', '지저분하다'라고 하는 표현과 같이, 거짓말에 대한 나쁜 이미지를 기술한 것으로, 거짓말을 부정적으로 파악한 것을 대상으로 하였다.
- **소극적 긍정:** '거짓말은 필요할지도 모르지만, 역시 나쁜 것으로, 가능한 한 사용하고 싶지 않다'라는 형태로, 거짓말을 소극적으로 인정하는 것을 대상으로 하였다.
- **적극적 긍정:** 사업상 또는 원만한 관계를 위해 '거짓말도 일종의 수단'이라고 하는 대답 형태로, 거짓말의 효용을 적극적으로 인정하는 것을 대상으로 하였다.
- **총론적 기술:** 거짓말은 나쁘다든가 필요하다고 하는 자신의 태도나 생각을 말하는 것이 아니라, '사람과의 마찰을 적게 하는 것'을 대상

으로 하였다.

이 4개의 답변의 출현 비율은 대학생, 사회인 또 남녀를 통틀어 거의 같았다. 가장 많았던 것은 '적극적 긍정'으로, 30~40%의 사람이 이에 해당했다. 다음으로 많았던 것은 '나쁜 것'이라는 응답으로 20~30%였다. 또, '총론적 의견'으로 답한 응답자는 20% 전후, '소극적 긍정'으로 답한 비율은 10% 정도였다.

- **거짓말의 기술 유무**

응답자에게 자신이 한 거짓말을 기술해 주도록 요구했는데, 우선 그러한 기술이 있는지를 확인해 보았다. 분석 결과 대학생 남성의 64%, 여성의 86%, 직장인의 72%, 여성의 85%가 거짓말을 했다. 대학생과 직장인 분석대상 인원수에는 상당한 차이가 있지만, 거짓말 기술 유무의 인원수 비율은 특히 여성들 사이에서 비슷하게 나타났다. 그런데 여성은 남성보다 상당히 많은 거짓말의 체험을 본 질문지에 기술하고 있었다. 그 배경으로 다음과 같은 성별 차를 생각할 수 있다.

첫째, 자기공개와의 관련성이다. 자기공개란, 다른 사람에게 자신에 대한 정보를 언어적으로 전달하는 것이다. 주랄드와 라자코프 (Jourard & Lazakov)의 심리치료 전문가로서 경험에 근거한 연구에 의하면, 여성이 남성보다 쉽게 자기를 공개한다. 특히 어머니와 여성의 친구들에 대한 자기공개 정도가 높은 것으로 알려져 있다. 자기폭로의 성별 차이로 볼 때, 여자들은 남자들보다 거짓말을 한 경험을 쉽게 서술하는 것으로 보인다.

둘째, 거짓말을 할 때의 동기부여와의 관련성이다. 예를 들어 거짓말을 한 이야기를 해 달라고 하는 실험 장면을 분석하면, 여성 응답자는 남성 응답자보다 거짓말을 하려고 하는 동기부여가 높았다. 다만, 여성은 거짓말을 할 동기가 너무 높기 때문에 오히려 거짓말이 드러나기 쉽다는 것도 알고 있다. 이런 경향을 보면, 여자들은 거짓말을 하면 그 사실이 기억에 남기 쉽다고 생각할 수도 있고, 남자들은 거짓말을 할 때 동기부여를 덜 받기 때문에 거짓말을 기억하기 어렵다고 할 수도 있다.

셋째, 이것은 여담이지만, 남자들은 거짓말을 해도 거짓말을 한 적이 없다거나 기억에 없다는 식으로 거짓말을 하기 쉬운 성향이 있을지도 모른다.

• 거짓말의 기술 유무와 거짓의 이미지

거짓말 이미지의 '적극적 긍정'과 '소극적 긍정'을 합쳐서 거짓말의 '긍정파', '나쁜 것'을 거짓말의 '부정파'로 생각하고, 거짓말의 구체적인 예를 쓴 사람과 쓰지 않은 사람과의 출현 비율의 차이를 살펴보았다. 거짓말의 구체적인 예를 기술한 대학생 여성의 반수 이상(55%)은 '긍정파'였고, '부정파'는 24%였다. 또, 대학생 남성의 경우 거짓말의 구체적인 예를 쓴 응답자 중의 46%가 '긍정파', 31%가 '부정파'였던 것에 비해, 구체적인 예를 쓰지 않은 응답자는 '긍정파' 34%, '부정파' 21%였다.

거짓말을 나쁜 것으로 부정하면서도 여성의 경우 24%, 남성의 경우 31%가 거짓말의 구체적인 예를 썼다. 즉, 실제로는 거짓말을 하고 있다는 것이다. '거짓말은 나쁜 것'이라는 도식은 일종의 표면적인 이론이라고도 생각할 수 있다. 응답자 중에는 거짓말을 하는 자신, 쓰지 않을 수 없는 자신을 혐오하고 있는 사람도 보인다. 이는 현실과 이상의 사이에 끼어 심리적 갈등을 겪는 상태라고 볼 수 있을지도 모른다.

• 거짓말 득점과 거짓 이미지

거짓 이미지 유형별로 거짓말 점수의 평균을 내 보면 그 특징을 다음과 같이 설명할 수 있다. 즉, 대학생 남녀를 보면, 거짓말이 '나쁜 것'이라고 응답한 그룹과 '소극적 긍정' 그룹의 경우 여성이 남성보다 거짓말 득점이 높고, '적극적 긍정' 그룹에서는 남녀 모두 거의 같은 득점을 보였으며, '총론적 의견' 그룹에서는 남성의 거짓말 득점이 약간 높게 나타났다.

사회 구성원들은 표본 수가 적지만 추세는 같다. 여성의 경우 '거짓말은 나쁜 것'이라고 응답하는 사람의 높은 점수에 대한 해석으로서 다음의 3가지를 생각할 수 있다. 첫째, 거짓말을 하는 것은 사실 그것을 나쁜 것으로 여기지 않을지도 모른다. 둘째, 당신은 거짓말을 나쁜 것으로 생각하기 때문에 오히려 당신의 거짓말 점수가 높아질 수도 있다. 셋째, 거짓말을 처음부터 긍정적으로 생각하는 사람들과는 차이가 있을지도 모른다는 것이다.

남성의 경우 '총론적 의견'인 사람의 거짓말 득점이 높은 것은 자신의 태도나 의견이 아니라, 제3자적인 관점에서 파악해 보겠다는 뜻으로 상황을 회피하고자 하는 표면적인 도망이 있다고도 생각할 수 있다. 그러나 어쨌든 표본의 수가 적기 때문에 여기서는 사례연구로만 이해하는 것이 좋겠다.

악마의 가면

- **거짓 내용 분석**

(1) 거짓말의 유형화

거짓말의 내용을 분석하는 대상이 된 거짓말의 총건수는 대학생의 남성 62건, 여성 62건, 사회인 남성 46건, 여성 43건이었다(각각 응답자 수가 다름에도 불구하고, 거짓말의 총건수가 남녀 거의 같은 것은 마치 '거짓말과 같다). 거짓말의 내용은 다음과 같은 12가지 유형으로 나뉘었다.

① 예방선: 비록, 사람과의 약속을 뭔가 이유를 붙여 거절당하거나, 행선지나 목적을 본래와는 다른 형태로 상대방에게 알리는 것과 같이, 예측되는 갈등을 미리 피하려고 하는 거짓말.

② 합리화: 지키지 못한 약속이나 늦은 이유 등 사태가 끝난 것을 비난받았을 때 꺼내야 하는 핑계나 구실의 거짓말.

③ 임시변통: 무엇을 했는가를 물었을 때, 하지 않았음에도 불구하고 "했다"라고 즉석에서 순간적으로 대답하는 임시변통의 거짓말.

④ 이해관계: 금전 등이 얽혀 있는 경우에 상대와의 관계를 자신이 이익을 얻거나 유리해지는 형태로 가져가려는 거짓말.

⑤ 응석받이: 자신을 감정적으로 이해하거나 옹호해 주길 바라는 의도를 담은 거짓말.

⑥ 죄의 은닉: 자신이 한 나쁜 일을 감추려는 거짓말.

⑦ 능력·경력: 자신의 능력이나 경력을 높여 혹은 낮게 함으로써 상대방과의 관계 속에서 자신을 우위에 세우려는 거짓말.

⑧ 허세: 구입한 복권이 추첨에서 떨어졌는데도 당첨되었다든가, 여자친구가 없는데도 있다고 말한다든가, 자신을 잘 보이거나

돋보이게 하고 싶어서 하는 거짓말.

⑨ 동정심: 진실을 말하면 상대방이 상처를 입을 것 같으면 그것을
피하려고 하는 거짓말.

⑩ 농담(거짓): 진실을 알면서도 서로 웃어넘길 수 있는 놀림이나 농
담의 종류의 거짓말.

⑪ 착각: 거짓말이라기보다 자신의 지식의 부족이나 착각으로 인하
여 결과적으로 거짓말이 되는 거짓말.

⑫ 약속 깨기: 일단 한 약속이 어떠한 이유로 지키지 못했을 때에
생기는 것으로, 반드시 의도적이라고는 할 수 없는 거짓말.

이상 12개 중 특이한 것은 ⑦ 능력 · 경력과 ⑪ 착각은 대학생에게
서만 볼 수 있었고, ⑫ 약속 깨기는 사회인에게서만 볼 수 있었다.

(2) 거짓말의 경향

대학생과 사회인을 통틀어 거짓말의 총건수가 10% 이상이 되는 거
짓말의 유형에 대해 검토했다. 그 결과 가장 많았던 것은 ① 예방선(213
건 중 61건, 29%), 다음이 ③ 임시변통(35건, 16%)로, ② 합리화(26건, 12%),
⑧ 허세(25건, 11%)로 나타났다. 10%를 조금 밑돌고는 있지만 비교적 많
았던 것은 ④ 이해관계와 ⑨ 동정심(배려)였다(둘 다 17건, 8%). 많은 것 순
및 남녀 모두 건수가 비슷한 것의 순으로 나열해 본 것이다.

우선, 대학생을 본다. 남성, 여성을 함께 분석했을 경우, 건수가 많
았던 것을 순서로 들면, ① 예방선(124건 중 30건, 25%) ③ 임시변통(23
건, 19%) ⑧ 허세(19건, 16%) ② 합리화(18건, 15%)였다. 남성이 많았던
것, 남성에게서만 볼 수 있었던 것은 ③ 임시변통(자리를 모면한다), ④

이해관계, ⑩ 거짓, ⑦ 능력 · 경력이다.

여성에게서 많이 나타난 것은 ① 예방선, ② 합리화, ⑨ 동정심(배려)이었고, 남녀 모두 거의 동수였던 것은 ⑧ 허세, ⑥ 죄의 은닉, ⑤ 응석받이었다. 사회인 쪽을 보면 남녀를 같이 했을 경우, 건수가 많은 것부터 말하자면 ① 예방선(89건 중 31건, 35%), ③ 임시변통(자리를 모면한다)(12건, 13%), ⑨ 배려(동정심)(10건, 11%)였다. 남성이 더 많았던 것, 남성에게서만 볼 수 있었던 것은 ⑧ 허세, ④ 이해관계, ⑥ 죄의 은닉, ⑫ 약속 깨기, ⑤ 응석받이였다. 여성들에게서 많은 것은 ③ 임시변통, ② 합리화, ⑩ 거짓이었다. 또, 남녀 어느 쪽이나 많은 것은 ① 예방선, 동수인 것은 ⑨ 배려였다.

대학생과 사회인의 남성 · 여성에게 공통적으로 많이 보인 것은 남성에서는 ④ 이해관계, 여성에서는 ② 합리화였다. 또, 남녀를 함께 분석해 보았을 경우, ① 예방선과 ③ 자리 회피(임시변통)였고, 대학생 · 사회인 모두 많았지만, ⑨ 배려는 사회인에게, ⑧ 허세는 대학생에게 많이 특히 많이 보였다.

이상의 분석 내용으로 보아 다음과 같은 경향이 있다고 생각한다.

첫째, 건수가 많았던 것으로 한정하면, '거짓말은 필요하다', '거짓말도 수단'이라는 응답 형태를 많은 사람이 용인하고 있고, 또한 사용하고 있는 거짓말은 인간관계의 번거로움이나 문제를 피하려고 하는 예방적인 거짓말, 인간관계의 흐트러짐을 얼버무리거나, 자신을 지키려고 하는 합리화나 불편한 자리에서의 회피적인 거짓말이 허용되는 것으로 추측된다.

둘째, 대학생은 아직 능력이나 실력이 미숙하다는 것을 자각하면서, 자신을 더 잘 보이려고 하기 위해 '허세적 거짓말'이, 반면에 사회인에서는 지금까지의 인간관계를 깨트리지 않으려고 하기 위해 '배려적 거짓말'이, 각각에서 쉽게 용인되기 때문에, 더 높은 빈도로 이용되고 있다고 추측된다.

셋째, 남성의 거짓말 유형, 여성의 거짓말 유형이 가정된다. 대학생의 남성의 거짓말은 '면피', '이해관계', 즉 인간관계에서 자신을 지키는 일시적ㆍ표면적 거짓말이 많다. 그에 반해 여성 쪽은 '예방선', '합리화', '배려심'이라고 하는 것처럼 자신도 지키지만 상대와의 관계도 유지하기 위해 거짓말을 하는 것이라고 해석할 수 있다.

사회인 남성은 '허세', '이해관계' 등에서 상대보다 우위에 서려고 하면서도, 예방적 거짓말로 인간관계도 잘 유지하려고 한다. 여성은 예방적, 합리적인 거짓말로 상대와의 관계를 유지하고, 임시방편의 땜질이라는 표면적인 거짓말을 하는 반면, 농담적인 거짓말을 할 여유도 있다고 하는 것처럼 학생에 비해 거짓말에도 폭이 있다고 할 수 있다. 이런 식으로 보면, 남자들은 상대방과 잘 지내려고 하면서도 항상 상대방보다 우위를 점하기 위해 거짓말을 하고, 여자들은 어쨌든 상대방과의 관계를 잘 유지하기 위해 거짓말을 하는 경향이 있다고 해석할 수 있다.

• **거짓 내용과 거짓의 대상자**

어떤 거짓말을 누구에 대해 했는지를 정리할 수 있다.

(1) 대학생의 경우

대학생의 경우 '상위자'에는 학생회, 동아리, 아르바이트생의 선배인 존재가 많다. 또 '제3자'란, 경찰관이나 역무원처럼 지나가는 길에 관계된 사람을 말한다. 거짓말을 하는 사람이 얼마나 많은지, 즉 쉽게 거짓말을 하는지, 거짓말을 하는 사람과 상대방의 접촉 빈도나 관계의 깊이를 알 수 있다.

대학생들은 역시 부모와의 관계가 매우 긴밀하다. 그다음으로 친구와의 관계가 깊다고 생각한다. 남학생의 경우, 부모와의 관계를 어떻게든 원활하게 유지하는 한편, 자신에게 이익이 되도록 노력하고 있다. 여학생들은 간섭이 심한 부모로부터 자신을 보호하려고 거짓말을 하는 것으로 보인다. 또한 남자와 여자는 친구 관계에서 아주 다른 특징을 보인다.

남자들은 상대에 대해 허세를 부리는 거짓말을 많이 한다. 반면 여자들은 허세도 많지만, 부모에 대한 것과 같은 상대와의 관계를 원만하게 유지해 나가려는 거짓말이 많다. 말하자면, 남자들의 친구 관계는 여전히 피상적이고 여자들은 충전기 스타일이라고 평가할 수 있을 것 같다. 남성·여성 모두에게 공통되는 부분은 부모(특히 어머니)에 대한 거짓말의 방법과 상위자에 대한 거짓말의 방법이 비슷하다는 것이다. 일부이기는 하지만 대학생들은 또한 아직도 인간관계를 잘 구분하지 못하고 있는 경우가 있다.

(2) 사회인의 경우

사회인의 경우에는 '상위자'는 상사, '하위자'는 부하를 가리키고 있다. 동거하고 있는 자는 '가족', 따로 거처를 정하여 생활하고 있는 자는 '친족'으로 이해하고 있다. 조사대상이 된 여성의 대부분이 직장에 근무하고 있었기 때문인지, 남성과 여성 모두 거짓말 대상자에게 거짓말을 하는 빈도, 즉 관여하는 방식은 대부분에게서 동일한 경향이 나타났다. 여기서 얻은 결과는 직장인 유형이라고 불러야 할지도 모른다. 다만, 대상자가 '배우자'와 '자녀'인 경우에는 다른 경향이 나타났다.

남자들은 아이들보다 배우자에 대해 더 자주 거짓말을 했고, 여자들은 그 반대였다. 이것은 일상생활에서 상대방에 대한 관여의 깊이를 반영한다고 할 수 있다. 사회인의 경우, 건수가 적기 때문에 일률적으로 말할 수는 없지만, 남성과 여성은 거짓말의 내용으로부터, 각각 다음과 같은 인간관계의 차이가 나타났다. 즉, 남자의 경우, 배우자와는 그 관계를 유지하려고 하고, 부모·상위자와는 이해관계를 얽으며 잘 지내려고 하고, 친구와는 허세를 부리면서 관계를 유지하려고 한다. 여성의 경우, 그들은 모든 인간관계를 잘 유지하려고 노력하는 것으로 판단된다. 다만, 관계가 잘될 것이라는 전제하에 아이들에게는 좀 여유 있게 대응하는 것 같다.

4. 거짓의 기술 내용에 관한 사례

질문지에 기술된 거짓말의 체험을 사례별로 정리했다. 어떤 거짓말을, 며칠 몇 시(최근의 것은 특별히 명기하지 않는다)에, 누구에게([ ]안에 명기) 하였고, 그 결과 어떻게 되었는지의 순서로 기술하게 했다.

• **대학생 자료**

(1) 남성

① 유급했는데 진급한 것으로 말했다. [아버지에게] 아직 들키지 않았다.

② (초등학교 때) 꾀병을 [어머니께] 말하지 않고 여러 번 학교를 쉬었다.

③ 수영 학원에 가기 싫어서, [엄마]에게 '몸이 좋지 않아 머리가 아프다'라고 말하고, 그 시간에 잠자고 있었다(초등학교 고등학년). 수영장에 가지 않아도 되었지만, 의사에게 끌려가서 '아무것도 아니다'라고 말해 마음이 초조했다.

④ 학교에 간다고 말하고 다른 곳에 가서 데이트했다. [어머니께] 말하지 않고 사태는 끝났다.

⑤ 참고서나 교과서를 사겠다고 해서 돈을 받았다(고등학생). [부모님] 이렇게 받은 돈이 상당히 쌓였다. 들키지 않았다.

⑥ 과자를 마음대로 먹었는데도 나는 모른다고 말했다. [누나] 거짓말을 한 후 얼굴에 바로 흔적이 나타나서 들켰다.

⑦ 데이트에서 친구가 술을 마시자고 했지만 나는 몸이 안 좋다며 거절했다. [친구] 나는 즐거웠지만 친구에게는 미안하다.

⑧ 지갑에 돈이 없다고 말해서, [친구에게] 점심을 사 주지 않았다.

⑨ 시험이 없는데 "시험을 앞두고 있어."라고 말했다. [친구] 금방 사실이 밝혀져 혼났다.

⑩ 남의 경험을 마치 내가 겪은 일처럼 남에게 말했다. "내 말을 믿어 줘, 아무런 장애도 없어."라고 말했다. 이때는 이야기를 이어가기 위해서 자신의 경험이라고 말하는 것이 좋다고 생각했다.

⑪ 여자 친구와 드라이브를 갔는데 "남자와 갔어."라고 말했다. [애인] 아무렇지도 않았다.

⑫ 애인이 있는데 '없다'고 말하고, 다른 여자아이와 놀았다. [여자아이] 연애 관계가 되었다. 지금도 잘되고 있다.

⑬ 꾀병(중학생)을 말했다. [선생님께] 들켜서 벼락을 얻어맞았다.

⑭ 클럽의 연습을 쉴 때에 "할아버지가 쓰러지셨다."라고 말했다. [선배님] 들키지 않았지만, 그 후에 선배가 "할아버지의 상태는 어떠시냐?"라고 물어서 기분이 좋지 않았다.

⑮ 구매한 양복이 지불한 금액에 비해 마음에 들지 않아 가격표를 버렸는데도 불구하고, 양복의 일부를 잘라 버리고 "결함이 있는 상품이다."라고 말하고 교환해 달라고 판매점에 가지고 갔다. [점원] 새 옷이 손에 들어왔다.

⑯ 부모님은 부재중이라고 말했다. [신문 구독 권유 직원] 다시 오겠다고 말하고 돌아갔다.

(2) 여성

① 자신이 이미 가지고 있는 책을 아버지가 사다 주었을 때, 가지고 있지 않은 것처럼 행동했다(중학생). [아버지] 실망시키지 않아도 되었다.

② 학교에 가기 싫었기 때문에 꾀병을 부렸다(초등학생). [어머니] 눈치채고 있었다고 생각했지만 잠자코 쉬게 해 주었다. 그러는 동안 그 버릇을 고쳤다.

③ 시험 기간 중에 하루 놀러 갈 때 "도서관에서 공부하고 올게."라고 말했다. [어머니] 귀가하자 아무것도 모르고 "어서 와. 고생했어."라고 말했다.

④ 여자 친구와 간다고 하고, 다른 사람과 여행을 갔다. [부모님] OK였다. 놀라지 않았다.

⑤ 여동생으로부터 물건을 잠시 빌려 쓰고 있었는데 "어디에 있는

지 몰라?"라고 물어서 "모른다."라고 대답했다(중학생). [여동생] 몰래 제자리에 돌려놓았지만, 여동생은 납득이 가지 않는 모양으로, 나를 의심하고 있었다.

⑥ 사실은 열심히 공부해서 시험을 봤는데 "아무것도 공부하지 않았다."라고 말했다. [친구] 서로 웃고 있었다. 공부한 것에 비해 점수가 형편없었다.

⑦ 모르는 것을 그만 "알고 있다."라고 말해 버렸다. [친구] 나중에, 몰랐던 것이 들통나서 창피한 생각이 들었다.

⑧ 만날 때, 너무 늦어서 "시계가 이상했다."라고 에둘러 사과했다(버스를 타고 오는데 도중에 사고가 났다고 말한 기술도 있다). [친구] 어쩔 수 없다는 느낌으로 용서해 주었다.

⑨ 나는 내 친구들과 같은 사람들을 좋아하게 되었다. 그러나 나는 그들에게 "그렇지 않다."라고 말했다. [친구] 어쩌면 친구는 눈치채고 있었을지도 모르겠다. 굉장히 마음이 아팠다.

⑩ 다른 대학의 남자애들과 놀았는데 "내가 치과의사에게 진료받았어."라고 말했다. [애인] 그에게 "왜 안 놀아 줘? 나는 신용이 없어서 못하는 것 같잖아."라고 책망받았다.

⑪ 교제를 신청받았지만, '좋아하지 않는다'라고 말할 수 없었고, "좋아하는 사람이 있다."라고 말했다. [이성 친구] 처음에는 조금 끈질겼지만, 일단 납득하고 더 이상 접근하지 않아서 문제는 없었다.

⑫ "비가 와서, 우산이 없기 때문에 쉽니다."라고 말했다(고등학생). [담임 선생님] 그때는 "재미있는 농담이 아니다."라고 말했지만, 다음 날 혼났다.

⑬ 시험 전이라 공부가 끝날 것 같지 않아서 강한 냉방 바람에 열이 난다며 과외를 쉬었다. 그 4~5일 후, 정말 감기에 걸려서, 39.7도의 고열이 나서, 시험 중에는 어영부영했고, 아르바이트 자리에 늦지 않았던 것이 불행 중 다행이었다.

⑭ 나이를 속이고 전철을 탔다. [지하철 개찰구 직원] 아무 말도 하지 않았다.

⑮ 미장원에 갔을 때 고등학생으로 여겨져서, 고등학생으로 밀어붙이고 말았다. 고등학생 요금을 내라고 해서 아무 말도 하지 않고 지불했다.

- **사회인 자료**

(1) 남성

① 포커게임으로 늦은 귀가를 하면서 "일이 바빠서"라고 말했다. [아내] 포커게임의 멤버와 언제나 같은 시간에 집에 돌아가므로 딴전 피운 것을 알아 버렸다.

② 어린이 놀이에 볼일이 있다면서 가지 않았다. [어린이] 문제 없다.

③ 꾀병을 부렸다. (초등학생) [부모] 들켰다.

④ 유리창을 깼는데, 나는 깨지 않았다고 했던 일이 있다. (초등학생) [부모] 흐지부지되었다.

⑤ 아이의 대학 입시 결과 좋은 일이 있을 것이라고 말했다. [형] 예비순번으로 발표 대기 중이었다.

⑥ 날짜를 잊고 조카의 결혼식에 늦었을 때 "갑작스러운 일로 시간에 맞추지 못했다."라고 말했다. [매형] 아직, 거짓말인 채로 남아 있다.

악마의 가면

⑦ 시험점수를 실제보다 낮게 말했는데 친구는 자기보다 나의 점수가 낮은 것에 기뻐했다.

⑧ 여름 방학에 해외여행을 갔다고 반에서 발표했다(초등학교 6학년). [친구와 선생님] 제주도 다녀왔는데 지금도 생각하면 부끄럽다.

⑨ 사귀지 않는 사람과 우연히 드라이브를 갔다. [애인] 아직, 사실이 알려지지 않았다.

⑩ 같이 가자던 가게에 주인이 싫은 사람이라고 말해 버렸다. [동료] 아무렇지도 않다.

⑪ 서류의 일부를 "상대방이 고쳤다."고 거짓말하고 스스로 고쳤다. [상사] 서류가 통과되어 일이 앞으로 척척 진행되어 나갔다.

⑫ 연차를 낼 때 아무 일도 없는데도 볼일이 많다고 했다.

⑬ 일부러 반대의 말을 해서, 항상 본인을 마음에 걸리게 한다. [부하] 뒷맛이 나빠서, 언젠가 본심을 밝히고 싶다.

⑭ 헬멧을 안 쓰고 오토바이를 타다가 잡혔을 때, 경찰관에게 "지금 생활이 어려워서 벌금을 낼 수 없다."라고 말했다. [경찰관] 훈계하고 범칙금을 발부하지 않았다. 감점도 벌금도 없게 되었다.

⑮ 운전면허증 갱신 때, 지난 3년간 무사고 교통법규 무위반이냐는 질문에 "네."라고 대답해 접수를 마쳤다. [교통안전협회의 접수계 직원] 조회 결과 컴퓨터에 속도위반이 등록되어 있어서 교육을 받게 되었다.

(2) 여성
① 쇼핑하러 간다고 해서 나와서, 다방에서 담배를 피우고 또 한 대

피우고 있었다. [남편] 들키지는 않았지만, 죄책감은 있다.

② 연극이나 음악회(미리 정해져 있는데)에 "친구가 갑자기 권유했다."라고 말했다. [남편] 아무런 트러블이 없었다.

③ 저녁 식사 전에 과자를 먹고 싶어서 몰래 먹은 것을 아이에게 들켜, "미리 맛을 좀 봤다."라고 대답했다. [아이] 아이가 나도 그 과자를 달라고 해서 "저녁 식사 후에."라고 얼버무렸다.

④ 나이를 먹지 않은 것처럼 늘 젊게 말했다. [초등학생의 아이] 말할 때마다 언제나 나이가 늘지 않아도, 어느 연령이 진짜인지 모르는 것 같다.

⑤ 자신의 나이(40세)를 '20세'라고 말했다. [5세의 아이] 보육원에 전해져 큰 웃음이 되었다.

⑥ "산타클로스는 정말 있다."고 했다. [초등학교 3학년] 아직도 믿고 있다.

⑦ 휴일인데 "근무를 하고 있다."고 했다. [부모] 아무런 영향도 없었다.

⑧ 죽은 척(3세 때)하길래 [부모] 내버려 두었다.

⑨ 병명[어머니]을 거짓말로 제시했으나 의사의 오진으로 무사함을 얻었다.

⑩ "가스 밸브를 잠갔어?"라고 물었더니, "네."라고 대답했다. [장모님] 사실은 잠그지 않았기 때문에 대답 후에 닫으러 갔다.

⑪ 환자인 사람의 상처를 건강한 듯이 이야기했다. [형의 처] 아직도 모르고 지낸다.

⑫ 싫어하는 음식을 "좋아한다."고 말했다. 그 사람은 그 음식을 매우 좋아했다. (학창 시절) '좋아하는 남자'와 같이 식사할 때, 그 음

악마의 가면

식이 나와서 매우 곤란했다.

⑬ 원인이 분명했는데, 몸이 안 좋다고 호소했다. [동료들] 모두가 쉬라고 해서 내심 곤란했다.

⑭ 연차를 낼 때, 가족의 병을 탓했다. [상사] 쉬었지만 외출했을 때 뒤 떨림을 느꼈다.

⑮ 교통사고 때, 사실은 110킬로 정도였는데 "제한시속을 지키고 있었습니다."라고 말했다. [경찰관] 전혀 믿지 않았다.

⑯ 아이가 없는데도 "있다."고 말했다. [환자분] 친근감이 들었다.

5. 결론

거짓말이란 무엇인가에 대한 문제는 언급하지 않았지만, 대인관계 중에서 누구에게 어떤 거짓말이 사용되고 있는지에 대한 경향을 알 수 있었다. 또, 거짓의 이미지를 분류할 수 있었다. 이 항에서 소개한 연구에서는 다변량 해석 등의 통계적인 처리를 하지 않았기 때문에 어디까지나 주관적인 판단에 의한 하나의 경향을 파악할 수 있었을 뿐이다. 그러나 여러 가지 인간관계 속에서 애매모호한 거짓말의 전체 모습을 엿볼 수 있었다. 다음 단계로서, 이러한 의견에 근거한 통계적 처리에 견딜 수 있는 데이터의 집적을 검토하면 좋을 것 같다. 이번과 같은 거짓말의 조사연구를 더욱 깊이 진행하여 대인적 네트워크의 구조나 인간관계의 긴밀도, 대인적인 태도 등을 분명히 할 수 있다고 생각한다.

Ⅲ. 거짓말이 사회적 관계성에 미치는 영향

거짓말이란, '상대방에게 잘못된 이해 · 신념을 발생시킬 수 있도록 의도적으로 전달되는 허위의 발언'으로 정의한다. 사람들은 다른 사람과의 대화 속에서 항상 진실을 말하고 있는 것은 아니며, 종종 거짓말을 이용하고 있다. 거짓말은 사람들의 삶에서 흔한 일이라 할 수 있지만, 일상생활에서 거짓말을 하는 사람들은 주변 사람들로부터 어떤 인상을 받을까?

1. 거짓말하는 사람에 대한 평가

거짓말하는 사람에 대한 인상을 잘 표현하고 있는 속담으로 '거짓말쟁이는 도둑의 시작'이라는 것이 있다. 이 속담처럼 거짓말을 하거나 거짓말을 하는 사람은 도덕이나 사회규범에 어긋난다고 평가받는 측면이 있다. 한편, '거짓말도 수단'이라는 속담도 있듯이, 사람들은 자기 자신의 목적을 달성하거나 원활한 인간관계를 유지하기 위해 일상생활 속에서 거짓말을 잘 이용하고 있으며, 때로 거짓말은 사회적 윤활유의 역할을 담당하는 중요한 것이라고 간주되는 경우도 있다.

이처럼 거짓말을 하거나 거짓말을 하는 사람에 대한 견해는 고르지 않다. 그 때문에 연구자들은 어떠한 거짓말이 주위 사람들로부터 비도덕적이라고 평가되는지를 분명히 하기 위해서, 거짓말이나 거짓말하는 사람이 갖는 인상에 대해서, 거짓말을 하는 상황이나 거짓말의 성질 등 여러 가지 관점에서 검토하여 왔다. 그중에서도 많은 연구에서 주목하고 있는 것은 거짓말을 하는 동기의 차이가 거짓말과 거짓말 하는 사람에 대한 인상을 어떻게 변화시키는가 하는 점이다.

지금까지의 연구는 거짓말하는 사람들에 대한 도덕성과 신뢰성에 대한 평가에 초점을 맞추었다. 레바인과 슈바이처(Levine & Schweitzer)는 자기 이익을 위한 거짓말을 '이기적인 거짓말(selfish lies)', 다른 사람의 이익을 위한 거짓말을 '이타적인 거짓말(altruistic lies)'로 분류하고, 각각의 거짓말을 하는 사람의 도덕성의 인상이 어떻게 다른 지를 진실을 전하는 사람에 대한 평가와 대비하여 검토하였다. 그 결과 이타적인 거짓말은 이기적인 진실이나 이타직인 진실에 비해 정직성이 부족하지만, 이기적인 진실이나 이기적인 거짓말에 비해 배려가 있는 것으로 평가된다는 것을 밝혔다. 또, 이기적인 거짓말을 하는 사람은 신뢰할 수 없다고 평가되는 한편, 이타적인 거짓말을 하는 사람은 신뢰성의 평가가 높은 것으로 나타났다. 이와 같이 비록 같은 거짓말이 표출된다 하더라도, 자기를 위한 거짓말인가, 다른 사람을 위한 거짓말인가라는 거짓말을 하는 동기에 따라 거짓말을 하는 사람에 대한 인상은 다르다.

한편, 사람들은 타인의 언행에서 얻을 수 있는 정보를 기초로 성격을 추측하고, 그 추측에 근거해 타인에 대한 반응을 결정한다. 그러므로 실제 대인관계에서는 상대방이 도덕적인지, 신뢰할 수 있는지에 대한 평가 외에 어떤 인격체로 평가되는지 또한 중요한 의미를 갖는다. 여기에서 거짓말을 하는 사람들이 어떤 인격체로 평가되는지를 밝히는 것은 거짓말을 하는 사람들에 대한 반응을 예측하는 단서가 되며, 사람들의 사회적 행동의 배경에 있는 심리적 메커니즘을 규명하는 데 중요하다. 따라서 이 항에서는 도덕성과 성격의 2가지 관점에서, 이기적 혹은 이타적인 동기로 거짓말을 하는 사람이 주위로부터 어떠한 사람이라고 평가받는지를 검토해 보기로 한다.

대화를 통해 형성되는 성격 인상에 대해서, 성격을 외향성, 협조성, 근면성, 신경증 경향, 개방성의 5가지 차원으로 구분하기로 한다. 이 5가지(big five) 구분을 이용한 검토가 지금까지 행해져 왔다. 그 결과 화자의 발화에 관한 특징에 의해서 성격의 인상이 다르게 나타났다. 그래서 이 장에서도 거짓말을 하는 사람의 성격에 관한 인상에 대해 검토하기 위해서 널리 성격의 평가나 측정에 이용되고 있는 Big Five 를 이용한다.

맥레오드와 제네르(McLeod & Genereux)의 선행연구에서 주장성이나 정직성이 낮은 사람은 이타적인 거짓말을 하기 쉽다는 것이 밝혀졌다. Big Five에서 외향성, 정직성은 근면성과 관련이 있는 특성이라고 생각되기 때문에 이타적인 거짓말을 하는 사람은 외향성과 근면성이 낮다고 평가한다.

서로 다른 사회적 관계에서의 거짓말이나 거짓말을 하는 사람에 대한 평가는 이미 말했듯이, 거짓말을 하는 동기에 의해서 거짓말이나 거짓말을 하는 사람에 대한 인상 평가가 다르다는 것이 선행연구에 나타나 있다. 그러나 거짓말과 거짓말을 하는 사람들에 대한 인상 평가를 결정짓는 것은 단지 거짓말을 하려는 동기만은 아닐 것이다.

실제로 백비어 등(Backbier et al.)이나 닝과 크로스맨(Ning & Crossman)은 친하지 않은 상대에게 하는 거짓말이 친한 상대에게 하는 거짓말보다 허용되기 어렵다고 평가한 결과를 제시하고 있다. 이들에 따르면, 거짓말을 하는 사람과 거짓말을 할 수 있는 사람의 관계성은 거짓말에 대한 평가에 영향을 미치는 것으로 생각된다. 다만, 지금까지 양자의 관계성 차이의 영향은 어디까지나 거짓말에 대한 평가에 한정되어 있고, 거짓말을 하는 사람에 대한 평가에 대해서는 충분히 검토하지 않았다.

백비어 등(Backbier et al.)이나 닝과 크로스맨(Ning & Crossman)의 의견을 감안하면 친밀한 상대에 대해 거짓말을 하는 행위는 용서하기 어려운 것이라고 생각되기 때문에 주위 사람들로부터 비도덕적이고 규범을 준수하지 않는 사람이라고 평가받을지도 모른다. 따라서 이 장에서는 거짓말을 하는 동기의 차이 외에 거짓말을 하는 사람과 거짓말을 할 수 있는 사람의 관계성의 차이가 거짓말을 하는 사람에 대한 평가에 미치는 영향에 대해서도 검토할 것이다.

거짓말에 대한 평가는 거짓말을 하는 사람들에 대한 평가에도 반영되어, 가까운 사람들에 대해 거짓말을 하는 사람들은 도덕성이 더 낮은 것으로 평가될 것으로 예측된다. 또, 근면성의 높이는 규범을 준수하는 경향과 관련되는 것을 의미하므로(Friehe & Schildberg-Hörisch), 규범을 준수하지 않는 사람은 근면성을 낮게 평가받는다고 생각된다. 그러므로 가까운 사람들에게 거짓말을 하는 사람들은 보다 근면성이 떨어진다고 평가될 것으로 예측된다. 또한, 이 장에서는 거짓말을 할 수 있는 사람의 관점에서가 아니라, 관찰자의 관점에서 거짓말을 하는 사람에 대한 평가를 검토한다.

일반적으로 거짓말을 하는 사람들은 상대방의 말이 사실인지 거짓인지 알 수 없다. 그 때문에 거짓말이나 거짓말을 하는 사람에 대한 평가를 검토한 맥레오드와 제네러(McLeod & Genereux)나 레바인과 슈바이처(Levine & Schweitzer)의 연구에서는 거짓말을 하는 사람과 같이 발언의 배후에 있는 사실을 알 수 있고, 그 발언이 거짓말인 것을 특정할 수 있는 관찰자 관점에서 평가를 검토하였다. 이는 관찰자가 거짓말을 할 수 있는 사람보다 거짓말을 할 수 있는 사람에 더 가까운 관점에서 평가하기 때문에 거짓말을 하는 사람에 대한 평가가 타당하지 않은 것처럼 보일 수 있다.

그러나 고든과 밀러(Gordon & Miller)는 거짓말에 대한 평가가 거짓말을 하는 사람, 거짓말을 할 수 있는 사람, 관찰자에 따라 다르기 때문에 이들 세 가지 관점에서의 평가는 서로 독립적임을 시사한다. 즉, 거짓말을 하는 사람에 대한 객관적인 평가를 밝히기 위해서는 관찰자의 관점에서 평가를 검토하는 것이 적절하다고 생각된다. 또, 사람이 관찰자로서 타인의 발화로부터 타인의 인상을 형성하고 그 인상에 근거한 타인에 대한 장래의 행동을 결정하는 것은 일상 속에서 아주 흔한 일이며, 그러므로 관찰자가 화자에 대해 품는 인상에 대해 검토하는 것은 충분히 의의가 있다.

이상에서 나는 소통의 당사자인 거짓말을 할 수 있는 사람으로서가 아니라, 관찰자로서 거짓말을 한 사람에 대해서 가지는 인상평가에 대해 검토해 보기로 하였다. 즉, 이상의 논의를 근거로 하여 이 장에서는 다음의 4가지 가설에 대해 검증한다.

- H1. 이타적인 거짓말을 하는 사람은 진실을 전하는 사람에 비해 정직성이 결여된 것으로 평가된다.
- H2. 이타적인 거짓말을 하는 사람은 이기적인 거짓말이나 이기적인 진실을 전달하는 사람보다 배려심이 있는 것으로 평가된다.
- H3. 이타적인 거짓말을 하는 사람은 다른 사람의 발언에 비해 외향성, 근면성이 낮은 사람이라고 평가된다.

악마의 가면

• H4. 친한 상대에 대해 거짓말을 하는 사람은 친하지 않은 상대에 대해 거짓말을 하는 사람보다 도덕성(배려성과 정직성) 및 근면성을 낮게 평가받는다.

2. 방법

• 실험 계획

발언의 종류(이기적 진실 · 이타적 진실 · 이기적 거짓말 · 이타적 거짓말)와 관계성(절친 · 지인)의 2가지 요인에 대해 참가자 간 평가를 밝히려고 한다.

• 실험참가자

지방 사립대학 학부생 1~4학년 163명이 참가했다. 회답에 흠결이 없는 150명(남성 53명, 여성 97명)의 데이터를 분석대상으로 하였다. 각 조건의 실험참가자의 인원수는 이기적 진실 · 절친 조건 17명(남성 6명, 여자 11명), 이기적 진실 · 지인 조건 20명(남성 4명, 여자 16명), 이타적 진실 · 친구 조건 20명(남성 5명, 여성 15명), 이타적 진실 · 지인 조건 19명(남성 7명, 여성 12명), 이기적 거짓말 · 친한 친구 조건 16명(남성 8명, 여성 8명), 이기적 거짓말 · 지인 조건 19명(남성 6명, 여자 13명), 이타적 거짓말, 친구 조건 19명(남성 12명, 여성 7명), 이타적 거짓말 · 지인 조건 20명(남성 5명, 여자 15명)이었다.

- 시나리오

　실험참가자들에게는 본 연구를 위해 작성한 다음과 같은 두 가지 시나리오를 각각 제시하였다. 첫 번째 시나리오는 먹을 수 없는 음식을 상대(친구 또는 지인)로부터 선물로서 건네받아, 감상을 요구받았을 때에 응답을 하는 장면이었다(이하, 선물 장면). 두 번째 시나리오는 혈액형에 의한 성격진단을 믿는 상대(친구 또는 지인)로부터 혈액형에 관한 잘못된 지적을 받고 응답하는 장면이었다(이하, 혈액형 장면).

　각 시나리오에서의 반응은 이기적인 동기가 있는 진실, 이타적인 동기가 있는 진실, 이기적인 동기가 있는 거짓말, 이타적인 동기가 있는 거짓말 등 네 가지 발언 중 하나였다. 실험참가자들은 시나리오에 있는 인물들의 대화 내용을 읽고 그 대화에 참여하지 않은 관찰자의 관점에서 발언자들을 평가했다.

- 질문지

　레바인과 슈바이처(Levine & Schweitzer)의 도덕성 평가를 바탕으로 작성한 10가지 항목(착한(상냥한) 사람이다, 성실한 사람이다, 제멋대로인 사람이다, 신뢰할 수 있는 사람이다, 대충(얼렁뚱땅)하는 사람이다, 정직한 사람이다, 배려심이 있는 사람이다, 선의가 있는 사람이다, 배려가 부족한 사람이다, 바른 사람이라고 생각한다)에 관하여 7점 척도법으로 회답을 요구했다.

　인격평가(Ten Item Personality Inventory: TIPI)를 참고로 작성한, 발언자의 성격평가(외향성 평가, 협조성 평가, 근면성 평가, 신경증 경향 평가, 개방성 평가)에 관해서 7점 척도법으로 회답을 요구했다.

　조작 체크 항목 실험참가자가 시나리오 중의 발언을 이기적인지 및 이타적인지 구별하고 있었는지를 확인하기 위해 발언자의 발언에 대해 '1. 자신을 위해서'에서 '5. 상대를 위해서'의 5점 척도법으로 회답을 요구했다.

• 절차

대학의 강의 시간 내에 질문지를 배부하고, 장면상정법에 의한 질문지 실험을 실시했다. 그때 발언의 종류(4조건) × 관계성(2조건)의 8가지 조건에 대해 실험참가자의 인원수가 균등하도록 질문지를 배부했다.

먼저, 실험참가자가 가지는 거짓말을 하는 것에 대한 인식(예를 들어, 거짓말을 하는 것은 무슨 일이 있어도 나쁜 것이다, 거짓말이라고 하는 것만으로 좋지 않은 것처럼 느낀다)이 거짓말을 하는 사람의 도덕성이나 성격에 관한 평가에 영향을 주는 것을 피하기 위해서, 대학생의 일상생활에서의 소통에 대한 설문조사라는 설명을 했다.

다음으로, 개인의 데이터를 특정할 수 없다는 것, 회답을 언제라도 중단할 수 있다는 것, 회답을 하지 않음으로써 불이익이 생기는 일은 없다는 것을 설명했다.

응답 시간은 15분 정도였다.

마지막으로, 이 설문조사에 대한 디브리핑(debriefing)을 실시해서 본 연구의 목적과 연구목적을 은닉한 이유를 설명했다.

또한 본 연구는 실험참가자의 신체적 · 정신적 고통을 최소한으로 하기 위해서 실시 시간을 최소한으로 설정하였다. 본 연구에 참가하는 것은 실험참가자의 자유의지에 맡겨져 있고, 본 연구에 대하여 참가나 불참에 의한 실험참가자 간의 이익상반이 일어나는 일이 없도록 배려하여 본 연구의 실시 과정에서 윤리적인 문제는 없도록 하였다.

3. 결과

조사 결과의 분석은 HAD 16.0을 사용했다.

• 시나리오의 타당성 검사

본 연구는 좌석 지정이 없는 강의실에서 수업 중에 이루어졌으므로 조사 실시 직전까지 강의에 수강한 학생의 좌석 및 성별에 대해 알기가 곤란한 상황이었다. 그 때문에 질문지 배부에 있어서는 각 조건의 실험참가자 수를 같게 하는 것을 우선으로 하고, 성별에 관해서는 고려하지 않았다.

결과적으로 각 조건에 할당된 남녀의 비율에 관해서는 조건 간에 차이가 있게 되었다.

실험참가자가 시나리오 중의 발언을 이기적인 발언(이기적 진실 · 이기적 거짓말)과 이타적인 발언(이타적 진실 · 이타적 거짓말)으로 구별하여 회답했는지를 검증하기 위해 각 시나리오에 관하여 χ^2 검정을 실시한 결과, 혈액형 장면에서만 유의하였다($\chi^2(4)=9.20$, $p<.01$).

잔차분석을 실시한 결과 이기적인 발언에서는 '1. 자기를 위해서' 또는 '2. 약간 자기를 위해서'라고 회답한 실험참가자가 유의하게 많았고, 이타적인 발언에서는 '4. 약간 다른 사람을 위해서' 또는 '5. 다른 사람을 위해서'라고 회답한 실험참가자가 유의하게 많았다. 그 때문에 혈액형 장면에 있어서만 이기적 및 이타적인 양 발언이 구별되어 있었다고 판단했다. 따라서 혈액형 장면에 관한 데이터만 이후의 분석에 이용했다.

• 척도 구성

도덕성 평가에 관한 10개 항목에 대해 탐색적 인자분석(최대우도추정법 · 프로맥스 회전)을 실시했다. 그 결과 3인자가 추출되었는데, 3인자째에 부하가 있었던 것은 한 항목(적당한 사람이다)만 있었기 때문에, 그 항목을 삭제하고 다시 분석을 실시한 결과, 제1인자 '정직함'(예를 들어, 정직한 사람이다)(=.89), 제2인자 '배려'(예를 들어, 상냥한 사람이다)(α=.82)의 2인자가 추출되었다.

개인성 평가는 각 하위척도에 관한 역전 항목에 대해 역전 처리를 실시한 후에 두 항목 간의 상관관계를 산출했다. 그 결과 개방성 평가 이외에는 선행연구보다 약간 낮은 값이었지만 양의 상관을 보였다($r=.20 \sim .37$, $p < .01$).

한편, 개방성 평가에 대해서는 음의 값을 나타냈다($r=-.25$, $p < .01$). 따라서 개방성 평가 이외의 4개의 하위척도에 대해 평균값을 산출하여 척도 득점으로서 이후의 분석에 이용하였다.

• 발언자에 대한 평가

발언의 종류와 관계성을 독립변수, 도덕성 평가, 인격 평가를 종속변수로 하여 요인분산 분석을 실시했다.

우선 대상 발언의 도덕성 평가를 종속변수로 한 분석에 관하여 정직함($F(3,142)=76.27$, $p < .01$ $\eta^2=(62)$) 및 배려($F(3,142)=12.46$, $p < .01$ $\eta^2=.21$)의 양 측면에서 발언 종류의 주효과가 유의하였다. 다중비교(Holm법) 결과, 이타적 진실 조건, 이기적 진실 조건, 이기적 거짓말

조건 · 이타적 거짓말 조건 순으로 정직성 득점이 높았고, 이타적 진실 조건 · 이타적 거짓말 조건이 이기적 진실 조건 · 이기적 거짓말 조건보다 배려 득점이 높았다.

다음으로 성격 평가를 종속변수로 한 분석에 관해서 외향성 평가($F_{(3,142)}$=10.76, $p<.01$ η^2=.19), 신경증 경향 평가($F_{(1,142)}$=19.26, $p<.01$ η^2=.29), 근면성 평가($F_{(1,142)}$=20.23, $p<.01$ η^2=.30), 협조성 평가($F_{(1,142)}$=14.89, $p<.01$ η^2=.24)에 관해 발언 종류의 주효과가 유의하였다.

다중비교 결과, 이기적 진실조건 · 이타적 진실조건이 이타적 거짓말 조건보다 외향성 평가득점이 높았고, 신경증 경향 평가득점이 낮았다. 덧붙여, 이타적 진실 조건 · 이기적 진실 조건이 이타적 거짓말 조건 · 이기적 거짓말 조건보다 근면성 평가득점이 높았다. 또한, 이타적 진실 조건 · 이타적 거짓말 조건이 이기적 진실 조건 · 이기적 거짓말 조건보다 협조성 평가 득점이 높았다.

또한, 외향성 평가와 관련하여 관계성($F_{(1,142)}$=6.99, $p<.01$ d=0.05)의 주효과가 유의하였다. 다중비교 결과, 친구 조건이 지인 조건보다 외향성 평가가 높았다.

또한, 사람들의 소통 스타일에는 성별 차가 있다고 여겨지며, 소통의 실시 방법에서의 성별 차는 발언자에 대한 평가에도 영향을 줄 가능성이 있다. 이로부터 발언의 종류, 관계성, 성별을 독립변수, 발언자의 도덕성 평가, 성격 평가를 종속변수로 한 3요인 분산분석을 실시했다. 그 결과 외향성 평가에서만 발언의 종류와 성별의 교호작용이 유의하였다($F_{(3,139)}$=3.51, $p<.05$, η^2=.07).

발언별 단순주효과 검정 결과 여성에서만 발언 종류의 단순주효과가 유의하며(F(3,139)=11.88, p<.01, η²=.27), 이기적 진실 조건이 이기적 거짓말 조건·이타적 거짓말 조건보다, 이타적 진실 조건이 이타적 거짓말 조건보다 외향성 평가득점이 높았다.

4. 고찰

이 연구의 목적은 거짓말을 하는 사람과 거짓말을 듣는 사람의 관계성이 거짓말을 하는 사람의 도덕성과 인격 평가에 미치는 영향을 검토하는 것이었다.

첫째, 거짓말을 하는 사람에 대한 도덕성 평가는 거짓말을 하는 사람이 진실을 말하는 사람에 비해 정직하지 못한 것으로 평가된다.

한편, 거짓말 중에서도 이타적인 거짓말을 하는 사람은 이기적인 진실이나 이기적인 거짓말을 전달하는 사람에 비해 배려심이 있는 것으로 평가된다는 것이 밝혀졌다. 이는 레바인과 슈바이처(Levine & Schweitzer)의 의견과 일치하는 결과이며, 가설 1 및 가설 2는 지지받았다. 여기서 사람들이 일상생활에서 비도덕적이라고 생각하는 거짓말은 주로 이기적인 거짓말이며, 이타적인 거짓말을 하는 사람들에 대해서는 오히려 도덕적인 것으로 보일 수 있다고 할 수 있다.

다음으로 거짓말을 하는 사람에 대한 인격 평가에 관해서는 거짓말을 하는 사람이 진실을 말하는 사람보다 근면성이 낮은 것으로 나타났다. 또한 이타적인 거짓말을 하는 사람은 진실을 말하는 사람보다 외향성이 낮게 평가되는 것으로 나타났다.

근면성, 외향성의 어느 평가에서도 이타적인 거짓말을 하는 사람은 진실을 전하는 사람에 비해 낮게 평가되었지만, 이기적인 거짓말을 하는 사람 사이에 평가의 차이는 나타나지 않았다. 따라서 가설 3은 부분적으로 지지를 받았다. 이 결과는 맥레오드와 제네르(McLeod & Genereux)의 견해와도 대체로 일치된 것이었다. 또한, 이 장에서는 이기적인 거짓말을 하는 사람이나 이기적인 진실을 전달한 사람은 이타적인 거짓말을 하는 사람보다 협조성이 낮은 것으로 평가되었다.

선행연구에서 친절함(kindness)이 낮은 사람은 이기적인 거짓말을 하기 쉽다는 것이 밝혀졌으며, 이기적인 거짓말을 하는 사람이 이타적인 거짓말을 하는 사람보다 협조성이 낮다고 평가된 본 연구의 결과는 타당한 것으로 생각된다. 게다가 이 장에서 소개한 연구에서 이타적인 거짓말을 하는 사람은 진실을 전하는 사람보다 신경증 경향이 높은 것으로 평가된다는 것도 밝혀졌다.

칸타레로(Cantarero), 반 틸버그와 사로타(Van Tilburg & Szarota) 등의 연구 결과는 높은 불안은 이기적인 거짓말의 용이성과 관련되는 한편, 이타적인 거짓말의 용이성과는 관련되지 않는다는 것을 시사하고 있다. 이 결과를 감안하면, 이타적인 거짓말을 하는 사람은 실제 성격에 관계없이 다른 사람들의 평가에 대해 불안한 것으로 평가한다. 하지만 그들이 높은 평가를 받는 사람이라고 쉽게 인상될 수 있다는 것을 시사한다.

위의 결과는 도덕성뿐만 아니라, 성격에 관한 평가에 대해서도 검토를 소개한 것으로 독자적인 것이라 할 수 있다. 이 연구를 통해서 도덕성에 더해 불안까지도 높다는 이타적인 거짓말을 하는 사람에 대한 인상의 양가성이 떠올랐다. 이 지식은 이타적인 거짓말을 하는 것은 자신의 성격을 상대에게 인상시키는 데 있어서는 비적응적인 결과를 발생시킬 가능성을 내포하고 있어 대인관계에 있어서 항상 이타적인 거짓말을 이용하는 것에는 신중해야 한다는 것을 시사한다고 할 수 있다. 그리고 거짓말을 하는 사람과 거짓말을 할 수 있는 사람의 관계성의 영향에 대해서는 지인과 가장 친한 친구 사이에 거짓말을 하는 사람에 대한 평가에서 차이가 나타나지 않았다. 이에 따라 가설 4는 지지를 받지 못했다.

거짓말을 하는 사람에 대한 평가에 대해 양자의 관계성 차이의 영향을 찾아볼 수 없었던 이유는 본 연구의 장면 설정이 관련되어 있다고 생각된다. 이 연구는 시나리오 내의 인물들이 잡담을 나누는 장면을 사용했다. 그 때문에 지인 조건에 있어서도 양자가 잡담을 하는 정도에는 친한 사이라고 실험참가자가 인식하여 지인 조건과 친구 조건에 있어서 친밀함에 차이가 없었을 가능성이 있다.

마지막으로, 본 연구에서는 평가자의 성별도 요인에 포함시킨 분석을 실시했다. 그 결과 외향성 평가는 성별에 따른 차이를 보였고, 평가자가 여성인 경우에만 이타적인 거짓말을 하는 사람이 진실을 전하는 사람보다 외향성을 낮게 평가받는 경향이 나타났다. 그러나 도덕성 평가와 인격 평가의 나머지 측면에 대해서는 성별에 따른 차이가 없었다. 종합적으로 보면 평가자의 성별은 거짓말을 하는 인물에 대한 평가에 있어서 큰 영향을 미치지 않는다고 생각된다.

5. 본 연구의 과제와 향후 전망

본 연구에는 이하의 세 가지 과제가 있다.

첫째, 본 연구에서는 실험참가자에게 두 가지 시나리오를 제시하였는데, 실제로 분석을 실시한 시나리오는 하나뿐이었다. 이것에서 본 연구의 의견이 분석대상이 된 시나리오에 고유한 것인지 혹은 거짓말을 하는 동기가 가지는 일반적인 효과에 의한 것인지는 확실하지 않다. 또한 하나의 시나리오만으로는 사람들이 일상생활 속에서 거짓말을 하는 상황을 넓게 반영하고 있다고는 말하기 어렵고, 상정한 상황도 일상적인 장면과 비교하면 다소 한정적이라고 생각된다. 그래서 앞으로는 복수의 다양한 시나리오를 이용했을 경우에도 본 연구와 같은 결과를 얻을 수 있을지를 확인해 나갈 필요가 있다.

둘째, 본 연구에서는 발언이 이타적인 것인지 이기적인 것인지와 같은 동기에 대해서는 시나리오상에 명기되어 있으며, 평가자는 발언자의 동기를 양해한 후에 제3자적 입장에서 평가를 하고 있다. 그러나 실제 대화의 장에 참여하는 사람들은 발언의 배후에 있는 동기를 항상 알 수 있는 것은 아니며, 다른 사람들의 말과 맥락을 통해 발언의 동기를 추측하면서 의사소통하는 것으로 생각된다. 이로 미루어 볼 때, 우리는 더 현실적인 의사소통 장면을 반영한 시사점을 얻기 위해 앞으로 그 발언의 배후에 있는 동기의 추측 과정을 포함한 거짓말을 하는 사람들에 대한 평가를 검토해야 할 것이다.

셋째, 이 연구에서 조작한 관계성에는 성별 차이를 고려하지 않았다. 동성 간, 이성간에 표출하기 쉬운 거짓말이 다른 것이고, 친밀함 뿐만 아니라 성별의 차이도 고려함으로써, 본 항에서 소개한 연구의 결과와는 다른 영향이 밝혀질 가능성이 있다. 또한, 본 연구에서는 참가자의 성별에 따른 거짓말을 하는 사람에 대한 평가의 차이에 대해 검토했지만, 참가자와 시나리오 내의 인물의 성별 이동에 대해서도 고려할 수 없었다. 그렇기 때문에 앞으로 평가자, 거짓말을 하는 사람, 거짓말을 할 수 있는 사람의 세 사람의 성별도 고려해서 추가적인 검토가 필요하다.

이러한 한계점들이 있기는 하지만, 이 연구의 결과는 사람들이 거짓말과 거짓말을 하는 사람들에 대해 어떻게 생각하고 그것들이 사회에서 어떻게 다루어지는지를 밝히는 데 유용한 단서가 될 것이다. 본 연구의 결과로부터, 발언이 진실인가 거짓인가 하는 발언의 진위뿐만 아니라, 발언의 동기가 이기적인가 이타적인가에 따라서도, 발언자의 도덕성이나 성격에 대한 평가가 다른 것이 나타났다.

현실의 소통에서 사람이 거짓말을 하는 배경에는 어떠한 목적이 있다는 것이 상정되고 있다. 이러한 목적의 존재를 고려할 때, 거짓말을 한 사람에 대한 인상을 평가할 때, 그 진술이 진실인지 거짓인지에 대한 진위뿐만 아니라, 어떤 목적으로 거짓말을 하고 있는지에 대한 정보도 참조되고 있다고 생각된다. 그 때문에 발언의 진위에 더해 누구를 위한 발언인가 하는 발언의 동기에도 주목한 본 연구의 결과는 발언의 진위에만 주목한 평가보다 현실의 소통을 반영한 것이라고 할 수 있다. 본 연구에서는 발언의 동기를 이기적인가 이타적인가 두 가지로 분류했지만, 사람들이 항상 자기와 다른 사람 중 어느 한 사람을 위해 거짓말을 하는 것은 아니다. 예를 들면, 양자를 위해서 거짓말을 하는 것도 있다. 이와 같이 거짓말을 하는 동기에 대해서 한층 더 정밀화해서 보다 상세한 거짓말의 평가를 검토해 나감으로써, 사람이 거짓말이나 거짓말을 하는 사람에 대해서 가지는 견해에 대한 이해가 깊어질 것이다.

Ⅳ. 거짓말을 할 때 나타나는 개인 특성이 비언어 행동에 미치는 영향

1. 거짓말의 징표

거짓말은 일반적으로 사회적으로 바람직하지 않은 행동으로 간주되고 있지만, 우리는 좋든 싫든 일상생활에서 거짓말을 하는 경우가 적지 않다. 이 중에는 거짓말을 잘하는 사람도 있고 서툰 사람도 있다. 예를 들어, 거짓말을 할 때 평정심을 유지하거나 불안한 감정을 감출 수 있다면 적어도 대인적 갈등은 줄어들고 유리해질 것이다.

종래, 거짓말에 관련된 행동적 단서에 대해서 많은 연구가 이루어져 왔다. 예를 들어, 데파울로 등(DePaulo et al.)의 연구에 의하면, 거짓말을 하고 있을 때에는 진실을 말할 때보다 음성이 긴장하거나, 목소리의 상태가 높아지거나, 동공의 확장이나 신체 접촉(body touch)이 증가한다고 보고하고 있다. 또, 거짓말을 하는 사람은 진실을 말하는 사람보다 침착하지 못하고 불안하기 때문에 상대방과의 시선을 맞추지 않을 수 있다. 이처럼 진실을 말하고 있을 때와 거짓말을 하고 있을 때 행동이 다른 이유를 설명하는 이론적 틀로서 감정적 접근이 있다.

거짓말을 할 때에는 그것을 간파당하지 않을까 하는 불안, 거짓말을 하는 것에 대한 죄책감, 상대를 속이는 기쁨이라는 3가지 감정을 느끼는 경향이 있다고 지적한다. 거짓말로 인한 불안과 죄책감이 강할수록 심장박동과 혈압의 증가와 같은 생리적 반응이 높아지므로, 비언어적 행동의 누설이나 거짓말의 단서가 더 잘 드러날 가능성이 크다는 지적이다. 또한 목소리가 높아지고, 발화휴지가 증가하는 등의

악마의 가면

현상이 나타난다.

　게다가 거짓말을 할 때에 환기된 감정은 은폐하려고 해도 안면 표정에 나타나기 쉽고, 다른 비언어 행동도 부자연스러워져, 거짓말을 누설하는 징표가 되기 쉽다. 이런 점들을 고려하면, 상대가 거짓말을 하는 것을 간파할 수 없도록 거짓말을 할 때 생기는 감정들을 통제할 수 있다고 생각할 수 있다. 즉, 불안과 죄책감을 잘 통제하면, 거짓말을 하고 있을 때에도 긴장된 행동이 잘 드러나지 않게 되고, 평정을 유지할 수 있으며, 거짓말을 하고 있을 때와 진실을 말하고 있을 때 행동의 변화가 적을 것으로 예측된다. 그렇다면, 거짓말과 관련된 개인적 특성은 무엇일까? 선행연구에 따르면, 마키아벨리즘, 사회적 기술, 자기 모니터링을 들 수 있다.

　우선, 마키아벨리즘은 조작적 대인관계와 관련된 개인적 특성이다. 이는 비도덕적이고 이기적인 현실 원칙에 따라 행동하며, 목적 달성을 위해 타인을 이용하는 특징을 나타낸다. 엑스라인 등(Exline, Ibaut, Hickey, Gumpert)의 연구에 따르면 마키아벨리즘 성향이 높은 사람들은 거짓말을 할 때 상대방을 더 많이 바라보고 덜 불안한 것으로 나타났다. 즉, 이러한 특성이 강할수록, 거짓말로 인한 불안이나 죄책감을 잘 통제하여, 상대방이 신뢰받는 적절한 행동으로 여기기 쉽다고 생각한다.

　다음으로, 사회적 기술은 일반적인 소통 능력을 기초로 하여, 인상 조작 기술과 관련되는 개념이다. 사회적 기술이 높은 사람은 능숙한 인상조작을 잘하기 때문에, 거짓말을 하고 있을 때에도 상대에게 바람직한 인상을 갖게끔 행동한다. 사교적이고 유창하게 회화할 수 있고, 자신의 감정 상태를 숨기는 데에도 능하기 때문에, 거짓말에 의해 환기된 감정을 잘 통제하고, 상대방에게 진실을 말하고 있는 듯한 인상을 준다고 생각한다.

마지막으로, 자기 모니터링은 대인 장면에서 타인의 행동을 관찰하고, 자기 제시 표현행동을 상황에 따라 관리, 통제하는 개인 특성을 나타내고 있다. 연구자들은 자기 모니터링 성향이 강한 사람들은 데이트를 할 때 상대방이 원하는 이상과 일치하도록 자기 자신을 드러내려고 하기 때문에 거짓말을 하기 쉽다고 한다. 즉, 이 특성이 높을수록, 상황이나 타인의 요구에 맞추어 행동이나 태도를 통제할 수 있기 때문에 거짓말을 하고 있을 때에도 적절히 자신의 행동을 통제할 수 있다고 생각한다.

이와 같이 이러한 개인적 특성은 거짓말을 할 때 행동과 감정을 통제하는 능력과 깊은 관련이 있을 것으로 예측한다. 그러나 이러한 척도들이 거짓말을 할 때 긴장된 행동을 통제하거나 거짓말을 할 때 불러일으키는 감정을 통제하는 것에 대해 모든 것을 측정하지는 못한다. 그러므로 보다 상세하게 측정할 필요가 있다고 생각한다.

이상의 논의를 바탕으로 [연구 1]에서는 기존의 척도와 자유롭게 기술한 결과를 바탕으로 거짓말을 하는 것과 밀접하게 관련된 개인 특성에 대한 항목을 작성한다. [연구 2]에서는 거짓말을 하는 실험 상황이 부정적인 감정을 일으키는지 검토하고 연구한다. [연구 1]에서 얻은 개인 특성에 따라 실제로 진실을 말하고 있는 경우와 거짓말을 하고 있는 경우의 비언어적 행동에 차이가 보이는지 검토한다.

그런데 전통적인 거짓말 연구는 종종 실험참가자들 사이에서 진실을 말하는 조건과 거짓말을 하는 조건을 검토했다. 그러나 진실을 말할 때와 거짓말을 할 때 나타나는 행동의 변화를 밝히려면, 그 사람이

행하는 디폴트(기준선)의 행동, 즉 버릇이나 행동 특성을 고려하여 종합적으로 검토할 필요가 있다. 따라서 이 항의 연구에서는 개인의 행동 특성의 영향을 제외하기 위해, 실험참가자 내 계획으로 검토를 실시하기로 한다. 덧붙여, 실험참가자의 기준선의 행동을 측정해서 기준선 조건, 진실을 말하는 조건, 거짓말을 하는 조건 각각의 행동을 비교함으로써 내적 타당성, 생태학적 타당성을 높인다.

2. 연구 1

• 목적

연구 1의 목적은 기존의 척도와 자유로운 기술을 바탕으로 거짓말과 관련된 개인 특성의 항목을 만드는 것이다.

• 방법

* 참가자: 지방대학 학생 149명을 대상으로 하며, 응답에 결함이 있는 자를 제외하고 140명(남성 89명, 여성 51명)을 분석대상으로 한다(평균연령 18.52세 ±1.50).
* 조사항목: 거짓말과 관련이 인정되는 마키아벨리즘 척도에서 2개 항목, 자기 모니터링 척도에서 8개 항목, 사회적 기술 척도에서 10개 항목을 발췌했다.

발췌한 항목은 이 3가지 척도 중 거짓말을 하는 것과 관련된 항목(거짓말을 할 때 자신의 행동 특성 등)이나 감정 조절 능력에 관련이 있는 항목("나는 필요하면 가끔 거짓말을 한다", "나는 내 분노를 드러내는 경우가 거의 없다" 등)이다. 게다가, 거짓말을 잘하는 사람의 특징에 대해서 대학원생 11명(남성 2명, 여자 9명)에게 자유로운 기술로 응답을 요구했다. 자유로운 기술의 내용을 분류하여 항목화하였다.

우선, 질적으로 유사하다고 생각되는 것을 동일 항목으로 정리했다. 다음으로, 각각의 항목의 내용에서 더 공통점이 있는 것을 하나의 그룹으로 통합했다. 그 결과 거짓말을 잘하는 사람의 개인 특성으로는 22개 항목이 선정되었다("나는 내 감정을 아무도 모르게 숨길 수 있다" 등). 이상 총 42개의 평정항목에 대하여 6점 척도법('1. 전혀 해당되지 않는다'에서 '6. 매우 들어맞는다')로 응답을 요구했다.

- **결과**

  * 인자구조 검토: 거짓말과 관련된 개인 특성 42개 항목에 대하여 항목의 인자구조를 확인하기 위하여 인자분석(SMC법, 반복주인자법, 프로맥스 회전)을 실시하였다.

복수의 인자에 대해서 인자부하량이 높은 항목이나 공통성이 낮은 항목(0.2이하) 등을 고려하여 질문지의 항목을 선택하면서 반복인자추출, 인자축의 회전을 실시했다. 그 결과 고유값의 감쇠 상황(제1인자부터 제5인자까지 6.07, 2.69, 1.59, 1.23, 0.80)이나 해석 가능성을 고려하여 4인자를 추출했다. 인자 부하량이 하나의 인자에 대해 0.40 이상이면서 2인자에 걸쳐 0.40 이상의 부하량을 나타내지 않는 24개 항목을 선출했다.

제1인자는 상대방의 행동을 간파하는 능력에 관한 항목으로 구성되는 "거짓말을 간파하는 능력", 제2인자는 죄책감을 느끼지 않고 거짓말을 하는 것에 관한 항목으로 구성되는 "거짓말을 하는 것의 익숙함", 제3인자는 자신의 감정을 밖으로 드러내지 않는 것에 관한 항목으로 구성되는 "감정 제어 능력", 제4인자는 상황에 따른 행동 방식에 관한 항목으로 구성되는 "상황 적응 능력"으로 명명하였다. 신뢰성 계수는 각각 $\alpha=.86$, $.86$, $.72$, $.68$로 나타나 충분한 내적 정합성을 확인하였다. 또한 이상의 4인자의 기본 통계량도 계산하였다.

3. 연구 2

· 목적

[연구 2]의 목적은 [연구 1]에서 얻은 4가지 요인 중 감정 조절 능력은 기준선의 행동, 진실을 말할 때 그리고 거짓말을 할 때의 행동에 영향을 준 영향에 대해 검토하는 것이다. 그래서 [연구 2]에서는 이하의 두 가지를 검토하는 것을 목적으로 한다.

첫째, 우선 거짓말을 하는 실험 상황이 실제 불안과 죄책감 등 부정적 감정을 환기시키는지를 PANAS 척도를 사용해 검토한다.

둘째, 감정 조절 능력에 따라 기준선의 행동과 진실을 말할 때와 거짓말을 할 때 비언어 행동이 다른지에 대해 검토한다.

이상의 목적에 따라 이 장에서 소개하는 연구에서는 다음의 가설을 검토한다.

* 가설 1: 부정적인 감정은 거짓말을 하기 전보다 실험 후에 증가

한다.

* 가설 2: 감정 제어 능력이 높은 사람은 낮은 사람보다 기준선 조건, 진실을 말하는 조건, 거짓말을 하는 조건 사이에 비언어 행동의 빈도에 차이가 없다.

• **방법**

* 실험계획: 감정 조절 능력 요인(고군, 저군)과 기만 요인(기준선 조건, 진실 조건, 거짓 조건)의 2가지 요인 혼합계획이었다. 이 중 감정 조절 능력 요인은 참가자 간 요인, 기만 요인은 참가자 내 요인으로 설정하였다.

* 실험참가자: 지방대학의 남자 대학생 37명을 대상으로 하여, 실험절차의 이해에 부족이 있는 7명을 제외하고 30명을 분석대상으로 하였다(평균연령 18.52세 ±1.50).

* 실험협력자: 실험참가자인 척하는 남성 협력자와, 실험참가자와 인터뷰를 실시하는 여성 협력자를 선정하기 위해서, 지방대학 학생 11명(남성 6명, 여자 5명)을 대상으로 Big Five 척도를 사용하여 인상평정을 실시했다. 그 결과 외향성, 정서불안정, 개방성, 성실성, 조화성 각각의 차이가 없는 7명을 선택하였다(남성 4명, 여성 3명, 평균연령 21세 ±1.0). 남성 협력자들은 평범한 복장을 하고 있었고, 여성 협력자들은 의사 가운을 입고 실험참가자들과 인터뷰를 했다.

• **질문지 구성**

* PANAS 척도: 16개 항목으로 구성되는 PANAS 척도('1. 전혀 해당

되지 않는다'에서 '6. 매우 해당된다'의 6점 척도법)를 사용하였다. 이 척도는 긍정적인 정동 8개 항목과 부정적인 정동 8개 항목으로 구성되어 있으며, 현재 기분을 평정하는 척도이다. 우리는 실험 전후의 불안과 죄책감과 같은 부정적인 기분의 변화를 조사하기 위해 측정했다.

* 개인 특성 항목: (연구 1)의 인자분석으로 추출된 4인자 중 감정 조절 능력 5개 항목을 사용하여 감정의 통제 능력의 정도를 측정 하였다('1. 전혀 해당되지 않는다'에서 '6. 매우 들어맞는다'의 6점 척도 법).

* 절차: 본 실험은 프랭크와 에크만(Frank & Ekman)의 실험절차에 따라 구성했다.

참가자들은 실험실에 도착한 후 마치 다른 참가자인 것처럼 자리를 잡고 미리 대기하고 있었다. 옆에 착석해, 실험이 "거짓말과 소통의 기술에 대한 연구"이며, 실험협력자와 안면이 없음을 확인했다. 인터 뷰의 비디오 촬영에 대해 승낙을 얻은 후, 개인 특성항목과 PANAS 척 도에 응답을 요구했다. 응답 종료 후, 참가자와 실험협력자에게 실험 절차에 대해 다음과 같이 알려 주었다.

"지금부터 입실하는 실험실의 책상 위에는 상자가 있습니다. 그 상자 안에 쿠폰권(교환권)이 있으니, 그 쿠폰을 가져갈지 말지 결 정해 주세요. 만약, 당신이 그것을 가져가기로 결정했다면, 그 쿠폰을 봉투에 넣고 나서 조사원과 인터뷰하기 위해 면담실로 가세요. 조사원들은 당신이 쿠폰을 가지고 있는지 모르니 인터뷰할 때 쿠폰을 가지고 있지 않은 것처럼 연기해 주세요. 인터뷰가 끝난 후, 조사원이 쿠폰이 없다고 판단되면 5천 원 상당의 상품을 드립니다. 만약, 두 번째로 실험실에 들어가게 된다면, 처음 입실한 참가자가 쿠폰을 이미 가져가고 있고 쿠폰이 없다면, 그냥 실험실 밖으로 나가 주세요. 쿠폰이 남아 있으면 반드시 쿠폰을 가지고 가서 조사원의 인터뷰에 응답해 주십시오."

이 쿠폰을 가지고 가는 설정은 거짓말을 하는 실험 장면을 만들기 위해 사용되었다. 이 실험에서 절반의 참가자들은 첫 번째로 실험실에 들어가 자유롭게 쿠폰을 가져갈 것인지를 결정했다. 다른 절반의 참가자는 첫 번째로 실험협력자가 먼저 실험실에 들어간 다음, 두 번째로 실험실에 들어가도록 했다. 이 설정은 실험 상황에서 거짓말을 강요하는 것의 영향을 상쇄하기 위한 것이다. 그 후 참석자들은 그들이 쿠폰을 가지고 있는지에 대해 인터뷰하기 위해 인터뷰실로 갔다.

참가자는 조사자와 약 1m 간격으로 만나 의자에 앉아 5분 동안 인터뷰를 했다. 인터뷰 모습은 삼각대로 고정했다. 두 대의 비디오 카메라(각각, 참가자의 상반신, 전신을 촬영)로 촬영했다. 인터뷰에서는 참가자들에게 총 11가지 질문을 했다. 참가자들은 먼저 이름, 학년 등 개인정보나 실험에 참여하게 된 계기와 같은 쿠폰과 관련이 없는 질문들 3개 항목에 대답했다. 이 질문은 참가자들의 행동 특성을 알아보기 위한 것으로, 이때의 영상이 기준선으로 사용되었다.

다음으로 쿠폰이 들어 있는 상자를 보고 무슨 생각을 했는지와 같은 쿠폰과 관련된 질문 4개 항목에 대답을 요구했다. 이 4가지 항목에서, 참가자들은 진실에 대해 이야기할 것이다.

마지막으로, 쿠폰이 있어도 그것을 부정해야 한다. 4개 항목에 대하여 응답했다. 이것들은 거짓말을 하고 있는지를 묻는 항목으로, 이때 참가자는 거짓말의 내용을 이야기하게 된다.

쿠폰은 특정한 가치가 있는 것이 아니라 참가자들이 그것을 가져갔는지 아닌지에 대한 반응을 보기 위한 실험적인 조작일 뿐이다.

참가자 중 20명은 실험실에 들어가서 자유롭게 쿠폰을 가져갈 것인지 결정해 달라고 처음으로 요구했다. 그중에서 쿠폰을 가지고 가지 않는 2명을 제외한 18명을 분석대상으로 삼았다. 다른 절반의 참가자 17명은 실험협력자들이 먼저 입실한 후 두 번째로 실험실에 들어가도록 하고 쿠폰을 반드시 가져가야 하는 상황에 배치했다. 2명과 인터뷰할 때 쿠폰을 가지고 있다고 응답했다. 3명을 제외한 12명을 분석대상으로 삼았다. 실험실에 들어가는 참가자의 순서가 비언어행동에 영향을 주는지를 검토하기 위해 참가자의 순서(첫 번째, 두 번째)와 기만요인(기준선 조건, 진실 조건, 거짓 조건)을 독립변수로 한 요인분산 분석을 실시한 결과, 참가자의 순서에 따른 각 비언어행동의 차이는 나타나지 않았다($Fs_{(1,28)}$=0.31–3.79, ns).

인터뷰 질문은 다음과 같다.

기준선의 행동을 측정하기 위한 질문(3개 항목)

1. 자신의 이름, 학년, 전공을 말해 주세요.

2. 실험에 참가한 계기가 있습니까?

3. 실험에 참여하여 어떤 것을 느꼈습니까?

쿠폰과 관련된 진실(4개 항목)

4. 실험에 참가하기 위해, 실험실에 들어갔을 때 어떤 것을 느꼈습니까?

5. 실험실에 들어가서 처음에 본 것과 어떤 행동을 했는지 설명해 주세요.

6. 상자를 보고 무엇을 생각했습니까?

7. 상자 안에 쿠폰이 있었습니까?

거짓말(4개 항목)

8. 지금 봉투 안에는 무엇이 있습니까?

9. 거짓말을 하고 있는 것이 있습니까?

10. 쿠폰을 가지고 왔는데 없다고 이야기하지 않았습니까?

11. 지금 거짓말을 하고 있는 것이 있습니까?

그중에서 진실과 거짓은 참가자의 응답에 따라 판단했다. 인터뷰가 끝난 후, 다시 참가자에게 PANAS 척도에 응답을 요구했다. 마지막으로, 참가자들이 쿠폰을 가지고 있는지에 대한 조사원들의 판단을 보고하고 디브리핑을 한 후에 실험은 끝났다. 소요 시간은 30분이었다.

비언어 행동 측정을 위해 연구의 목적과 가설을 모르는 여자 대학생 2명(3학년, 20세)이 비언어 행동의 평정을 실시했다. 비언어행동의 지표는 데파울로 등(DePaulo et al.)의 연구를 참고하여 결정했다. 또, 평정자는 참가자의 전신이 비치는 약 5분간의 인터뷰 영상을 11개 항목의 질문마다 20초 단위로 구분하여 파라 언어와 신체 동작의 빈도를 평정했다. 이하의 정의를 바탕으로 행동을 측정하여 평정자 간의 상관계수를 산출함으로써 신뢰성을 구했다.

1. 반응 휴지: 질문이 끝난 후 참가자가 응답을 개시하기까지 소요되는 시간(r=.89, p<.001)

2. 말하기 반응: "저", "어" 등의 말하기 전에 삽입하는 비음의 빈도 (r=.99, p<.001)

3. 발언 휴지: 말하는 도중에 생기는 침묵으로 1초 이상을 1빈도로 본다. (r=.99, p<.001)

4. 머리의 움직임: 머리를 움직이는 빈도(r=.98, p<.001)

5. 시선 회피: 응답을 하면서 조사자의 시선을 회피하는 행동으로 2초 이상을 1빈도로 간주한다. (r=.99, p<.001)

6. 눈 깜박임: 눈꺼풀을 내리고, 감는 것을 1빈도로 간주한다. (r=.98, p<.001)

7. 손동작: 팔의 움직임이 없이 손이나 손가락을 움직이는 빈도 (r=.92, p<.001)

8. 일러스트레이터: 설명에 따른 손동작의 빈도(r=.98, p<.001)

9. 발의 움직임: 발을 움직이는 빈도(r=.98, p<.001)

10. 신체의 움직임: 동체를 움직인 빈도(r=.97, p<.001)

이 분석은 2명의 평가자들의 평가 평균을 산출했고, 각 질문에 대한 비언어적 행동의 빈도를 참가자들의 연설 시간으로 나누고, 60초당 비율을 계산했다. 이 비율을 역으로 변환하여 분석에 이용하였다. 또한 11개 문항 중 기준선, 진실, 거짓 질문에 대한 각각의 평균값을 사용했다.

• **결과**

(1) 결과의 통계적 분석

통계 소프트웨어 SAS 9.2 for Windows를 사용했다.

(2) 거짓말을 하는 것이 부정적 감정의 발생에 미치는 영향

거짓말을 하는 실험 상황이 불안과 죄책감에 영향을 주는지에 대해서, 실험 전후의 포지티브 감정과 네거티브 감정의 변화를 보기로 검토했다.

실험 전과 실험 후 감정에 대한 대응이 있는지에 대해 t 검정을 실시한 결과, 포지티브 감정은 실험 전후의 변화(M=−.37, SD=4.06)는 유의하지 않았지만(t(29)=.49, ns), 네거티브 감정의 변화(M=−5.87, SD=5.22)는 유의했다(t(29)=6.15, p<.001). 즉, 긍정적인 감정은 실험 전과 후의 감정의 변화가 없었지만, 부정적인 감정은 실험 전보다 거짓말을 하는 실험 장면을 거치게 되면서 실험 후에 증가한다는 것이 밝혀졌다. 이는 거짓말을 하는 장면이 참가자에게 불안이나 죄책감을 주기 때문에 실험 전보다 실험 후에 네거티브 감정을 환기시켰음을 보여 주는 것이다.

(3) 감정 통제 능력에 있어서 비언어 행동의 차이

감정 통제 능력에 따라 기준선, 진실, 거짓말에 관한 질문에 응답할 때의 비언어 행동이 다른지 검토하기 위해 각 비언어 행동을 종속변수로 감정 통제 능력 요인(고군, 저군)과 기만 요인(기준선 조건, 진실 조건, 거짓말 조건)을 독립변수로 한 2요인 혼합계획의 분산분석을 실시했다.

기만 요인은 참가자 내 요인이며, 감정 조절 능력의 고군, 저군은

인자득점의 중앙값을 기준으로 나누었다. 각 비언어 행동의 1분당 출현율은 기만 요인의 주효과만 유의하게 되었다.

각 비언어 행동에 대해 다중비교(HSD)를 실시한 결과, 반응 휴지와 발화 휴지는 거짓말 조건이 기준선 조건 및 진실 조건보다 유의하게 평균값이 낮았지만, 기준선 조건과 진실 조건 사이에는 유의한 차이가 없었다. 또, 말끝과 신체의 움직임은 거짓말 조건이 기준선 조건 및 진실 조건보다 유의하게 평균값이 낮았지만, 기준선 조건은 진실 조건보다 유의하게 평균값이 높았다.

일러스트레이터는 진실 조건에 있어서 거짓말 조건과 기준선 조건보다 유의하게 평균값이 높았지만, 기준선 조건과 거짓말 조건 사이에는 유의한 차이가 없었다.

손의 움직임에 대해서는 기만 요인의 주효과($F_{(2,56)}=8.37$, $p<.001$)와 감정 조절 능력 요인 × 기만 요인의 교호작용($F_{(2, 56)}=3.27$, $p<.05$)이 유의하였다.

단순주효과 검정 결과, 감정 통제 능력의 저군에 대해서 기만 요인의 단순주효과가 유의하였다($F_{(2,56)}=10.26$, $p<.001$).

다중비교(HSD) 결과, 감정 조절 능력의 저군에서는 진실 조건은 거짓 조건 및 기준선 조건보다 평균값이 유의하게 높았으나, 기준선 조건과 거짓 조건 사이는 유의하지 않았다.

한편, 감정 제어 능력의 고군에 대해서는 손의 움직임에 대해 기준선 조건, 진실 조건 및 거짓말 조건에 따른 유의차가 보이지 않았다($F_{(2, 56)}=1.88$, ns).

또한 진실 조건에서는 감정 통제 능력의 고군이 저군보다 손의 움직임이 적었으나($F_{(1,84)}=5.99$, $p<.05$), 기준선 조건과 거짓말 조

건에서는 감정 통제 능력에 따른 유의한 차이가 나타나지 않았다 (F(1,84)=0.31, ns; F(1, 84)=0.70, ns). 또, 눈 깜박임은 감정 제어 능력 요인의 주효과(F(1, 28)=5.82, p<.05)만이 유의하였다. 즉, 감정 제어 능력이 높은 사람이 낮은 사람보다 눈 깜박임이 적게 되는 것이 나타났다. 그에 비해, 머리의 움직임, 시선 회피, 다리의 움직임에서는 어느 주효과나 교호작용도 유의하지 않았다.

이상을 정리하면, 감정 제어 능력의 고군은 손의 움직임에 대해서, 기준선 조건, 진실 조건, 거짓말 조건 모두 변화가 나타나지 않았지만, 감정 제어 능력의 저군은 기준선 조건, 진실 조건, 거짓말 조건에 의해서 손의 움직임이 크게 변화하는 것이 밝혀졌다. 이 결과를 통해서, 감정 제어 능력이 높은 사람은 낮은 사람보다 기준선 조건, 진실을 말하는 조건, 거짓말을 하는 조건 사이에 비언어 행동의 빈도에 차이가 없다는 연구의 가설이 지지되었다고 할 수 있다.

4. 고찰

이 장에서 소개한 연구의 목적으로서 [연구 1]에서는 자유로운 기술에 근거해 거짓말을 하는 것과 관련되는 개인 특성을 측정하는 항목을 작성하여, 거짓말을 하는 것과 관련이 있는 개인 특성으로서 거짓말을 간파하는 능력, 거짓말을 하는 것의 익숙함, 감정 제어 능력, 상황적 적응 능력을 추출하였다.

[연구 2]에서는 [연구 1]에서 얻은 개인 특성의 4인자 중 감정 제어 능력에 따라 기준선의 행동, 진실을 말하고 있을 때와 거짓말을 하고 있을 때의 비언어 행동의 차이에 대해 검토하였다. 그 결과 반응 휴지,

말참견, 발화 휴지, 일러스트레이터, 신체의 움직임은 감정 조절 능력에 관계없이 진실을 이야기하고 있을 때보다 거짓말을 하고 있을 경우에 적어지는 것이 밝혀졌다.

반면, 감정 조절 능력에 따라 손의 움직임이 달라지는 것으로 나타났다. 감정 조절 능력이 높은 사람들은 기준선, 진실을 말하는 조건, 거짓말을 하는 조건 모두 손의 움직임의 변화가 나타나지 않았다. 즉, 감정 조절 능력이 높을수록 손동작의 행동이 변화하지 않고 심리적 평정을 유지하는 것으로 나타났다.

이 연구에서는 반응 휴지, 말문이 마히는 반응, 발화 휴지, 손의 움직임, 일러스트레이터, 신체의 움직임이 진실을 이야기하고 있을 때보다 거짓말을 하고 있을 때 감소했다. 이것은 조사원들과의 인터뷰에서 쿠폰에 대해 진실을 말하고 있을 때 증가한 행동이 거짓말을 할 때 자신의 행동을 일부러 억제하기 때문에 급격히 감소시킨 것으로 생각한다.

통제된 행동은 상대방에게 경직된 듯한 인상을 주며, 오히려 거짓말의 단서가 될 수도 있음을 시사한다. 한편, 이 연구는 감정 조절 능력에 따라 거짓말과 진실의 조건 사이에서 손의 움직임 빈도에 차이가 나타났다. 예측된 대로 감정 조절 능력이 높은 사람은 긴장과 불안을 잘 통제하기 때문에 손동작의 변화가 나타나지 않았지만, 감정 조절 능력이 낮은 사람은 거짓말에 얽힌 감정으로 인해 기준선, 진실, 그리고 거짓말의 조건 사이에서 손동작의 변화가 커지기 쉽다는 것이 나타났다.

거짓말을 할 때에는 불안이나 죄책감을 느끼고, 그것들이 강할수록 비언어 행동의 누설이나 거짓말의 단서가 생겨날 가능성이 커진다.

그러나 거짓말을 할 때 생기는 감정을 잘 통제하면 긴장된 행동이 나타나지 않고 평정을 유지할 수 있으며, 거짓말을 할 때와 진실을 말할 때는 행동의 변화가 적다고 생각된다.

감정 조절 능력에 따라 진실을 말할 때와 거짓말을 할 때 비언어적인 행동이 다르다는 것이 이 연구에 의해 밝혀졌다고 할 수 있다. 또한 이 연구에서는 감정 조절 능력이 낮은 사람보다 높은 사람들에게서 눈 깜박임의 빈도가 적었다.

사람은 불안을 느낄 때에 눈 깜박임이 증가한다고 보고되고 있다. 감정 억제 능력이 높은 사람은 거짓말을 할 때에 불안을 잘 통제할 수 있었기 때문에 눈 깜박임이 감소했다고 생각된다. 그런데 선행연구들은 거짓말을 할 때 손의 움직임에 대해 일관된 결과를 얻지 못하고 있다. 그 이유로는 참가자들 간의 계획에서 거짓 연구가 종종 검토되었고 개인차의 영향을 통제하지 못했기 때문이다. 그에 반해 본 연구는 참가자 내에서 계획을 설정해서 개인차에 의한 변동을 배제했기 때문에, 감정 억제 능력에 의한 행동 변화를 정확하게 검토할 수 있었던 것으로 추측된다.

이 연구에서는 거짓말과 관련된 개인 특성을 측정했다. 기존에 마키아벨리즘, 자기 모니터링, 사회적 기술과 같은 거짓말과 관련된 개인 특성이 발견되어 왔지만, 거짓말을 할 때의 행동 통제나 감정 통제를 상세하게 검토한 연구는 없었다. 이 연구에서는 자유로운 기술을 이용해 새로운 측정항목을 추가함으로써, 거짓말을 할 때의 행동 통제나 감정의 통제에 관한 측면을 종합적으로 파악할 수 있었다고 할 수 있다.

이 항에서 소개한 연구에서 얻은 지식은 범죄자의 거짓말을 판단하는 수사 상황에 응용될 수 있을 것으로 생각한다. 범죄자들은 조사를 받는 경험을 통해 거짓 진술에 대한 성공이나 실패에 대한 피드백을 경험하기 때문에 상대방을 속이는 다양한 지식을 습득하기 쉽다. 또한 범죄자의 경우, 사람이 거짓말을 할 때 어떤 행동이 나타나는지에 대해 보다 정확하게 파악하고 있다. 이 연구는 감정 조절 능력이 높을수록 진실을 말할 때와 거짓말을 할 때 모두 손의 움직임에 변화가 없다는 것을 보여 주었다.

이에 따라, 수사 상황에서는 범죄자가 전과가 많으면, 조사 경험을 거듭함으로써 수사 상황에서의 불안과 긴장감을 잘 통제하고, 상대방에게 거짓말을 하는 것을 간파하지 않도록, 오히려 진실을 말하고 있는 듯한 인상을 줄 것으로 예측한다. 따라서 이러한 개인 특성에 의한 행동적 차이를 인식하는 것은 거짓말에 대한 판단의 잘못을 막는 것이 되고, 범죄자의 전과 유무 등에 의한 적절한 수사 방법의 설정에도 연결될 수 있을 것이다.

또한, 거짓말을 정확하게 해독하기 위해서는 반드시 상대방의 기준 행동을 고려해야 한다. 선행연구에서도 상대방의 기준선을 제시하는 것이 정확하게 거짓말을 판단할 수 있다고 지적하고 있는데, 기준선을 기준으로 행동 변화를 비교한 연구에서 그것은 충분히 고려되지 않았다. 이를 바탕으로 본 연구에서는 참가자의 기준선의 행동을 디폴트로 설정함으로써, 거짓말과 진실 사이의 행동 변화뿐만 아니라, 참가자의 전체적인 행동의 변화에 주목할 수 있었다. 이를 통해 거짓말의 단서가 되는 채널을 정확하게 조사할 수 있으며, 또한 거짓말의 판단에 대한 정확성을 높이는 데 도움이 될 것으로 생각한다.

마지막으로 이 연구의 한계와 과제에 대해 말하겠다. 먼저, 실험참가자가 모두 남성이었기 때문에, 여성이 거짓말을 할 때의 비언어 행동을 검토하지 않았다는 점을 들 수 있다. 거짓말을 할 때 남녀 모두 평소에 활발하게 사용하지 않는 채널의 행동이 증가한다고 연구자들은 지적하고 있다. 예를 들어, 남성은 의도하지 않게 머리와 옷 등을 만지는 신체 조작과 시선을 많이 받는 반면, 여성은 의도적인 진술을 더 많이 하는 것으로 나타났다.

앞으로 실험참가자에 여성을 포함시킴으로써 거짓말을 하고 있을 때 나타나는 남녀의 행동적 차이에 대한 검토가 필요할 것이다. 또한 이 연구에서는 거짓말의 종류 중 부정에 관해 주로 검토한 것을 들 수 있다. 참가자들이 쿠폰을 가져가는지 여부 등 자신이 겪은 일에 대해 부정하기 때문에 새로운 이야기를 만들 필요도 없고 인지적 부담도 적다. 그러나 거짓말의 종류는 부정뿐 아니라 위장, 은폐, 영합 행위 등 다양하다. 예를 들면, 참가자들이 시청한 영상의 내용 이외에 다른 이야기를 만들어 내도록 하는 위장을 이용하여 실험을 실시하였다. 그 결과, 반응이나 말참견 등이 증가하는 현상이 나타났다. 즉, 상대를 납득시키기 위해 그럴듯한 이야기를 조립하는 것은 인지적 부담이 들기 때문에, 질문에 응답하는 시간이 길어지고, 발화 속도가 느려지기 쉽다. 이것은 이 장에서의 연구와 다른 결과이다.

앞으로 위장, 은폐, 영합행위에 의한 비언어적 행동에 관해서도 검토가 필요하다. 얼굴이 중요한 단서인 신체 동작에만 거짓말의 단서가 있는 것은 아니다. 하지만 얼굴은 다른 채널보다 가시성을 가지고 있는 중요한 전달 신호로서, 거짓말을 보여 주는 많은 단서들이 존재한다. 특히, 무표정, 비대칭 표정, 거짓 미소는 거짓말을 발견하는 데 중요한 요소라고 연구자들은 보고하고 있다.

또, 한국인의 경우에는 전반적으로 부정적 감정의 표출에 대해 억제하기 쉽고, 표출의 정도 자체도 구미에 비하면 비교적 낮기 때문에 거짓말을 할 때에 나타나는 표정을 억제하기 쉽다. 앞으로 문화적 차이에 의해 거짓말을 할 때 얼굴 표정이 드러나는 방법에 대한 연구도 검토가 필요할 것이다.

2장

사람은 어떻게 상대방의 거짓말을 간파하는가?

허위탐지에 관한 연구는 정보를 보내는 사람의 언어적 행동과 비언어적 행동을 받아들이는 사람이 판단하는 패러다임을 자주 사용한다. 이러한 연구의 배경에는 거짓말을 하는 사람들이 불안과 긴장을 느끼기 때문에 시선을 피하는 행동을 표출한다는 전제가 깔려 있다.

이 장에서 소개하는 연구의 목적은 일상적인 상황에서 거짓말을 지각하는 상황을 고려하여 언어적 행동 및 비언어적 행동에만 국한되지 않는 단서에 관한 기초지식을 수집하는 것이다. 덧붙여, 거짓말에 대한 지각을 환기시키는 단서는 사람이 가지고 있는 거짓말의 신념에 의한 영향을 받고 있는 것인지 혹은 성격의 차이에 의해 기준으로 하는 단서가 다른 것인지를 검토했다.

이 연구의 참가자(N=272)에 대해서, 신뢰감이나 의구심, 허위 단서에 대한 신념, 타인의 거짓말을 지각한 사건에 대해서 자유 응답식의 답변을 수집했다. 시선이나 신체 움직임과 같은 비언어적 행동에 대한 믿음이 선행연구와 일치하여 자주 보고되었지만, 다른 한편으로는 '느낌이 나쁜 것'과 같은 통합적인 단서가 거짓말 탐지에 도움이 될 것으로 생각하는 사람들도 많았다. 게다가 실제로 거짓말을 지각시킨 사건에 관한 분석에 의해 직관적 사고나 타인의 비언어적 행동, 제3자로부터의 정보가 타인의 거짓말을 지각시키고 있다는 것이 밝혀졌다.

허위지각을 환기시키는 요인으로서 언어적·비언어적 행동의 존재는 중요하며, 이것은 현저하게 보인 거짓 단서 신념의 이용계수로부터도 지지받고 있었다.

I. 거짓말의 단서를 찾아서

1. 서론

사람들은 다른 사람들과 소통하면서 종종 거짓말을 한다. 대학생 및 대학원생에게 일주일간 일기를 쓸 것을 요구한 후 다른 사람과의 상호작용 중에서 그들이 얼마나 자주 거짓말을 하고 있는지 조사해 보았다. 그 결과 다른 사람들과의 상호작용에서 거짓말을 포함한 의사소통이 흔한 것으로 간주되는 3번의 빈도로 거짓말을 하고 있다는 것이 밝혀졌다. 이와 같이 거짓말을 사용하므로, 다른 인상들은 거짓말에 의해 야기된다고 생각한다.

심리학 분야에서는 여러 가지 측면에서 거짓말에 접근을 시도하고 있다. 그중에서도 특히 많은 연구자가 주목하고 있는 것은 '어떻게 해서 거짓말을 올바르게 간파할 수 있는가?'에 대한 지식의 제공이다. 예를 들어, 범죄가 연루된 상황 등에서 용의자가 거짓말을 하고 있는지 정확하게 알아낼 수 있는 것이 중요하다. 그런 필요성 때문에 거짓의 지표가 되는 단서를 탐색하는 연구가 많이 보이고, 허위검출의 유효성에 관한 연구가 주류를 이루는 것을 알 수 있다.

실제 상황에서, 허위탐지는 경찰조직과 같은 전문가들이 수사 실무상 거짓말을 간파할 개연성이 있는 상황에서 사용하는 것으로, 객관적인 증거에 근거하여 반응의 차이를 해석하는 것이 중요하다.

범죄수사에 이용되는 은닉정보검사법(Concealed Information Test)은 기억을 숨기고 있을 때의 인지 과정에 초점을 맞추고 있으며, 객관적 정보에 대한 특이적인 반응을 관찰하고 있다.

사회심리학에서는 거짓말에 관한 연구가 활발히 수행되고 있으며, 거짓말을 하고 있을 때에는 긴장감이나 불안과 관련된 인상을 가진 비언어적 행동이 표출되는 것이 밝혀졌다. 마찬가지로, 사실을 말할 때와 비교해서, 거짓말을 할 때 현저하게 표출되는 언어적 행동 및 비언어적 행동이 있음을 입증한 연구 결과도 있다. 그러나 거짓말에 관한 연구가 축적되면서 '거짓말을 하고 있는 것이 명백한 지표는 없다.'고 결론지었다.

이에 더하여 사람들은 거짓말을 하는 사람들이 언어적 · 비언어적 행동에 어떤 특징이 드러난다는 가정을 가지고 있는 것으로 나타났다. 예를 들어, 거짓말을 하는 사람들은 그들의 눈에 보이는 불안감 때문에 그들의 시선을 진정시키지 못하는 것으로 여겨진다. 그리고 이러한 특징을 가진 사람을 정직하게 이야기하고 있지 않다고 판단하는 것이다.

많은 언어적 행동이나 비언어적 행동은 거짓말의 단서가 아님이 밝혀지고 있음에도 불구하고, 거짓말과의 관련이 있다고 믿는 단서를 관찰했을 경우에는 그 단서로부터 허위라는 판단이 행해지고 만다. 그렇다면 현실에서 근거가 약한 단서만을 바탕으로 어떻게 거짓말을 간파할 것인가? 실제로는 자신이 거짓말을 하는 것에 비하면, 다른 사람이 거짓말을 하고 있다고 느끼는 빈도는 적은 것 같다.

실험실 장면이 아닌 거짓말을 대상으로 한 연구에서는 실제로 허위검출이 여러 가지 검출의 기법을 조합해 행해지고 있으며, 거짓말에 관한 연구는 실험 설계상의 제약에 크게 영향받고 있다. 구체적으로는 의사소통의 상대가 되는 타인으로부터, 언어적 정보나 비언어적 정보를 얻을 수 있을 뿐만 아니라, 그 상황에 관해서 알고 있는 사실이나 제3자로부터의 정보와 같은 단서를 이용할 수도 있을 것이다.

한편, 거짓말을 판단하는 쪽에 있어서 이용할 수 있는 정보가 적은 경우, 거짓말과 관련되어 있다고 사람이 믿고 있는 단서('거짓말의 단서 신념')는 허위검출에 대해 영향력을 가지고 있다. 즉, 거짓말의 단서 신념은 거짓말과 관련된 단서에 대한 접근성을 높이고, 실제 진위 여부와는 무관하게 허위라는 판단을 하도록 부추기게 된다. 그러나 현실 상황에서의 허위검출에 대해 고려했을 때, 어떤 단서가 거짓말과 관련이 있다는 믿음이 허위검출 인지 과정에서 어떤 역할을 하는지는 검토되지 않았다.

허위검출이 언어적 행동이나 비언어적 행동에 근거해서 판단된다면, 어떤 특정한 언어적 행동이나 비언어적 행동이 거짓말과 연결된다는 생각을 가지고 있는 것으로, 이러한 거짓말의 단서 신념을 지지하는 행동을 실제로 탐색할 것으로 예상된다. 여기서 문제가 되는 것은 거짓말에 대한 믿음과 일치하는 행동에 대한 단서의 탐색이 판단자의 지각 상태에 따라 조정될 것인가 하는 것이다. 즉, 거짓의 단서 신념과 일치하는 행동을 표출한 것이 허위판단의 근거가 되는 것은 정보를 보내는 사람에 대해 받아들이는 사람이 의심을 품고 있을 때라고 생각한다.

실험실 현장에서는 허위탐지 과제의 설계 때문에 거짓말의 단서신념과 의심하는 정도의 관계를 검토하기 어렵다. 따라서 일상적인 장면에서의 거짓말을 이해하려고 할 때, 실험실 장면에서는 포착할 수 없는 상황을 고려할 필요가 있다.

악마의 가면

2. 목적

거짓말은 일상적으로 흔한 일이며, 사회생활을 조절하고 있다. 그러나 모든 거짓말이 사회적 기능의 유지를 목적으로 하고 있다고는 할 수 없다. 자기 이익을 추구하는 것처럼 이기적인 거짓말도 존재하며, 이러한 악의적인 거짓말을 감지하고 탐지하는 것은 중요하다. 사람의 허위검출 능력에 대한 메타분석에 의하면, 사람은 기회 수준을 약간 웃도는 정도로밖에 거짓말을 간파할 수 없다고 한다. 허위검출의 정확성이 낮은 것을 설명하는 이유의 하나는 거짓말을 하고 있을 때 표출되는 단서에 대해서, 사람이 잘못된 신념을 가지고 있기 때문이라고 한다. 덧붙여, 일상의 상황에서는 거짓말보다 진실 쪽이 접할 기회가 많아, 거짓말의 발생빈도를 낮게 잡은 것도 이유이다. 따라서 이 장에서 소개하는 연구에서는 지금까지 밝혀진 거짓말의 단서 신념에 관한 의견을 개관해서, 일상의 상황에서 사용되는 허위검출이나 판단자의 허위지각과의 관계에 대해 설명하기로 한다. 그 후 문헌 조사를 근거로 하여, 거짓말의 단서에 대해 안고 있는 신념이나 일상생활에서의 허위검출, 허위지각에 관한 조사를 실시해서 일상생활에서의 거짓말 단서의 해석 및 허위지각에 대한 소박한 이해를 깊게 하고자 한다.

II. 거짓말의 단서에 대한 연구 방법

허위탐지에 관한 연구는 종종 실험자들이 진위를 판단할 수 있는 진술을 조작한다. 그리고 이러한 발언에는 다양한 언어적 행동이나 비언어적 행동이 수반되고 있어, 보내는 사람이 나타내는 정보에 근거해, 판단자는 진실을 말하고 있을 때의 행동이나 거짓말의 지표가 되는 행동을 구별해 나가게 된다. 이러한 결과로부터 진위 판단 시에 이용되는 단서를 대응시킴(mapping)으로써 허위검출을 실시할 때의 의사결정을 밝힐 수 있다.

거짓말을 판단할 때 사용하는 단서(주관적 단서)를 연구할 때 가장 자주 사용되는 방법은 거짓말에 관해 품고 있는 신념에 대한 자기보고를 요구하는 것이다. 예를 들면, 언어적 행동과 비언어적 행동에 관한 리스트를 응답자에게 제시하고 리스트에 있는 각 행동이 거짓말을 하고 있을 때 어느 정도 표출되는지를 묻는다.

리스트에 포함된 행동은 비언어적 행동에 관한 신념에만 주목하는 경우도 있고, 언어적 행동과 비언어적 행동 모두에 착안하는 경우도 있다. 그러나 이러한 선택응답식 접근법으로는 연구자가 선정한 행동 이외의 단서를 탐색하는 것이 어렵다. 그래서 거짓말의 단서 신념을 폭넓게 이해하기 위해 자유응답식 접근법을 이용한 연구도 생각해 볼 수 있다.

이 방법은 "사람들이 거짓말을 할 때 어떻게 행동하나요?"라고 묻는 것으로 응답자들은 선택된 단서에 구애받지 않고 답변을 할 수 있다. 그러나 응답자들이 생각해 낸 믿음만을 측정하고 있기 때문에 이 결과로 얻은 믿음이 반드시 사람들이 가지고 있는 믿음의 전체적인 모습을 나타내지 않을 수도 있다. 위에서 언급한 방법은 응답자들이 진위여부를 판단할 수 있는 단서를 의식하고 있다는 문제점이 있다.

자기보고에 의존하지 않는 지표로서 거짓말의 주관적 단서를 검토하기 위해 상관법에 의한 검토도 이루어지고 있다. 이 방법에서는 정보를 보내는 사람이 거짓말을 하거나 진실을 말할 때 표출하는 행동과 받는 사람이 행한 진위성 판단 사이의 관련성을 조사하고 있다. 예를 들어, 허위의 정보를 보내는 사람의 표정에 대한 긍정적인 평가와 받는 사람의 진실성 판단 사이에 양의 상관관계가 보이는 경우, 받는 사람은 긍정적인 인상을 가져오는 표정과 진실을 말하는 것을 잠재적으로 연관 지을 것으로 기대한다.

상관법은 무의식 중에 발화한 거짓말을 어떻게 간파하는지에 대한 생각을 정식으로 밝힐 수 있지만, 답을 어떻게 분류하는지에 대한 틀을 설정하고 행동 단위별 분석을 수행해야 하기 때문에 시간이 많이 걸린다는 단점도 있다. 이러한 거짓말의 주관적 단서에 대한 연구는 사람들이 거짓말을 할 때 보이는 행동에 대해 잘못된 믿음을 가지고 있음을 보여 준다.

1. 객관적인 거짓말의 단서

연구자들은 많은 언어적, 비언어적 단서들에 대해 거짓말과의 연관성을 조사하였지만, 실제로 관련성이 입증된 객관적인 단서는 드물다. 최초로 거짓말의 단서를 포괄적으로 검토한 것은 주커맨 등 (Zuckerman, DePaulo, Rosenthal)이었다.

기만적인 의사소통을 할 때 특징적으로 표출되는 행동을 다른 연구를 대상으로 하고 있으며, 19가지 행동에 대해 보고하였다. 이러한 행동들은 거짓말을 할 때 발생할 가능성이 높고, 생각과 감정, 심리 상태와 관련이 있는 것으로 여겨진다. 그리고 거짓말의 단서를 예측하기 위해 각성(의식이 명료하게 깨어 있는 상태), 감정, 인지적 측면, 행동 통제의 4가지 요인을 다루었다.

예를 들면, 진실을 말하는 사람에 비해 거짓말을 하는 사람은 높은 수준의 각성을 경험하고 있다고 생각되고 있으며, 실제로 동공의 확장이나 많은 눈 깜빡임의 횟수, 끊김이 잦은 발화, 피치(소리의 인지된 주파수 즉, 음의 높낮이)의 높이를 통해서 거짓말이 밝혀진다. 또한 거짓말을 하는 경우에는 거짓말에 대한 죄책감이나 거짓말이 들통날 것에 대한 불안감을 환기시키기 위해 이러한 감정과 관련된 행동이 표출될 것으로 예상한다.

또 거짓말을 하는 것은 인지적 부하가 높은 처리이므로, 일관된 내용이 되도록 조정하거나 다른 사람이 알고 있는 정보를 정리할 필요가 있다. 이러한 인지적 부하는 반응이 잠복하는 시간이나 말이 막히는 상황의 증가 등의 행동을 예측하고 있다고 생각한다. 반면에 거짓말을 하는 사람은 거짓말과 관련된 비언어적 단서를 누설하는 것을 피하거나 신뢰할 수 있는 인상을 만들기 위해 자신의 행동을 통제하는 경향이 있다. 연구자들은 이러한 행동통제가 긴장과 불안을 반영하는 것을 드러낸다고 생각했다. 즉, 주커맨 등(Zuckerman et al.)은 거짓말을 하는 사람이 심리적으로 경험하는 과정을 고려함으로써, 이러한 요인으로 생긴 언어적 행동이나 비언어적 행동이 객관적인 거짓말의 단서가 된다고 생각했다.

최근에는 데파울로 등(DePaulo et al.)이 대규모 메타분석을 실시해, 거짓말과 관련된 언어적 행동 및 비언어적 행동을 다룬 120편의 연구와 158가지 종류의 거짓말 단서에 대한 검토를 실시했다. 그들은 보고서에서 객관적인 거짓말의 단서로서의 유효성을 나타내는 지표(효과

량: d)를 산출하였다. 효과가 있는(d〉.20) 것으로 나타난 단서는 25종류밖에 없고, 그중에서도 중간 정도의 효과(d〉.50)가 있는 것은 2종류뿐이었다. 즉, 많은 행동들은 약한 정도로만 거짓말과 관련이 있으며, 대부분의 언어적·비언어적 행동은 효과적인 거짓말의 단서라고 할 수 없는 것으로 나타났다. 예를 들면, '시선을 빗나가게 한다'라는 행동은 일반적으로 거짓말의 단서로서 생각되고 있지만, 메타분석에서는 지지하고 있지 않았다(d=.01).

시선에 관한 단서뿐만 아니라, 거짓말과 관련이 있다고 믿는 언어적·많은 비언어적 단서들은 진실과 거짓말을 식별할 수 있는 효과가 부족하고, 따라서 거짓말의 단서에 대한 믿음은 잘못된 경향이 있다.

주목하고 있는 단서가 실제로 거짓말의 지표인지 아닌지의 여부에 있어서, 거짓말의 주관적인 단서는 반드시 정확한 것은 아니지만, 진위의 판단을 방향 지을 때 중요한 역할을 할지도 모른다. 그러므로 다른 사람이 거짓말을 하고 있는지 아닌지를 생각할 필요성이 있는 경우, 주목한 언어적 행동 및 비언어적 행동이 객관적으로 유효한가를 논의할 뿐만 아니라, 어떠한 이유에 근거해 그 행동에 주목했는가 하는 과정을 검토하는 것도 중요하다.

2. 주관적인 거짓말의 단서

사람들은 진위를 판단할 때 특정한 언어적 행동이나 비언어적 행동을 근거로 하고 있지만, 주목한 행동이 반드시 유효한 거짓말의 단서라고는 할 수 없다. 그러나 이러한 단서들은 거짓말 여부를 결정하는 데 중요한 역할을 한다. 그래서 거짓말의 주관적인 단서에 대한 연구로부터 축적된 지식을 정리해 나간다. 거짓말을 할 때 나타나는 단서들에 대한 전 세계적인 조사가 진행 중이다.

글로벌 디셉션 팀(Global Deception Team)은 58개국의 2,320명의 참가자들에게 거짓의 지표가 되는 단서를 답하도록 요구했다. 이 답변들을 코딩한 결과, 거짓말의 단서들은 103개의 범주로 분류되었다. 가장 자주 언급된 단서는 시선혐오(gaze aversion)이며, 이는 스트롬발과 그란하그(Strömwall & Granhag)의 연구와 유사한 결과였다.

시선혐오는 경찰관이나 판사 등 거짓말을 판단하는 전문가들 사이에서도 공통적으로 보고되고 있지만, 실제로는 유효한 거짓말의 지표가 아닌 것으로 나타나고 있다. 이처럼 거짓말을 반드시 검출할 수 있는 신뢰성 있는 행동은 별로 밝혀지지 않았음에도 불구하고, 사람은 거짓말의 진위성을 판단할 때 비언어적 단서에 주목하는 경향이 있다.

유럽을 중심으로 경찰관이나 판사, 세관직원, 교도관 등의 허위검출 전문가와 대학생과 같은 초보자를 비교해 보았을 때, 전문가도 마찬가지로 거짓말에 대한 잘못된 신념을 갖고 있음이 나타났다. 게다가 거짓말의 주관적인 단서를 조사한 연구에서는 아마추어도 전문가도 거짓말과 관련이 있다고 나타난 이상의 단서를 거짓말의 지표로서 보고하는 경향이 있었다. 특히 비언어적 단서에 대한 신념이 비율을 많이 차지하고 있었다. 그러나 만 등(Mann, Vrij, Bull)은 언어적 정보에 주목했을 때가 검출의 정확도에서 정확하다는 것을 주장하고 있지만, 이러한 언어적 단서는 거짓의 단서 신념 안에서는 별로 보이지 않는다.

거짓말에 대한 주관적인 단서들을 종합해 보면, 긴장감이나 불안에 대한 인상을 수반하는 비언어적인 행동에 대한 많은 단서들이 있으며, 이것들은 충분한 타당성을 가지고 있지 않다는 것이 분명해졌다.

3. 사람은 어떻게 거짓말을 간파하는가?

지금까지 얻은 허위정보는 보내는 사람이 보여 주는 언어적 행동 및 비언어적 행동의 관찰에만 근거한다. 거짓말이란 보내는 사람이 자신의 이익을 목적으로 특정 정보에 대해 은폐하는 경우에 사용되는 소통의 하나이며, 현실 장면에서 이러한 거짓말을 하는 동기부여는 다양하다. 그 결과 이기적인 거짓말을 하는 경우와 이타적인 거짓말을 하는 경우는 거짓말을 한 후의 감정이나 인지적 부하가 다르기 때문에, 표출되는 행동이 다를 수 있다. 또 타인의 언행에 거짓말이 있는지 어떤지를 판단할 때, 소통을 이용해 적극적으로 거짓말의 근거가 되는 단서를 탐색하는 것은 현실적으로 상정되는 기법이다.

구체적으로 말하면, 거짓말을 탐지하는 쪽은 상대방의 반응에서 얻은 피드백을 바탕으로 상황을 판단하고, 의심이 생기면 거짓말의 단서를 끌어내기 위해 노력하는 과정을 거치고 있다. 그러나 많은 연구에서 이러한 대인관계는 종종 제한적이다.

일상적인 상황에서는, 거짓말을 검출할 때 필요하다고 생각되는 정보를 확장하는 것이 가능하며, 다른 사람에 대해 가지고 있는 의심을 확인하거나 정보를 정리하는 것은 당연한 행동이라고 생각되지만, 많은 실험실 연구에서는 다루어지지 않는다.

일상 장면에서의 허위검출의 양상을 조사한 몇 안 되는 연구로서 박 등(Park et al.)은 진위 판단을 할 때의 상황이나 검출 방법을 다루었다. 그들은 허위의 정보를 보내는 사람의 언어적, 비언어적 행동에서 거짓말을 탐지할 수 있다는 생각에 의문을 제기했다. 따라서 실험실과 다른 상황에서는 제3자로부터 얻은 정보나 사전에 알고 있는 것, 물적인 증거 등을 이용하여 허위 연구를 위해 가정하는 의사결정에는 한계가 있다고 지적했다. 일상적인 장면에서의 진위 판단은 사용할 수 있는 단서가 언어적 · 비언어적 행동에 국한되지 않고 더 효과적인 단서를 가지고 있다.

박 등(Park et al.)의 조사 중에서, 언어적 · 비언어적 행동만을 이용한 허위검출은 보고된 거짓말의 불과 2%밖에 볼 수 없었던 것으로 보아 이 주장은 지지할 수 있다. 이와 같은 결과는 다른 사람들이 진실을 말하고 있는지 아니면 거짓말을 하고 있는지에 대한 진위에 대해 크게 문제 삼지 않는다는 것을 시사한다.

실제로, 일상생활의 거짓말을 조사한 일기연구나 소통에 대한 불신을 조사한 연구, 허위지각이나 인상 형성을 다룬 연구에서는 진실편향이 발생하고 있기 때문에 타인의 거짓말을 지각하는 것은 곤란하다고 주장하고 있다. 그러므로 다른 사람들이 거짓말을 하고 있을 가능성을 인식하는 것이 필요하다.

비록 거짓말에 대한 주관적인 단서나 객관적인 단서가 관찰 가능하다고 했더라도, 거짓말을 보내는 사람들에 대해 의심하지 않는다면, 그들은 이 단서들 뒤에 숨어 있는 거짓말들을 인식할 수 없을 것이다. 따라서 다른 사람들이 거짓말의 단서를 해석할 때 의심을 품는지는 중요한 요인으로 여겨지며, 일상적인 상황에서는 언어적 · 비언어적 행동 이외의 요인으로 인해 의구심이 환기되고 있을지도 모른다.

III. 연구의 목적 및 방향

선행연구 문헌의 검토에서 나타난 바와 같이, 허위검출에서의 언어적 행동이나 비언어적 행동의 중요성에는 잘못된 가정이 존재하고 있다. 어떤 발언 내용의 진위성을 판단할 경우, 거짓 정보를 보내는 사람이 나타내는 언어적 · 비언어적 행동에만 주목하고 있는 것을 전제로 하고 있기 때문에, 현실 상황에서 행해지는 허위판단과는 괴리가 있다.

허위에 관한 많은 연구들은 거짓 내용이 기재된 진술서를 보내는 사람들과의 연관성과 기존 지식을 배제한 설계를 사용한다. 그렇지만, 진위성 판단을 실시하기 위해서 허위 정보를 보내는 사람의 언어적 · 비언어적 행동에 관한 정보를 이용하는 경우, 충분한 정도의 행동을 관찰할 수 있을 때에만 유효하며, 이러한 행동보다 우선해서 이용하기 쉬운 단서(제3자로부터 얻은 정보나 물적 증거)가 있다면 이것을 이용하는 것이 효과적이리고 지적하고 있다. 마찬가지로, 불러와 버건(Buller & Burgoon)은 허위검출이 행동에 관한 단순한 관찰에 근거한 것이 아니라고 주장했다.

다른 사람들이 거짓말을 하고 있을지도 모른다고 느끼는 경우, 많은 정보를 빼내거나 확인하는 등의 능동적인 조치를 취함으로써 의심을 확증시킬 수 있는 단서를 얻을 수 있으므로, 상호작용이 중요한 요인이 된다고 생각하였다. 이 연구들을 보면, 의심이 들 때 거짓말의 단서가 관련된 행동에 주의를 촉구한다고 할 수 있다.

다른 한편으로, 의심의 여지가 없다면, 다른 사람들이 진실을 말하고 있다는 인식 편향은 거짓에 대한 믿음에 영향을 미치지 않을 것이다. 따라서 의심의 정도와 거짓의 단서가 연결되어 있을 것이다. 이 장에서 소개하는 연구에서는 일상적인 장면에서의 허위검출에 주목하고 있다. 그리고 거짓말을 알아차릴 때 어떤 단서가 있는지, 거짓말과 관련된 단서들에 대한 믿음들을 살펴보고, 이것들이 거짓말을 하고 있을지도 모른다는 의심의 정도에 따라 달라지는지를 알아본다.

다른 사람의 메시지가 진짜라고 믿기 때문에 거짓말을 깨닫는 것은 상당히 어렵다고 생각된다. 그러나 만약 당신이 거짓말을 할 가능성이 있다는 것을 인지하고 있다면, 말하는 사람이 특정 주제에 대한 대화를 회피하거나 불안해한다면, 당신은 이러한 단서들이 거짓말과 관련 있다고 판단할 수도 있다. 덧붙여, 이러한 경향은 거짓말의 단서 신념과 관련되어 있을 가능성이 있다. 허위검출의 전문가는 타인에 대한 의구심이 높다는 것과 이외에도 다수의 단서를 거짓말의 지표로서 보고하고 있다.

이 장의 연구에서 다른 사람이 거짓말을 하고 있는지 아닌지의 지각은 의구심 척도나 대인 불신감 척도를 이용해 측정한다. 이 변수들은 모두 상대방이 자신을 속이려고 하는 것이 아닌가 하는 의심의 깊이에 관한 구성개념이며, 의구심이나 대인 불신감이 높은 사람일수록 특정한 비언어적 단서의 이용이나 많은 거짓말의 단서 신념을 가지고 있는 것으로 예상된다.

Ⅳ. 연구 방법 및 결과

1. 조사 참가자

이 장의 연구에서 실시한 조사는 지방의 사립대학에서 수업시간 중에 이루어졌고, 대학생 287명이 참가했다. 조사는 조사 전문 소프트웨어인 퀄트릭스(Qualtrics XM)를 이용해서 온라인으로 실시했다. 이 중, 응답에 결함이나 하자 혹은 결손이 있다고 판단한 4명의 응답자를 제외했다. 온라인 조사는 노력의 최소화가 발생할 가능성이 높은 환경이며, 간편하지만 자원의 절약을 초래함으로써 데이터의 질을 부정적인 것으로 만든다는 지적이 있다. 그래서 본 연구에서는 응답시간에 주목하여, 응답시간이 극단적으로 짧은 사람을 제외하기로 했다.

구체적으로 응답시간의 분포에는 왜곡이 있었기 때문에, 각 참가자의 응답시간을 자연대수로 변환한 후, 평균치로부터 −2SD 이상 떨어져 있는 11명의 응답을 분석에서 제외했다. 그 결과 272명(남성 79명, 여성 193명, 평균 연령 20.24세, SD=2.31)을 최종적인 분석대상으로 하였다.

2. 조사 내용

일상적인 상황 속에서 타인에 대해 어느 정도 의심이 생기기 쉬운지를 파악하기 위해서 의구심 척도를 이용했다. 의구심이란 다른 사람의 언행이 거짓말과 관련되어 있을지도 모른다고 생각하는 경향을 말한다. 그리고 의구심이 높으면, 화자가 불편한 것을 은폐하고 있다고 생각하기 때문에, 상대의 정직함에 관련되는 인상이 부정적으로 인식된다.

의구심 척도는 진실을 말하지 않을 가능성을 고려하는 회의적 태도(예: 누군가와 대화할 때 그 사람이 진실을 이야기하고 있는지 아닌지 자주 의문이 든다), 다른 사람의 진실성을 낮게 본다는 부정적 신념(예: 대부분의 사람들은 기본적으로 정직하지 않다고 생각한다)의 16개 항목으로 구성되어 있다. 각 항목에 대해서는 '1. 전혀 들어맞지 않는다'에서 '5. 매우 들어맞는다'의 5점 척도법으로 응답하도록 요구했다.

사람에 대한 불신감을 측정하는 척도로서 대인 신뢰감·불신감 척도를 사용하였다. 타인에 대한 불신감은 신뢰감의 하위인자 중 하나로 간주되고 있다. 또, 대인 신뢰감은 응답자가 성장한 각각의 환경이나, 지금까지 쌓아 온 대인관계, 그리고 그 관계로부터 생기는 여러 가지 경험에 의해서 길러지는 것이라고 생각하고 있다. 대인 불신감은 대인관계에서의 부정적인 측면을 나타낸다. 대인 신뢰감·불신감 척도(이후에는 '대인 불신감 척도'라 한다)에는 27가지 항목이 포함되어 있고(예: 사람은 다소 좋지 않은 일을 해도 자신의 이익을 얻으려고 한다), 1. 그렇게 생각하지 않음에서 5. 그렇게 생각함의 5점 척도법으로 응답을 요구했다.

조사에서는 거짓말과 지각된 경험을 수집하기 위해 '가장 최근에 다른 사람들이 자신에 대해 거짓말을 하고 있다고 느낀 사건'에 대해 기억해 달라고 요청했다. 조사자는 응답자에게 가능한 한 많은 정보(예: 누가 거짓말을 했는지, 누구에게 거짓말을 했는지, 어떤 상황에서 발생했는지)를 기술하도록 요구했다. 그 후, 왜 그 사건이 거짓이라고 느꼈는지에 대한 검출 방법에 대해서도 자유로운 기술로 응답해 줄 것을 요구했다.

거짓말을 할 때 표출되는 단서에 대한 믿음을 측정하기 위해 "당신은 사람들이 거짓말을 하고 있다는 것을 알 수 있는 단서가 무엇이라고 생각하십니까?"라고 물었다. 거짓말을 하는 사람의 특징에 대해 조사를 실시할 때는 단서를 제시해 거짓말과의 관련 정도를 구하는 방법이나 응답자에게 불필요한 사고의 개입을 실시하지 않고 자유롭게 거짓말의 단서를 찾는 방법을 이용하였다. 이 연구에서는 응답자가 거짓말의 지표로 믿고 있는 단서뿐만 아니라 그 신념의 강도에 대해서도 파악하는 것을 목적으로 하고 있기 때문에 자유로운 기술에 의한 조사 방법을 채용했다. 조사자는 또한 응답자들이 보고한 단서들에 대한 믿음의 이용 가능성을 알아보기 위해 그 단서들에 대한 확신을 7가지 방법으로 제시해 줄 것을 요청했다.

거짓말에 관한 신념에 영향을 미칠 가능성 때문에, 거짓말에 대한 도덕관, 주관적인 피기만성, 허위행동의 표출에 관한 생각을 묻는 항목을 독자적으로 작성했다. 수감자들의 허위행동에 대한 믿음을 조사한 연구는 그들이 전문가나 학생들과는 다른 믿음을 갖고 있다고 보고했으며, 이러한 믿음이 허위에 대한 객관적 단서와 일치하는 경향이 있음을 보여 주었다. 판단자를 둘러싼 환경에 따라 거짓말과 관련된 단서에 대한 믿음이 달라질 것이다. 따라서 거짓말을 도덕적으로 좋지 않게 생각하거나 거짓말로 인한 피해를 우려한다면 거짓말에 민감할 수도 있다.

학습 측면에서도, 허위탐지의 성공 여부에 대한 피드백을 받는 것은 그 단서의 효율성을 과대평가하는 결과를 초래할 수 있다. 이를 바탕으로 거짓말에 대한 도덕관('당신은 어떤 이유가 있어도 거짓말은 나쁜 것이라고 생각하는가'), 주관적인 피기만성('당신은 속기 쉬운 편이라고 생각하는가'), 허위행동의 표출에 관한 생각('사람은 거짓말을 할 때 말과 행동 어느 쪽으로 나타나기 쉽다고 생각하는가'와 '다른 사람과 의사소통할 때 언어적인 측면과 비언어적인 측면 중 어느 쪽에 주의하고 있는가')의 총 4개 항목에 대해 7점의 척도로 답변을 요구했다.

3. 결과

이 장의 연구는 믿음으로서 가지고 있는 거짓 단서와 실제 거짓 지각에 대한 경험 속에서 사용하고 있는 단서 사이의 관계성에 대해 검토하는 것이 주된 목적이었다. 이 두 변수는 자유 기술식 질문에 의해 수집하였기 때문에, 선행연구에 따라 코딩을 실시하였고, 각각의 경향에 대해 개관하였다.

우선 "당신은 사람들이 거짓말을 하고 있다는 것을 알 수 있는 단서가 무엇이라고 생각하나요?"라는 질문에 대한 답변을 분석했다. 이러한 분류는 거짓말의 단서에 대한 광범위한 메타분석에 근거하여 실시하였다. 이어서 '가장 최근에 다른 사람들이 자신에 대해 거짓말을 하고 있다고 느낀 사건'에 대한 분석을 실시했다. 여기서는 일상적인 상황에서 사용되는 단서에 대한 연구를 바탕으로 코딩을 하여 응답자가 언어적 · 비언어적 단서를 사용했는지 혹은 다른 단서에 의해 허위검출을 했는지를 분류했다.

마지막으로, 특정 범주의 언어적 · 비언어적 단서에 대한 신념을 가진 사람들이 실제로 허위 인식이 환기되는 장면에서 유사한 단서를 사용했는지 여부를 검토할 것이다. 또 각각의 경향에 관해서 의구심이나 대인 불신감, 그 외의 변수(거짓에 관한 도덕관, 주관적인 피기만성, 허위행동의 표출에 관한 생각)의 관련성의 차이에 대해서 조사했다.

4. 거짓말의 단서에 대한 믿음

이 연구에서는 사람들이 거짓말을 하고 있다는 단서에 대해 최대 3가지까지 자유롭게 기술해 줄 것을 요구했다. 같은 방법을 이용한 연구에서 조사자는 생각나는 모든 것을 적어 달라고 요청했지만, 시간 제약 때문에 최대 3가지까지 응답해 줄 것을 요구했다. 선행연구에서는 평균적으로 남성은 4.62개, 여성은 5.00개의 신념을 보고하였는데, 이 장의 연구에서 응답자가 보고한 신념의 평균 개수는 전체적으로 1.75개(SD=0.77)이며, 남성은 1.76개(SD=0.77), 여성은 1.75개(SD=0.77)로 나타났다. 선행연구 결과와 달리 이 연구에서는 남녀에 따른 보고 수에 차이를 보이지 않았다(t(270)=0.13, p⟩.05, d=.17).

수집한 응답 중에서 '모른다'거나 '분류가 불가능하다'는 것을 분석에서 제외하여, 최종적으로 465개의 단서를 분석대상으로 삼았다. 이들 분석은 분석대상으로 하는 샘플이나 코딩을 변경하여, 재차 분석을 실시한 것으로서 보고했다. 코딩의 진행 방법에 관해 데파울로 등(DePaulo et al.)의 메타분석에서 밝혀진 6개의 큰 카테고리에 새롭게 1개의 카테고리를 더한 총 7개의 카테고리(166종류)에 근거해, 1명의 평가자가 최초로 분류를 실시했다. 각 카테고리는 '사회적 행동', '신용성 행동', '긍정 인상', '긴장 행동', '이탈적 행동', '직관적 지표', '기타 단서'로 분류하였으며, 가장 빈번하게 거짓말의 단서 신념으로서 보고된 단서는 '신용성 행동'에 속하는 신념(56.1%)이었다.

7개 카테고리의 보고 수에 차이가 있는지 알아보기 위해 χ² 검정을 실시한 결과 유의차가 확인되었다($\chi^2(6)$=708.998, p<.01). 구체적으로는, '신용성 행동'에 관한 신념은 다른 모든 카테고리보다 유의하게 많았고(ps<.01), '이탈적 행동'에 관한 신념은 가장 적었다(ps<.01). 이어 전체 응답자의 5%(13명) 이상이 보고한 각 종류의 단서에 착안한 바, 가장 빈번하게 보고된 신념은 '시선이동(31.7%)'이었으며, 이어, '일관성 없는 발언(13.6%)', '시선 혐오(13.2%)', '자세 변화(12.5%)', '표정 변화(11.7%)', '느낌이 나쁜 것(10.2%)', '불확실한 발화(6.4%)', '긴장감' 순으로 많이 나타나고 있었다. 이러한 결과는 선행연구와 유사하며, 시선과 신체 움직임, 표정과 같은 비언어적 단서에 대한 믿음이 눈에 띄게 나타났다. 또한 첫 번째 단서는 그들이 가지고 있는 가장 관련성 있고 접근성이 높은 거짓말의 단서라고 생각된다. 따라서 이러한 단서들이 허위탐지에 도움이 될 것이라는 인식이 강해질 것으로 예상된다.

실제로 첫 번째로 보고한 단서에 대한 확신도는 중점(4점)과 비교하면 유의하게 높았다(M=4.83, SD=0.07, t(264)=11.30, p<.001, 95%CI=4.682-4.970). 즉, 최초 보고된 단서들이 거짓말의 주관적 단서를 더 강하게 나타낸다고 생각할 수 있다. 전반적으로, 거짓말의 단서에 대한 믿음은 선행연구와 유사하게 비언어적 단서에 대한 것이 많은 것으로 보이지만, 5% 이상의 응답자에게 보고된 단서 중에는 '느낌이 나쁜' 것처럼 거짓 정보를 보내는 사람의 전반적인 인상에 대한 것도 있었다. 이 단서는 선행연구에서는 별로 보고되지 않았던 단서이며, 이 연구의 응답자인 대학생 혹은 한국인에 특유한 신념일지도 모른다. 또, 이러한 종합적인 인상은 거짓 정보를 보내는 사람을 판단하는 평정자에 의해 평가되는 것이며, 그것을 보내는 사람 자신이 신

용하기 쉬움과 판단자가 신용하기 쉬움이라는 요인과 관련된다고 생각한다.

메타분석에서는, 이러한 애매한 인상이나 좋은 느낌 등의 종합적인 인상에 관한 신념을 판단하기 위해서 이용되는 경향이 높은 것을 제시하고 있다. 다른 한편으로, 개별 단서의 대표인 시선에 관한 단서는 효과적인 지표가 되지 않음에도 불구하고, 가장 많이 보고되고 있을 뿐만 아니라, 접근성이 높은 단서이기 때문에, 신념으로서는 매우 강건함을 알 수 있다.

응답 참가자들에게 '가장 최근에 다른 사람들이 자신에 대해 거짓말을 하고 있다고 느낀 사건'에 대한 보고를 요청했는데, 173명(60.3%)이 체험한 내용에 대해 기술했다. 그중 4명의 응답은 기술이 불완전하여 제외하고, 최종적으로 169명의 응답을 코딩의 대상으로 삼았다.

구체적으로는 ① 체험한 사건의 타이밍, ② 거짓말을 하고 있다고 느낀 상대와의 관계성, ③ 거짓말이라고 느꼈을 때의 단서, ④ 거짓말로 확증하기까지 필요한 시간, ⑤ 거짓말의 내용이라는 5가지 카테고리에 대한 코딩을 실시했다.

응답자가 경험한 사건의 시기는 조사 당시에 '가장 최근'이라는 용어를 제시했기 때문에 4건만이 명확하게 설명되어 있었다. 응답자들이 공통된 인식으로 응답했을 가능성이 있기 때문에 이 항목에 대한 코딩은 분석에서 제외했다.

마찬가지로, 거짓말의 내용에 관해서 조사한 항목은 거짓말이라고 느꼈을 때의 사건으로, 실제로 거짓말이었는지에 관한 사실의 파악이 되어 있지 않고, 내용의 판단이 곤란했기 때문에 분석에서 제외했다. 남은 3개의 카테고리에 대해 2명의 평가자가 독립하여 각각의 응답 내용의 25%에 대해 분류하고, 그 관점에서 평가자 간의 신뢰성 계수(κ계수)를 산출했다. 평가자 간의 일치가 충분히 인정된 것을 확인할 수 있는 경우, 두 사람의 협의를 통해 불일치 항목을 해결한 후, 한 명의 평가자가 나머지 모든 내용을 코딩하기로 결정했다.

먼저, 관계성 유형에 대한 코딩은 언급되지 않은 것, 친구, 가족의 일원, 연인(이전 연인 포함), 동료와 전문가, 반 친구, 지인, 기타로 분류했다. 관계성 코딩에 대한 평가자 간의 신뢰성은 매우 높았다($\kappa=.91$). 이어서 거짓말이라고 느꼈을 때의 단서는 기재가 없는 것, 제3자로부터의 정보, 물적 정보, 직접적인 문답에 의한 자백, 상대의 부주의에 의한 자백, 그때의 언어적 행동이나 비언어적 행동, 사전 지식과의 불일치, 기법의 조합, 직관적 감각, 그 외로 분류했다. 답변 중에 하나 이상의 기법이 반영된 경우에는 기법의 조합으로 코딩을 하고, 그 후 그 조합을 구성하는 각각의 카테고리에도 코딩을 했다. 이 단서들에 대한 평가자 간의 일치는 $\kappa=.74$였다.

마지막으로, 거짓말로 지각하기까지의 시간에 대해서, 기재가 없는 것, 언행에 대해서 즉시적, 사건이 일어난 이후로 분류했는데, 신뢰성 계수는 $\kappa=.82$였다. 실제 상황에서 사람들이 어떻게 다른 사람들이 거짓말을 하고 있다고 인식하는지에 대한 질문지에 대한 자유로운 기술 내용을 분석했다.

대학생은 다른 사람과의 상호작용에 있어서 거짓말을 하고 있는 것이 아닌가라고 느꼈을 때의 상대는 친구(51.8%)가 가장 빈번하다고 보고하였다. 일상적인 거짓말에 대한 연구를 감안하면, 대학생은 친구와의 상호작용이 가장 많기 때문에, 그에 따라 친구의 거짓말을 지각할 기회가 많았는지도 모른다. 또한, 거짓말과 지각했을 때의 단서

악마의 가면

에 관해서는, 기법의 조합(28.0%), 직관적 감각(20.2%), 비언어적 행동(11.9%), 사전 지식과의 불일치(7.7%), 제3자로부터의 정보(7.1%)의 순서로 많이 보고하였다.

선행연구 중에서는 언어적 행동 및 비언어적 행동이 불과 4개(2.1%)밖에 보이지 않았지만, 이 연구에서의 응답은 25개(14.9%)였다. 이것은 질문 내용의 차이 때문에 생긴 것일지도 모른다.

실제로 거짓말임이 확실하게 밝혀질 수 있을 때 실험실 연구에서 다룰 수 없는 입증 가능한 단서들이 보고되었다. 그렇지만 거짓말인지 아닌지 모를 경우, 긴장이나 불안과 결부되는 언행으로부터 거짓말의 가능성을 환기하고 있다. 따라서 참가자들은 자신들이 거짓말을 하고 있다는 것을 보여 줄 것이라고 믿는 언어적 · 비언어적 단서에 주목했을 것이다. 또, 진위성에 관한 판단을 복수의 언어적 · 비언어적 단서를 이용해 추측하는 것처럼, 타인의 거짓말을 인식하는 단계에서도, 단독의 단서보다는 복수 관련성을 가지고 판단하도록 복수의 응답이 없었던 것은 분석에 포함시키지 않았다.

전체 코딩(N=169)과 분해 후 코딩(N=217)의 단서가 조합되어 거짓말의 가능성을 환기하고 있을지도 모른다. 그렇기 때문에 분석기법의 조합으로서 이용한 단서를 재차 분리해 코딩했는데, 169개의 허위지각을 설명하기 위해서 총 217개의 단서를 확인하였다.

조합 시에 사용되고 있던 단서를 고려하면, 직관적 감각(22.1%), 비언어적 행동(20.7%), 사전 지식과의 불일치(12.4%) 언어적 행동(8.8%)을 통해 타인에 대한 의심이 환기되는 경향이 있었다.

언어적 행동이나 비언어적 행동은 단독 단서로만 사용된 경우와 비교하면, 조합 안에서 사용된 단서의 수가 39개로 나타났다.

흥미롭게도, 언어적 행동 단독으로는 그다지 거짓말을 환기시키지 않는 반면, 다른 단서들과 결합하면 약 3배나 거짓말을 환기시킬 가능성이 높다는 것이 나타났다. 이러한 결과는 객관적인 단서를 바탕으로 거짓말의 가능성을 인식하고 상대방의 언어적 행동과 비언어적 행동을 주의 깊게 관찰함으로써 거짓말을 확신하는 과정을 가정한다.

자유로운 기술의 응답 내용 중에도, 상대가 거짓말을 하고 있을지도 모른다고 느껴, 실제로 물어보니 거짓말에 관련된 언어적 행동이 표출되었다는 기술도 있었다. 언어적인 행동이나 비언어적인 행동은 거짓이든 아니든 관찰할 수 있는 정보이며, 대상에 대한 의심을 불러일으키지 않는 상황에서는 진위를 가리킬 수 있는 단서가 되지 않을 수도 있다.

5. 거짓 단서에 대한 믿음과 거짓 지각 속에 이용된 단서의 관계

두 가지 자유 응답식 질문에 대한 반응의 결과로부터, 사람들은 비언어적 행동에 대한 단서에 관한 신념을 많이 보고하는 경향이 있었지만, 실제 허위지각을 일으키는 요인은 비언어적 행동에만 국한되지 않고, 거짓 정보를 보내는 사람과의 직접적인 상호작용을 포함한 객관적인 단서를 이용하고 있는 것으로 나타났다. 이 연구의 결과는 일상생활에서의 허위검출의 기법을 조사한 박 등(Park et al.)의 결과와 부분적으로 겹치는 부분이 있지만, 완전히 일치하는 것은 아니다.

특히, 실제로 거짓말을 환기시키는 언어적 · 비언어적 단서를 보고한 응답자가 30% 가까이 보였기 때문에, 특정한 언어적 · 비언어적 행동에 의해서 거짓말에 관한 깨달음이 생겼을 가능성을 생각할 수 있다. 그러나 이 연구에서는 이러한 단서를 어떻게 이용했는지에 관한 상세한 기술을 요구하지 않았기 때문에, 단서에 주목한 관점에서의 허위지각의 발생에 관해서는 쉽사리 단정할 수 없다. 덧붙여, 이 연구에서의 응답은 질적인 데이터이기 때문에 예를 들면, 시선에 관한 신념을 가지고 있는 것이 실제 상황에서도 그대로 사용되고 있다고 연결시키기는 어렵다.

종합적으로 볼 때, 대부분의 응답자들은 언어적 또는 비언어적 단서에 근거하여 상대가 거짓말을 하고 있다는 것을 발견하지 못했으며, 이것이 거짓말의 단서에 대해 가지고 있는 믿음에 의한 영향인지 여부를 결정하지 못했다.

한편, 메타분석의 결과 객관적인 거짓말의 단서가 있는 것보다도, 판단자가 거짓말을 지각할 수 있는 단서가 강하게 진위성 판단과 결부되어 있는 것으로 나타났다. 실제 의사결정에서는 의식으로는 파악할 수 없는 단서의 처리를 포함하고 있기 때문에, 의식하지 않는 것과 같은 직관적이고 비명시적인 처리가 야기되고 있을지도 모른다.

거짓말을 판단하기 위한 단서와 거짓말의 실제 단서 사이의 관련성을 검토하는 방법으로, 판단자가 보내는 사람의 행동을 해독하는 심리과정을 가정한 렌즈 모델을 이용하는 경우가 있다. 이 렌즈 모델을 이용한 연구에서는 판단자가 특정의 단서를 이용해서 거짓 정보를 보내는 사람의 진위성을 판단할 때의 특정한 경향의 강도를 단서의 지각과 진위 판단의 상관계수에 의해서 나타내고 있다.

하트위그와 본드(Hartwig & Bond)는 렌즈 모델을 허위판단에 적용하여 총 81가지 종류의 거짓말에 대한 단서와 그때의 진위 판단에 대해 검토했다. 그리고 66가지 종류의 단서가 유의하게 허위지각과 관련되어 있다는 것을 제시하였다. 이러한 관련 정도를 의미하는 상관계수의 높이는 그 단서와 거짓의 결합 강도를 나타내고, 어떤 단서의 상관계수가 음의 값일 때, 판단자는 그 단서로부터 거짓으로 판단하는 경향이 있다고 생각한다. 이로 미루어 보아 이 연구의 응답자가 보고한 거짓말의 단서에 대한 신념이 거짓말과 결부가 강하다면, 이러한 특징적인 신념과 대응하는 상관계수가 높다는 것을 밝힘으로써 간접적으로 허위지각을 이끌어 낼 수 있는 영향을 가지고 있을 가능성이 있다고 보여 줄 수 있을 것으로 생각한다.

따라서 이 연구의 응답자(5% 이상)가 안고 있는 거짓 신념으로서 '시선이동(31.7%)', '일관성 없는 발언(13.6%)', '시선 혐오(13.2%)', '자세 변화(12.5%)', '표정 변화(11.7%)', '느낌이 나쁜 것(10.2%)', '불확실한 발화(6.4%)', '긴장감'의 8가지를 확정해서 메타분석에서 보고하고 있는 거짓지각과의 관련 강도 지표를 분석하였다. 이 단서들의 상관계수의 절댓값은 0.10에서 0.49 사이였으며, 가장 많은 거짓과 관련이 있는 단서는 '불확실한 발화'였다.

다른 단서들은 연관성이 약하다는 것을 보여 주는 정도에 머물러 있었다. 덧붙여 메타분석에서 중앙값은 r=.25이며, 단서의 이용계수는 전체적으로 낮았다. 이 결과를 바탕으로 실험실 상황에서 응답자의 5% 이상으로부터 얻은 주관적 단서의 이용계수가 거짓 신념으로 받아들여지고 있다는 것을 알 수 있다. 시선이동은 시선 접촉의 역전 항목, 시선 혐오는 시선을 피하는 것에 대응시켰다. 이 수치들은 하트위그와 본드(Hartwig & Bond)의 연구에서 발췌한 95% CI2 이용계수가 이용되지 않았을지도 모른다.

6. 허위지각에 대한 개인차 검토

앞항에서는 렌즈 모델 분석의 결과를 이용해, 허위판단을 할 때 실제로 이용하고 있는 단서와 허위판단 시에 도움이 된다고 생각하는 단서를 비교했다. 이 두 단서 사이에는 양의 상관관계가 있다고 나타났으며, 어떤 언어적·비언어적 행동이 거짓말과 관련되어 있다고 인식하고 있는 것으로, 실제로 판단기준으로서 사용할 가능성이 높다고 생각할 수 있다.

한편, 경찰관이나 검사, 판사와 같은 허위검출 전문가들은 다른 사람들의 진위를 판단할 기회가 많고, 거짓말을 놓치는 것에 대해 우려하고 있다. 그래서 상대방이 거짓말을 할 것이라는 전망(거짓말 편견)이 크다. 이 점에 관해서는 의구심을 측정하는 척도(Generalized Communicative Suspicion Scale)에서 경찰관이나 검사, 판사의 득점이 일반인에 비해 높은 것이 확인되고 있다. 의구심이 높은 사람은 실제 진위성과 독립적으로 다른 사람의 진술을 거짓이라고 판단하기 쉬운 경향에 있기 때문에, 거짓말을 전제로 한 정보 탐색을 실시하고 있는 것이 영향을 주고 있을지도 모른다. 또한, 허위 경험에 대한 자유로운 설명에서 상대방의 거짓말을 인지하고 있는지에 따라 사용하는 단서가 다를 수 있음을 시사했다. 이러한 배경을 감안할 때, 거짓말의 가능성을 추정하는 경향은 타인에 대한 의구심이나 불신감 같은 개인 특성과 관련된 것으로 생각한다.

어떤 거짓말을 보고하지 않은 사람들보다 의구심이 더 높을 것으로 예상한다. 또한 대인 불신은 다른 사람을 믿지 않는 경향이 있기 때문에 거짓말 여부에 주의를 기울일 필요가 없다고 보고한 단서와는 관련이 없을 것이다. 이상의 점을 검증하기 위해서, 처음에 각 척도가 가지는 인자구조의 타당성을 조사하는 확증적 인자분석을 실시했다.

인자구조의 적합도를 나타내는 적합도 지표는 의구심척도에 대하여 $\chi^2=51.78$, df=26, p<.05, CFI=.944, RMSEA=.062, AIC=90.856, 대인불신에 대하여 $\chi^2=335.61$, df=249, p<.01, CFI=.952, RMSEA=.039, AIC=555.834였다. 이러한 값에 근거해 적합도 지표는 대체로 허용할 수 있는 값이라고 판단했다.

이어서 거짓말이라고 느낀 경험의 보고 유무에 따라 의심의 정도가 다른지 여부를 조사했다. 그 결과 예상한 대로 타인에 대한 기만성을 인지하고 있던 응답자(M=27.3, SD=5.34)가 아무것도 보고하지 않은 응답자(M=24.5, SD=5.24)보다 의구심이 높았다(t(270)=4.18, p<.01, d=.52). 그러나 대인 불신에 대해서도 유의한 차이가 있었으며, 타인에 대한 불신이 높은 사람은 허위지각과 관련된 단서를 많이 보고하고 있었다(t(270)=4.46, p<.01, d=.55). 또, 대인 불신감은 거짓말에 대한 도덕관이나 주관적인 피기만성, 허위행동의 표출에 관한 생각을 공변량으로 한 분석을 실시하였으나 유의한 것으로 나타났다(ps<.05).

V. 거짓말의 단서에 대한 연구 고찰

이 연구는 많은 허위검출 연구가 상정하고 있다고 여겨지는 판단을 실시하는 대상이 되는 거짓말 정보를 보내는 사람이 나타내는 언어적 · 비언어적 행동에만 근거해 타인의 거짓말을 간파하는 표면적이고 잠재적인 전제에 발단하고 있다. 그 때문에 실험 설계상의 문제로 제한되고 있는 정보에 사로잡히지 않고, 일상 속에서 행하고 있는 허위판단에 대한 이해를 깊게 함으로써, 소박한 허위지각을 조사하는 것을 목적으로 했다. 이러한 물음을 바탕으로, 사람이 품고 있는 거짓말의 단서에 대한 신념과 일상 상황에서 허위지각을 일으키는 단서, 그리고 특별히 주목한 단서와 개인 특성의 관계에 대해 검토했다.

사람이 거짓말을 하고 있다고 알 수 있는 단서는, 진실을 말하고 있을 때와는 다른 행동을 표출한다는 생각에 근거하고 있다. 그리고 이러한 많은 행동에 대한 믿음들이 허위 발견의 주관적 단서로 연구되고 있다. 예를 들면, 세계 규모의 연구에 의해서, 시선 혐오와 거짓말이 결부되어 있다는 신념은 가장 자주 보고되었던 단서인 것이 밝혀졌다.

본 연구의 자유응답식 조사에서도 응답자들은 언어적 행동보다 비언어적 행동이 거짓과의 관련이 많다고 인식하고 있는 것을 지지하는 결과를 얻었다.

비언어적 행동에 주목하는 경향은 강건하며, 이 배경에는 거짓말을 하고 있을 때에는 발화자가 불안을 느끼고, 그 불안이 행동에 나타난다는 것을 상정하고 있어, 간단하게 처리할 수 있는 단서일지도 모른다. 그러나 실제로는 비언어적 단서보다 언어적 단서가 거짓의 지표로서 타당성이 있다고 밝혀지고 있다. 이 연구의 응답자들이 보고한 거짓말의 단서에 대한 믿음은 다음과 같은 두 가지 점에서 흥미로운 결과로 여겨진다.

첫 번째로, 선행연구와 비교했을 때, 시선 행동이나 자세 변화와 같은 비언어적 단서는 공통적이지만, 느낌이 나쁜 것과 같은 통합적인 인상이 보고된 점은 달랐다. 이러한 전체적인 인상은 언어적 · 비언어적 행동의 작은 변화가 겹친 것으로 보이지만, 이들 구성요소를 개별적으로 검토한 연구는 보이지 않는다.

한편, 전체적인 인상은 개개의 단서보다도 유용한 단서라는 의견이 보고되어 있기 때문에, 통합적인 인상이 허위판단에 있어서 충분한 예측인자가 될 가능성을 생각할 수 있다. 그러므로 이 인상에 관한 장래 연구가 기대된다.

두 번째로, 필자는 눈에 띄게 많이 보고된 거짓말들에 대한 단서들을 발견했는데, 이 단서들에 대한 확신이 상당히 높았다. 이 단서에 대한 확신은 단서와 거짓말 사이에 강력한 연합이 존재한다는 것이다. 확실한 단서가 모두 진위를 판단할 때 사용되는 것은 아니지만, 허위결정의 틀에서 자주 사용되는 것이었다. 이것은 아마도 거짓말의 단서에 대한 믿음을 활성화시킴으로써 그 믿음과 일치하는 단서를 찾도록 유도했을 것이다. 실제의 허위검출을 고려하더라도, 이러한 가능성은 충분히 생각할 수 있다. 이 연구에서 실제의 일상 상황에서 사용하고 있는 단서를 조사하기 위해서, 응답자가 경험한 거짓말을 직접적으로 묻고, 그때 이용한 상세한 단서나 거짓말을 한 상대와의 관계성을 묻는 자유 응답식의 질문을 이용했다. 이 질문들에 대한 답을 코딩한 결과, 그들은 여러 단서들을 결합하여 다른 사람들의 허위사실을 인식하고 있는 것으로 나타났다.

거짓말을 간파했을 때의 사건에 관한 유사한 연구에서는 거짓말을 검출할 때의 기법에 대해서, 거짓 정보를 보내는 사람의 언어적 행동이나 비언어적 행동에 근거해 판단하는 것은 극히 적었다고 보고하였다. 그 대신 제3자로부터의 정보나 물적 증거를 기준으로 한 메시지 내용의 일치 등 보다 객관적인 지표가 이용되고 있었다. 게다가 거짓말을 한 직후에 거짓말을 알아차리는 일은 거의 없는 것으로 보였고, 한 시간이나 그 이상의 시간이 지난 후에야 알아차리는 경우가 많았다.

한편, 이 연구의 결과는 조합을 세분화해 보면, 비언어적 행동을 통해서 거짓말일지도 모른다고 깨달은 사례(20.7%)가 많았다. 또, 직관적으로 거짓말을 느꼈다고 보고하는 응답자도 높은 비율로 나타났고 허위검출의 기법과는 달리, 애매한 지표가 이용되고 있는 것으로 나타났다. 아마도 이 차이는 단서의 인식과 관련 있을 것이다. 신념이나 동기, 판단에 대한 지식이 정확하지 않은 경우가 있다고 실증되고 있지만, 거짓말에 대한 진위의 판단에 관한 연구에서는 실제로 타당성 있는 거짓말의 단서가 관찰 가능한가 하는 점보다, 관찰자에게 거짓말을 하고 있을 가능성을 환기시키는 역할을 가지는 단서가 존재하는가가 더 중요하다는 것을 지적하고 있다. 그뿐만 아니라 사람들은 다른 사람들과 소통할 때 불확실한 인상을 받으면 상대방이 거짓말을 하고 있다는 의심을 품는다. 따라서 허위지각을 환기시키는 단서에 주목할 경우, 언어적 단서나 비언어적 단서의 실제 허위성을 추정하기보다는 지각에 대해 어느 정도 영향을 미치는지를 아는 것이 더 필요할 것으로 생각한다.

일상적인 장면의 결과를 감안하면, 타인과의 상호작용 중에서는 단순히 특정 단서에 의해서만 허위에 대한 지각이 환기되는 것이 아니라, 상대의 인상이나 행동 등의 복수의 정보를 통해서 거짓말을 지각하고 있다고 생각한다. 이는 상호작용을 전제로 한 고전적인 허위에 관한 이론과 같은 입장을 취하고 있다.

진위성 판단을 할 때 발견법(heuristics: 간편추론법)을 많이 사용함으로써 판단의 정확성이 제한되어 버릴지도 모르지만, 허위검출의 정확성과 허위검출자의 의사결정이 반드시 대응하고 있는 것은 아니다. 이 점은 자기보고에 의한 거짓말의 단서와 실제 거짓말의 단서 사이의 불일치뿐 아니라, 허위판단 자체가 의식적으로는 접근할 수 없는 직관에 의해 야기되는 것으로도 충분히 생각할 수 있다. 직관에 의한 허위판단의 프로세스가 정확하다고 시사되고 있지만, 의견을 재현하는 것에 관한 어려움이나 허위에 관한 인식의 차이가 있으므로, 실증적 의견을 거듭 제시하는 것이 요망된다.

한편, 실제 진위 여부와는 상관없이 허위 가능성을 환기시킬 수 있는 지각상의 단서에 대해 밝히는 것도 중요하다. 일부 거짓말의 단서는 신체 변화에서 보듯이, 신체 움직임이 많을수록 거짓으로 판단되는 경우와 신체 움직임이 적을수록 거짓으로 판단되는 경우와 같이 정반대의 방향으로 예측되는 경우도 있다. 같은 단서라도 판단에 관한 인식의 방향성이 다른 단서는 여러 연구에서 확인되었다. 게다가 사람의 허위판단에 관한 신념은 부정적 감정의 경험이나 소박한 도덕성에 근거한다. 그러므로 거짓말에 관한 전제를 이해함으로써, 거짓말을 지각하는 단서에 대해 상세하게 검토할 수 있을 것이다. 그렇다면 거짓말의 단서에 대한 직관적인 생각은 거짓말에 대한 실제 행동의 단서와 얼마나 겹칠까?

선행연구는 소통을 도모하는 경우 상대의 실제 진위성에 대한 피드백의 결여가 경험으로부터 얻을 수 있는 적절한 규칙의 학습을 방해하고 있다는 것을 시사하고 있다. 실제 의사결정이 생각보다 결점이 적다는 견해를 정리하면, 허위판단에 대한 피드백의 역할을 새로운 관점에서 해석할 필요가 있을지도 모른다. 아마도 기만적인 태도에 대한 직관적인 평가나 의심이 있는 것은 거짓말의 진위성에 대한 피드백을 받고 있을지도 모른다. 그러한 피드백을 포함하여, 판단자가 실제 단서에 대해 가지고 있는 신념에서 지각상의 단서의 강도를 찾는 것은 미래의 연구에 대한 현재 단계의 질문이 될 것이다.

3장

거짓말과 자신의 행동을
허위로 연출하는 연기

교육 현장에서는 아이들이 거짓말을 하거나 연기를 하는 것이 바람직하지 않은 것으로 인식하기 쉽다. 한편, 고프만으로 대표되는 대면적 상호행위의 사회학에서는 사회를 무대라고 간주하고, 일상생활을 유지하는 기법으로서 '거짓말'이나 '연기'를 그려 왔다. 이 장에서는 어린이의 거짓말이나 연기를 허구의 세계를 만들어 냄으로써 창조적이 되는 하나의 방법으로 보는 견해를 제안한다.

이를 위해 먼저 아이들의 거짓말과 연기의 개념 구분을 다시 특정하고, 아이들의 특권적인 놀이로 취급하는 거짓말을 검토하기로 한다. 다음으로, 창조적인 허구의 세계를 방법적으로 만들어 내는 연극의 기법, 즉 연출론을 단서로 하여 검토하고자 한다. 이러한 작업을 통해서, 아이들의 거짓말과 연기를 재고하고, 아이들이 자신의 행동을 어떻게 연출하는지 거짓말 행동에 대한 연기(演技)의 가능성을 살펴보고자 한다.

Ⅰ. 거짓말과 연기의 재고

아이들이 일상에서 거짓말을 하는 것은 부정적인 이미지를 부여한다. 이것은 적어도 바람직한 아이의 모습은 아니다. 그것은 '밝고, 건강한' 아이를 '선'이라고 한다면, 그 뒤편의 '악'의 측에 자리매김하는 것이다. 이것은 단순한 사회통념 수준에 머무르는 것이 아니다. 도덕교과의 학습목표에도 거짓말을 하거나 속임수를 쓰는 것은 용납되지 않고 도덕성 함양을 통한 도덕적인 인간을 지향한다.

거짓말과 마찬가지로, 연기라는 기술도 아이와 연관 지어 이야기할 때는 부정적인 인상을 준다. 아이들의 연기는 착한 연기라는 말로 대표되듯 거짓말은 병리적 측면으로 여겨지고 있다. 예를 들면, 학교에서 아이들은 구속 상태에 있고, 교육은 경쟁을 하도록 설계되어 있는 동시에, '자율적으로 행동하라'거나 '사이좋게 지내라'는 교사의 명령에 따라야 하는 이중구속(double bind) 상황에 있다. 그중에서 아이는 '교사나 주위의 어른의 기대에 맞추어, 건강하고 밝은 아이, 성실한 아이, 친구와 사이좋은 아이, 성적이 좋은 아이 등 교육자들이 설정한 교육 성과가 올라간 모습을 재현해야 한다. 그러므로 아이는 교육목표가 제시한 어린이상을 스스로 연기'하지 않으면 안 되며, 교육관계자들은 아이의 행동에서 비행이나 가정폭력의 요인이 되는 '이상함'을 찾아내고 있다. 그러나 연기를 하는 아이는 진짜 생각이나 진짜 자기를 숨긴, 어딘가 부자연스러운 존재로 그려지기 쉽다.

한편, 연기의 이미지에 대해서, 위와 같은 교육 장면에서 아이의 거짓말, 일상에서의 아이의 거짓말, 연기의 이미지는 반드시 부정적인 것만은 아니다. 예를 들면, 크리스 콜럼버스 감독이 연출한 코미디 영화《나 홀로 집에》등에서 그려지는 것과 같은 '어른을 앞지르는 아이'의 모습을 보는 것에 일종의 상쾌함을 줄 것이다. 또 학술 영역에서 말하자면, 사회학자 고프만(Erving Goffman)은 바로 연극적인 개념틀을 이용해서 사회적 상황을 표출하고 이미지를 유지하는 기법이 극장의 무대든 일상생활의 현실이든 동일한 것이라고 한다.

고프만은 신체적·언어적 행동을 통해 다른 사람에게 전달되는 자신의 정보에 영향을 미치려는 것을 '인상조작'이라고 불렀다. 이러한

악마의 가면

관점에서 보면, 바람직한 혹은 바람직하지 않은 것과는 다른 차원에서, 아이도 한 사회성원으로서 거짓말이나 연기를 실행하는 것으로 '인상조작'을 실시하고 있고, 상호행위 질서 안에서는 오히려 그렇게 하는 것을 요구하고 있다. 여기서 연극의 은유는 상호행위 질서를 유지하는 기법으로 묘사한다. 고프만과 같이 일상의 사회생활을 연극의 은유로 파악하는 발상은 학술 분야 내외에서 많이 보이고, 이러한 발상 자체는 더 흔해지고 있다. 학제적인 이론가나 실천가들은 그러한 상황을 이용해 오히려 연극의 메타포를 하나의 축으로 하여 논의하면서 고프만의 이론을 극복하려는 시도도 하고 있다. 연기에 관해서 또 다른 관점에서는 연극과 교육과의 관련을 둘러싼 연구도 확실한 축적이 이루어지고 있다.

논자들은 자신들의 주장을 입증하기 위해 다양한 방법을 사용하는데, 여기에는 연극 공간, 연극 연습, 연극 제작의 교육적 효과를 고려한다. 이러한 선행연구를 고려하면, 교육적 측면에서 아이의 거짓말이나 연기를 악이라고 단정하는 것이 너무 성급하다는 것은 거의 자명하다. 따라서 이 장에서 아이들의 거짓말과 연기에 대해 재고하려고 한다. 그것은 아이의 행동을 '거짓말'과 '연기'의 관점에서 다시 파악하는 것으로, 사회학 분야에서의 연극의 은유를 이용한 일상생활의 설명과 또 연극의 교육 효과를 논하는 것과도 다른 교육에서의 어린이상의 대안을 제시하고 싶다고 생각하기 때문이다. 이러한 문제의 쟁점에서 규범적으로 '거짓말을 하지 않는' '순수한' 아이를 요구하는 교육의 본질적인 자세에 대해 그것과는 다른 아동상을 제시하고자 한다.

이 장에서의 논의는 그 준비 단계로서의 시론이다. 다음 항에서는 우선, 거짓말과 연기의 개념상의 관계를 검토하고, 거짓말에 대한 이 책의 관점을 명확히 정리해 나가기로 한다.

II. 거짓말과 연기의 개념 구분

1. 간파해야 할 거짓말

아이들의 거짓말은 특히 부모들에게 어느 정도 충격을 주는데, 그것은 진실하고 솔직한 아이들의 이미지와는 상반되기 때문이다. 에크만에 의한 아이의 거짓말 연구도 자신의 아들에게 거짓말을 당한 충격이 계기가 되었다고 한다. 에크만은 책에서 아이들이 거짓말을 하게 된 동기와 요인을 유형화해서 논하고 있다. 구체적으로 에크만은 거짓말의 동기를 '징벌을 피하기 위해서', '부끄러움을 피하기 위해서', '동료를 지키기 위해서', '자신의 지위를 높이기 위해서(자랑 · 자찬)', '사생활을 지키기 위해서', '능력을 보여 주기 위해서' 등으로 분류하고 있다.

여기에서 상세한 것을 소개하지는 않지만, 에크만도 기본적으로는 거짓말을 '성실함'에 대응하는 것으로 이해하고 있고, 부모와 자식의 신뢰를 상실시키는 위험인자로서 거짓말을 파악하고 있다. 여기서는 거짓말을 거짓으로 알아차리는 것이 목표이다.

심리학자는 아이의 거짓말을 꿰뚫어 보는 것에 대해 대규모 실험을 전개하여 어른들이 아이의 거짓말을 (친부모조차도) 거의 알아내지 못한다는 결과를 제시하였다. 또 다른 실험에서는 나이가 들수록 거짓말을 하는 비율이 두 배에서 네 배로 높아진다는 결과도 제시하였다. 그래서 거짓말을 하는 것은 아이들의 마음이 성장하고, 말과 표정을 제어하는 능력을 익혔다는 증거이기 때문에 바람직하게 보아야 한다고 주장한다.

어른들에게 간파당하지 않는 형태로 거짓말을 하는 것 자체가 아이들이 상호행위의 능력을 가지고 어른들과 대화를 주고받기 시작하였다는 것을 의미하는 것이다. 이 연구 결과는 일반적인 거짓 관념과는 다른 사실을 제시한다. 즉, 여기서 아이들의 거짓말은 절대적인 악이 아니라 성장과 발달 단계에서 인지 능력을 획득한 결과로서 아이들의 성장에 필요한 것으로 인식하고 있다. 유아가 거짓말을 하게 되는 것을 '자기와 외계의 분리'가 달성된 증거로서 이해하고 있다. 아이의 성장·발달에 수반해야만 가능한 거짓말이라는 것이다.

나는 이 책에서 당시 14살이었던 에크만의 아들이 직접 쓴 장에 주목하고 싶다. 흥미로운 것은 에크만의 아들이 부모를 비롯한 권위자들의 감시를 피하기 위해 거짓말을 하는 것이 아이들에게 필요하다고 주장한다는 점이다. 세상의 모든 아이들이 부모에게 거짓말을 수없이 해 왔다. 대체로 아이들은 부모에게 거짓말을 하는 것이 종종 필요하고 거짓말을 해도 된다고 생각하는 것 같다. 부모는 단순히 학기 말까지가 아니라 평생 당신 곁에 있을 것이다. 그래서 거짓말을 하지 않고 항상 착한 아이로 있는 것은 불가능한 것이다.

아이들도 가끔 거짓말을 해야 한다는 것을 알고 있기 때문에 부모에게 거짓말을 하는 것은 대체로 용서받을 수 있는 일이다. 거짓말을 하는 것이 자신이 얼마나 똑똑해질 수 있는가를 시험하는 약간의 경쟁이 되기도 한다. 여기서 거짓말의 의미 그 자체는 '사람을 속이다'의 의미로 사용되고 있음을 지적해 두고 싶다. 게다가 에크만은 아이의 거짓말이 부모의 감시와 규제로부터 벗어나기 위한 것인 동시에 스스로의 성장을 시험한다는 의미에서의 테스트가 되고 있다고 긍정적인 의미를 부여하고 있다.

　이상, 간략한 점검을 통해 아이의 거짓말은 악이라는 일반적인 관념에 대해, 거짓말에 대한 긍정적인 의미 부여의 여지가 다분히 존재함을 확인하였다. 다만, 지금까지 검토해 온 '거짓말'이란 '속이다'와 같은 의미의 '의도적으로 타인을 속인다'는 의미의 '거짓말'이었다. 이에 대해서 나는 원래의 '거짓말'의 의미를 허구의 세계라는 의미로 파악해서 그 의의를 검토해 보고 싶다. 이하에서는 아이에게 필요한 거짓말로서 성질이 다른 2가지 유형을 확인해 보기로 한다.

2. 거짓말의 필요성

　아이의 거짓말을 ① 방어적인 의미를 가진 거짓말, ② 놀이의 거짓말, ③ 도덕적인 의미를 가진 거짓말의 3가지로 분류하기로 한다. 여기에서는 그중 ① 방어의 거짓말과 ② 놀이의 거짓말에 주목하기로 한다. ③ 도덕적인 의미를 가진 거짓말은 앞의 두 가지 유형과는 달리, 어린이의 거짓말과 도덕성의 관계를 논하기 위해 설정되어 있다.

　방어의 거짓말에 관하여 흔히 드는 예로 조지 워싱턴의 벚꽃나무 이야기가 있다. 유년기 워싱턴이 정원의 벚꽃나무를 베어 버렸는데 부모님이 야단치자 "벚꽃나무를 베어 내지 않았다."고 거짓말을 했다는 에피소드이다. 놀이의 거짓말에 관한 예는 피노키오 이야기이다. 동화 속 "피노키오는 거짓말을 할 때마다 코가 길어진다."는 이야기이다. 이러한 에피소드를 통해서 정직 모럴의 이데올로기를 아이들에게 강제한다. 하지만 이 두 종류의 거짓말을 '어린이에게 불가결한 거짓말'로서 평가하고 싶다.

우선은 이 두 가지 거짓말의 유형에 대해 확인해 보자. 방어적 거짓말은 부모와 어른들의 질책과 처벌을 피하기 위해 하는 거짓말로, 다른 사람들의 시선에서 자신의 행동을 차단하는 것이 목표이다. 이는 앞서 말한 에크만의 열네 살 난 아들이 거짓말을 해야 했던 이유와도 겹친다.

타인이 볼 수 있다는 것은 본인이 보이고 싶지 않은 것까지도 간파하는 것이며, 보는 사람이 볼 수 있는 것보다 우위에 있는 지위를 획득하고자 한다. 보는 사람에게 시선은 지배와 구속을 의미하며, 그런 의미에서 자유와 자율의 박탈이다. 만약, 그 아이가 자신일 수 있다면, 우리는 어떻게 해서든 이 어른들의 시선을 막아야 한다. 그러기 위해서 적극적으로 자기에 대한 가짜 정보를 제공하거나, 고의로 정보를 은닉해서 자기에 대한 타인의 시선의 눈가림을 실행한다. 이러한 방어적 거짓말은 아이들이 부모와 어른들의 속박에서 벗어나 독립적인 정체성을 얻는 데 필수적인 것으로 여겨진다. 즉, 방어를 위한 거짓말도 어린이의 성장·사회화의 과정으로서 자리 잡고 있고, '속이고' '속는' 형식의 '거짓말'의 긍정적인 의미 부여라는 점에서, 지금까지의 논의와 같은 지평에 있다고 할 수 있다.

한편, 지금까지의 거짓말 논쟁과 비교했을 때, 여기에서는 거짓말을 보는 방식 자체가 다르다. 놀이의 거짓말이란, 현실과 공상을 구별한 후에 공상을 조종해서 노는 '흉내놀이, 즉 모방놀이'에서 현저한 '현실 부인의 태도'를 가리킨다. 그래서 여기에는 속이겠다는 본인의 의도는 존재하지 않는다. 그런 의미에서, 놀이의 거짓말에서의 '거짓말'은 지금까지의 '거짓말'과는 달리 '허구'나 '허구세계'에 가까운 것이라고 할 수 있다.

이 놀이의 거짓말이라는 구분에 따라 이 장의 첫머리에 말한 거짓말과 연기의 애매한 구별이 어느 정도 분명해진다. 양자에게는 '속이려는 의도의 유무'라는 차이와 '현실을 대신하는 도구를 상상해서 그것을 자유자재로 조작한다'라는 동일성이 있다고 일단 정리할 수 있을 것이다. '흉내놀이'로 대표되는 것과 같은 아이의 공상 세계에서의 놀이도 방어의 거짓말과 마찬가지로, 아이의 사회화를 특징짓는 것으로서 파악하는 것이다.

어린이는 흉내놀이라는 공상의 세계를 잘 활용함으로써, 어른들에게 대항하려고 한다. 그것은 '일상세계의 현실 위에 놀이의 가상현실을 겹쳐, 양자를 동시에 조작하는 매우 복잡하고 손이 많이 가는 아이의 현실관리 기법'이다. 아이들에게 특유한 상호행위 운영 능력의 방법을 이 흉내놀이에서 관찰할 수 있다. 다만, 흉내놀이의 거짓된 특성은 그뿐만이 아니다. 흉내놀이의 거짓말에는 때로 아이가 '공상=허구=거짓말'의 세계에 몰입하게 된다는 특징이 있다.

여기에는 어른 사회로의 사회화를 거절하는 것과 같은 어린이 세계의 독자적인 발상이나 창조성의 근원이 숨어 있다고 생각한다. 가상의 상황을 설정해 보자.

> 그때 나는 길가에 멈춰 서서 어린 형제가 웅덩이에서 놀고 있는 것을 보고 있었다. 동생은 "무슨 고기가 있어, 큰 물고기가 있어."라고 소리치며 형의 주의를 환기시키고 있었다. 어제 내린

비로 인해 생긴 웅덩이에 크든 작든 물고기가 있을 리가 없다고 생각한 나였지만, 그의 외침은 너무나도 진정성이 담겨 있었기 때문에 언뜻 보면, 확실히 그의 손에는 뭔가 거무스름한 것이 있었고, 그것은 분명히 그의 손에서 벗어나려고 하는 것처럼 보였다. 살아 있는 잉어일까? 내가 헤매고 있는 사이에 검은 흙물투성이, 진흙투성이가 되어 그 자체와 씨름하고 있던 형제 중, 형이 겨우 물건을 잡았다. 나도 모르게 넋을 잃고, "아버지에게도 그 물고기를 보여 드려라."라고 기웃거리자마자, 형은 실망한 목소리를 내며, "뭐야! 이건 돌이잖아!"라고 화를 냈다. 나도 완전히 낙심해서 집을 향해 서둘러 걷기 시작한 뒤로, 동생이 큰 소리로, 형을 나무라는 듯이 "그런 말 하면 재미없잖아!"라고 외치는 것이 들렸고, 나는 발을 멈추고 완전히 감복해 버렸다.

나는 이 형제의 대화를 '흉내놀이'로서 파악한다. 이 두 사람에게 물웅덩이는 바다나 호수이고, 검은 돌은 물고기가 된다. 이때 '이것은 흉내'라고 하는 메타 메시지가 양자에게 공유되는 것이지만, 이 예화에서 동생은 '이것은 흉내(거짓말)'라고 하는 메타 메시지를 파악하고 있으면서, 이 메타 메시지의 세계에 파고든다. 즉, 여기서 어린 소년들은 상상력에 의해서 짜진 거짓말(허구) 속에 몰입하고 있는 것이다.

나는 이러한 '허구의 세계와 아이의 자기가 용해되어, 허구의 세계에서 살 수 있다'는 것을, '재미있게 살 수 있는 거짓말'이라고 부르며, 어른에게는 없는 아이 특유의 창조성의 특징이라고 평가한다. 무엇보다도, 이러한 아이들의 흉내놀이에서 생성적인 의미를 찾는 견해가 나에게만 머무르는 것은 아니다. 예를 들면, 이것은 흉내(놀이)라고 하는 메타 메시지가 내포하는 패러독스, 다시 예를 들면 "프로레슬링에서 행해지는 짜깁기하는 행위는 그 행위에 의해서 표시되는 것(진짜 싸움)을 표시하고 있지는 않다."라고 하는 메시지와 메타 메시지의 순환 관계이다.

흉내놀이에 의해서 초래되는 논리의 왜곡은 토톨로지로 이루어지는 일상의 해석 도식에 불균형을 낳고, 이 불균형은 각성이나 회심과 같이 해석 도식의 전면적인 재조합에 이르지는 않더라도 도식의 틀을 변용시켜, 지금까지와 다른 세계의 절단 방법을 가능하게 한다. 아이들이 노는 것은 다른 세계의 발견과 동시에 자기 시스템에 유동성을 낳아 변용시키는 것(의미 생성)을 의미한다.

또 켄달 웰튼(Kendal Welton)은 아이가 돌이나 진흙 등을 사용해서 흉내놀이(소꿉질, 빠끔살이) 속의 음식이나 사람 등으로 판단해서 대응시켜 가는 규칙을 '생성의 원리(principle of generation)'라고 부르고, 그것이 허구적 세계를 만들어 내고 있다고 지적한다. 어느 논의도 아이의 거짓말에 놀이의 거짓말적 요소, 즉 허구·허구세계에서의 창조성을 찾아내고 있다. 그렇다면 이러한 아이 '특유'의 허구세계를 이용한 창조성은 학교 공간, 교육 장면에서 어떤 것이 될 수 있을까? 이 점에 대해서는 지금까지의 논의를 정리하면서 검토하기로 하자.

3. 놀이의 거짓말과 교육 장면

아이들의 거짓말의 분류로는 두 가지 방향이 있었다. 하나는 거짓말을 어른들에게 사회화하는 과정으로, 특히 그것이 순조롭게 경과되고 있음을 보여 주는 특징으로 보는 방향이다. 이것은 방어의 거짓말로서 어른들까지 속이는 거짓말에 대한 것이다. 다른 말로 하면, 그것은 아이들이 어른들과 동등한 상호행위 능력을 갖추고 있으며, 어른들과 아이들이 세상을 공유할 수 있는 기반을 형성하고 있음을 보여 준다. 이에 대해서, '놀이의 거짓말'이라고 불리는 어른과는 독립된 문화에 사는 아이 특유의 생성적인 거짓말이 있다. 거기에서는 허구의 세계에 자기가 용해됨으로써, 현실성이나 일상성을 타파하는 창조성이 발휘된다.

이 놀이의 거짓말의 관점에서는 거짓말을 하지 않고 순순히 생활하는 것이 바람직하다고 하는 교육에서 현재의 아동상과는 다른 종류의 아동상이 성립할 수 있지 않을까? "거짓말을 하거나 속이지 않는" 어린이상을 이상으로 할 때, 교육 현장에서는 "진짜 자신"을 드러내는 것이 어린이에게 요구된다. 그러나 아이들의 창의성은 진짜 나를 찾는 과정에서 발휘되는 것이다. 오히려, 진짜 자신을 요구하는 상황에서, 아이는 현실성과 일상성에 갇히게 되는 것은 아닐까 생각한다. 거짓말을 금지하는 교육이념이 오히려 아이들의 창의성을 억제하는 결과가 될 수 있다는 말이다.

적어도 지적할 수 있는 것은 놀이의 거짓말이 일상을 초월한 창조적인 행위를 만들어 낼 가능성이 있다면, 그것을 교육 현장에 활용할 가치가 충분할 것이라는 점이다. 그렇다면 교육이 실현되는 장면에서 놀이의 거짓말은 어떻게 가능한가? 요점은 허구의 세계를 창조하고 공유하는 것에 있다. 즉, 허구의 세계는 현실과는 다른 것이라고 하는 메타 메시지가 행위자끼리 공유되고 있는 것이 조건이 되며, 그러한 메타 메시지가 공유되고 있는 상호행위 공간을 만들어 내는 것이 우선 필요하다. 그러나 문제는 바로 이러한 거짓 놀이적 지향성이 교육의 순수한 장면을 지배하는 진짜 나의 지향과 상반된다는 점이다.

4. 거짓말에서 연기로

거짓말, 즉 허구의 세계에 들어가 노는 것은 '진짜 자신'을 요구받는 학교 상황에서는 곤란하다. 그러나 연극이라는 장치 속에서는 어른도 정당성을 가지고 허구의 세계로 빠져들 수 있다. 여기에 거짓말의 금지에 대한 해결 가능성은 없을까?

거기서 우선, 지금까지 논해 온 '놀이의 거짓말'을 허구의 세계를 진실성을 가지고 논다(play)는 의미로, 연기라고 바꾸어 보자. 이 장에서는 '연기'란 허구 · 거짓 · 가짜를 '허구의 틀을 사용한 실제(real)의 것으로서 표상한다'라고 하는 의미로 파악한다. 무대연극에서는 허구세계로 몰입하여 실제 표상으로서의 배우의 연기가 행해지고 있다. 거기에서는 어른과 아이를 포함한 연기자는 연출가의 지시대로 연기할 것을 요구받는다. 그러나 아마추어들은 그대로 연기할 수 없다.

허구 세계에 몰입하는 것, 즉 연기를 하는 것은 그 자체가 하나의 거짓 방법의 습득이다. 각 배우는 허구의 세계로 들어가는 자신만의 방법을 가지고 있을지도 모른다. 그러나 현대 연극에서 배우의 연기 방식은 충분히 체계화되어 있지 않고, 선배 배우를 모방하는 것으로 전승 · 전달되는 경우가 많다. 그것은 쉽게 접근할 수 있는 일종의 개인화된 기술이다.

한편, 연극 세계에는 배우의 연기를 실제의 표상으로 관객에게 보여 주기 위해서 '연출'이라는 행위가 존재한다. 다음 항에서는 이 '연출'의 기법으로부터, 아이의 연기를 학교 교육의 장면에서 가능하게 할 수 있는지 그 가능성을 찾아보기로 한다.

Ⅲ. 연극 제작 현장에 보는 연출기법

1. 몰입에 대한 기술적 달성으로서의 연출기법

여출기법은 연극에서 당연히 하나가 아니라, 애초에 사실적인 표상을 지향하지 않는 것도 있다. 스타니슬랍스키(Konstantin Stanislavsky)의 연출을 발전시킨 '메소드 연기법(Method acting)'과 같이, 배우 자신에게 등장인물의 내면을 상상시켜 리얼한 연기를 추구하는 '빙의형'의 연출도 있고, 희곡의 서사화(敍事化)를 위한 예술기법으로 대상을 인식하게 하되 그 대상을 낯설게 하는 묘사방법 브레히트(Bertolt Brecht)의 '이화효과(異化效果)'에서는 오히려 연극으로부터 리얼함을 벗겨 내는 것이 목표가 되기도 한다. 그중에서는 어떤 배우라도 극단적으로 말하면 프로그래밍된 로봇조차도 배우로서 행동하게 하는 것을 목표로 한 연출기법도 있다. 후술하는 '로봇 연극'은 바로 그것을 구현한 것이다.

거기에서는 연극을 만들어 내는 '연출'이 코마인 인간(혹은 로봇)을 배우로 해서 허구의 세계로의 몰입 가능한 교환을 표출시키고 있다. 이러한 연출은 20세기 이래의 연극 연기의 주류가 되고 있는 스타니슬랍스키 연기법의 비판 위에 성립하고 있으며, 배우의 내면세계에 진입하지 않는 철저한 표상상의 행동의 관리에 의해서 이루어지고 있다. 그런 점에서 연극계에서는 이 연출법이 특수한 부류로 자리 잡을 것이다. 이 특수성이야말로 주목하는 이유가 있다. 왜냐하면, '배우의 내면'에 발을 들여놓지 않고 연출을 실시하는 기법이야말로, 학교 교육 장면에서의 연기, 즉 허구세계로의 몰입을 기술적으로 달성하는 방법이 숨어 있다고 생각하기 때문이다.

상술한 바와 같이 학교 교육 장면에서 연기가 곤란한 것은 거기서 '진정한 나', 다시 말하면 '개인의 내면'(이라고 생각하는 것)으로부터의 행동이나 발언이 요구되기 때문이었다. 학교 교육에 비해서 이 연출에서는 개인의 내면이 어떠한 것인지는 관계가 없다. 그곳에서는 손발의 움직임이나 억양을 관찰할 수 있는 유일한 방법이 초점이다. 그렇게 해서 '진짜 나'나 '개인의 내면'과는 전혀 다른 차원으로, 허구의 공간에 기술적으로 몰입해 가는 것이 가능하다. 그리고 허구의 공간에서 가능한 행동이나 발언은 자기 이미지가 어떠한 것인지와는 별개로 확실히 표상된 사실로 남는다.

여기에 놀이의 거짓말과 비슷한 허구의 공간을 가지고 노는 것에 의한 창조성을 찾을 수 있지 않을까 생각한다. 이러한 견해에 따라 이 장에서는 연출의 실천을 관찰할 수 있는 자료(연극)를 참조하면서, 연출기법에의 접근을 시도해 보기로 한다.

2. 연출론

연극 공간을 만들어 내는 연출에는 어떠한 요소가 필요한가? 3개의 키워드 (i) 이미지의 공유, (ii) 콘텍스트의 배합, (iii) 의식의 분산화를 순서대로 확인하기로 한다.

악마의 가면

• **이미지의 공유**

　연극 학습에서 수강자들에게 긴 줄넘기의 연기를 시킨다. 두 명의 회전수가 떨어진 위치에서 가공의 밧줄을 잡고 돌린다. 수강자들이 그 줄넘기 속으로 차례로 들어가 몇 번 뛰고 또 차례차례 줄넘기에서 벗어난다. 모든 사람들이 줄에서 성공적으로 빠져나간 뒤에 학생들에게 자연스럽게 박수를 보낸다. 다음에 다시 돌리는 사람에게 다른 줄을 돌리게 한다. 줄을 돌리는 두 사람의 줄이 돌고 있는 부분을 아무런 연기도 하지 않고, 그냥 지나쳐 버린다. 이때 그 자리에는 강렬한 위화감과 만들어 낸 세계가 파괴되는, 뭐라 말할 수 없는 실망감이 감돈다.

　이 교환을 통해 수강자는 연극 공간에 필요한 이미지 공유를 체감하게 된다. 여기에서는 위배실험과 비슷한 '장면을 부수는' 실험에 의해서, 연극 공간의 질서(리얼리티)를 성립시키고 있던 방법을 수강자에게 상기시키고 있다. 이러한 '이미지의 공유'에 대해서, '이미지의 공유를 할 수 없는 사람이 있으면, 아무것도 전해지지 않게 된다.' 그러므로 '진짜 사막으로 하는 것이 아니라, 사막의 이미지를 만든다'는 것이 연출가의 일이다.

• **콘텍스트의 상호작용**

　위의 이미지 공유를 목표로 한 각본에 대해, 배우는 연출가가 쓴 단어를 자신의 콘텍스트에 끼워 넣어, 배우와 연출가 사이의 콘텍스트의 차이를 섞어서 대사를 말하고, 동작할 필요가 있다. 그렇게 함으로써, 배우는 '남이 쓴 말을, 마치 자신이 말하는 것처럼 이야기하여야 한다.'

• 의식의 분산

그러나 연극에서 말하는 대사가 부자연스럽게 경직될 수도 있다. 이 원인의 하나로 배우가 '대사의 의미 내용에 이끌려, 내면의 감정을 직접적으로 표현하려고 하거나 실제로 연기하는' 것이 있다. 등장인물의 감정이 '슬픈 상태에 있다'고 배우가 해석해서, 그것을 직접적으로 반영해 '슬픈 감정으로 연기한다'고 해도, 그것에 의해서 '슬픔'이 객석에 전해지는지 어떤지는 별개의 문제이다. 그래서 배우들은 일단 대사에 담겨 있는 의미에서 벗어나 그 대사를 어떻게 표현할 것인지를 다시 파악할 필요가 있다. 이러한 효과를 노리고, 연출자는 "걸으면서 대사를 진행한다."와 같은 배우에게 부하를 걸고, 의식을 분산시키는 방법을 연구한다. 이상, 매우 간략하게나마 연출론의 일부를 설명했다.

여기서 본 연출 방법론은 연극의 리얼리티를 만들어 내는 방법이지만, ① '이미지의 공유'에 관해서는 현실 세계의 '현실스러움'을 유지하는 방법과도 같다. 이 '이미지의 공유'를 달성하기 위해서, ② '콘텍스트의 조합', ③ '의식의 분산화'를 연출 안에 포함시키는 것이 될 것이다.

3. 로봇 연극 연출 실천

그렇다면 위와 같은 연출은 어떻게 실천되고 있는 것인가? 이와 같은 연출 실천의 특징으로서, 엄밀한 대사(臺詞) 사이의 관리와 철저한 반복 연습이 있다. 연극에서는 연출가가 배우의 대사에 대해 0.5초 빨리, 조금 더 높이라고 지시하는 모습이 기록되어 있다. 즉, 여기에서는 앞에서 본 ② 콘텍스트의 교합이 실제로 표출되는 대사의 미세한 조정에 의해서 행해지고 있고, 한층 더 그 미세한 부분에 초점화하는 것으로 ③ 의식의 분산화가 행해져, 말의 의미는 배우 내부의 고유한 것으로부터 탈출하고 있는 것이다.

배우들은 세세한 대사의 지시를 반복적으로 재현하기 위해 시간을 세는 방법을 취한다고 한다. 또, 연출가 자신이 대사 사이의 간극의 차이를 알아차릴 수 있는 것이 0.5초 단위인 데 반해, 배우는 약 0.3초 단위로 대사의 조정을 실시하고 있다고 한다. 이 방법론에 기초한 연출은 철저한 표현 수준의 조정에 기초한다. 그 때문에 배우는 반드시 인간일 필요가 없어진다. 이렇게 태어난 것이 '로봇 연극'이다.

연출가는 대사의 억양이나 얼굴의 방향, 손의 흔들림 등을 미리 프로그래밍한 로봇을 등장시켜 인간 배우와 연극을 하게 한다. 배우에 대한 연출은 로봇이 마치 자발적으로 말하고, 마치 자발적으로 움직이고 있는 것처럼 하는 기술로서 로봇에 대해서도 유효한 것이 되는 것이다.

이러한 표출 수준에서의 행동의 조정이라고 하는 연출가의 연출 방법은 일상의 사람들의 철저한 관찰에 근거한 것이다. 그것은 타인으로부터 관찰 가능한 행동을 재현함으로써 타인과 이미지를 공유해서 허구인 연극 세계를 '실제의 것=몰입 가능한 것'으로 만드는 기법이다. 그것을 연출기법으로서 이용할 수 있는 것은 세계의 관찰을 언어화하는 연출가의 드문 재능에 의한 것이라고 할 수 있지만, 같은 '연출'을 가능하게 하는 자원은 원리적으로는 우리도 접근 가능한 것으로서 신변에 넘친다고 할 수 있다. 즉, 관찰에 기초한 연출은 누구에게나 열려 있는 기법이다. 또한 연출가는 다른 사람뿐만 아니라 자기를 연출할 수도 있다.

'연출을 한다'는 것은 자기를 파악하고, 자기를 조작해서 자기를 연출하는 것(=연기)과 타인과의 이미지를 공유하는 것 또는 타인끼리의 이미지의 공유를 돕는 것의 2개로 나뉜다. 이 두 가지는 완전히 다른 방향으로 가고 있지만 불가분의 일이다. 이와 같은 자기의 연출은 연기에 의해 학교 교육 장면에서의 아이가 일상성에서 벗어나 자유로운 창조적 세계에 뛰어들 수 있는 가능성이 있는 것은 아닐까?

'진짜 나'란 '표상으로서의 나'와 반대되는 것, 자신을 조작하고 연출하는 것이다. 이를 통해 아이들은 허구적 세계를 창조하고 그 안에서 놀면서 항상 새로운 자아를 만날 수 있지 않을까 생각한다.

Ⅳ. 앞으로의 전개

이상, 어린이상과 '거짓말,' '연기'의 관계를 고찰했다. 그것을 토대로 '순수함'으로 '진짜 기분'을 표출하는 것이 요구되는 어린이가 현실의 세계를 떠난 허구의 세계에 몰입하는 것을 이해할 수 있다. 허구의 세계이기 때문에 '평소에 할 수 없는 것을 할 수 있다'라고 하는 가능성을 이해할 수 있을 것이다. 그것은 거짓말을 이용한 현실 세계로부터의 비약이 연기에 의해서 가능해지는 것이다. 또 이 장은 연기의 연출법을 단서로, 그러한 연기를 가능하게 하는 것으로서 철저한 행동의 관찰에 근거한 자기의 '연출'이 가능하다는 것도 제시하였다.

이 장에서 검토한 '거짓말과 연기에 의해서, 평소에 할 수 없는 일을 할 수 있도록 한다'는 관점은 연극의 은유를 이용해 일상을 설명하는 접근법을 반전시킨 것으로 자리매김할지도 모른다. 즉, 연극/연기에 의해서 가능하게 되는 행동을 일상으로 환원해 가는 방향성이다. 다만, 거절하고 싶은 것은 이 책은 선행연구에 의해서 시도되고 있는 것과 같은 연극 실천의 교육을 그대로 제안하고 싶은 것은 아니라는 점이다. 오히려 이 책이 지금까지 목표로 해 온 것은 아이의 거짓말과 연기를 재고하는 것으로, 실제 교육의 장면에서 진짜의 '나', 개인의 내면을 드러내는 아이라는 원래의 아이 이미지를 전환시킬 수 있는 가능성을 찾는 것이었다.

그것은 새로운 교육이념을 세우려는 것이 아니라, 아이가 연기나 자기 연출을 할 수 있는 상호행위 장면을 기술적으로 만들어 내는 방법을 탐구하는 것으로 이어져 갈 것이다. 그런 의미에서 이 책이 시사하는 것은 학교 현장에서 학생의 이해를 위한 논의나 한층 더 넓게는 '아동을 바라보는 관점'의 논의로 향하고 있는 것과 동시에 실제의 교육 현장에서 의미 있는 윤리교육의 제안으로 연결되어 간다.

이 점에 대해서 앞으로 이 책의 문맥을 명확히 해 나갈 필요가 있다. 자기행동의 연출이라는 관점은 이 장의 검토를 통해 그 가능성을 발견한 단계에 불과하며, 한층 더 정밀한 논의가 필요하다. 또, 이 '연출'을 실제의 상호행위나 교육사상의 논의에 적용해 가는 것도 필요하다.

4장

일상생활에서
거짓말의 지각

사람들은 서로 정직을 전제로 의사소통을 하기 때문에 거짓말을 알아차리기가 쉽지 않다. 실제 진위 여부를 판단하기 위해 많은 사람들이 상대의 발화나 행동을 진실로 판단하지만, 어떤 사람들은 그러한 자극에 대해서도 거짓으로 판단하는 경향을 보인다.

메타분석 중에서 진위 판단에는 거짓말을 환기시키는 단서를 지각하는 것이 큰 영향력을 가지고 있다고 나타나 있다. 또한 다른 사람들을 더 의심하는 경향이 있는 사람들일수록 그들이 거짓말에 대해 더 고정적인 믿음을 가지고 있다는 것을 알 수 있다.

이 장에서는 진위성 판단에 있어서 기반이 되는 성격 측면과 거짓말의 단서에 관한 신념에 주목해서 논의하였다. 구체적으로 의구심이나 신뢰감이라고 하는 성격 특성과 거짓말에 관련되는 인지적 요소, 거짓말의 단서에 대한 신념 사이의 관계성에 대해 검토했다.

이 장에서 소개하는 연구에서는 온라인 설문 조사를 통해 283명의 대학생들로부터 자료를 수집했다. 분석 결과, 의구심과 신뢰감 사이에는 음의 상관관계가 있으며, 거짓말에 관련된 각 인지적 기반에 대해 독립적으로 영향을 미치고 있는 것으로 나타났다. 거짓말에 대한 도덕성에는 의구심이 긍정적인 영향을 미쳤고, 거짓말의 표출에 대한 행동에는 신뢰성의 하위 요인인 불신이 긍정적인 영향을 미쳤다. 그러나 주관적인 속임수에는 두 사람의 인격적 특성이 영향을 미치고 있었다. 거짓말의 단서에 대한 믿음은 선행연구와 마찬가지로 시선이동의 단서가 가장 많이 나타났다. 또한 이러한 단서에 대한 확신은 참가자들이 자신들이 거짓말을 알아차리기 어렵다는 것을 알고 있을 때 신뢰감과 관련 있는 것으로 밝혀졌다. 마지막으로, 이 장에서는 의심과 신뢰, 그리고 거짓의 단서에 대한 믿음에 대한 고찰을 제시했다.

Ⅰ. 거짓말의 정의와 거짓말에 대한 인식

우리가 다른 사람들과 소통할 때 상대방이 거짓말을 하고 있는지에 대해 자주 생각하지는 않을 것이다. 현실적인 의사소통은 서로 진실을 말하고 있다는 전제를 공유하기 때문에 원활하게 작동한다고 할 수 있다. 이것을 거짓말의 관점에서 보면, 소통의 대부분이 정직한 요소에 의해서 성립되고 있기 때문에 거짓말을 하는 것은 진실 속에 섞여 들어가 검출하기 어렵다.

데파울로 등(DePaulo, Kashy, Kirkendol, Wyer, Epstein)에 의하면, 미국 대학생은 하루에 평균 1.96회(남성 1.84회, 여성 2.04회)의 빈도로 거짓말을 하고 있는 것으로 나타났다. 일본에서도 대학생이 하루에 평균적으로 남성은 1.57회, 여성은 1.96회 거짓말을 하고 있는 것으로 나타났다. 또, 거짓말을 하는 횟수에 더해 하루 중에 거짓말이라고 생각하는 순간에 대해서도 조사를 해 보니 남녀 모두 하루에 0.36회 정도로 다른 사람의 거짓말을 지각하고 있는 것으로 나타났다. 이 연구들은 일상생활에서 거짓말을 다루었다는 점에서 거짓말의 실제 형태를 반영하고 있을 가능성이 높고, 거짓말 처리의 어려움을 반영하고 있다.

'거짓말'에 대한 연구는 매우 다양한 학문 분야에서 이루어지고 있다. 많은 연구자들은 거짓말이 어떤 것인지에 대해 정의하였지만, 다른 한편으로, 이해관계자들이 가정하는 거짓말은 연구자들이 제시하는 거짓말과 정말로 일치하는가 의문이 들었다. 거짓말 연구에서 다루는 거짓말의 인식에 개인차가 있다면, 좀 더 구체적으로 거짓말에 대한 인식을 다루어야 한다. 따라서 이 장에서는 이러한 관점에서 거짓말과 그 지각에 대해 다룰 것이다.

1. 거짓말 연구에서 거짓말의 정의

거짓말 연구에서 '거짓말'의 정의는 연구자 간에 다소 차이가 있는데, 이는 거짓말이 사용될 때 나타나는 개념에 영향을 미치는 것으로 생각한다.

레바인(Levine)은 '거짓말'과 '기만'의 차이에 대해서, 기만이란 타인을 의도적으로 잘못된 방향으로 이끄는 것을 가리키는 한편, 거짓이란 기만의 하위에 위치하고, 틀렸다는 것을 알고 있음에도 그 정보를 그대로 전달하여 타인을 기만하는 것으로 정의하고 있다. 즉, 속임수가 더 넓은 개념으로 남을 속일 때는 반드시 거짓말을 필요로 하지 않는다. 그러나 거짓말 연구 중에서 이러한 차이를 다룬 연구는 적다. 또, 실제 생활 속에 있는 거짓말에는 여러 종류가 있다고 알려져 있다.

거짓말을 할 때의 동기에 주목하면, 자기의 이익을 위한 거짓말이나 이타적인 거짓말이 존재하고, 제3자의 관점에서는, 완전한 거짓말이나 사회적인 거짓말이 있으며, 어느 입장에서 거짓말을 다루느냐에 따라 달라진다. 그래도 거짓말 연구에 있어서는 실제 사실과는 다르다는 객관적 진위를 조작하고 있는 경우가 많기 때문에 거짓말의 양상에 좌우되지 않고 다룰 수 있었던 것이다. 그렇다면 객관적 진위는 어떻게 만들어졌을까?

먼저, 거짓말 연구의 대표적인 패러다임에 대해 설명하겠다. 일반적인 방법 중 하나는 자극으로 영상을 사용하는 것이다. 구체적으로는, 사람의 행동의 어느 부분에 주목하면 거짓말을 간파할 수 있는지를 밝히기 위해서, 실험 협력자에게 거짓말 또는 진실을 말하도록 한다. 그리고 그것을 비디오 등으로 기록한 것을 분석하거나, 다른 실험 참가자에게 제시해서 진위의 판단을 요구하거나 하는 것이다. 여기서는 연구자들이 협력자들에게 거짓이나 진실을 말하도록 요구하고 있기 때문에 협력자들의 진위가 미리부터 밝혀지고 있다.

실험자가 진위에 대한 교시를 하지 않았더라도, 나중에 협력자들에게 진위 여부를 확인하기 위해 실험자극에는 반드시 '거짓'과 '진짜' 두 가지가 포함될 것이다. 이렇게 작성된 실험자극에 대해서, '거짓말을 하는 동기나 필연성이 있는가?'라는 실제의 거짓말과의 괴리가 지적되고 있다. 이러한 문제를 포함하고는 있지만, 실험자극에는 객관적 진위가 존재하기 때문에 관찰자가 한 진위 판단과의 대응을 확인해 볼 수 있다. 그렇다면 거짓말의 기능에 대해 앞에서 이야기했지만, 관찰자들이 거짓말의 다른 종류에 다르게 반응하고 있는가를 어떻게 판별해야 하는가? 불행하게도, 실험자극으로서 거짓말의 종류를 조작하고 검증한 연구는 없다.

한 연구자는 제시하는 거짓말의 자극을 3종류(자기 이익의 거짓말, 이타적인 거짓말, 사회적인 거짓말)로 한 허위검출 과제를 실시하고 있으며, 거짓말의 종류에 따라 자극의 정답률이 다르다는 것을 보고했다. 이 견해는 관찰자가 판단하기 쉽거나 쉽게 거짓말을 할 가능성이 있음을 시사한다. 심지어 거짓말의 종류에 따라 거짓말 여부를 판단할 수 있는 단서가 달라질 수도 있다. 예를 들어, 진위를 추측할 때 자극적인 상황에 대한 개인의 신념에 따라 판단하는 경우가 있다. 이것은 맥락 일반화 정보(context-general information)라고 불리며, 그 상황에서 일반적이지 않다고 느낀 언행을 거짓말이 아닐까 추측하는 진위 판단의 하나의 단서이다. 이러한 맥락에서 거짓말이 자리 잡는다면 거짓말의 종류를 고려한 연구도 필요할 것이다.

일부 거짓말 연구는 거짓말이 어떤 것인지 명시하지 않았다. '거짓말을 하는 것'과 '거짓말이라고 생각하는 것' 사이에 간극이 존재한다면, 거짓말의 관찰자 혹은 지각자의 관점에서, 거짓말이란 무엇인가라고 하는 기본적인 물음으로 되돌아갈 필요가 있다. 이 장은 이러한 관점에서 재차 '어떤 것이 거짓말에 해당하는가'라고 하는 거짓말의 경계선이나 일반적으로 상정되는 거짓말에 대해 검토하기로 한다.

2. 거짓말에 대한 예민함으로서의 의구심

많은 거짓말 연구들이 거짓말을 간파하는 데 초점을 맞추고 있다. 그러므로 거짓말을 하는 사람과 진실을 말하는 사람 사이의 객관적인 차이를 밝히는 것은 확실히 중요하다. 이러한 차이를 통해 거짓말하는 사람들에게서 발견되는 특징들을 종합하면 거짓말 탐지의 정확도가 높아질 것이다. 그리고 사람이 거짓말의 존재를 깨닫는 지각에 관련되는 프로세스도 동시에 주목해야 한다는 점이다.

크라우트(Kraut)는 거짓말을 지각하는 것이 허위판단의 중요한 요인이며, 거짓말을 지각할 만한 단서가 존재한다는 것이 허위판단을 이끌어 낸다고 지적했다. 즉, 비록 청자가 발화자의 말의 실제 진위를 명확하게 알지는 못하더라도, 어떤 단서로부터 그가 거짓말을 하고 있다는 것을 깨달았기 때문에, 발화자의 말은 결과적으로 거짓 판단으로 이어진다고 가정할 수 있다. 실제로 거짓말을 환기시키는 단서와 거짓말을 지각했을 때 보고하는 단서의 결합은 강하게 나타나서 거짓말 그 자체에 대한 깨달음은 중요한 의미를 나타낸다. 거짓말의 단서신념을 활성화시켜 정확한 단서를 알려 주면, 허위검출에서의 성적이 좋아진다는 의견도 이를 지지하고 있다.

거짓말을 지각하는 데에는 실제 행동의 관찰 이외에는 다른 방법이 존재하지 않는 것일까? 거기서 주목한 것이 관찰자의 성격 특성이다. 현재까지 관찰자의 인격적 특성과 거짓말 탐지 능력 사이의 관계는 다양하게 연구되어 왔다. 데파울로와 탕(DePaulo & Tang)은 사교 불안과 허위검출 능력의 관계에 주목하여, 사교 불안이 높은 관찰자가 한정된 단서에 지나치게 주목하거나 과제와 관계없는 다른 사고에 정신을 빼앗겨서 다른 기만의 단서를 간과하는 경우가 있다고 지적했다. 그 밖에도 사적 자기의식, 내향성, 배우성과의 관련도 조사가 이루어지고 있다. 그러나 이러한 인격적 특성이 다른 사람들의 거짓말을 쉽게 인지할 수 있는지에 대해서는 고려하지 않았다.

실제의 의사결정이 개인이 접근할 수 없는 인지처리에 의해서 결정되는데, 이러한 인지처리는 성격 특성이 관련되어 있다. 거짓말을 지각한다는 것이 다른 사람의 신뢰성 판단과 관계되는 영역임을 감안하면, 신용하는 것이나 의심하는 것과 관련이 있다고 상정할 수 있다. 특히, 타인을 쉽게 신용하지 않고 항상 의심하는 경향은 주의 깊게 어떠한 사람에 대해서도 상대를 다방면으로 분석하는 태도를 가지는 것으로 알려져 있다.

이와 같이 생각하면, 타인을 믿지 않는 것(불신감)이나 의심하는 것(의구심)과 관련되는 성격 특성에 주목하는 것은 타당하다. 그래서 이 장의 논의에서는 의구심 및 대인 신뢰감 · 불신감에 초점을 맞추었다.

그러나 이 둘 사이의 특성에 대한 연구는 적고, 거짓말과 어떻게 관련되어 있는지에 대한 지식은 드러난 것이 없기 때문에 기초적인 정보를 모으는 정도에 그쳤다.

3. 거짓말에 대한 믿음 단서와 발견법(Heuristics)

거짓말에 대한 인식은 판단자의 관찰에 의해 발생한다. 이때 관찰의 방향은 판단자에 따라 다양하며, 언어적인 측면에 주목하는 사람도 있고, 비언어적인 측면을 중시하는 사람도 있다. 예를 들면, 인바우 등(Inbau, Reid, Buckley, Jayne)은 경찰관의 매뉴얼에서는 비언어행동과 거짓말의 관계에 대해 설명하고 있으며, 그 때문에 경찰관은 비언어행동에 대해 주의가 크다고 지적하고 있다. 결과적으로 비언어적인 행동에서 속임수를 발견할 수 있었다는 것이 비언어적인 단서와 속임수 사이의 연관성을 강화시키고 있다는 것도 보여 준다.

흥미롭게도, 실험 장면에서 주어진 자극의 진위성을 판단하도록 요구하면, 똑같은 자극이라도 판단자에 따라서 진위의 결과가 나뉜다. 어떤 종류의 자극이라도 진실로 판단할 때는 진실편향이 작용하는 것으로 여겨진다. 이것은 다른 사람의 발언이 진짜라고 믿는 경향으로, 상당히 강건한 것으로 알려져 있다.

한편, 진위성 문제에서 허위판단을 하는 관찰자들은 어떤 언어적 · 비언어적 단서를 통해 자극에 대한 기만성을 인지하고 있다. 거짓말을 판단할 때의 실제 단서에는 거짓말에 대한 신념단서가 영향을 미치고 있음이 나타나 있다.

한국인을 대상으로 하여, 거짓말에 대한 신념단서를 직접 조사한 연구는 거의 알려져 있지 않다. 다만, 한국인이 거짓말을 잘하고, 사기범죄 1등 국가라는 오명이 오래전 언론에 보도되었다. 거짓말인지 여부를 판단하기 위해서는 어떠한 신념단서를 가지고 있는가 하는 상세한 기초 자료가 필요하다. 거짓말의 단서에 대한 믿음은 행동의 의도로 이어진다. 이때, 특정 단서가 거짓말의 지표가 될 것이라고 확신하고 있을 정도로, 실제 진위에 관계없이 거짓말일지도 모른다는 지각이 환기되기 쉽다. 이를 위해서는 거짓말에 대한 믿음과 인식 사이의 연관성을 파악함으로써 실제 진위를 예측하는 것이 가능할 수도 있다.

사람들이 거짓말을 하고 있다는 것을 알 수 있는 일부 단서들에 대한 믿음들은 전 세계적으로 동일하게 작동하고 있다. 세계적인 연구들은 사람들이 압도적으로 거짓말을 하는 사람들이 시선을 피한다고 믿는 것으로 나타났다. 그 밖에도 거짓말을 하는 사람이 긴장하고, 정합성 없는 발언을 하고, 신체의 움직임이 많아진다는 신념이 제시되어 있었다(The Global Deception Team). 그러나 이러한 속임수에 대한 많은 믿음들이 잘못된 것으로 드러나고 있다. 정확성 있는 신념은 6가지(목소리의 높이, 발화의 비율, 웃는 얼굴, 머리의 움직임, 직접성, 타당한 응답)뿐이며, 사람은 기만과 관련된 단서를 과대하게 견적하고 있다.

이 장에서는 세계 규모의 조사와 같은 신념단서를 얻을 수 있는지, 그리고 그 단서는 정확성에 관계없이 확신도가 높은 것인지를 다루기로 한다.

II. 연구의 세 가지 목적

이 장에서 소개한 연구는 거짓말 지각과 관련된 인격적 특성에 대해 알아보고, 이러한 차이가 일상생활에서의 거짓 지각이나 거짓말 단서에 관한 믿음과 어떻게 관련되어 있는지를 검토한다.

진위를 가려야 할 과제는 특정 인물의 진술이 사실인지 아니면 거짓인지를 가려야 한다. 그러나 실험참가자는 동일한 자극을 보고 있음에도 불구하고, 그 판단에는 편차가 있는 것을 알 수 있다. 이 연구는 예를 들면, 발언의 언어적 측면에 대한 판단자의 지각이 다르거나, 판단자의 의심의 깊이가 균일하지 않기 때문에, 이러한 차이가 나타났다고 보고하고 있다. 앞서 설명한 바와 같이, 타인의 발언이 거짓일지도 모른다고 의심하는 경향(generalized communicative suspicion)이 있다는 것이다.

다른 사람이 신뢰할 수 있는 존재라고 믿는 경향은 사람마다 다르게 나타난다. 그러나 이것들은 잘못된 판단에 대해 독립적으로 검토되고 있다. 의심하는 것은 신뢰하는 것의 대극에 위치하는 것이 아니라는 지적을 근거로 하면, 양쪽의 특성을 동시에 고려했을 때, 허위지각이나 거짓말의 단서에 관한 신념과의 관련을 밝히는 것은 중요하다고 판단된다. 그래서 거짓말에 관한 일반적인 인지에 관련된다고 생각되는 의구심과 대인신뢰감 사이의 관계를 조사하고, 양자의 각 측면에서 거짓말의 지각에 관한 인지적인 기반(거짓말의 단서에 대한 신념, 거짓말에 대한 관심)에 대한 영향을 검토하는 것을 제1의 목적으로 한다. 이 장에서 소개한 연구의 제2의 목적은 주관적인 허위지각에 주목해서 이러한 성격 측면이나 거짓말에 관련되는 인지적 측면과의 관계를 분명히 하는 것이다.

실제 진위 판단 장면에서는 다른 사람을 의심하는 경향이 있는 사람이 전체적인 판단에서 허위판단을 하는 수에서 많은 비율을 차지하는 것으로 나타났다. 많은 연구에서 허위검출 과제는 제시 자극의 진짜와 거짓말의 비율이 50%씩으로 설정되어 있기 때문에, 허위판단 수가 많은 것은 사실을 말하고 있는 자극에 대해서도 거짓말이라고 판단하기 때문인 것이다.

또, 신뢰감에 대해서도 일반적 신뢰감이 높은 사람 쪽이, 허위검출에서의 정확성이 높은 것이 실증되고 있다. 이 연구에서는 신뢰감이나 의구심이 진위성 판단에 영향을 미치고 있는 것을 근거로, 성격 특성과 거짓말에 대한 신념이 주관적인 허위지각과 어떻게 관련되어 있는지를 문제로 하고 있다.

마지막으로, 세 번째 목표는 다른 사람들이 거짓말을 하고 있다고 생각할 때 그 단서들의 확신에 대한 탐색적 검토를 시도하는 것이다. 거짓말 단서들을 찾는 방법에는 자기 보고에 의한 자유로운 응답과 거짓말과 관련된 단서들을 제시하고 그 단서들이 거짓말을 할 때 표출되는지 묻는 방법이 있다.

거짓말을 하고 있음을 알 수 있는 지표로서 가장 많이 들 수 있는 것이 '시선을 피한다'는 단서이다. 세계적으로 실시된 조사에는 남녀 20명씩밖에 포함되어 있지 않았다. 그래서 조사 대상자를 늘려 어떤 믿음의 실마리를 갖고 있는지 알아본다. 또, 지시가 아무것도 주어지지 않았을 때의 인상평가와 허위지각이 성립하고 있을 때의 인상평가는 다르다는 것과 혐의자에 대해 의심하는 강한 신념을 가진 경찰관은 비언어적 행동과 거짓의 연합이 강하다는 것이 밝혀져 있다.

이 연구에서 조사는 대학생만을 대상으로 하여, 자유로운 응답에 의해 신념단서를 조사함으로써, 같은 정도의 의구심이라는 파라미터를 가진 사람이 특징적인 거짓말의 단서에 대한 신념을 가지고 있는지, 그리고 신념에 의해 거짓말을 검출할 수 있다는 확신이 높은지를 다루어 보았다.

III. 일상생활에서의 거짓말 지각에 관한 연구 방법

1. 참가자

연구의 참가자는 대학생 304명(남성 88명, 여성 200명, 불명 16명, 평균 연령 20.3세, SD=2.26)이었다. 또한 이 연구는 수업시간 외 학교 내에서 이루어졌으며, 데이터 수집은 소프트웨어 Qualtrics를 이용하여 온라인상에서 실시되었다. 인터넷 조사에 관해서는 설문을 정확하게 읽지 않고 답하는 불량 응답자나 적당한 응답을 하지 않는 불성실한 응답자가 문제이다. 이 점을 고려하여 이 연구에서는 모든 문항에 동일한 선택지로 응답한 사람을 제외하였다.

이어서 응답시간이 극단적으로 빠르거나 늦은 사람도 제외하였다. 구체적으로 각 파트의 응답시간의 평균값을 산출하고, 이 평균값에서 ±2SD 이상 떨어져 있는 사람을 제외했다. 이러한 절차에 의해 최종

적으로 283명(남성 84명, 여성 199명, 평균 연령 20.3세, SD=2.28)이 분석
대상자가 되었다.

2. 절차

이 연구는 대학의 연구윤리위원회에 의한 심사의 승인을 얻은 후
에 실시하였다. 조사는 온라인상에서 실시하고, 조사표는 소프트웨
어 Qualtrics를 이용해 작성했다. 처음에 웹 페이지의 첫 화면에 이 연
구의 주의사항과 연구의 개요를 설명했다. 참가자의 동의에 대해서는
"연구 참가에 동의해 주실 경우에는 '동의한다'를 클릭해, '→'를 눌러
설문 조사를 개시해 주세요."라고 표시하는 것으로, 동의를 얻은 경우
만 실제의 조사항목으로 진행되도록 했다. 또, 웹페이지에 접속이 어
려운 경우 등의 기기의 불량으로 인해 웹 설문 조사에 참가할 수 없는
경우에는 온라인상의 응답과 같은 형식이 되도록 작성된 질문지를 이
용해 응답을 요구했다.

3. 문항 구성

연구 문항은 크게 다섯 부분으로 구성하였다. 각 항목의 상세한
내용은 아래에 기술한다. 의구심 척도를 사용하여 타인에 대한 의
심의 깊이를 측정하였다. 본 척도는 Generalized Communicative
Suspicion을 참고하여 작성한 척도로, 기준선으로서의 타자에 대한
의심을 측정하는 것이다. 기존의 의구심 척도는 신뢰성과 타당성이
충분하지 않았기 때문에 새롭게 항목의 내용 표현을 변경하여 타당성

악마의 가면

이 확인된 수정판을 이용했다.

16개 항목으로 구성하여 5점 척도법('1. 전혀 들어맞지 않는다'에서 '5. 매우 들어맞는다')으로 답변을 요구했다(예: 나는 상대방이 거짓말을 하고 있는 것이 아닌가 하는 생각이 하루 중에 여러 번 드는 경우가 있다). 대인신뢰의 불신척도와 신뢰도를 측정하는 척도에는 여러 종류가 있다.

평생발달의 관점에서, 신뢰감을 '자신에 대한 신뢰', '타인에 대한 신뢰', '불신'의 3가지 측면으로 구성한 신뢰감 척도를 작성한 경우도 있다. 이 척도에 의해 청년기의 발달 단계에서 각 측면의 발달적 변용이 나타났다. 그 밖에도 인간 일반에 대한 기본적인 신뢰감을 측정하기 위한 척도로서, 대인 신뢰감 척도가 있다. 한편, 대인 신뢰감을 '양육되어 온 각각의 환경이나, 지금까지 쌓아 온 대인관계, 또 그 관계로부터의 다양한 경험에 의해서 길러지는 것'이라고 생각해서 대인 신뢰감 척도와 신뢰감 척도를 조합한 대인 신뢰감 불신감 척도를 제시한 연구도 있다. 이 연구에서도 이 척도를 사용했다.

설문은 27개 항목으로 구성하였으며, 5점 척도법('1. 그렇게 생각하지 않는다'에서 '5. 그렇게 생각한다')을 적용하였다(예: 사람은 다소 좋지 않은 일을 해도 자신의 이익을 얻으려고 한다). 사람이 가진 '거짓말의 일반적 내용의 정도'에 대한 인식은 각각 다르다.

데파울로 등(DePaulo, Lindsay, Malone, Muhlenbruck, Charlton, Cooper)의 연구에서 보고된 바와 같이, "돌아오는 시간을 거짓말로 속였다"라는 사소한 사회적 거짓말에서부터 "돈을 사기당했다"라는 중대한 범죄적 내용의 거짓말까지, 간단히 거짓말이라고 말해도 상기되는 것에는 상당한 차이가 존재한다. 그래서 사람들이 보고하는 의식적인 거짓말을 어떻게 분류할 수 있는지를 알아보기 위해 '다른 사람들이 거짓말을 하고 있다고 느낀 적이 있는가'의 여부를 묻고, 거짓말이라고 생각한 경험이 있는 사람들에게 그때 거짓말의 내용과 상황, 왜 그때 거짓말이라고 생각했는지(거짓말의 단서) 등을 자세히 설명해 달라고 요청했다.

마지막으로, 상대방의 거짓말을 깨달았을 때 느낀 불쾌감의 정도를 7점 척도법('1. 전혀 느끼지 못했다'에서 '7. 매우 불쾌했다')으로 물었다. 이는 보고된 거짓말이 의구심과 관계없이 불쾌함 때문에 생긴 것인지 알아보기 위한 것이었다. 거짓말 단서에 관한 신념의 측정인이 가지는 거짓말 단서의 신념은 자유응답식 질문법이나 선택응답식 질문법, 상관법으로 측정할 수 있다.

이 장에서 소개한 연구에서는 참가자의 사고에 불필요한 개입을 허용하지 않기 위해서, 자유 응답식의 측정법('거짓말을 하고 있다고 알 수 있는 단서는 무엇이라고 생각하는가')에 의해서 응답을 요구했다. 또한 참가자들이 얼마나 각 단서에 대한 얼마나 강한 신념을 가지고 있는지 알아보기 위해 그 신념에 대한 확신도를 7점 척도법('1. 전혀 도움이 되지 않는다고 생각한다'에서 '7. 매우 도움이 될 것이라고 확신한다')으로 답변을 요구했다.

4. 결과

먼저, 의구심 척도 및 대인 신뢰감 척도의 각 항목의 평균값과 표준편차를 산출하여 항목별 분석을 실시하였다. 항목의 분포에 큰 편중이 나타나지 않았기 때문에 의구심 척도는 16가지 항목, 대인 신뢰감 불신감 척도는 27가지 항목 전부를 분석 대상으로 하였다. 그 후, 각

악마의 가면

각의 인자구조를 조사하기 위해서 인자분석(최대우도추정법, 프로맥스 회전)을 실시했다.

의구심 척도에 대한 인자분석 결과, 선행연구와 같은 2인자 해가 타당하다고 판단했다. 항목의 선정에 관해서 인자부하량이 35개 이상을 기준으로 하면, 5개 항목('부정직한 측면은 어떤 사람에게도 있다고 생각한다', '사람은 거의 당신에 대해 거짓말을 하지 않는다', '대화를 할 때 많은 사람들은 상대방이 듣고 싶어 하는 것만을 이야기한다고 생각한다', '거짓말을 하지 않는다라고 말하는 사람만큼은 믿을 수 없다', '대부분의 사람들은 기본적으로 정직하다고 생각하다')을 삭제하였다.

최종적인 인자분석 결과는 다음과 같다. 각 인자에 대한 신뢰성은 의심 경향인자에서 $\alpha=.74$, 진실에 대한 편중인자에서 $\alpha=.55$였다. 진실에 대한 편중인자에서 신뢰성이 약간 낮지만, 확증적 인자분석에서의 적합도 지표가 충분하다고 판단했기 때문에($\chi^2=95.58$, df=43, GFI=.943, AGFI=.913, RMSEA=.066), 그대로 사용했다. 의심척도 인자분석 항목은 다음과 같다.

- **의심스러움의 경향**($\alpha=.74$)
  * 나는 종종 다른 사람들이 거짓말을 하고 있다고 생각하는 것을 하루에 몇 번씩 느낀다.
  * 사람이 누군가와 대화할 때 진실을 말하고 있는지에 대해 자주 의문을 품곤 한다.
  * 다른 사람들은 나를 항상 정직하게 대하지 않는다고 자주 느낀다.
  * 사람들은 낯선 사람에게 길을 물을 때 종종 그 사람이 진실을 말하고 있는지 궁금해한다.

* 그 사람은 어떤 사람을 처음 만나면 아마도 어떤 것에 대해 거짓
  말을 할 것이라고 생각한다.
* 사람은 다른 사람에게 본심을 이야기하는 일이 좀처럼 없다.
* 정직한 사람은 혼날 것이라고 생각한다.

• **진실에 대한 편중**($\alpha = .55$)

* 나는 다른 사람을 신뢰하는 편이다.
* 사람과 이야기하고 있을 때, 그 사람의 말을 믿기 쉬운 편이다.
* 많은 사람들은 '정직은 최선의 정책(성실이 제일이다)'이라는 속담
  을 배운다.
* 인간관계의 가장 좋은 원칙은 실수가 드러날 때까지 상대방을 신
  뢰하는 것이다.

의구심척도의 하위인자 및 합산치에 대해 평균값이나 표준편차, 범
위, 첨도, 왜도를 구했다. 이러한 기술 통계량으로부터, 의구심 척도
에서의 득점은 정규분포에 근거하고 있으며, 타인에 대한 의심 정도
의 차이를 측정하고 있다고 생각된다. 또, 선행연구에서는 의구심 척
도의 득점에서 성별 간에 차이가 있다는 것을 지적하였다. 그래서 이
연구의 샘플에서는 남녀 간에 의구심 척도의 하위인자의 득점의 평균
치를 비교했다. 그 결과 의심 경향에서의 득점은 남성이 여성보다 유
의하게 높지만($t(281) = -2.94$, $p < .05$, $d = 0.38$), 진실에 대한 편중인자
의 득점에는 차이가 없다($t(140.41) = -0.45$, n.s., $d = 0.06$)는 것이 밝혀
졌다.

마찬가지로 대인 신뢰감 불신감에 대해서 인자분석(최대우도추정법,

프로맥스 회전)을 실시했는데, 선행연구와 같이 4개의 인자가 추출되었다. 각각의 인자에는 다소의 차이는 있지만, 인자명은 같은 것을 채용해서 제1인자부터 순서대로, '신뢰에 대한 공포', '거짓말에 대한 경계', '인간에 대한 이상', '이면성(二面性)에 대한 불신'이라고 이름을 붙였다. 신뢰성 계수는 각각 α=.85, .79, .71, .59였다. 선행연구에서는 대인 신뢰감 불신감의 성별에 따른 차이는 검토하지 않았다.

의구심 척도와 마찬가지로 각 하위인자 득점에서의 성별차를 조사했더니, '이면성(二面性)에 대한 불신' 인자만으로, 여성보다 남성이 유의하게 득점이 높았다($t(281)$=−3.03, $p<.05$, d=0.28). 그 외 인자에서는 유의한 차이는 인정되지 않았다($ps>.05$). 이어서 의구심 척도 및 하위인자와 대인 신뢰감 불신감, 대인 신뢰감 불신감 하위인자의 상관계수를 구하였다. 척도 전체의 결과로서 의구심과 대인 신뢰감 불신감 사이에는 유의한 양의 상관관계가 나타났다($r(283)$=.52, $p<.05$).

이후에는 의구심과 대인 신뢰감의 2가지에 주목하여, 거짓말에 관한 인지적 기반에 미치는 영향을 조사하였다. 또한 인격적 특성이나 거짓말에 관한 인지적 측면이 허위지각에 미치는 영향을 조사하고, 그 후 거짓말의 신념단서에 대한 탐색적인 검토에 대해 보고하였다. 대인 신뢰감 불신감 척도 인자분석 항목은 다음과 같다.

- **신뢰에 대한 두려움**(α=.85)
  * 지금은 무엇인가 이야기할 수 있어도 다른 사람 따위는 전혀 믿을 수가 없다.
  * 나는 왠지 사람에 대해 의심이 많다.
  * 어차피 주위는 적뿐이라고 느낀다.

* 지금 진심으로 의지할 수 있는 사람에게도 언젠가 배신당할 수도 있다고 생각한다.
* 과거에 누군가에게 배신당하거나 속아 넘어갔기 때문에 믿는 것이 두려워진다.
* 사람들은 다른 사람들을 믿지 않는 것이 더 안전하다고 생각한다.
* 사람들은 내심 다른 사람들을 돕는 것을 싫어한다.
* 사람들은 자신을 위해서라면 쉽게 상대방을 배신할 수 있을 것이다.
* 조심하지 않으면 사람들이 내 약점을 이용하려고 할 것이다.
* 사람들은 다소 좋지 않은 일을 하더라도 자신들의 이익을 얻으려고 한다.

- **거짓말에 대한 경계**($a = .79$)
  * 사람들은 말은 잘해도 결국은 자신의 행복에 가장 관심이 많다.
  * 사람들은 성공하기 위해서 거짓말을 한다.
  * 사람들은 성가신 꼴을 당하지 않기 위해 거짓말을 한다.
  * 사람들은 타인의 권리를 인정하기보다는 자신의 권리를 주장한다.
  * 사람은 기본적으로는 정직하다.
  * 나의 지위나 입장이 바뀌면, 나 자신도 지금과는 전혀 다른 사람이 될 것이다.

- **인간에 대한 이상**($a = .71$)
  * 사람들은 보통 깨끗하고 올바르게 산다.

* 사람은 보통 다른 사람과 성실하게 관계하고 있다.

* 사람들은 다른 사람들의 친절에 속셈을 느끼고 조심하고 있다.

* 사람은 자기가 하겠다고 말한 것은 실행한다.

- **양면성에 대한 불신**(α = .59)

  * 사람들은 아무도 모르는 곳에서 많은 죄를 짓고 있다.

  * 사람은 의지할 수 있는 사람이 몇 명밖에 없다.

  * 사람은 기회가 있으면 세금을 속인다.

(1) 의구심 및 대인 신뢰감이 거짓의 인지적 기반에 미치는 영향

이 연구에서는 거짓말의 인지적 기반으로서 거짓말에 대한 도덕관(거짓말을 하는 것이 도덕적으로 좋다고 생각하는가?), 거짓말의 표출에 관한 신념(거짓말을 하고 있는 것이 행동으로 나타난다), 소통에서의 주의(다른 사람의 비언어적 측면에 대한 주의), 주관적으로 속기 쉬움을 다루고 있다. 이것들을 목적변수로 하는 다중회귀분석(강제투입법)을 실시했다. 설명변수는 성별(여성=0, 남성=1), 의구심 척도의 2개 하위인자, 대인 신뢰감 불신감의 4개 하위인자, 거짓말에 대한 정동측면(거짓말을 불쾌하게 생각하는 정도)이다.

분석결과, 거짓말의 표출에 관한 신념과 비언어적 측면에 대한 주의에서 유의한 표준회귀계수는 없고(거짓말의 표출에 관한 신념: $F_{(8,174)}=1.63$, n.s., 비언어적 측면에 대한 주의: $F_{(8,174)}=0.82$, n.s.), 성격 특성은 그다지 영향을 미치지 않는다고 생각된다.

한편, 대인 신뢰감 불신감의 하위인자 중 양면성에 대한 불신에서의 득점이 낮을수록, 거짓말을 도덕적으로 용서할 수 없다는 도덕관

을 가지고 있는 경향이 나타났다(β=-.16, p<.10). 게다가 거짓말에 대한 불쾌감이 높은 사람일수록 거짓말을 좋지 않은 것으로 생각하고 있었다(β=.19, p<.05). 또, 주관적인 속기 쉬움에 대해서는, 다른 사람은 진실을 이야기한다는 전제를 가지는 것(의구심 척도의 하위인자)과 거짓말에 대한 경계(대인 신뢰감 불신감의 하위인자)만이 유의한 양의 영향을 미치고 있었다(진실에 대한 편중: β=.40, p<.01, 거짓말에 대한 경계: β=.18, p<.05).

진실에 대한 편중과 거짓말에 대한 경계는 유의하지 않지만, 음의 상관관계가 있어, 다른 영향이 있는 것으로 기대하였다. 그러나 주관적인 속기 쉬움과 이 두 변수와의 상관을 살펴보면, 진실에 대한 편중과 거짓말에 대한 경계는 모두 유의한 양의 상관이 나타났다(r=.30, 20, p<.01).

(2) 거짓말에 대한 주관적인 민감성을 규정하는 심리적 요인

이 연구의 두 번째 목적은 타인에 대한 의구심이나 불신이 높은 것이 거짓말에 대한 깨달음을 높이고 있는지를 알아내는 것이었다.

실제 진위성 평가의 프로세스를 고려하면, ① 판단자의 성격 특성에 따라, ② 형성되는 거짓말에 관련된 신념이 다르기 때문에, ③ 각각의 거짓말에 대한 신념단서에 대한 확신도에 차이가 발생하고, 이것들을 근거로 하여, ④ 관찰에 근거해 거짓말의 지표를 지각한 경우, 허위지각이 환기되어, ⑤ 허위판단이라는 의사결정을 실시하는 것을 상정하였다.

여기서 주관적인 거짓말의 용이성은 실제로 성공적인 허위판단 환류(feedback)나 '거짓말을 할 때는 시선을 피한다'와 같은 거짓말에 관

련된 신념에 영향을 받은 결과, 판단자 자신이 추정하는 주관적인 허위검출의 확신도라고도 바꾸어 평가할 수 있다. 따라서 주관적인 거짓말의 알아차리기 쉬움(주관적인 허위지각)을 목적변수로서, 위의 프로세스를 검토하기 위해서 3단계로 구성된 계층적 다중회귀분석을 실시했다.

계층적 다중회귀분석은 인과우선에 의해 선행하는 설명변수에 의한 다중회귀분석을 실시하고, 후속하는 설명변수를 더하여 중결정계수(R^2)의 증가를 검정하는 방법이다. 설명변수의 투입 순서는 앞에서 언급한 프로세스를 고려하여 다음과 같이 결정하였다.

첫 번째 단계에서는, 설명변수로서 응답자의 성별 및 의구심과 대인 신뢰감 불신감의 각 하위인자를 투입하였다.

두 번째 단계에서는, 거짓말에 관련된 신념으로서 거짓말에 대한 도덕관, 거짓말의 행동 표출, 비언어적 행동에 대한 주의, 주관적인 속기 쉬움을 측정하였다.

세 번째 단계에서는, 보고된 단서에 대한 가장 높은 확신도의 평정치를 모델에 더해 갔다. 여기서 계층적 다중회귀분석의 결과를 아래와 같이 단계별로 정리할 수 있다.

제1단계에서의 중결정계수는 유의경향이며(R^2=.05, $p<.10$), 다른 사람이 진실이라는 전제가 있을 정도로 거짓말을 알아차리기 쉬울 가능성이 있다고 시사되었다.

제2단계에서의 중결정계수에 유의한 증가가 보이고(ΔR^2=.05, $p<.01$), 주관적으로 느끼는 속기 쉬움이 낮아짐에 따라, 거짓말의 알아차리기 쉬움은 강해지는 것으로 나타났다(⊠=-.28, $p<.01$).

제3단계에서의 중결정계수의 증가도 유의하며(ΔR^2=.05, $p<.01$), 거

짓 단서에 대한 확신도가 높은 것은 주관적인 허위지각에 유의한 양의 영향을 미치고 있었다(β=.18, p<.01).

상정한 모델에서 성격 특성의 유의한 영향은 확인되지 않았다. 의구심과도 관련이 있는 일반적 신뢰감에 대한 선행연구에서는 높은 일반적 신뢰감에 대해서 단순히 사람을 믿기 쉬운 사람이 맹목적으로 다른 사람의 말을 믿는 것이 아니라, 다른 사람에 관한 정보를 적극적으로 이용해서 신뢰성의 판단을 실시하고 있다고 지적하고 있다. 이때 중요한 것은 다른 사람들이 신뢰할 수 있는지에 대한 정보에 반응하는 것인데, 이는 이 연구에서 다루고 있는 주관적인 거짓말을 쉽게 알아차리는 것과 유사하다.

다른 사람들의 진위와 신뢰성을 판단하기 위해 그들이 다른 사람들을 잘 관찰하고 그들의 신뢰성과 진위에 관련된 정보를 수집할 수 있는 능력이 있는지 여부가 거짓말을 쉽게 알아차릴 수 있는지 능력인 것이다. 이러한 심리적 특성이 다른 방식으로 영향을 주는 것은 거짓말의 용이성 차이 때문일 수도 있다. 그래서 모델을 재검토해서 허위지각에 영향을 미칠 것으로 상정되는 단서에 대한 확신도 및 주관적인 속기 쉬움에 대해, 의구심과 대인 신뢰감 불신감이 어떻게 영향을 미치고 있는지를 허위지각의 쉬움의 정도부터 조사했다.

즉, 받는 사람으로서의 거짓말 인지를 나타내는 주관적인 속기 쉬움과 단서에 대한 확신도를 목적변수, 합산한 의구심과 대인 신뢰감 불신감을 설명변수로 한 다중회귀분석을 주관적인 허위지각의 정도별로 실시하였다. 또한 거짓말에 대한 인식의 용이성은 중앙값 분할에 의해 허위지각 고군과 허위지각 저군의 2군으로 나뉘었다(중앙값=5.0). 주관적인 사기의 용이성에 대해 의구심과 대인 신뢰 불신감의 독립적인 효과가 인정되었다.

허위지각 저군에서는 의구심의 영향(β=−.14, p⟨.10)보다 대인 신뢰감 불신감의 영향이 더 컸다(β=.35, p⟨.01). 그러나 허위지각 고군에서는 대인 신뢰감 불신감(β=.48, p⟩.01)보다 의구심 쪽이 유의하게 영향을 미치고 있는 것으로 나타났다(β=−.57, p⟨.01). 한편, 단서 확신도에 대한 중결정계수는 어느 군에서도 유의하지 않았다(허위지각 저군: R^2=.01, n.s., 허위지각 고군: R^2=.02, n.s.).

(3) 거짓말의 단서신념에 대한 검토

이 연구는 다른 사람들이 거짓말을 할 때 그것을 인지하는 단서에 대해 참가자들에게 최대 3가지까지 자유롭게 답변해 달라고 요청했다. 수집한 답변 중 알 수 없는 것 등 분석에 사용할 수 없는 것을 제외하고, 477개의 거짓말에 대한 신념단서를 분석 대상으로 삼았다.

DePaulo et al.의 메타분석에서 보고된 거짓 신념단서의 분류에 근거해 코딩을 실시하고, 그 후 283명의 참가자 중 5% 이상(14명)이 응답한 단서를 조사했다. 가장 많이 제시한 거짓말의 신념단서는 '시선 이동(37.8%)'이었으며, 이어 '신체 움직임(14.5%)', '시선 혐오(13.8%)', '일관성(13.4%)', '느낌의 좋음(11.3%)', '표정의 변화(11.0%)', '애매한 인상(6.7%)', '긴장하는 모습(6.4%)'의 순으로 나타났다.

세계적인 규모의 조사(The Global Deception Team) 결과도 시선 혐오나 긴장하고 있는 모습, 일관성, 신체의 움직임, 표정의 단서를 많이 보고하였던 것과 일치한 결과였다. '느낌이 좋은 것'만이 선행연구에서는 볼 수 없는 단서이며, 특정한 언어 · 비언어적 측면보다 이러한 통합적인 인상에 대한 언급이라고 생각된다. 또한 각각의 거짓말에 대한 신념단서에 대한 확신도의 평균값과 표준편차를 산출했다. 가장 확신도 높은 신념단서는 '애매한 인상'이었다.

한편, 가장 많이 응답한 '시선이동'은 다른 믿음의 단서들과 비교했을 때, 거짓말을 탐지하는 데 있어서의 단서라고 믿지 않는 것으로 나타났다. 그러나 이러한 단서는 확신도의 중앙값(3.5점)과 비교하면, 모두 유의하게 확신도가 높은 단서였다(ps<.05).

(4) 거짓 경험과 의심의 관계

마지막으로, 의심스러운 사람들이 일상에서 일어나는 다양한 사건들을 '거짓말일 수도 있다'고 생각하는지 탐색적으로 검토했다. 172명(60.8%)이 의심스럽다고 생각한 경험이 있다고 응답했다. 일상적인 거짓말을 조사한 연구에서, 의심스럽다고 느낀 경험의 유무를 참가자에게 물은 연구로서 일기법을 이용하여 대학생의 일상의 거짓말에 대해 검토한 연구에 의하면, 대학생의 경우 다른 사람이 거짓말을 하고 있다고 생각하는 빈도는 하루에 0.36회 정도라고 나타나 있다. 이것은 다른 사람들의 거짓말을 알아차리는 것이 일상적으로 일어나기 어렵다는 것을 지적하는 것이다. 그러나 이 장에서 소개한 연구에서는 특정한 기간을 지정하지 않았기 때문에 다른 사람의 거짓말을 지각한 경험이 있는 응답자가 6할을 넘은 것으로 생각한다.

이 연구에서 다루고 있는 의구심은 다른 사람의 언행을 의심스럽게 생각하는 경향이며, 의심이 많은 사람일수록 허위지각의 보고를 하는 경험을 많이 가지고 있다고 생각한다. 앞에서 말한 것처럼, 다른 사람들의 거짓말을 알아차리는 경험은 하루 중 많지는 않지만, 의구심이 높은 사람일수록, 이러한 허위지각의 경험을 보고하였을 것으로 예상한다. 따라서 의구심 척도의 합계 득점에 의해 3군(의구심 고군: N=86, M=36.2, SD=3.35, 중군: N=93, M=29.8, SD=1.46, 저군: N=104, M=23.6, SD=2.94)으로 나누어 거짓으로 생각한 사건이 있는지 여부의 경험 유무와의 관련을 조사하기 위해 χ^2 검정을 실시하였다.

그 결과 의구심의 정도와 의심스러운 사건의 응답 유무 사이에는 유의한 관련이 있었으며($\chi^2(2,283)=9.58$, $p<.01$), 의구심이 낮은 사람은 의심스러운 경험이 없다고 응답하였다. 또한 의구심이 높은 사람들은 어떤 경험을 보고했는데, 의심과 거짓말의 가능성에 대한 인식과 기억 사이에 연관이 있을 수도 있다. 실제로 거짓말이라고 생각한 경험이 있다고 응답한 사람이 다른 사람의 거짓말을 알아차리기 쉬운 자기보고의 지표에서 득점이 높은 것과도 일치하고 있다($t(281)=3.20$, $p<.01$).

Ⅳ. 고찰 및 앞으로의 과제와 전망

이 연구는 일상생활에서의 사람들의 거짓말에 대한 기초적인 이해를 높이기 위해 다음의 세 가지 목적을 검토했다.

첫째, 심리특성으로 의구심과 대인 신뢰감 불신감을 들 수 있으며, 이 두 가지 심리특성이 거짓지각에 관련된 요인(거짓말에 대한 도덕관, 거짓표출에 관한 신념, 의사소통에 있어서 주의, 주관적인 속기 쉬운 사람)에 미치는 영향을 조사했다.

둘째, 진위성 판단 프로세스를 상정하여 주관적인 허위지각(거짓말에 대한 알아차리기 쉬움)에 대해서 심리 특성이나 거짓말의 지각에 관련되는 요인이 어떻게 영향을 주고 있는지를 검토했다.

셋째, 다른 사람들이 거짓말을 하고 있을 때 표출하는 단서에 대한 믿음을 선행연구의 지식과 비교하고, 이들에 대한 확신도에 대해 알아보았다.

이와 같은 조사에서 얻은 결과에 대해서 정리하면서 심도 있는 고찰을 하기로 한다.

1. 거짓말 지각에 영향을 미치는 의구심과 대인 신뢰 불신의 영향요인

이 연구에서는 거짓말에 대한 지각을 규정하는 심리 특성으로 의구심과 대인 신뢰감 불신감에 착안하였다. 의구심은 타인에 대한 의심의 정도이며, 의구심이 증가함에 따라 타인이 거짓말을 하고 있는 것이 아닌가 하는 생각이 드는 경향이 있다.

실제로 선행연구들은 또한 의구심이 진위를 판단하는 데 있어 얼마나 많은 거짓인지를 예측할 수 있다는 것을 보여 주었다. 또한, 타인에 대한 신뢰가 있기 때문에 대인 신뢰감에 대해서도, 거짓말이라고 판단하는 것에 비용이 드는 것을 생각할 수 있다. 이것들을 감안하면, 타인의 거짓말을 지각할지의 여부를 규정하는 요인으로 의구심과 대인 신뢰감·불신감이 거론되는 것은 타당하다고 여겨진다.

의구심 척도는 대인 신뢰감 불신감 척도와의 관련은 검토하지 않았다. 신뢰하는 것과 의심하는 것이 같은 차원의 양 끝은 되지 않는다고 해도, 신뢰감은 의구심과는 음의 관계가 있다고 예상한다. 실제로 이 연구의 결과 각 척도의 하위인자에서 타인에 대한 신뢰와 타인에 대한 의심은 음의 상관을 보이고 있다. 그러나 전체적으로 의구심과 일반적인 신뢰의 불신은 양의 상관관계를 보였다. 이것은 대인 신뢰 불신 척도의 주요 내용이 불신과 관련이 있었기 때문인 것으로 보인다. 이어서 이러한 의구심과 불신감이 거짓말 지각에 미치는 영향을 조사한 결과, 거짓말 표출에 대한 신념과 소통에서의 주의에 대한 중결정계수는 유의하지 않았다.

거짓말을 할 때 단서가 행동으로 쉽게 표출되는 것과 의사소통에서의 주의 분배는 의사결정과도 관련이 있다. 예를 들면, 거짓말을 하고 있다는 것을 숨기려고 하면, 상대가 자신이 숨기고 있는 것을 눈치채고 있는지 불안을 느끼는 경우가 있다. 이렇게 해서 환기된 불안은 손발을 움직이는 등의 신체에 반영되거나, 말끝이 늘어나는 등의 언어 행동으로 나타나기도 한다. 응답자들은 이 단서들에 대해 서로 다른 인지적 가중치를 부여했을 수도 있지만, 최종 진위에 대한 판단은 이러한 단서들이 축적된 결과에 근거했을 수도 있다.

의구심은 또한 거짓말인지 아닌지를 추정하기 위한 정보를 수집하는 경향과 관련이 있기 때문에, 단일 언어와 비언어적 행동의 단서보다는 다수의 단서를 통해 거짓말인지 여부를 판단할지 규정하는 것일 수도 있다. 그러면서도 거짓말에 관한 도덕관에는 양면성에 대한 불신(대인 신뢰감 불신감 척도의 하위인자)의 유의한 음의 영향, 주관적인 속기 쉬움에는 진실에 대한 편중(의구심의 하위인자)과 거짓말에 대한 경계(대인 신뢰감 불신감 척도의 하위인자)의 유의한 양의 영향이 나타났다.

신뢰할 수 있는 측면과 신뢰할 수 없는 측면의 두 가지 측면이 있다고 생각하는 경우에는 거짓말에 대한 허용성이 높아지고, 의구심의 영향은 인정되지 않았다. 또한 주관적인 속임수에는 의구심과 불신감이 모두 관련되어 있으며, 다른 사람이 진실이라고 믿는 경향이 높거나 다른 사람이 거짓말을 하고 있을 가능성을 낮게 추정하는 경우에는 자신이 쉽게 속아 넘어갈 수 있다고 느끼는 것으로 나타났다. 따라서 다른 사람들이 진정한 의사소통을 하고 믿을 만한 존재라고 생각하기 때문에 속는 경험을 자주 경험하는 것인지도 모른다.

2. 의구심과 신뢰감이 주관적 거짓말을 쉽게 알아차리는 데 미치는 영향

주관적인 허위지각에 대해 진위성 판단의 과정을 고려한 계층적 다중회귀분석을 실시했는데, 이 연구에서 상정한 모델은 유의하지 않았다.

목적변수로 사용한 허위지각은 주관적인 자기평가였으며, 실제로 환기되는 허위지각과는 달랐다. 따라서 거짓말의 신념단서나 진위 판단 결과의 환류 등에 의해 실제로 다른 사람이 거짓말을 하고 있는지에 관계없이 주관적인 허위지각이 성립하고 있음을 짐작할 수 있다. 그래서 이 연구에서 상정한 모델은 주관적인 허위인식을 바탕으로 의구심과 불신이 주관적인 속임수와 단서에 대한 확신에 미치는 영향을 확인하기 위해 다시 검토하였다.

그 결과 단서에 대한 확신에는 유의한 영향이 없었지만, 주관적인 속임수에는 의구심과 불신감이 다른 방향으로 영향을 미치고 있는 것으로 나타났다. 즉, 진위성에 관한 정보수집에 민감한 사람은 의구심의 영향이 컸고, 거짓말을 눈치채기 어려운 사람은 대인 신뢰감 불신감의 영향이 컸다. 이것은 거짓말을 잘 아는 사람들이 다른 사람들의 속임수 의도에 쉽게 반응할 수 있다는 가능성을 시사하는데, 이는 의구심이 높아지면 더 분석적이라는 것을 의미한다. 그러나 다른 사람들의 정보를 이용하는 것은 거짓말에 대한 민감성 때문에 긍정적일 수 있지만, 그 정보가 신뢰성에 대한 긍정적인 정보인지 부정적인 정보인지까지는 확증할 수 없다.

장면 상정법이나 실험을 이용해서 의구심이나 불신감을 조사할 필요가 있다. 실제로 현실적인 장면에서 거짓말을 할 필연성이나 검출할 책임이 있는 상황에서는 진위성 판단을 하기 위해서 보다 많은 단서에 주목하는 경향이 나타나고 있다.

3. 거짓말의 신념단서

이 연구의 추가적인 목적은 거짓에 대한 단서를 찾는 것이었다. 세계적인 규모의 조사와 마찬가지로, 시선에 관한 단서는 많이 보고되었고, 확신도의 평가치도 중간점(3.5점)보다 높은 것이었다. 상대적으로 비언어적 측면에 대한 단서의 출현빈도가 높은 것으로 보이는 반면, 확신도에서의 평정값은 언어적 측면에 대한 단서가 더 높은 경향이 있었다. 설문 조사에서 나타나듯이, 실제 거짓말의 단서(목소리의 높이, 발화의 비율, 웃는 얼굴, 머리의 움직임, 직접성, 타당한 대답)는 거의 인식되지 않았다고 해석할 수 있다.

거짓말에 대한 믿음에 대한 개인차는 고려하지 않았지만, 앞의 모델을 고려해 볼 때, 의심의 정도에 따라 주목할 만한 단서나 확신도 높은 단서가 있을 수 있다. 이것은 진실편향과 거짓편향과 사실판단 사이의 관계와 비슷하다. 어느 쪽의 편견도 너무 높으면, 일정 방향의 판단수가 커져 정답률을 낮춰 버리기 때문에, 적절한 수준(optimal level)이 있다는 것을 상정해야 한다. 의구심이 제대로 발휘되는 정도가 있는지는 검토의 여지가 있지만, 의구심이 높으면 좋다는 것은 아니라는 것을 보여 줄 수도 있다.

4. 앞으로의 과제와 전망

이 연구에서는 질문지 조사와 같은 형태로 신뢰감이나 의구심, 또 주관적인 거짓말의 지각을 측정했다. 질문지로 대답하는 것과 실제 상황에서 다른 사람과 대면한 상황에서 상대방을 신뢰하는 것은 질적으로 다르다. 죄수의 딜레마 게임과 같은 상호작용이 있는 과제를 이용함으로써 현실 상황에 맞는 의견을 얻을 수 있을 것이다. 또한, 거짓말 지각에 관해서도, 실제로 어떤 거짓말을 실험자극으로서 제시한 것이 아니라, 응답자들의 자기 경험에 근거하여 보고하고 있기 때문에 보다 객관적인 지표를 사용함으로써, 주관적이고 객관적인 차이에 대해서도 검토할 수 있을 것이다.

5장

거짓말을 하는 사람,
그 허구의 세계

Ⅰ. 거짓말을 하는 사람 자신과
자기 이야기가 만들어 내는 허구의 세계

이 장에서는 거짓말이라는 일상적인 현상을 사회학적으로 해명하고자 한다. 캐나다의 사회학자인 어빙 고프만(Erving Goffman)은 타인과의 대면적 상호행위를 연구하는 가운데 인상조작에 주목해서 사람들이 상황이나 상대에 따라 태도를 바꾸고, 그 수에 대응하는 역할을 구분하고 있기 때문에 '인간은 다원적 역할 연기자'라고 생각했다. 이것은 여기서 설명히는 '자기 이야기론'과 깊은 관련이 있다.

자기 이야기는 자신에 대해 말하는 것인데, 거기에는 반드시 말할 수 없는 것이 포함된다. 즉, 이야기하는 사람은 의도적이든 비의도적이든 듣는 사람에게 다가가는 자기 이야기의 성격상 사실 은폐를 피할 수 없다. 그리고 개인이 상황이나 다른 사람의 수에 대응하는 수의 역할을 한다면, 그 역할에 대응하는 수의 자기 이야기를 필연적으로 발화하게 된다. 거기서 제3자의 관점에 섰을 경우 상대와의 사이에 생기는 모순을 '거짓말을 하는 것'이라고 해석할 수 있다.

1. 서론

사람들은 거짓말을 한다. 그것은 너무 당연한 것이고 의심할 필요가 없는 것일지도 모른다. 그러나 많은 사람들이 이 의심에 관심이 있다. 다양한 글에서 다각적으로 연구하는 것으로도 쉽게 판단할 수 있다. 지금 살고 있는 사람, 앞으로 살아갈 사람을 포함해서, 인간이라면 누구나 이 주제에서 벗어날 수 없다. 그리고 일상생활 속에서 당연하게 일어나고 있는 현상이기 때문에, 이 주제를 굳이 문제로 상정해 보려고 한다. 이 주제를 생각해 낸 계기가 된 것은 내가 면담지도하는 학생의 거짓말 때문이다.

소수의 그룹 내에서의 소통 능력을 도모하는 몇 가지 사건을 체험하면서, 자신의 의도를 상대에게 전달하는 것이 너무나 어렵고, 또 반대로 상대가 의도하는 것을 파악하는 어려움도 동시에 실감했다. 일상적으로 하고 있는 소통이라는 것을 다시 생각하게 되었고, 또 그 재미에 마음이 끌렸다. 내가 학생 면담 지도에서 배포한 자료 중 가장 강조하는 것이 아래의 문장이다.

"소통은 불완전한 것이라는 것을 알고, 거기에 불편이 생겼을 때
재빨리 알아차리는 감수성과 불편을 그대로 방치하지 않고 반복
해서 수정해 가는 용기와 기술을 기르는 것이 중요하다."

학생들이 이 문장을 읽기 전에는, '소통이란 자신이 노력하는 대로 전할 수 있는 또 전해지는 것'이라고 확신하고 있었지만, 완전히 반대의 발상에 어안이 벙벙했다고 한다. 결코 전달되지 않는 것을 전제로 하여 소통을 하는 것이다. 이것이 당시 나의 생각이었다.

누구나 이 글을 읽은 후 '그렇다면 왜 사람들은 대화를 할까?'라는 의심을 가질 수 있다. 그리고 전하지 않았는데도, 전해 들은 척을 하고 있는 일상생활의 여러 가지 장면, 예를 들면 '어머니가 아이에게 옛날이야기를 말해 줄 때', '아이가 집에 돌아가 학교에서 일어난 일을 부모에게 열심히 들려주려고 할 때', '취직 과정에서 자기소개를 할 때', '친구에게 자신의 연애에 대해 상담을 할 때' 등을 들자면 끝이 없지만,

그 하나하나의 장면을 생각해 볼 수 있을 것이다.

결국 '소통이란, 서로가 서로의 말을 이해하는 척하는, 즉 서로를 속이는 것(거짓말을 하는 것)'이라는 자신만의 결론에 이르렀다. 그러나 인간이 사는 사회에 거짓말이 있다는 것에는 분명 의미가 있을 것이라고 생각한 결과 이 책을 집필하게 되었고, 왜 사람들은 거짓말을 하는가를 해명해 보기로 했다.

아래에 언급된 문장은 이 책의 집필을 시작함에 있어서 이 주제에 대해 생각한 자기 이론이다.

> "거짓말은 내가 보기에 방어적인 행동이다. 나는 내가 어렸을 때 부모님께 꾸중을 듣고 싶지 않다는 생각에 필사적으로 거짓말을 했던 것을 기억한다. 지금도 물론 많은 거짓말을 하고 있지만, 역시 자기방어를 위해 거짓말로 자신을 무장하고 있다는 생각이 든다."

얼마 전 끝난 공직선거에서 얼마나 많은 정치인들이 거짓말을 했는지 알 수 있다. 그들은 어떻게든 당선되고자 하는 욕망에 이끌려 우선 거짓말이라도 하고 보자는 생각뿐이었다고 평가한다. 그들의 거짓말에는 엄한 법적 평가가 내려져야 할 것이다.

나의 경우는 타자(상대)의 존재, 정치인의 경우는 유권자의 존재를 의식한다기보다 피할 수 없는 대상이 존재하기 때문에 반대로 거짓말이라는 것이 필요하게 된다고 생각한다. 이 세상에 자기 혼자밖에 존재하지 않는다면 거짓말을 할 필요는 없을 것이다. 또한 거짓말의 가치는 시대와 지역에 따라 달라진다고 생각한다.

나는 도시 지역에서 거짓말의 가치가 높다고 생각한다. 광고, 잡지, 신문, 텔레비전 같은 매체의 중심지, 정보가 범람하는 곳은 특히 거짓말이 전제될 수밖에 없기 때문이다. 사람들이 사람들을 의심하는 것이 전제된다. 자신을 속이는 것이 전제된다. 이것은 분명 뭔가 잘못된 것 같다는 생각이 든다. 반대로 낙도, 시골 등의 경우는 그다지 거짓말을 할 필요가 없다고 생각한다. 몇 사람 살지 않은 시골 동네에서 굳이 자신을 지킬 필요가 없기 때문인지도 모른다. 이 이론에서는 거짓말은 방어행위일 것, 이 세상에 나쁜이라면 거짓말을 할 필요가 없을 것, 도시 지역일수록 거짓말이 더 필요하다는 가설을 세워 "사람은 왜 거짓말을 하는가"라는 주제를 마주해 보았다. 적어도 이 문장은 거짓말에 대한 불신과 부정적인 견해를 가지고 있음을 보여 준다.

이 장의 마지막에 자기 이야기론에 대한 비판을 말하려고 하는데, 실제로 '거짓말을 하는 것'에 대해서는 심리학, 철학, 윤리학, 법학 등 다면적인 방면에서 연구하고 있다. 물론 본론은 사회적인 측면에서 접근하는 것이다. 본론은 크게 두 가지 관점에서 이 주제를 생각한다. 그것은 고프만의 사회학과 자기이야기론이다.

우선 캐나다의 사회학자로 어빙 고프만(1922~1982)이라는 사람이 있다. 그는 인간이 생활하는 사회를 무대에 비유한 것으로 유명한데, 다른 사람과의 대면적 상호행위인 사회라는 무대 위에서 인간의 여러 가지 행동을 다면적으로 관찰하고 있다. 그래서 고프만의 글을 단서로 사람이 어떤 상황에서 거짓말을 하는지 또 왜 거짓말을 하는지를 해명한다.

다음은 '자기 이야기론'이다. 자기 이야기란 그 말 그대로 '자신에 대해 말하는 이야기'이지만, 일상생활에서 행해지고 있는 이타심이 없는 대화의 메커니즘을 해명해 나가는 가운데 '발화에서의 거짓말'에 대해 생각한다. 마지막으로 이상의 2가지 점을 근거로 한 후, 현대의 한국 사회에서 거짓말하는 행위를 다양하게 생각하고 평가해 보기로 한다.

2. 고프만의 사회학

• 드라마투르기(dramaturgy)

고프만은 인간이 사회생활을 연극에 비유하면서 인생은 무대이고, 모두가 어떤 역할을 하고 있다고 생각했다. 확실히 극장에서 연기할 수 있는 역할은 현실적이지 않으며, 물론 현실을 허구로 대체함으로써 무리가 생기는 부분도 있다. 그러나 고프만은 '사람을 속이는 연출이 성공을 낳는 연출이라면, 일상생활에서의 상호행위로 대체할 수 있다.'고 생각해서 타인과의 대면적 상호행위의 분석을 '드라마투르기', 즉 연극론이라는 관점에서 연구하였다.

일상생활에서 사람들은 연기를 하는 행위자이다. 그리고 '행위자'가 연기하는 행동은 '실연(實演)'이라고 불리며, 고프만은 대면적 상호행위가 성립하기 위해서는 '실연(performance)은 빼놓을 수 없다.'라고 생각했던 것이다. 퍼포먼스(실연)란, '한 쌍의 특정한 관찰자들 앞에 계속적으로 있는 기간에 발생해서, 각 관찰자들에게 어떠한 영향을 미치는, 어떤 개인의 거동 전체'를 말한다.

특정한 상황 내에서 참가자들은 타인에 대한 자기의 인상을 관리·통제하면서 타인 앞에 신체 행위를 나타내고 있다. 상황이란 '건물이나 시설의 내부와 같은, 지각상 물리적으로 고정된 장벽이나 경계에

둘러싸인 공간 환경'을 말한다. 그러나 행위자 혼자서는 무대가 성립하지 않는다. 거기에는 연극과 마찬가지로 무대장치, 청중, 관리팀의 존재가 필수적이다. 여기서 대면적 상호행위란, 사람에 한정하지 않고, 그 공간을 구성하는 모든 것에 의해 만들어지는 무대라고 표현할 수 있다.

• **인상조작**

인상조작이란, 자신의 외모나 언행을 조정하는 것에 의해서, 자신의 여러 가지 측면 중 특정한 측면을 선택해서 '보여 주고' 다른 부분을 '보여 주지 않는 것'이라고 정의할 수 있다. 많은 사람들이 의도적으로나 비의도적으로 일상생활에서 인상을 조작한다. 그런데 '왜 인상조작이 필요한가? 진짜 나란 누구인가?'라는 의심이 든다.

인상조작의 하나로 딱지치기라는 것이 있다. 이것은 어떤 사람이 주장하고 있는 입장과 일치하지 않는 정보가 제공되는 사건이 예기될 경우에는 체면을 잃을 위험을 회피하고, 실제로 일어났을 경우에는 잃어버린 체면을 회복하는 발언이 오간다는 것으로, 대면적 상호행위에 있어서는 자신뿐만 아니라 상대의 체면도 세울 것으로 기대된다.

또한 해명이라는 것이 있다. 이것은 바람직하지 않은 부적절한 행위나 기대에 어긋난 행위가 생겼을 경우, 그 행위와 기대 사이의 격차를 메우기 위해 행위자가 행하는 언명(言明)이다. 해명은 상대방의 자존감을 유지하거나 상대방 사이에 틈이 생기는 것을 방지하는 효과가 있다. 이와 같이 인상조작은 타인과의 생활에서 상호행위를 원활히 진행시키기 위해서 필요 불가결한 것이다. 여기서 재미있는 것은 사람이 이래서 상대방의 체면을 세우려고 하는 행위인지 아닌지는 알 수 없다는 것이다.

다른 사람과의 상호행위를 진심으로 원해서 하는 경우도 있을지 모르지만, 그것을 원해서 행위하지 않는, 즉 마음과 행위가 서로 맞지 않는 경우도 많다. 그 때문에 인상조작에는 '자기를 속인다'거나 '거짓말을 한다'라는 측면이 필연적으로 포함되는 것이다.

· 의례 게임

고프만은 인상조작이란 말만이 아니라 몸짓 전체에 의해 이루어지는 것이라고 생각했다. 즉, 인상조자이란 발화자 스스로 전체를 기호로서 타인에게 나타내는 소통이라고 생각한 것이다.

대면적 상호행위에서는, 그 기호를 조작함으로써 자기를 실제 이상으로 보이게 하거나, 사기꾼처럼 사회적 자기를 거짓으로 나타내거나 하는 것이 가능하다. 이것은 현대사회의 다양한 일상적인 장면에서도 쉽게 상상할 수 있다. 그러나 기호로 소통을 실시하고 있다는 사실은 동시에 사람이 구성하는 자기나 활동의 이미지가, 아무리 본인이 스스로에게 충실하려고 노력해도, 그것이 기호에 의거하는 한, 필연적으로 타인에게 불안정한 인상을 주는 것으로부터 벗어날 수 없음도 의미한다. 이처럼 인간에게는 기호를 이용하여 소통한다는 측면이 있다는 것을 고프만은 '신체 이디엄'이라는 말을 사용하여 설명하고 있다. 신체 이디엄이란, '대부분이 사회에 제도화되어 있고, 공공적인 의미를 부여하고 있는 신체기호'를 말하며, 신체 이디엄의 성립은 '사회의 성립'을 의미한다.

고프만에 의하면, '개인이 타인과의 직접적인 면전에 등장할 때, 그 개인은 신체적 존재라는 사실에 의해서 자기에 관한 어떠한 정보를 의도적 · 비의도적으로 관계없이 표출하고 있다'는 것이다. 요컨대, 인간의 신체 자체가 의사소통의 매개체 역할을 하는 것이다.

　신체 이디엄에 의해 획득된 자기 정보로서의 인상은 우선 타인이 상황의 정의에 제공하기 위한 주요한 정보가 된다. 그곳에서 대면적 상호작용은 서로가 기호화된 정보를 공개하거나 은폐하는 전략적 성격의 정보 게임으로 대체될 수 있다. 물론 이 게임에는 규칙이 존재한다. 그것은 자기에 관한 도덕적 질서에 근거한 사회적 행위가 되어야 한다는 것이다. 즉, 타인과의 대면적 상호행위라는 사회에서는, 일상적으로 의례 게임이 끊임없이 행해지고 있는 것이다.

· 의례와 질서

　의례 게임에서 개인의 인상은 상황에 따라 변화한다. 그 때문에 인상을 관리하는 기법이 필요하다. 앞에서 말한 딱지치기와 같이 상대방과의 상호행위가 원활히 진행될 수 있도록 사회에서는 의례 질서를 유지하는 것이 서로에게 요구된다.

　우선, 상황이 보장되기 위해서는 자신과 다른 사람들에게 방어와 보호가 동시에 이루어질 필요가 있다. 방어조치란 개인이 자기가 투기한 상황의 정의를 보호하기 위한 방책을 말하며, 보호조치란 다른 사람이 투기한 상황의 정의를 구제하기 위한 방책이라고 정의할 수 있다. 어느 한쪽이라도 결여되면, 개인적인 인상을 유지할 수 없게 된다. 여기서 인상을 유지하기 위해서 '의례'라고 하는 기법이 필요하다. 의례란 '대면적 장면 · 비대면적 장면에서의 행위자의 진의가 담겨있지 않은 행위'를 말한다.

　고프만은 "상호행위의 질서는 대면적인 상황에서만 유지될 수 있다."고 설명한다. 사회에서의 경향으로서, 자신의 권위 · 지위 · 위신 · 면목을 지키려는 방어적인 경향, 타인의 지위나 체면을 지키려는 보호적인 경향이 보인다. 이 두 경향은 사회 속에서 뒤섞여 있는 것이 자연스러운 것이며, 상호행위의 의례라고 불린다. 상호행위의 의례에는 경의와 품행이라는 것이 있다.

경의는 사회행위에 개인이 참가할 때, 그 사람은 하나의 전체적 인격으로서 참가하는 것이 아니라, 어떤 의미에서 특정한 자격 내지 특정한 입장에서 참가하는 것이다. 그리고 경의를 표하는 주요한 유형은 '회피의례'라고 불린다. 회피의례란 행위자가 수용자로부터 거리를 두고 수용자의 영역을 침범하지 않는 의례를 말한다. 예를 들면, 전차에 탑승했을 때 무서워 보이는 형들로부터 떨어진 자리에 앉는 것이 이에 해당한다.

그리고 '제시의례'라고 불리는 것도 경의 표현에 포함된다. 제시의례란 행위자가 수용자를 어떻게 보고 있는지, 앞으로 발생하는 상호행위에서 수용자를 어떻게 취급하는지에 대해 행위자가 수용자에게 구체적으로 명시하는 행위이다. 일상적으로 보이는 인사말은 이에 해당한다.

또 하나의 상호행위 의례인 '품행'은 '치장이나 말투에 의해서, 주위로부터 존경받는 자신을 연기하는 것'이라고 정의할 수 있는데, 이것은 파티나 결혼식, 장례식 등에서 보인다. 이와 같은 의식에는 당연히 복장 규정(dress code)이 존재하며, 참석자들은 복장과 말투를 그 자리에 어울리게 할 것을 요구받는다. 또 대면 상황에서는 거기에 있는 사람들과의 사이에서 생기는 비틀거림, 어깨 들추기, 발뒤꿈치, 방귀 등 신체적인 예의범절이나 과잉연기나 과소연기, 상황에 맞지 않는 연기나 타이밍의 어긋남 등에 의해서 인상은 쉽게 교란될 가능성을 가지고 있다.

여기서 사용되는 기법이 의례적 무관심이다. 의례적 무관심이란, '연기의 파탄에 의해서 생긴 '관계'에 대한 의심을 처음부터 생기지 않았던 것으로서 행동하는 것'이라고 정의할 수 있지만, 간단히 말하면, '못 본 척하는 것'이다.

> "당사자의 자기 제시(인상조작)에 의한 상황 유지의 노력은 여러
> 가지 교란 요인을 신중하게 배제하면서 계속할 수 있는 것이며,
> 그 노력의 방법 속에서 일정한 규범(rule)을 찾을 수 있다."

고프만의 이러한 설명처럼, 의례에 의해서 서로 인상(image)을 관리함으로써 사회의 질서는 유지되는 것이다.

• **역할 거리**

사람들은 다른 사람들과의 대면적 상호행위 과정에서 자기를 제시하고, 자신의 목적을 달성하기 위해서 여러 가지 흥정을 해야 한다. 그래서 상황에 맞는 자기를 연출하는 것이 필연적으로 필요하다. 사람들은 쇼핑객, 직장에서의 지위, 가족 내에서의 역할, 결혼식 하객 등 상황에 맞게 역할을 부여받고 그것을 연기한다. 상황이 바뀌면, 당연히 역할도 바뀐다. 개인은 많은 무대를 겸하고 있는 것이다.

고프만은 '전형적인 역할과 그것을 연기하는 사람의 실제 역할수행 행위 사이에 관찰되는 격차'를 '역할 거리'라고 불렀다. 그리고 자기는 그 연출의 방법 속에 있어야 나타나고, 역할 거리에 의해서만 표현된

다고 한다. 요컨대 사회적인 역할의 예를 들면, "판사는 성실한 사람, 조종사는 냉정한 사람, 회계사는 정확하고 꼼꼼한 사람"이라는 식으로 그의 개인적인 특성을 나타내지는 않더라도, 실제로 귀속되어 있는 역할이 다른 사람에게 그의 이미지의 기초를 주게 된다.

즉, 어떤 역할을 받아들인다는 것은 그 상황 속에서 얻을 수 있다고 여겨지는 사실상의 자기 속으로 완전히 사라짐을 의미한다. 말하자면 역할을 받아들이는 것은 역할기능에 자신을 녹이는 것이다. 이에 대해 고프만은 헌신 혹은 공헌(commitment)이라는 표현을 사용하고 있다. 그러나 개인은 역할을 반강제적으로 부여받고 있는 반면, 역할을 일시적으로 정지할 수도 있고, 포기할 수도 있다.

역할을 일시적으로 정지할 수 있는 기능은 역할 분리와 관련이 있다. 역할 분리란 주요한 역할 세트의 한 부문에서 수행해야 할 역할에 등장하는 개인은 다른 역할 세트에서는 그 역할을 연기하지 않으나 개인은 모순된 성질의 역할을 가질 수 있다는 것이다. 이 기능 덕분에 사람들은 일상생활에서 많은 무대에서 다른 역할을 구분하여 연기하고 있다.

또 역할을 포기하는 기능은 '역할파괴'와 관련이 있다. 역할파괴란 '아무도 자신을 보고 있지 않을 때에는 주어진 역할에 머무르지 않는다'는 것이다. 예를 들어, 외과의사라는 훌륭한 연기자가 수술 후에 외과의사답지 않은 행동을 하는 것은 바로 역할파괴에 해당한다. 이와 같이 역할은 전체로서의 역할 시스템이나 역할 패턴에 대해서 '지속적 효과'와 '파괴적 효과'라고 하는 2개의 효과를 가지고 사람들은 상황에 따라서 이 2개의 기능을 구분해서 사용하고 있는 것이다.

• 다원적 역할연기자

개인이 모순적인 성격의 역할을 상황에 따라 구분하여 사용하는 것을 고프만은 다원적 역할 연기자라고 표현한다. 여기에서는 '다원적 역할 연기자'와 '다중인격'이라고 하는 병리 현상과 관련지어 '자기'에 대해 생각해 보기로 하자. 다원적 역할 연기자라는 표현을 자신의 다원성과 같은 의미로 이해하면 된다. 사회에서 살아가기 위해서는 누구나 복수의 역할을 연기하는 것이 필요하다. 그러나 역할 분리의 경계는 모호하기 때문에, 아무리 상호작용이 잘될지라도 자기 자신에 대한 사실상의 주장이 표현상에서 뭔가 모순된 결과를 낳을 수밖에 없다.

복수의 역할을 그 장면 그 장면에서 구분하는 것은 매우 어렵고, 문득 한순간에 다른 역할 세트 하나로 연기하고 있는 역할이 얼굴을 내미는 것도 자주 있는 일이다. 여기서 역할 세트란 역할 속에 있는 개인의 다양한 종류의 역할 타자를 일괄한 것이다. 예를 들면, 의사의 역할 세트는 동료 간호사, 환자, 병원 사무원, 대학 교수 등을 포함한다. 또한 활동 시스템은 행위를 위한 무대를 제공하기 때문에 당연한 일이지만, 역할의 가식(假飾)이 넓어질수록 역할 거리를 보여 줄 기회는 많아진다. 그러므로 개인은 한 집단으로부터 자유로워지더라도 다른 집단에게 붙잡혀 역할을 부여받게 된다. 이처럼 고프만의 다원적 역할 연기자라는 표현은 사회생활을 하는 데 있어서 여러 역할을 연기할 수밖에 없는 것으로 해석할 수 있다.

여기서 다중인격이라는 병리 현상을 생각해 본다. 다중인격은 아래와 같이 정의할 수 있다. ① 환자의 내부에 둘 이상의 다른 인격 또는 인격 상태가 존재하는 것, ② 이들 인격 또는 인격 상태의 적어도 둘이 반복적으로, 그 사람의 행동을 완전히 제어하고 있는 상태를 말한

악마의 가면

다. 이들의 정의로부터 알 수 있는 것은 복수의 인격이 기억을 통해 일정한 연속성을 부여받고, 그에 따라 동일성이 유지되고 있는 상태가 정상이며, 그 연속성·동일성이 유지되지 않은 상태에서 '다중인격'은 '병'으로 인정된다는 것이다. 그러나 '다중인격'은 정말로 '병'인 것일까? 고프만의 논의를 더하면, '진정한 나'라고 하는 말로 자주 나타내는 자아의 실체성은 역할에 대한 거리 속에 환원되기 때문에, '다중인격이란 무엇인가?'라는 물음 자체가 무의미해지는 것은 아닐까 생각한다.

사람은 자기를 하나로 정의하면 사회에서 만족스럽게 살 수 없다. 사람이 누구나 복수의 자기를 가지는 것은 필연적이며, 그러므로 인간의 다중 인격성을 어느 정도 인정하는 것이 자연스럽다. 개인이 가지는 역할의 수만큼 상황의 수도 존재하는데, 하나의 역할을 포기한 마당에 남아 있는 자신이 다른 사람이 되는 것은 아니다. 고프만이 "개인은 하나의 집단으로부터 자유로워져도 자기는 자유로워지지 않는다."라고 말했듯이 가면(假面), 즉 역할의 배후에는 또 하나의 가면이 있다. 그리고 아무리 가면을 벗긴다고 해도 마침내 맨얼굴이라고 생각되는 실체적 자기에 도달하는 것은 절대로 불가능하다.

3. 자기 이야기론

• 자기 이야기란

자기 이야기는 말 그대로 자신에 대해 이야기하는 것이다. 그리고 자기 이야기에는 두 가지 큰 주제가 있다. 하나는 자기는 자기 이야기를 통해 만들어진다는 것이고, 또 하나는 자기 이야기는 말할 수 없는 것을 전제로 하고 그것을 은폐한다는 것이다. 지금까지 자기에 관한 논의는 많이 수행되어 왔지만, 그 대부분은 많든 적든 관계가 바뀌면 자기도 바뀐다는 것이다. 요컨대, 자기는 쉽게 변하는 것으로 생각한다. 그러나 한편으로 변하고 싶은데 변하지 않는 나를 절실히 느끼는 사람이 많은 것이 현대의 자아 현상이다.

변화를 원하는 내가 될 수 없는 사람에게 자기가 변하기 위해서는 관계가 변해야만 한다. 하지만 '관계를 바꾸기 위해서는 자기를 변하게 해야 한다'라는 악순환을 볼 수 있다. 여기서 자기 이야기를 이용한 이야기론적 접근이 필요하다. 서사적(narrative) 접근법은 나를 말할 수 없는 것이라는 특징을 단서로 삼아 서사를 다시 쓸 수 있다는 점에 주목한다. 따라서 이 이야기론적 접근은 상담(counselling)과 같은 치료의 일환으로 받아들여지고 있다.

• 자기와 자기 이야기

이야기하기는 그 자체로 일상적으로 당연하게 행해지는 것으로, 아무도 그것을 의식하지 않는다. 그러나 '자기 자신이 누구인지를 설명하려고 한다면, 사람은 자기 자신의 인생 에피소드 중 어떤 것만을 골라내고(다른 것을 모두 버린다), 그것을 어느 줄거리에 따라 맞추는 수밖에 없다'는 것이다.

예를 들어, 수치심 많은 생애를 보내왔다는 사람을 생각해 보자. 이 사람이 듣는 사람을 납득시키는 이야기를 하고 싶다면, 지금까지 인생에 일어난 부끄러운 에피소드를 이어 가는 것 외에는 달리 말할 방법이 없다. 그 일련의 줄거리에서 '부끄러움'과 상반되는, 예를 들면

'빛남'이라든가 '자랑'이라고 할 만한 에피소드는 배제되어야 하는 것처럼, 자신의 이야기에 맞는 에피소드를 선택하여, 배열해 가면서 자기 이야기를 만드는 것이다. 여기서 중요한 것은 '나(자기)'라는 것이 에피소드의 선택과 배열을 통해 비로소 나타난다는 것이다.

'나는 …이다'라고 말하기 위해서는, 이 '…'의 부분을 성립시키고 있는 타인과의 관계가 필요하다. 예를 들면, '나(자기)'가 교사라고 하자. 그렇다면 내가 교사일 수 있는 것은 학교와 학생과 부모와의 관계에 있어서뿐이다. 그리고 내가 학생 또는 부모와의 대화 중에서, 교사로서의 내가 받아들일 수 있는 에피소드를 선택해 다른 사람인 학생이나 부모에게 말하는 것이다.

나는 그 자체로 꺼내 보면, 뭐라고 지목할 수 없는 공허한 것이다. 자기 이야기는 자서전이나 자기 역사와 마찬가지로 계속되는 자기 이야기를 통해 자기 이미지를 유지한다. 많은 사람들이 생각하는 것처럼 '나'라는 존재가 전제되어 있는 것이 아니라, 자신에 대해 이야기하는 것을 통해서 비로소 자기는 나타나는 것이다.

· **자기 이야기의 특징**

자기 이야기에는 관점의 이중성, 사건의 시간적 구조, 다른 사람에 대한 지향이라는 세 가지 특징이 있다. 순서대로 살펴보도록 하겠다.

(1) 관점의 이중성

자기 이야기에는 이야기하는 사람이 듣는 사람에게 말하는 세계와 거기서 말하는 등장인물이 활약하는 세계와 같이 두 개의 세계가 존재한다. 이 두 세계를 연결해야만 이야기가 성립될 수 있다. 예를 들면,

A(이야기하는 사람)와 B(듣는 사람)가 대화를 하고 있다고 하자. A는 현실 사회에 살고 있는 주인공이자 등장인물이다. 그러나 A가 살아 있는 현실 세계의 일을 다른 사람에게 이야기하게 되면 또 하나의 관점이 필요해진다. 자기 이야기를 한다는 것은 허구 그 자체이기 때문에, 듣는 사람인 B는 현실 세계의 A가 아니라 허구의 주인공인 A를 통해서 A를 이해하는 것이다.

(2) 사건의 시간적 구조

자기 이야기는 시간의 축을 따라 사건들을 구조화하는 이야기이다. 자기 이야기는 이야기의 결말이 매우 중요하다. 이야기의 결말을 납득할 수 있을지를 기준으로, 어떤 사건을 어떻게 연관 지어 말할 것인지가 결정된다. 그 때문에 납득할 만한 결말에 모순이 생기지 않는 에피소드를 선택해서 배열해 나가게 된다. 이 작업을 '구조화'라고 부른다. 구조화란, "무수한 사건 중에서 의미가 있는 것만을 골라내 서로 관련짓는 작업을 의미하며, 이것은 바로 선택과 배열과 다름없다."

이 작업에 의해 이야기된 세계(등장인물이 활동하는 세계)는 의미와 방향성을 가진 시간적 흐름을 낳게 된다. 이 특징에서 알 수 있듯이 자기 이야기는 사건을 있는 그대로 이야기하는 것이 아니라, 언제든지 다르게 구조화해서 이야기할 수 있다는 잠재적 가능성을 바탕으로 하고 있다. 그리고 '자기'는 그것이 이야기되는 한에 있어서, 반드시 결말로부터 역산된 형태로 선택되고 배열되기 때문에, '자기'가 있는 그대로 이야기되는 것은 우선 있을 수 없는 것이다.

⑶ 타인에 대한 지향

자기 이야기는 본질적으로 다른 사람을 향한 이야기이다. 그리고 자기 이야기는 자기 자신과 타인의 관점의 차이가 극복되어야만 성립된다. 이와 같이 다른 사람을 납득시킬 만한 이야기를 해야 하는 것이다. 여기서 우리는 자기 이야기가 다음과 같은 이중의 정당화를 필요로 한다는 것을 알 수 있다.

하나는 '다른 사람에게 이야기할 권리는 정당화되어야 한다'는 것이다. 그리고 또 다른 하나는 '듣는 사람인 타인을 납득시키는 것에 의해서, 이야기된 자신, 즉 과거로부터 지금에 이르기까지의 자신은 처음으로 타인과의 사이에 공유된 현실이 되어, 자신은 듣는 사람과 같은 도덕 공동체에 소속되게 된다'는 것이다. 그리고 또 다른 하나는 자신의 역사를 쓰는 것이므로 상담하는 것, 자조(self-help) 그룹, 대화하는 것 등은 이러한 정당화를 가져오는 제도적 맥락에 지나지 않는다. 이러한 맥락 속에서, 사람은 편안하게 자기 자신을 말할 수 있고, 그것에 의해서 자기 자신을 공유하는 현실로 만들어 가는 것이다.

• 말할 수 없는 것과 자기 이야기

우리는 말할 수 없는 것이 자기 이야기의 큰 주제라는 것을 간과할 수 없다. 말할 수 없는 것이란, 자기 이야기 속에 나타나는 것과 같은 것으로, 자기 이야기가 달성하려고 하는 일관성이나 완결성을 안에서부터 무너뜨리는 것이다. 자기 이야기는 언제나 말할 수 없는 것을 전제로 하고 그것을 은폐함으로써 성립된다. 여기서 주의해 두라고 지적하고 싶은 것은, '이야기할 수 없다'는 것은 '말할 수 없다'는 것과 같지 않다는 것이다. 다 말할 수 없다는 것은 체험된 사실이 너무 복잡해서 특정한 이야기에 따라서는 모든 것을 다 이야기할 수 없다는 것이다. 그렇게 생각하면, 자기 이야기가 일관된 자기 동일성을 만들어 내고 있을 때, 이 말할 수 없는 것은 은폐되어 보이지 않는 상태가 되어 있는 것이다.

내가 자기 이야기를 다시 쓸 수 있는 가장 큰 요인은 구조에 있다. 사람은 누구나 '내가 나에 대해 말한다(내가 말하는 한 나를)'라고 하는 경우 '자기 이야기의 독특한 구조에 의하여 말하고 있다.' 여기서 나는 두 개의 위치(내가/나를)를 동시에 차지하고 있는 것을 알 수 있는데, 자기 이야기에서는 '나는 동일적이라고 하면서도 차이가 있다'라는 역설이 성립하는 것이다.

이때 이야기 행위의 주체(말하는 나)와 이야기의 주어(이야기 내의 나)는 다르지만 같아야 한다. 만약, 두 가지 '나'가 완전히 일치한다면, 더 이상 이야기는 일어날 수 없을 것이고, 완전히 차이가 난다면 그것은 더 이상 자기 이야기가 아니게 되는 것이다. 그래도 자신의 이야기가 이야기꾼의 나를 나름대로 일관된 존재로 만들어 낸다면, 말할 수 없는 것은 어떤 형태로든 은폐되어 있어야 한다. 여기서 타자의 존재가 중요해진다.

비록 그 이야기가 어느 한 부분에서 일관성이 없거나 전체적인 진위가 결정되지 않았더라도, 그 이야기를 듣는 사람들에게 숨긴다면, 자기 이야기는 그 나름대로 납득할 만한 것으로 받아들여질 수 있다. 이때, 마치 '말할 수 없는 것' 등은 존재하지 않는 것처럼 이야기가 진행되어, 이야기꾼의 '나'도 마치 안정된 동일성을 갖추고 있는 것처럼 나타난다. 만일, 진위가 검증되지 않은 이야기를 발화했다면 거짓말이 듣는 사람에게 전달될 것이다.

4. 현대사회와 대인관계

• 미디어와 대인관계

1990년대 초에 세계 경제의 거품이 꺼졌다. 그로 인해 세계 여러 나라의 경제 시스템이 급격하게 변화했다. 1990년대 말에 우리나라도 소위 IMF 구제금융을 받아야 할 정도의 큰 경제충격을 겪었다. 물론 언론도 예외는 아니었다. 1990년대 중반 이후 기술의 발달로 밀레니엄 시대에 들어와 인터넷과 휴대전화와 같은 새로운 통신수단이 속속 등장했다. 그것은 대인관계의 범위와 전달되는 정보의 양을 증가시켜, 인간관계에도 큰 영향을 미치게 되었다.

전통사회에서 대인관계는 직장이나 사적인 영역인 가정, 친구 관계 모두, 특정한 공동체나 집단 안에서 비교적 장기적으로 생활하는 것이 일반적이다. 그리고 외부와의 협상도 거의 없다. 그러나 현대사회에서 대인관계는 직장과 가정을 왕복하는 것뿐만 아니라, 취미 동아리나 타업종 간 교류 등 어느 때보다 다양한 관계성을 쌓아 가는 것은 드문 일이 아니다. 정부와 기업, 사회에서도 휴대전화와 더불어 팩스나 이메일, SNS 등 새로운 소통 툴을 도입하거나 종신 고용 시스템의 쇠퇴로 인해 일생 동안 여러 직장을 경험하는 사람이 증가하였다. 그래서 이전 직장에서 요구된 대인관계 규칙이 다음 직장에서 그대로 통용되는 것은 아니기 때문에 새로운 환경에서 인간관계를 원활히 진행시켜 주는 대인관계 매뉴얼과 같은 지침서가 인기를 얻고 있다. 물론 그 배경에는 대인관계의 탈전통화와 다양화라는 현상이 존재한다.

소통이란 본래 직접적인 대면 상황에서 기계를 통해서는 전해지지 않는 미묘한 감정이나 뉘앙스도 교환하는 감정의 전이를 통한 '마음의 접촉'이지만, 산업구조의 변화에 따라 도시화가 진행된 현대사회에서는 기계를 통한 간접적인 소통이 일반적인 현상이 되어 있다. 심지어 근자에는 가상세계까지 등장하게 되었다.

• 언론과 젊은이

1990년대 버블경제의 붕괴 이후 미디어의 다양화와 함께 젊은이들의 친구 관계에도 변화가 나타났다. 친구 관계이지만, 결론부터 말하자면 그것은 다채널화되어 상황 지향을 강하게 하면서 그 내부에서 독특한 형태의 섬세한 감수성을 기르고 있는 것처럼 보인다. 이처럼 현재 젊은이의 친구 관계에서는 몇 가지 특징을 볼 수 있다. 여기에서는 '자기의 다원화'라고 하는 특징과 다양한 미디어와의 관련성으로 그 특징을 좁혀 보기로 한다. 현대의 젊은이, 특히 '신인류,' 'MZ' 세대라고 불리는 신세대의 사람들은 자기가 다원화하고 있는 경향이 현저하게 드러나 보인다.

자기의 다원화란 '상황이나 상대에 따라서, 다른 자기가 나타난다'라는 것이다. 달리 말하면, 복수의 '나'를 상대나 상황에 따라서 구분해서 사용한다는 것이다. 인터넷과 휴대전화의 급격한 확산이 자기 다원화를 촉진하는 요인이 된 것으로 보인다. 인터넷과 휴대전화의 세계에서는 원칙적으로 익명성이 유지되면서 일종의 말하고 싶은 대로 말하고, 듣고 싶은 대로 듣고, 보고 싶은 대로 보는 분위기가 형성되어 있다. 이 현상을 프레이밍(틀짜기, 구조화) 현상이라고 부르는데, 그 원인에는 상대의 얼굴이나 목소리에 포함되어 있어야 할 표정이나 운율 등의 정보가 전자 네트워크(SNS)에서의 소통에서는 누락되어 있는 것이나, 기성문법의 파괴는 물론 이모티콘 등의 수단으로 결손정보를 보충하는 새로운 기호에 의한 소통의 출현 등을 들 수 있다.

이와 같이 인터넷 세상에서는 얼굴이 보이지 않는 소통이 성립되어, 자기의 다원화가 이루어지기 쉬운 환경이 갖추어져 있는 것이다. 그래서 인터넷상에서 연결되는 인간관계는 현실 세계에 비해, 다른 참가자를 속이려는 마음은 없어도, 여러 개의 자기를 구분해서 사용할 수 있다. 또 다른 사람과의 친밀성의 문턱이 매우 낮아진다. 이는 자신의 바람직한 측면만을 무의식중에 선택하는 것이 가능하며, 안심하고 의사소통을 할 수 있다는 것을 의미한다.

채팅이나 만남 사이트 등이 그 예이다. 이외 같이 현대사회에서는 PC나 휴대전화의 모니터 속의 세계의 비대화에 의해서 '자신이 자신의 주인'이라고 하는 '호스트 감각'이 상실되고 있다. 복수의 '얼굴'이 정보기기의 힘을 빌려서 실시간으로 간단하게 만들어지고 있는 것이다.

• 젊은이와 친구 관계

우리는 미디어의 다양화가 자기 다원화를 촉진하는 것을 간략하게 보아 왔지만, 현대의 젊은이들에게는 그것 이외에도 몇 가지 특징을 더 엿볼 수 있다. 여기에서는 자기의 다원화와 깊게 관계하고 있는 '다채널화', '상황 지향', '섬세함', '열린 자기준거'라고 하는 4개의 특징을 차례로 살펴본다.

(1) 다채널화

인터넷과 휴대전화의 확산은 젊은이들의 친구 관계를 어른들이 생각하는 것보다 훨씬 더 다원적으로 확장시키고 있다. 청소년 설문 조사에서 친한 친구나 사이좋은 친구를 알게 된 장소를 물었더니, 학교나 아르바이트 장소에서보다도 인터넷이나 휴대전화 대화방 사이트에서의 만남이 일정한 수로 더 많이 존재한다는 결과가 나왔다.

이것은 밀레니얼 전후에 출생하여 SNS와 휴대폰에 익숙한 세대이고, 이 세대 젊은이의 생활구조가 반드시 학교를 중심으로 한 것은 아님을 의미한다. 심지어 인스타그램을 통해 국경을 넘은 관계도 성립되고 있으니 만남의 확장은 폭발적이다. 이처럼 양적인 의미에서 친구가 증대하고 있을 뿐만 아니라, 질적인 의미에서 친구를 연결하는 채널이 넓어지고 있는 것을 친구 관계의 다채널화라고 부른다.

(2) 상황 지향

상황 지향이란, 여러 얼굴을 구분해서 사용하지만, 어느 얼굴도 단순한 가면이 아니라 나름대로 진심이라는 태도를 취하는 것이다. 간단히 말하면 상황에 따라서 태도를 바꾸는 것이다. 이러한 상황 지향적인 관점에서 인터넷과 휴대전화는 정말로 편리하다.

먼저 인터넷이나 휴대전화를 사용해서 복수의 '얼굴'의 구분이 쉬워진다는 것을 말했지만, 현대의 소통에서는 '얼굴'의 구분이 중요한 기술이라고 느끼고 있다. 물론 정보화가 진행되기 이전의 사회에도 상황 지향과 같은 일종의 구분이 있었다. 예를 들면, 회사에 있을 때의 나와 옛 친구와 있을 때의 나, 가정에서의 나와 취미 동아리에서의 나처럼 얼굴이 구분되었다. 그러나 그들 사이의 큰 차이점은 그 얼굴이 구분되어 있는 사람들 사이에 서로 이해하고 규칙화되어 있는가 하는 점에 있다. 어떤 사항에 대해서 협의하고, 합의하는 양허(讓許) 지향에는 규칙이 존재하지 않고, 규칙을 따르려는 일관된 자기가 존재하지 않는다.

(3) 섬세함

다채널화나 상황 지향이라는 특징을 가진 현대사회에서 젊은이들은 상대에 대한 관계의 방식에 대해 지금까지와는 다른 감각을 기르지 않을 수 없다. 그것은 '눈치'나 '지뢰 밟았다'와 같은 표현에도 나타나 있듯이, 소통에 있어서 이전보다 더 '섬세함'이라는 것이 요구되게 된 것이다. 여기까지 읽으면 현대사회에서 대인관계를 맺는 것이 과거보다 더 어려워지고 있다고 생각하는 사람이 나올 수도 있다.

확실히, 정보화라는 편리함의 대가로 직접적인 대인관계가 희박해졌다고 생각할지도 모른다. 그러나 미디어의 다양화에 따른 소통의 변화는 나쁜 점뿐만 아니라 좋은 점도 있다. 그것은 '사람들이 대인관계 자체를 즐기는 것에 대한 자질이 높아지고 있다'는 것이다. 또한 미디어가 다양해지면서 소통도 다양해졌다. 많은 사람들이 이러한 변화를 받아들이고 순응하고 있는 것도 사실이다.

(4) 열린 자기준거

현대의 젊은이들은 자신다움을 추구해야 한다고 생각하면서, 한편으로는 그것을 해치는 형태로 다원화를 추진하지 않을 수 없는 사이에 빠져 있다. 열린 자기준거란, '자신다움을 기준으로 한 것을 생각하고, 그러면서도 자신다움을 다원적일 수 있는 것으로 보는 자세'를 말한다.

청소년 설문 조사에서는 '자신다움이 있다'라고 대답하면서 '장면에 따라서 나오는 자신이라는 것은 다르다'라고 하는 젊은이가 전체의 7할이고, 그중 8할이 자기 자신을 좋아한다고 회답하였다. 이 결과는 젊은이들이 다원적이면서도 자기다움을 기준으로 삼는 스타일을 취하고 있다고 생각할 수 있다.

1990년 이후, 사회제도와 생활 과정의 방식이 급격히 유동화됨에 따라, 젊은이들은 그것을 대신할 수 있는 기준을 스스로 마련해야 했다. '나다움'은 그 기준의 하나라고 생각한다. 그리고 '나다움' 전략이 많은 젊은이들에 의해 채택되고 있다는 것은 동시에 젊은이들이 '나다움'을 찾아야 한다는 압력에 항상 노출되어 있다는 것을 의미한다.

'자신다움'이란, '자신이 강하고 깊이 추구하는 무언가를 단서로 해서 얻을 수 있는 것'이지만, 특징적인 것은 '무언가'에 중심축을 두고, 그리고 그 중심축이 복수인 것이다. 이것은 자기 다원화와 큰 관련이 있다. 중심축을 두는 대상은 음악, 패션, 차, 문학, 만화, 애니메이션, 스포츠 등 무엇이든지 거기에 깊은 관련이 있다면 '자신다움'은 윤곽을 드러낼 수 있다. 그리고 복수의 중심축을 두고 있는 상황에서 젊은이는 복수의 자기다움을 획득하고 있다.

5. 현대사회와 자기 이야기

• 이야기 부재의 시대

경제에서 버블이 붕괴한 이후의 사회 변화, 특히 미디어의 다양화에 의해서 젊은이의 친구 관계가 변화하였고, 그리고 시기를 같이해서 '자기 이야기'가 사회에 출현했다. 그 배경으로 '큰 이야기'의 소멸, 즉 현대사회가 이야기(서사)를 가지지 않는 시대인 것을 들 수 있다. 이것은 필연적으로 '나'를 찾는 것을 해야 한다는 것을 의미한다.

큰 이야기란 개인은 이렇게 살아야 한다는 삶의 방식을 규정했던 전통이나 제도를 말한다. 전근대시대를 생각해 보면 알겠지만, 조선

악마의 가면

이라는 왕조사회에서는 고정적인 사회제도나 전통이 중히 여겨져, 그 것이 '진짜 자신'에 대한 물음을 무의미한 것으로 만들었다. 신분제 사회였으니 당연한 귀결이었다고 생각한다. 그러나 시대와 더불어 그러한 제도가 붕괴되고, 전통에 대한 관심이 희미해져 가는 가운데, 1980 년대 이후 한국은 고도성장과 더불어 대량소비 사회에 돌입했다.

고도성장 대량소비 사회에서 자신은 의류나 가전 등의 상품의 유행 사이클에 맞추어 변화해 가는 것이 당연한 것으로 취급되었고, 에릭 에릭슨(Erik Homburger Erikson)이 생각하고 있던 것과 같은 변하기 어려운 기준인 정체성도 서서히 파헤쳐져 갔다. 결국 자신의 사회직인 위치와 내적인 지침이 명확하게 정해져 있는 상태는 금이 가기 시작한 것이다.

나는 직장에서는 수완가 영업사원이면서, 가정에서는 무뚝뚝한 남편이며, 취미 동아리에서는 수줍고 상냥한 호청년이라는 것처럼, 현대사회에서는 사람들의 행동범위의 확대에 의해서 소속의 다원화가 진행되어, 각각의 장소의 상호 격리가 일어나고 있다. 이러한 구조적 특성은 나에 대한 질문을 부각시키는 요인이 되었다.

자기 이야기는 모든 사람이 이야기의 맥락을 보면서 동질화되어 살아가며, 그 이야기의 맥락에 따라 눈앞의 현실을 포착하고 과거나 미래까지도 규정하는 것이다. 즉, 나다움이나 인생의 의미를 주는 것이 획일화된 자기 이야기인 것이다. 현대사회는 '나를 찾는 시대'가 되었다. 현대사회를 사는 사람들은 '자신은 누구라도 될 수 있다고 하는 가능성의 대가로, 처음부터 이야기를 만드는 괴로움을 주었다.'

현대사회에서 자기구성은 상대화 · 허구화의 방향성을 가지고 있다. 그러나 이와 동시에 특권화 · 이야기화의 방향성을 가지고 있다. 상대화 · 허구화는 자기를 구성하고 재구성해 나갈 때, 지금 있는 자신이라는 것을 있을 수 있는 복수의 가능성의 하나로서 간주하는 자기와 관련된 방법이다. 말하자면 '그 문맥에 있어서만 성립되는 허구와 같은 것으로 간주하는 것이다.' 우리는 여러 가능성을 나란히 놓고 자신의 가능성을 판단하는 상대주의적 입장에 서 있다.

1990년대 이후에 널리 퍼진 캐릭터라는 단어는 허구화 · 상대화를 나타낸다. 캐릭터란 말은 영화 · 드라마 · 만화 · 가요 · 연극계의 용어인데, 바로 어떤 잠정적인 특정 문맥에서 그 사람의 이야기화된 인격 특성을 가리킨다. 캐릭터란, 확고 불변의 개성이나 아이덴티티(정체성)를 나타내는 것도 아니고, 단순히 편의상 몸에 붙여진 가면도 아니고, 관계의존적 · 문맥의존적 · 상황의존적으로 성립되는 자신(다움)을 말한다. 그런 점에서 다원화된 자기와 대응한다.

다음으로 '특권화 · 이야기화'를 말할 수 있는데, 이것은 '이야기의 관계에서 납득과 정당화를 추구하는 관계'를 일컫는다. 바꾸어 말하면 '복수로 존재하는 이야기로부터, 어느 쪽인가를 적극적으로 선택해, 자신에게 있어서 좋은 것을 만들어 낸다'는 것이다. 여기서 중요한 것은 현대사회에서는 '같은 한 사람의 인간에게 이 두 가지 방향성이 항상 내재하고 있다는 것이다.'

상대화를 철저히 추진한다는 것은 상대화되는 발판 자체도 언젠가는 상대화된다는 것을 의미한다. 그곳에서 사람들은 선택이라는 운영이 준거인 어떤 기반도 사실 부재한 것이 아닌가 하는 불안에 사로잡힌다. 큰 이야기가 사라진 현대사회에서는 이러한 상대화와 허구화가 진행되어, 자기 이야기의 착지점을 그릴 수 없게 되었다. 그래서 이러한 이야기화와 특권화에 대한 수요가 증가하고 있다.

하나 이상의 가능성을 선택함으로써 이야기는 특정한 이야기가 내포하는 가치에 착지한다. 요컨대, 현대사회를 살아가는 사람들은 나는 내 인생을 언제든지 재설정하고 싶지만, 진정한 나도 갖고 싶다고 생각하는 경향이 있다. 큰 이야기를 잃어버린 시대에, 자기 이야기의 본보기가 되는 이야기는 상품으로서 가치를 지니게 된다. 예를 들면, 서점에서 흔히 볼 수 있는 자기계발서나 시대적 영웅의 카리스마의 생활방식이나 사고방식을 묘사한 서적은 미디어에도 자주 소개되고 베스트셀러가 된다. 이 현상은 바로 현대에 사는 사람들이 자기 이야기의 방향이나 귀결점을 찾고 있음을 나타내는 것이 아닐까?

6. 결론

'왜 사람은 거짓말을 하는가'라는 의심에 대해서, 고프만의 '역할 거리'라는 개념으로부터 도출된 '다원적 역할 연기자', 그리고 '자기 이야기론'이라고 하는 논의로부터 이 장의 주제를 고찰해 왔다. 다음 두 가지가 거짓말과 깊은 관련이 있다. ① 상황이나 상대에 따라 역할을 수행하도록 요구하는 대면적 상호작용에 있어서, 한 사람이 갖는 역할은 하나가 아닐 것, ② 대화 속에서 자신에 대해 이야기하는 것은 허구를 만들어 내는 것과 같다는 것이다.

우선 ①이 문제이지만, 사람은 누구나, 사회라는 타인과의 대면적 상호행위의 장소에서, 하나의 자신만으로는 존재할 수 없도록 위치가 규정되어 있다. 다양한 상황에서 그에 상응하는 역할을 수행할 수 있도록 강제되어야 한다. 즉, 사회에서 살아가는 데 있어서 역할은 다원적일 수밖에 없는 것이다. 사람마다 상황의 수는 다르지만, 많을수록 그 수에 대응하는 역할을 수행하게 된다. 이는 다른 사람에 대해서 자신의 인상을 의도적이거나 비의도적인 것과는 관계없이, 조작하고 있는 것을 나타낸다. 그렇기 때문에 대면적 상호행위에서 개인을 제2자로부터 보았을 경우에, 상황이나 상대에 따라서 다른 인상을 주고 있다는 것을 깨닫는다.

예를 들면, 나에게 A, B, C라는 친구가 있다고 하자. A와는 캠핑을 하거나 여행을 간다. B와는 카페를 돌아다니며 장황하게 잡담을 한다. C와는 자주 서로의 집에 놀러 가고, 비디오 게임을 하며 흥을 돋운다. 이처럼 전혀 다른 성격을 가진 세 사람에 대해서, 한 사람의 나로서는 적절히 대응할 수 없다. 세 사람에 대해서 세 사람의 내가 필요하게 된다. 그러나 여기서 나와 A가 함께 있는 것을 제3자로서 B나 C에게 보일 때 그들은 어떻게 느낄 것인가? 나에게 '저 친구가 저런 면이 있나?'라고 느낄 수도 있을 것이다. 간단히 말해서, 나는 세 사람에게 아주 다른 모습을 보여 주고 있다. 이 모순이야말로 B와 C에게 내가 거짓말을 하고 있다고 해석할 수 있다.

다음은 ②의 문제이지만, 자기 이야기에는 말할 수 없는 것이라는 것이 반드시 포함되어 있다. 이 말할 수 없는 것은 자신의 이야기에서 일관성과 완결성을 빼앗는 것이다. 그래서 자기 이야기에 일관성을 부여하기 위해서는 말할 수 없는 것을 숨기지 않을 수 없다. 여기에 거짓말이 있다. 자기 이야기의 성격상 거짓말을 할 수밖에 없다는 것이다.

또 다른 사람이 화자의 이야기를 인정함으로써 자기 이야기가 성립

악마의 가면

하기 때문에, 화자와 청자가 모종의 공모에 의해서 이야기는 진실성을 띠게 된다. 이는 특별한 대화에서 일어나는 일이 아니라 일상적인 상황에서 일어나는 일이다. 이것은 고프만의 드라마투르기적 관점과 비슷하다. 공연자 혼자서는 무대가 성립되지 않는다. 무대장치인 특정 상황, 공연자인 연출가와 배우, 그리고 관객 등이 공모함으로써 거짓말의 연극무대는 성립된다.

여기서 ①과 ②의 관련성에 대해 생각해 보자. 사회에서 여러 역할을 수행해야 하는 상황이 조성되고 있다. 즉, 자기가 다원화될 수밖에 없는 상황이 조성되고 있다. 자기가 다원적이라는 것은 동시에 자기 이야기도 다원적이라는 것을 의미한다. 즉, 사람들은 여러 상황에 따라 자기 이야기를 구분해서 사용하는데, 그 내용을 제3자가 들었을 때, 필연적으로 자신에게 말한 것과는 다른 말을 하고 있다는 식의 모순이 일어난다.

바로 이 모순을 거짓말을 하는 것으로 해석할 수 있다. 요컨대, 자기를 말하는 자기 이야기 자체가 '개인이 타인에게 나타내는 인상을 조작하는 신체 이디엄의 한 요소'라고 생각할 수 있다. 대화에서 말하는 내용이 같더라도 말에 따라 다른 인상을 받는 것을 생각하면 당연한 일이다.

한 연구의 경우, '미디어의 다양화가 자기의 다원화를 추진하는 요인이 되고 있다고 해도, 현대사회에 있어서도 자기의 다원화는 드문 일이 아니며, 인간은 어떠한 사회일지라도 살아가기 위해서 필연적으로 복수의 역할을 부여받지 않을 수 없는 운명에 처해 있다'라는 결론에 이른다. 그렇다면, 사람은 어째서 사회에서 살아가기 위해서는 필연적으로 거짓말을 하지 않을 수밖에 없는 것일까?

결론부터 말하자면, 사회 질서를 유지하기 위해서이다. 고프만은 저서에서 일관되게 "모든 상호행위는 사회의 질서를 유지하기 위해서 이루어진다."고 말한다. 요컨대, '거짓말을 하는 것이 사회의 질서를 유지하는 것으로 이어진다'는 것이다.

미디어가 다양해지든, 그에 따라 젊은이의 자기 다원화라는 특징이 나타나든, 현대사회도 하나의 사회인 한, 고프만의 말을 빌리자면 의례 게임에는 변함이 없다. 그리고 자신에 대해 말하는 것을 하나의 상호행위로 생각한다면, 비록 이야기하는 것이 사실이 아닐지라도, 자기 이야기가 사회의 질서 유지에 크게 공헌하고 있다고 생각할 수 있다. 또한 현대사회는 큰 이야기가 사라지면서 자기 이야기에 대한 수요가 높아지고 있는 시대이다.

자신에 대해 이야기하도록 요구되는 것은 필연적으로 다른 사람들을 찾는 것으로 이어진다. 자기 이야기는 다른 사람들에게 인정받는 것을 전제로 하기 때문이다. 젊은이들이 다양한 매체를 통해 소통하고 그 범위를 넓히는 것은 그만큼 많은 사람들이 자신의 이야기를 듣기를 원한다는 표시가 아닐까 싶다. 이야기를 듣는 사람이 얼굴이 보이지 않는 인터넷상의 상대이거나, 만남 사이트에서 만난 대화 상대라고 해도, 이야기를 승인해 주는 다른 사람에게는 변함이 없다. 시대의 변화에 따라 다른 사람도 변화한 것이다. 이처럼 현대사회에서는 대면적 상호행위에 그치지 않고 다양한 소통이 공존하는 사회가 되고 있다.

물론 대면적 상호행위가 기본적인 의사소통에는 변함이 없지만, 인터넷상에서의 의사소통에서는 신체 이디엄이라는 개념은 통하지 않는다. 상대방의 얼굴이 보이지 않을뿐더러, 문자라는 하나의 기호만을 사용하고 있기 때문이다. 그렇기 때문에 다른 사람에게 제시하는 정보, 다른 사람으로부터 받는 정보량의 적음을 생각하면, 어떤 의미에서는 매우 난이도가 높은 소통이라고 할 수 있다. 여기서 지금까지의 논의를 바탕으로 사회라는 것을 생각한 것 같다.

'자기 이야기가 다른 이야기와 같이 허구'라면, 역사나 현대에서는 소멸한 '큰 이야기'는 작은 자기 이야기의 집합체라고 생각한다면, 물론 그것도 허구이다. 그리고 일상생활에서 오고 가는 사소한 자기 이야기, 또 그 집합체인 '작은 이야기'는 무수히 존재하는 것이므로 사회는 '허구'의 세계라고 생각한다. 그리고 이 자기 이야기로 넘쳐나는 "현실 사회" 속에서 사람들은 절대 이야기로부터 해방되는 일은 없다. 현대사회가 자기 이야기를 그리기 어려운 시대가 되었다고 해도, 사람들은 상황에 따라 역할을 부여받고, 이야기를 그리지 않을 수 없다.

처음 내가 세운 가설은 거짓말은 방어행위인 것, 이 세상에 '나'뿐이라면 거짓말을 할 필요가 없다는 것, 도시 지역일수록 거짓말이 필요하다는 것인데, 처음의 가설, 즉 거짓말은 방어행위인 것은 여전히 틀리지 않다고 생각한다.

의례와 질서 부분에서도 설명했지만, 대면적 상호행위에서 자신의 체면·위신·권위·지위·면목을 유지하려고 하는 보호적 경향, 또 타인의 입장과 면면 그리고 위상을 유지하려고 하는 보호적 경향이 뒤섞여 있는 것이 자연스럽다. 본론은 첫 번째 대면적 상호행위에서의 '다원적 역할 연기자'라고 하는 측면, '자기 이야기'라고 하는 방향에서 거짓말이라는 주제에 대해 논의했기 때문에 심리적 측면에 대해서는 말하지 않았다.

두 번째 '이 세계에 자신뿐이라면 거짓말을 할 필요가 없는 것'도 옳다고 생각한다. 고프만의 무대는 출연자 혼자서 성립하는 것이 아니라, 무대장치나 팀원 그리고 출연자와의 공동 작업으로 성립되고 있다는 것 또한 자기 이야기론으로 생각한다면, 다른 사람이 자기 이야기를 받아들임으로써 사실의 은폐가 성립한다는 것으로부터 같은 결론이 도출된다.

마지막 도시 지역일수록 거짓말이 필요하다는 것에 대한 견해인데, 이것은 소통이 말할 수 없는 것을 서로 숨기는 것을 전제로 하여 성립되고 있기 때문에 쉽게 판단할 수 있다. 국경이 무너진 가상세계화된 현대사회에서는 더더욱 지역 차이는 상관없다고 생각한다. 모든 곳에서 사람은 다원적 역할 연기자이다. 그리고 자기가 다원적이라는 것이 동시에 자기 이야기도 다원적으로 하고 있다는 것, 또 사회가 개인에 대해서 자기를 다원화하는 것을 요구하고 있는 것이므로 '개인은 태어날 때부터 사회에서 살아가기 위해서 거짓말을 할 권리를 부여받고 있다'고 결론짓는다.

II. 거짓말을 하는 사람과 대응하는 사람의 개성

1. 서론

인간은 모든 동물 중 유일하게 거짓말을 하는 생물이다. 사람은 누구나 거짓말을 한다. 즉, 사실과는 다른 사상(事象)이나 생각을 어떤 사실과 같이 이야기해서 자신의 가치를 올린다. 또한 이야기를 통해 인간관계를 원활하게 발전시킨다는 것은 쉽게 생각할 수 있다. 이것은 무엇보다 자기 자신을 위한 것이다. 하지만 타인을 위해서라고 해도 그 목적은 다종 다양하다.

거짓말이란, 이성을 가진 사람이기 때문에 가능한 산물이라고 생각한다. 거짓말의 정의란 무엇일까? 이 책에서 이미 여러 차례 소개했지만 심리학 사전에 의하면 "거짓말이란 뜻을 의도적으로 속이는 진술"을 가리키며, "단순한 부정확한 진술과는 다르다"고 설명하고 있다. 윌슨 등의 연구자들은 거짓말을 5개이 타입으로 나누고 있다.

- 자기 보호를 위한 거짓말: 벌이나 비난, 불승인으로부터의 도피라든지, 나쁜 사람을 피하는 것
- 자기 확대를 위한 거짓말: 현실보다 자신을 더 잘 보여 주려는 데 사용되며, 주목이나 승인 등을 얻기 위해서 자신의 능력이나 소지품, 완성한 것을 자랑한다든가, 허풍을 떠는 등의 거짓말
- 충성의 거짓말: 어떤 사람을 지키기 위해 그 사람의 위반행위에 대해 잘못된 진술을 하는 등의 거짓말
- 이기적인 거짓말: 물질적인 이익을 얻으려고 하는 거짓말
- 반사회적이고 유해한 거짓말: 일부러 사람을 비난하거나 혹은 그 사람에게 상처를 주기 위한 것

거짓말을 하기 위해서는 두 가지 주요 방법이 있다. 즉, (i) 진짜 정보를 주지 않는 은폐와 허위 정보를 마치 진짜인 것처럼 제시하는 위장과 (ii) 거짓말을 하는 다른 방법으로서 잘못된 설명과 진실을 과장

하고 거짓말처럼 말하는 것, 반은폐·다른 추론에 의한 따돌림 등을 들 수 있다. 에크만에 의하면, (iii) 감정을 나타내는 얼굴의 표정을 위장할 경우를 더해 3가지의 형태가 있다.

아무것도 느끼지 않았는데, 어떤 감정이 나타나는 것(의태)도 하나의 방법으로 추가할 수 있다. 실제로 어떤 특정한 감정을 느끼지만, 표정에는 아무것도 표시되어 있지 않는 것(중립상태), 실제로 느끼고 있는 감정 대신 이해되지 않는 감정의 얼굴 모습을 나타내어 진짜 감정을 숨기는 것(은폐)이 그것이다. 이상의 경우에서 그렇다면, 거짓말에는 넓은 의미나 정의가 담겨 있다고 추측할 수 있다.

다음은 거짓말을 하기 쉬운 성격과 가치관에 대해, 성격과 가치관의 차이에 대해 정의한다. 성격이란 무엇인가? 지금까지 많은 정의들이 있지만, 일반적으로 성격이란 사람의 행동의 말하자면 배후에 있어 특징적인 행동의 경향을 보여 주는 것이다. 심리학 사전에 따르면, 성격이란 개별 사람을 특징짓는 지속적이고 일관성 있는 행동양식을 말한다.

가치관에 관해서 심리학 사전에 의하면, 가치란 개인이나 집단의 보편적인 목표이다. 행동이나 사건이나 인물에 대한 판단, 태도의 형성이나 표명, 행위의 선택이나 합리화를 할 때에 바라는 바나 기준으로서 기능한다고 설명하고 있다. 가치가 주객 어느 속성인지에 대해서는 여러 설이 있는데, 슈프랑거(Edward Sprange)는 그 내용을 생활양식의 6가지 유형이라고 주장하고 있다. 가치관이나 성격에 관련된 거짓말에 대해서는 대부분 선행연구 사례를 보고하고자 한다.

2. 목적

일상생활에서 거짓말을 하는 사람과 거짓말쟁이가 아닌 사람의 차이는 무엇일까? 자신은 거짓말이라고 인식 가능하다는 사람, 또 반대로 거짓말을 잘하는 사람, 즉 속이기 쉽다고 인식하는 사람들 사이에는 어떤 차이가 있고 어떤 관계가 있을까? 이번 실험에서는 거짓말쟁이나 속이기 쉬운 사람과는 어떠한 성격 · 환경 · 가치관을 가지고 있는지, 각각 검증해서 관련성을 이끌어 내는 것을 목적으로 한다.

이 장의 연구를 소개함에 있어서 우선 가치관을 소개하기로 한다. 독일의 철학자이자 청년 심리학자이기도 한 에드워드 슈프랑기(Sprange Edward)에 의하면, 인간은 어떠한 가치영역에 흥미를 두고 성장하느냐에 따라 6가지의 유형적 생활을 생각하고 있다고 한다.

- 이론형 인간: 관심의 요점은 이해, 미모, 신성(神聖) 여부 등과 같은 것에 대해서는 별로 관심이 없다. 주지주의로 개인주의이다.
- 경제형 인간: 행동이나 생활의 전면에 걸쳐 효용 가치가 있는가 하는 생각에 몰두한다. 물건이나 에너지, 시간이나 공간을 절약, 활용하여 최대한의 효과를 올리려고 한다.
- 심미형 인간: 미적인 체험을 중시하고, 항상 구체적, 개성적인 것에 직감적이고 전체적인 파악을 목표로 한다.
- 사회형 인간: 타인에 대한 동정, 경도(傾倒), 헌신, 사랑에 의해 움직인다. 친구나 동료들과의 교제를 소중히 한다.
- 권력형 인간: 다른 사람을 지배하는 것을 목표로 한다. 지배의지 또는 우월의지가 동기부여의 기본 형식이 된다.
- 종교형 인간: 전체적인 정신구조는 영원하고 완벽하게 만족스러운

가치 경험을 생산하는 것을 지향한다. 무아, 헌신 같은 감정 체험을 중시한다.

성격에 관해서 이 장의 연구에서는 '거짓말'을 주제어로서 이것에 관한 '충동성', '사회적 외향성', '대인 신뢰감'에서의 특징을 검토하기로 하였다.

이번에는 가치관과도 평행하게 조사를 실시하였기 때문에 질문지의 내용은 피험자의 부담을 고려해서, 심리측정 척도집보다 척도 내용을 한정해서 추출하고, 참고로 하여 질문지를 작성하였다. 인지적 숙려성−충동성 척도를 사용한다. 이하 본문에서는 이 인지적 숙려성−충동성 척도에 대해 충동성으로 평가한다. 또한 대인 신뢰감 척도를 발췌하여 사용한다. 또한 새로운 성격검사나 사회적 외향성의 항목도 발췌하여 사용한다.

조사 결과의 편차를 보다 세밀하게 억제하기 위해 피험자들이 응답한 데이터를 각각 10→5, 17→10, 10→7항목으로 줄여 분석하였다. 이상의 것을 근거로 가설을 세웠다.

이 장의 연구에서는 거짓말에 관한 항목(거짓말을 하기 쉬운가, 속이기 쉬운가)에 대해서, 어떠한 가치관, 성격, 가정환경에서 관련성이 있다고 가정하고, 이것들을 비교해서 상관관계를 밝히고자 시도했다. 일상생활에서 자기 자신을 강하게 생각하는 사람은 속이기 쉽고 사람들에게 신뢰나 호의를 베풀지 않는 사람들이 쉽게 거짓말을 하는 것과 같은 일반적인 인상을 예상한다. 또, 이 연구에서는 거짓말을 하기 쉬운 성격과 그 가치관에 대해서, 서로의 상관관계에 대해서도 조사를 실시하기로 하였다.

악마의 가면

거짓말을 하는 사람의 가치관과 거짓말을 하는 사람의 성격 사이에는 어떤 상관관계가 있는지 검토한다. 즉, '권력형 인간을 많이 보이는 성격은 대인 신뢰감이 낮다'와 같은 가치관과 성격 또는 환경의 관계에 대해서도 관련성을 찾는 것을 가정하여 서술한다.

이 장의 연구는 응답 결과가 t검정에서 높은 수준을 보이는 것에 대하여 그 타당성을 검토하기로 한다. 12가지 모든 항목에서 관련성이 반드시 있다고는 할 수 없으므로, 거짓말을 하기 쉬운가 혹은 속이기 쉬운가에 구애받지 않고, 모든 면에서 거짓말과 가치관·성격에 관해서 어떠한 경향성이 있는가를 검토해서, 인간의 성격을 다면적으로 파악하는 것을 목적으로 한다.

3. 방법

· 피험자

H대학 3~4학년 학생 134명. 그중 데이터로 사용한 것은 제1회, 제2회 조사 양쪽 모두 참가한 58명이다.

- **제1회 조사 참가자: 114명**(남 52명, 여 62명)
- **제2회 조사 참가자: 78명**(남 42명, 여 36명)
- **두 조사 참가자: 58명**(남 24명, 여 34명)

· 조사 순서

제1회 조사에서 성격, 가치관, 환경에 대한 질문지를 배포하고 응답을 받았다. 제2차 조사에서 '거짓말을 하기 쉬운 타입인가?', '사기를 당하기 쉬운 타입인가?', '편한 경험, 속은 경험이 있는가?', '나는 그로 인해 어떤 감정을 느꼈는가?'에 대한 질문지를 배포하고 응답을 받았다. 제1회, 제2회 양쪽 조사에 모두 참가한 피험자를 추출하고 각각의 경우에 대해 t검정을 실시하여 상호작용의 유무를 조사했다.

• 질문지 구성

제1회 조사 질문지에서는 성격(충동성, 대인 신뢰감 · 사회적 외향성), 가치관(이론형 · 경제형 · 심미형 · 사회형 · 권력형 · 종교형), 어린 시절 환경 항목을 측정했다. 성격에 대한 질문항목은 각각 6단계 · 4단계 · 3단계 평가에서 6가지 종류의 가치관에 대한 질문항목은 각각 4단계 평가로 측정했다.

어릴 때의 환경에 대해서는 '엄격하게 훈육되었다', '부모가 시키는 대로 하는 경우가 많았다'를 7단계 평가, '언제라도 원하는 것을 살 수 있는 돈이 있다', '외모에 집착하는 편이다'의 항목을 '네', '아니오'의 2단계 평가로 나누었고, 또 형제자매가 있는지에 대해서도 응답을 받았다.

제2회 조사에서는 자신은 거짓말쟁이 또는 속이기 쉬운 유형이거나, 기망을 받았거나, 속인 적이 있거나, 그로 인해 어떤 감정을 느꼈는지에 대한 조항들을 측정하는 질문지를 배부하였다.

"거짓말을 하기 쉬운 타입인가?", "속기 쉬운 유형인가?" 질문항목을 6단계 평가로 나누었다. "지금까지 남에게 속은 경험이 있는가?", "지금까지 사람을 속인 경험이 있는가?" 2가지 항목을 '예', '아니오'의 두 단계 평가로 나누고, "각각 그것은 무엇입니까?"라는 질문항목에 대해서 자유롭게 기술하도록 했다.

다른 사람에게 속은 경험이 있다면 "그것에 대해 심각한 정신적 손상을 입었는가?", "그러한 경험이 더 의심스러웠는가?"에 대한 질문 항목에 대해서 각각 6단계 평가로 응답을 받았다.

"속인 경험이 있다"고 말한 사람들은 "그때 죄책감을 느끼셨나요?", "그 경험으로 인해 의심이 많이 드셨나요?"라는 질문을 던졌다. 각각 6단계 평가에서 질문의 항목에 대한 답변을 요구했다.

4. 결과

제1회 조사 질문지를 통해 충동성에 대해 4단계 평가를 통한 질문을 '그렇게 생각한다'라고 응답한 방향에서 4~1점을 주어 득점화했다. 대인 신뢰감에 대해서 5단계 평가에 의한 질문을 '그렇게 생각한다'라고 응답한 방향에서 5~1점을 주어 득점화했다. 사회적 외향성에 대한 3단계 평가에 의한 질문을 '네'라고 대답한 방향에서 3~1점을 주어 득점화했다. 그러나 두 경우 모두 역전 항목에 대해서는 반대의 점수를 주었다. 가치관에 대해 가치관 척도의 각 항목별로 4단계 평가의 그렇게 생각한다고 응답한 방향에서 4~1점을 주어 득점화했다. 훈육에 관한 부모에 대한 7단계 평가 질문항목에 대하여, 각각 '힘들어 보였다'라고 응답한 방향에서 7~1점을 주어 득점화했다.

제2회 조사의 질문지에 의해 6단계 평가에 의한 질문을 각 항목별로 '매우 그렇게 생각한다'라고 응답한 방향에서 6~1점을 주어 득점화했다.

제1회 조사와 제2회 조사의 각 항목과 항목의 판정값으로 상호작용을 검토하기 위해서 t검정을 실시했다. 이때 경우에 따라 결과의 편차를 억제하고, 보다 통계적인 처리를 할 수 있도록 평가단계의 상위·하위(1.2-5.6)만을 사용하고, 정중앙 단계인 3과 4를 빼는 검정 방법과 데이터 수가 적기 때문에 모든 평가단계를 사용하여 3과 4도 포함하는 검정 방법 두 종류를 모두 실행했다.

또한 더 정확한 결과를 구하기 위해 모든 검정에서 두 단계만 평가할 수 있는 '속은 적이 있는가', '속인 사실이 있는가', '돈이 있는가', '외모에 집착하는 편인가'라고 자유언어로 기술한 순위와 양끝단을 제외하고, '거짓말을 하기 쉬운가', '속기 쉬운가', 성격(3항목), 가치관(6항목), 환경(2항목)의 주축으로 하는 항목을 뺀 합계 12개 항목에 대해서 각각 검정을 실시했다. 단, 2단계 평가에 의한 4항목도, 주축으로 하는 경우는 검정에 사용했다.

5. 고찰

전체적으로 보면, 거짓말을 하기 쉬움, 속기 쉬움 등의 성격에는 각기 다른 특징이 있고 관련성이 있다고 할 수 있다. ① 거짓말을 하기 쉬운 타입인가에 대해 종합적으로 결과를 검토하면, 거짓말을 하기 쉬운 사람은 대인 신뢰감이 낮은 것을 알 수 있었다. 그리고 때로는 부모가 시키는 대로 행동하고 심미형의 가치관을 중시하기도 한다.

이는 타인을 기본적으로 신뢰하지 않는 인간은 항상 타인에게 '속을지도 모른다'고 경계하고, 나아가서는 타인에 대한 배려, 배려에 관한 마음이 희박하기 때문이 아닐까 추측된다. 그것은 어릴 적 부모에게 본래의 자신이 아닌 '착한 아이'의 모습을 보여 주려고 하였기 때문에 자연스럽게 거짓말을 하게 되었다거나 혹은 아름다운 것에 마음이 끌리고, 인간에게 관심이 적기 때문에, 자신을 보다 좋게 보이려고 하기 위해서 등 성격 형성에 관한 원인은 사람마다 다르다고 할 수 있다.

② 속이기 쉬운 타입인가에 대해서는, 이론형의 가치관에 중점을 두지 않은, 즉 자신의 판단으로 일을 추진하는 것이 적은 사람이 속기 쉽다는 결과가 나타났다. 일에 조리 있게 생각하고 대처하지 않으면, 자연스럽게 상대의 말을 그대로 받아들여 속기 쉬워진다고 할 수 있다.

③ 다음으로 속은 경험이 있는가에 대해 거짓말을 하기 쉬운 항목과 관련이 있음을 알 수 있었다. 즉, 속인 경험이 있는 사람은 자신이 거짓말쟁이임을 자각하고 있는 것으로 보인다. 단, 속은 적이 있는 내용을 자유롭게 기술하는 난에서 확인하면 자신을 위한 거짓말과 타인을 위한 거짓말 등 내용은 다양하다. 속인 경험이 있고, 양심의 손상이 컸던 사람에 대해 종합적으로 검정한 결과, 그 후 의구심이 깊어진 것으로 나타났다. 그중에는 사회적 외향성이 낮은 사람도 보였다.

이 결과로부터, 속이는 것이 깊게 자신의 내심 안쪽에 상처를 입혔을 경우, 다음부터는 속이는 경우 또 상처받는 일이 없도록, 의식의 향상을 도모해서 무의식중에 자기방어를 하게 되었다고 생각한다. 또한 낮은 사회적 외향성은 때로는 세상을 모르는, 즉 쉽게 속는 것으로도 이어진다고 할 수 있다.

속은 경험이 있고, 의심이 많은 사람들은 피해가 컸던 것으로 밝혀졌다. 이 결과는 의심이 많은 사람들이 속을 때 큰 피해를 입었기 때문이다. 이것은 위의 속인 경험과 관련이 있다. 이러한 결론은 양심의 손상이 컸던 사람들의 경우 의심이 깊어졌다는 것에 의해 뒷받침된다.

이어서 속인 경험이 있고, 죄책감을 품은 사람에 대해 종합적으로 검토한 결과, 때때로 이런 사람들은 사회적 외향성이 낮고, 권력형의 가치관을 중시하지 않으며, 거짓말쟁이가 아닌 인간이 많다는 것을 알 수 있었다. 속인 경험에 대해 죄책감을 느낀다는 것은 속이는 일이 나쁜 일이라고 인식하고 평소에 거짓말을 하는 사람이 아니라는 것을 말해 준다.

많은 사람들이 권력형을 중요시하지 않고, 즉 권력이나 이익보다는 사람이나 애정을 중요시하며, 거짓말로 이익을 얻으려 하지 않는 것 같다. 또, 사회적 외향성이 낮아 사람과 접촉할 기회가 적고, 때로는 다른 사람을 미화하고, 보다 성실하게 대해야 한다고 느낄 수 있다고 판단할 수 있다.

속인 경험이 있고, 사람을 신용하지 않게 된 사람에 대해서는, 때때로 죄책감을 느끼고, 종교형·사회형의 가치관을 중시하지 않는다는 것을 알았다. 이것으로부터 사람을 속임으로써 인간 전반에 있어서 신용을 못하게 된 사람은 그때까지 사람을 좋아하고, 사람을 속이는 것을 나쁜 것이라고 느꼈다고 할 수 있다. 또, 종교형이 아니라는 것은 자신을 믿고, 다른 누구에게도 의지하지 않고, 사회형이 아니라는 것은 다른 사람이나 사회를 위한 행동을 거의 하지 않음을 의미한다. 게다가 속이는 경험에 의해서 사람을 신용하지 않게 된 사람은 과거에 어떤 체험을 해서, 타인에 대한 신뢰가 감소하게 되었고, 자신을 믿게 되었다고 할 수 있다.

⑤ 대인 신뢰감에 대해서, 사람에 대한 신뢰감이 낮은 사람은 권력형·심미형에 중점을 두어, 거짓말쟁이인 것이 밝혀졌다. 이는 타인을 신용하지 않는 사람은 권력을 원하고, 타인을 모함해서라도 이익을 얻고 싶거나, 또는 타인에게는 흥미가 없고, 아름다운 것만을 추구

하는 삶을 원하기 때문에, 타인보다 자신에게 더 관심이 있다고 할 수 있다. 따라서 이러한 유형의 성격인 사람은 거짓말을 해서라도, 이익을 얻는 것에서 가치를 찾는다고 생각한다. 이것은 '거짓말을 하기 쉬운 타입인가'의 고찰에서도 증명되고 있다.

⑥ 사회적 외향성에 대해서는, 사람들과 널리 어울리고 적극적으로 타인과 관련을 맺으려는 사람들은 종교형 가치관을 가지고 있는 경우가 많은 것으로 나타났다. 이것은 사람들과의 관계를 통해 정신적인 이익을 얻을 수 있기 때문이라고 생각한다. 거기에는 신적인 가르침뿐만 아니라 자신의 신조나 이념으로시의 생각이 포함되어 있다고 생각된다.

⑦ 이어, 권력형의 가치관을 가지고 있는 사람은 대인 신뢰감이 낮고, 타인을 그다지 신용하지 않는다는 것을 알 수 있었다. 권력형의 사람은 타인을 지배하고, 자신의 가치를 타인의 위에 놓으려는 것을 추구하기 때문에 타인을 신용하고 있어도 때때로 그 목적이 꺼려져 달성할 수 없게 되기 때문이라고 할 수 있다. 자신의 힘을 믿고 자신의 힘에 의해 목표를 달성하기 위해 다른 사람을 이용하는 것은 그 삶의 방식에 특별히 필요하지 않은 일이라고 생각한다.

⑧ 경제형의 가치관을 중시하고 있는 사람은 사회적 외향성이 높고, 타인과 많은 관계를 가지려고 하는 것으로 나타났다. 경제, 즉 이윤이나 효과적인 가치를 추구하는 사람은 그 방법에 있어서 여러 가지 인맥이 필요하다. 그래서 평소에 사람들을 많이 접하고 자신의 성공을 위해 무의식중에 사회적 접촉을 만들려고 한다고 생각한다.

⑨ 심미형의 가치관을 가지고 있는 사람은 사회적 외향성이 낮고, 그다지 주위의 사람을 간섭하지 않고, 또 경제형의 가치관도 동시에

가지고 있는 사람이 많다는 것을 알았다. 아름다운 것이나 경험을 중시하고 있는 인간에게 정신적인 충실감은 진정한 자기로 완결되는 것이며, 때로는 타인은 그 개념의 부수적인 존재이다. 또, 그러한 미적인 것을 충족시키기 위해서는 적지 않은 경제적 여유가 필요하기 때문에, 이상의 항목에 대해 중시한다고 생각한다.

⑩ 다음으로 어렸을 때부터 부모에게 엄격하게 훈육받았는가에 대해 종합적으로 결과를 고찰하면, 엄하게 훈육받은 사람은 부모가 시키는 대로 하는 경우가 많아, 권력형의 가치관에 중점을 두고 있다는 것을 강하게 드러냈다. 또, 종교형과 심미형의 가치관에는 중점을 두지 않고, 속이기 쉬운 것도 있다는 것을 알았다. 부모에게 엄격하게 훈육받았고, 부모가 시키는 대로 행동했던 것은 일반적인 부모가 가지는 가치관, 권력형의 가치관을 가진 것으로 여겨진다. 그것은 견실한 사고방식이 아닌 종교형과 심미형의 가치관을 때때로 부정하고, 부모의 말대로 행동한 결과 실패가 없었기 때문에, 의심할 줄 모르고 속이는 것도 있다고 생각된다.

부모가 시키는 대로 많이 행동했는가에 대해 부모가 시키는 대로 행동했던 사람은 어릴 때부터 부모에게 엄격하게 훈육받았다는 것을 강하게 나타낸다고 할 수 있다. 이것은 부모가 시키는 대로, 즉 부모의 사고방식을 그대로 행동으로 옮긴다는 뜻이다. 이런 의미에서 부모의 가치관의 표시인 훈육도 강하게 받고 있었던 것으로 생각한다. 이 사실은 위의 '어릴 때부터 부모에게는 엄하게 훈육받았다'의 항목으로도 뒷받침된다.

⑪ 이어서 남녀의 차이를 검토한 결과, 여성은 타인에 대한 신뢰감이 두텁고, 남성은 심미형의 가치관을 중시하며, 거짓말을 하기 쉬운

경향이 있는 것으로 나타났다. 이것은 여성들이 집단행동을 선호하고 항상 친구들과 함께 행동함으로써 자연스럽게 신뢰가 생기는 것으로 생각된다. 또, 남성은 사회적으로 우위를 느끼고 싶은 생각이 강하고, 그것이 다른 사람들에게 자신을 잘 보여 주고 싶다는 심미형의 가치관, 즉 허영심이나 허세로 이어져, 자신의 가치를 올리기 위해서 거짓말을 한다고 추정된다.

⑫ '언제라도 좋은 것을 살 수 있는 돈이 수중에 있다'에 대해 '항상 자유롭게 할 수 있는 돈이 있다'고 느끼고 있는 사람은 이론형의 가치관은 중시하지 않고, 경제형의 가치관을 중시한다'는 것을 알 수 있나. 돈을 가지고 있는 사람은 스스로 기본적인 재정적인 측면에서의 관리를 하고 있다고 생각한다. 그것은 저축과 이익에 초점을 맞춘 경제적 사고와 직접적인 이익이 없는 진위에 대한 이론적 사고를 배제하기 때문인 것으로 보인다.

⑬ 종합적으로 '거짓말을 하기 쉬운 유형'과 '속이기 쉬운 유형'으로 관점을 좁혀 검토를 정리한 결과는 다음과 같다.

'거짓말을 하기 쉬운 유형'이란 대인 신뢰감이 낮고, 때때로 심미형의 가치관을 가지고 있어서 부모가 시키는 대로 하는 일이 많은 사람이다. 그리고 그들은 상대를 속인 경험이 있다고 생각하며, 성별로 따지면 여성보다 남성이 더 많은 거짓말을 한다고 할 수 있다. 즉, 타인을 신뢰하지 않는 인간 혹은 여러 가지 이유나 상황에서 자신을 잘 보이려고 하는 인간에게 많이 보이고, 그리고 자신의 발언을 '거짓말'이라고 자각하고 있는 것이 많다고 할 수 있다. 또한 남성에게 많이 보이는 것도 사회적으로 볼 때 위의 이유에서 납득할 만한 결과를 얻을 수 있었다.

'속기 쉬운 유형'이란, '이론형'의 가치관을 가지지 않는 사람에게서 많이 볼 수 있는 유형이며, 부모로부터의 훈육이 엄격했던 것도 원인으로 밝혀졌다. 진리를 추구하는 데 가치를 두지 않고, 부모의 훈육에 따라 행동하며, 스스로 생각하는 것이 적은 사람들에게 많은 유형이라고 할 수 있다.

이상과 같이, '거짓말을 하기 쉬운 유형,' '속기 쉬운 유형'과의 사이에는 성격과 가치관 상의 큰 차이가 있는 것을 이 연구에서는 분명히 밝힐 수 있었고, 각각의 유형에 대해 가치관의 지향이나 사고방식 · 환경 등이 관련되어 있음을 밝혔다. 또, 성격이나 가치관, 환경 내에서도 각각 적잖은 영향이 있으며 서로 연관되어 있는 것이 명확하게 밝혀졌다.

⑭ 자유 기술란을 보면, 거짓말을 한 내용, 속인 내용에 대해서는 모두 '자신을 위해서', '타인을 위해서'라고 하는 일반적으로 '좋은 거짓말'과 '나쁜 거짓말'이라고 불리는 것이 혼재되어 나타났다. 이 문제는 전적으로 거짓말이 단지 옳고 그름에 대한 문제가 아니라는 것을 시사한다. 향후 연구를 계속할 때는 이와 같은 자유 기술에 관한 것을 가미한 검정을 실시하는 것이 과제라고 할 수 있다.

6. 결론

이번에 사용한 데이터는 동일 대학 내의 학생들에게만 한정되어 있었기 때문에, 향후 이러한 거짓말과 교육의 용이성에 따른 성격, 가치관 등의 관련성을 검토하기 위해서는 다양한 세대와 직업별로 검토하는 것이 바람직하다고 할 수 있다. 최근 연구에 의하면, 대학생의 경우

악마의 가면

해마다 '사회형'과 '심미형'의 가치관을 가지는 유형이 증가하고 있다고 한다. 또, 사회인에 대해서 조사해 보면, '경제형'이나 '권력형'에 가치를 두는 인간이 많다고 한다. 이처럼 직업에 따라 가지는 가치관은 다른 것이 분명하므로, 다각도에서의 연구가 중요한 과제라고 생각된다.

제3부

윤리와 철학으로
벗겨 보는
거짓말의 민낯

1장

거짓말 광고와
윤리적 책임

지금까지의 광고윤리 연구에서는 '거짓말은 진실이 아닌 것'으로서 일면적으로 포착하였고 '거짓말' 개념 그 자체에 대한 고찰이 이루어지지 않았기 때문에, 편재하는 거짓말에 대한 윤리규범을 광고 실무에서 적용하도록 할 수 없었다. 그리하여 광고는 여전히 '용서되는 거짓말'이라는 전철이 발생하고 있다. 이 장은 거짓말의 진위와 선악의 차이를 인식하고, 광고의 거짓말에 대한 윤리적인 판단 규준과 윤리적 책임의 소재를 명확히 함과 동시에 거짓말 광고의 조사 제도가 필요함을 논의한다.

I. 광고 속 거짓말, 윤리적 책임이 있나

현대 광고는 윤리적으로 용납할 수 없는 거짓말에 대한 책임이 불분명하다. 법적으로는 광고 표현에 관한 책임은 광고주에게 있다는 판결이 존재하지만, 윤리적 책임이 애매하기 때문에 거짓말의 위력을 이용한 광고가 널리 퍼져 있다. 이에 대해 한국에서의 광고윤리 연구는 그 수가 적은 데다 연구의 계보도 정리되어 있지 않고, 광고의 거짓말에 대한 윤리적 책임에 대해서는 지금까지 전혀 없다고 해도 좋을 정도로 논의가 전개되어 있지 않다.

1. 현대 광고에서의 거짓말 편재성

광고에서 '거짓말'이 만연하고 있다. 한국에서 광고윤리 연구가 행해지기 시작한 1980년대 이래 "법적으로 용서되지 않는 거짓말"은 그 수가 줄었지만,[1] 베이커(Baker)도 지적하듯이 "광고의 지배적인 목적은 이윤을 얻는 것이며, 공중에 봉사하는 것은 그다음으로밖에 생각되지 않는다." 그 때문에 이윤을 얻기 위한 거짓말이 용서되는 거짓말로서 광고가 공공연하게 사용되고 있다.

광고의 실질은 용서받을 수 있는 거짓말의 개념에 근거한다. 이 기만은 침투 포화와 반복을 통해서 어른이나 아이나 가족의 태도와 윤리의 기초를 위태롭게 하는 것이 지금의 현실이며, '윤리적으로' 용서받을 수 없는 거짓말은 현대 광고에 있어서 보다 교묘함을 더해 편재화하고 있다. 또 현대 광고에서 거짓말이 도처에 활개를 치며 편재하고, "윤리적으로, 용서할 수 없는 거짓말"이라는 문제가 표면화되어 있다고 할 수 있다.

2. 광고 거짓말의 위력

코바코(KOBACO)가 발표한 2023년의 국내 총광고비는 16조 74억 원이었다. 연간 16조 원이 넘는 광고비의 위력은 우리나라의 윤리나 도덕적 기준에 얼마나 큰 영향을 주고 있을까? 특히, 광고의 거짓말이

•••

1 신인섭, "안내광고의 윤리성", 한국언론진흥재단 신문과 방송 192 (1986.12), pp.106-107; 오두범, "한국 광고윤리 법제의 형성과 과제", 한국광고홍보학회 광고연구 2 (1989.3), pp.31-52; 김병국, "광고윤리와 법제", 한국언론진흥재단 신문과 방송 225 (1989.9), pp.94-98.

압도적인 정보량과 거대한 조직력을 가지는 현대 기업에 의한 소비자 조작이 되고 있다는 현실에 눈을 돌려야 한다. 심리학자 포드(Ford)는 '정보란, 환경에 대한 지배력을 강하게 해서 경쟁 상대에 대한 대항력을 높여 주는 무기'로 '개인이나 사회집단은 힘, 성적 만족, 재산, 번영을 획득하기 위해서 거짓말을 유효하게 이용하고 있다.'는 것을 지적한 바 있다.

보크(Bok)가 주목하는 거짓말의 본질적인 작용으로서의 "거짓말의 위력"이라는 점에서, 대기업의 거짓말은 국가, 관료, 행정기관의 거짓말과 함께 쌍벽이다. 여기에 더해 광고의 거짓말은 어디끼지나 기업의 이윤 획득의 수단이 되기 때문에, 그 기법은 한층 더 복잡해지고 문제의 심각성은 더욱 깊다고 생각한다. 예를 들면, 화석연료의 사용으로 환경 파괴의 가장 큰 원흉이 되고 있는 자동차 산업이 '지구 친화적'이라든가 '에콜로지'라고 하는 메시지를 소구하는 대규모의 광고 캠페인을 전개하고 있는 것이 그 상징이다.

3. 거짓말을 이용하는 광고 표현

미국에서 광고의 거짓말에 대한 윤리적 비판이 오래전부터 확산되고 있다. 몇 년 전에 시보레 코르벳(Chevrolet Corvette) 광고 캠페인을 7년 만에 재개한 지엠(GM)이 광고를 본 소비자들의 불만 때문에 불과 열흘 만에 출고를 취소했다고 보도했다. 그것은 초등학생들이 코르벳을 타고 속도를 내서 공중(空中)을 운전하는 광고였다.

KFC는 또한 프라이드 치킨이 건강한 음식이라는 텔레비전 광고를 내보낸 것이 문제가 되었다. 미국인 비만의 원인으로 여겨지는 햄

버거보다도 칼로리가 적다는 것이 KFC의 주장이지만, 프라이드 치킨이 "건강식"이 아닌 것은 누구의 눈에도 분명했고, 미국식품의약국(FDA)은 즉시 이 CM의 출고를 기다렸다는 듯이 달려들었다. 그 외 가격 등의 '부당표시'나 치수·순중량에서 '시각적 환영', '착각'의 이용, '미취 광고', '서브리미널 광고(Subliminal stimuli)'에 의한 심리조작, '생략'·'암시'·'귀띔'·'과대'에 의한 거짓말, 광고제작자 자신이 광고하는 상품·서비스를 이용한 적이 없는 등 많은 거짓말이 문제가 되고 있다.

포드(Ford)는 광고에는 최상급의 표현이 풍부하게 사용되는 것이지만, 조심스러운 광고는 뻔한 거짓말을 하고 있는 광고에 비해 그 부실함을 지적하기 어렵다는 것에 대해서도 주의 환기를 촉구하였고, 거짓말을 이용하는 광고 표현에 대해서도 문제를 제기하고 있다.

Ⅱ. 광고윤리에 대한 연구 목적 및 방법

1. 연구 목적

이 장에서는 광고윤리 연구를 정리하고 선행연구에서 '광고의 거짓말'이 어떻게 파악되어 왔는지를 검토한다. 현대 광고에 편재하는 거짓말에 대해 윤리기준이 광고 실무에서 실질적으로 기능하지 못하고 윤리적으로 허용되지 않는 거짓말이라는 문제가 표면화되고 있음을 제기하여 광고윤리의 논의를 촉구한다.

이 장에서는 광고의 거짓말이 진실이 아닌 것으로서 일면적으로 포착하여 온 것을 문제시하여 거짓말 개념 그 자체에 대한 고찰을 실시함으로써 거짓말의 진위와 선악의 차이를 인식하고, 광고의 거짓말에 대한 윤리적인 판단 규준과 윤리적 책임의 소재를 명확히 함과 동시에 광고 실무에 대한 제언으로서 광고에 대한 조사제도의 필요성을 지적하기로 한다.

2. 연구 방법

국내외에서 발표된 광고윤리에 관한 문헌을 찾아서 '광고의 거짓말'에 관한 기술이 어떻게 이루어져 왔는지를 분석하고 그 논점을 정리한다. 또, 지금까지의 광고윤리 연구에서는 근거하지 않았던 개념에 대해서도 고찰을 실시한다. 광고의 거짓말에 대한 '윤리적 책임'에 대해 논의하고 실무에 대한 시사점을 도출한다. 연구 문헌의 검토로는 얻을 수 없는 현재의 광고시장 동태의 파악에 대해서는 KOBACO가 실시한 소비자 조사를 참고 데이터로 활용하기로 한다.

Ⅲ. 선행연구의 정리

이 장에서의 광고윤리 연구는 1990년대에 들어서 비교적 적극적인 연구가 이루어지게 되었지만, 그 이전의 연구와는 완전히 분단되어 있다.[2] 최근(2017년)에 와서 처음으로 광고법학회가 출범하였으나 광고윤리 연구로서 발표된 문헌의 수는 극히 소수에 머무르고 있다. 이 장에서는 광고윤리를 주요 주제로 하는 연구로서 이하의 몇 가지 논점으로 정리한다.

1. 법적 책임과 윤리적 책임

광고의 윤리가 "법적"인 관점에서 파악되는 경우가 많지 않아 "윤리적"인 관점에서의 연구가 중요하다는 것은 "회색의 분야(gray areas)"라는 지적을 시작으로 오래전부터 논의되어 왔다. 즉, 광고의 법적 책임과 윤리적 책임의 차이를 명확히 구분해야 한다거나, 시대나 풍토에 따라 다른 윤리관에 대해서는 법적 접근이 아닌 윤리적 접근이 필요하다는 지적이 제기되었다.

최근의 연구에서는 '광고윤리의 논점이 광고를 내보내는 사람의 고도의 학습 성과의 결과보다 세련되고, 광고를 본 후 그것이라고는 바로 알 수 없는 형태로 광고의 윤리 문제는 현대화하고 있다'는 것을 강조하고, 윤리적 책임의 사회적 중요성을 호소하고 있다.

• • •

2 이희욱, "기만은 규제대상, 과장은 윤리적 문제: 허위·기만·과장광고 실태와 문제점", 한국언론진흥재단 신문과 방송 302 (1996.2), pp.66-69; 이종영, "기업윤리와 마케팅: 마케팅의 윤리 문제와 관리 방법", 한국마케팅연구원 마케팅 (1997.1), pp.20-26; 이종영, "광고의 윤리", 한국마케팅연구원 마케팅 36(11) (2002.11), pp.34-39; 이종영, "광고의 과장표현과 윤리성 논쟁", 한국마케팅연구원 마케팅 37(9) (2003.9), pp.17-22.

2. 광고에서의 거짓말

윤리학에서는 광고 표현의 거짓말에 대한 많은 설명이 있다. 광고학의 교과서 중에서도 '광고윤리'의 문제로서, 광고 표현상의 허위 과장(과대)에 대해 언급하고 있다. '완전', '완벽', '영구', '절대'라는 용어를 단정적으로 사용하는 것은 피할 것을 요구한다. '톱', '제1위', '국내 제일', '세계 최고'라고 하는 경우에는 그 객관적 근거를 분명히 제시해야 한다.

소비자에게 중요한 사항을 전혀 말하지 않거나 한구석에 작게 기록하는 것은 공정하지 않다. 의약품 등에서는 승인된 효능·효과 이상을 말해서는 안 된다는 주의사항을 포함해야 한다. 또, 『진실과 윤리』라는 제목으로 광고의 거짓말에 대해 상세한 고찰을 실시한 로만(Roman et al.) 등은 광고 표현에서의 비장에 대해서 수많은 사례를 소개하고 있다.

광고의 거짓말이 사회에 미치는 영향에 대한 우려는 1950년대부터 존재해 왔고, 과대(과장) 표현의 정량적 분석이나 정치광고의 거짓말에 대해 논의한 쇼네시(Shaughnessy), 퍼블리시티(홍보)를 가장하는 것의 윤리적 한계를 탐구한 피블스(Peebles et al.) 등 그리고 광고에서 '과장과 권장과 암시' 표현의 비판 및 Journal of Business Ethics지에서 발표된 담배 광고·복권 광고 등도 논쟁의 대상이다.

현재 광고의 거짓말에 대해서는 ① 허위, ② 과대, ③ 과장, ④ 오인의 기대, ⑤ 오인의 우려, ⑥ 설명 부족, ⑦ 법 위반, ⑧ 중상, ⑨ 청소년에게 악영향, ⑩ 사회적 도의적 책임, ⑪ 공중도덕이라는 기준으로 문제된 표현을 분류하고 있다.

3. 광고 비판

광고의 거짓말로 인한 윤리적 비판도 오래전부터 존재해 왔다. 광고란 속임수의 수단인 것처럼 생각할 수 있었던 사실은 이를 잘 보여준다. 광고(Advertisement)라는 말도 옛날에는 경고 "Warning"의 의미로 이용되고 있었다. 보아작(Boazak)은 광고에 대해 다음과 같이 설명하였다.

> "광고는 최선이지만 최악의 것이다. … 대도(大道) 상인이나 싸구려 물건 판매인이면서도 좋은 권유 문구의 위세나 보증의 말투가 인쇄된 것이 광고용어로 옮겨지는 것도 드물지는 않았지만, 대도상인이나 싸구려 물건 판매인의 주된 목적은 그들이 과잉적이고 유해한 활동의 무대로 삼은 시장통의 지나가는 고객층을 속이는 것이었다."

또, 광고가 악덕적인 것이 될 수 있다는 것은 역사적으로 볼 때 불가피한 사실이며, 그 경향은 특히 현대에 있어서뿐만 아니라 오래전부터 존재하고 있었다는 것은 부정할 수 없다.

IV. 광고윤리 연구와 거짓말 개념

광고윤리 연구의 역사에 있어서 '광고의 거짓말'이 어떻게 파악되어 왔는지를 밝혀 보면, 지금까지의 광고윤리 연구에서는 '거짓말은 진실이 아닌 것'으로서 일면적으로 파악하여 왔음을 알 수 있다. 선행연구에서는 거짓말의 종류나 방법 혹은 거짓말의 기능 등 거짓말 개념 그 자체에 대한 고찰이 전혀 이루어지지 않은 것에 주목하고 싶다.

이 점에 대해서 거짓말은 가장 넓은 의미에서는 진실이 아닌 것을 가리키지만, '거짓말은 진실이 아닌 것'이라고 하는 간단한 정의로는 거짓말의 근본적인 성질을 전면적으로 파악할 수 없고, 거짓말의 본질이 밝혀지지 않는 것을 강조하고 있다. 또 그것이 원인이 되어, 과장이나 비유 등이 빈번하게 이용되는 광고 표현에 대한 윤리기준을 실제의 광고 실무에서 기능하는 것으로서 명확히 할 수 없으므로 '용서되는 거짓말'이라고 하는 점을 문제 삼아야 한다.

보크(Bok)의 지적에 나타나 있듯이 '윤리강령은 오히려 숨겨진 것에만 사용'되고 있는 것이 현실이며, 윤리강령은 추상성 때문에 많은 사람은 한편으로 그것에 따르는 것처럼 보이면서, 실제로는 여전히 문제 있는 행위를 계속하고 있다.

선행연구에 의하면, '광고의 진실'이라고 하는 것은 미국뿐만 아니라 로웰(George Presbury Rowell)이 1888년에 창간하여 세계 광고운동의 지도원리가 된 프린터스 잉크(Printer's Ink) 율령이나 국제상공회의소의 '국제광고활동 표준규칙'에서도, '거짓말은 진실이 아닌 것'이라고 하는 전제에 서 있던 것을 읽을 수 있고, '광고의 자주규제, 윤리강령에 나타나는 원리ㆍ원칙'으로서 "허위, 과대(과장), 부당표시가 있어서는 안 된다"는 것을 강조하여 진실을 전달할 것을 요구하고 있다는 기술에서 보듯이, 광고윤리 연구에서는 거짓말이 규제의 핵심이다.

1. 용서받을 수 있는 거짓말과 용서받을 수 없는 거짓말

지금까지의 선행연구에서는 거짓말 개념에 대한 고찰이 개별적으로 이루어졌다. 광고의 거짓말에 관한 논의도 용서받을 수 있는 거짓말과 용서받을 수 없는 거짓말이라는 관점에서 몇 가지 존재한다. 윤리학자 드조르주(DeGeorge)에 의하면, 광고의 의미론은 비유법의 사용을 당연한 것처럼 허용하고 있어, 광고의 표현을 문자 그대로 진실인 것에 한정시켜 버리면, 광고의 의미론 심지어는 언어 일반의 의미론을 이해할 수 없게 된다.

그리고 허용 가능한 비유적 화법과 거짓말 사이에는 명확한 경계선이 존재하지 않는다. 그러므로 광고에서 언급되지 않은 것이 거기에 기술되어 있는 것만큼 중요한 경우가 있고, 위험한 제품의 위험성에 언급되지 않은 광고 등은 반윤리적인 것이 많으므로 이에 대해서도 주의 환기를 촉구한다.

또 광고 표현은 용서되는 거짓말의 범위 내의, 말하자면 과장, 각색, 윤색이라고 하는 것을 본질적으로 포함하고 있다. 그것을 인정하지 않으면 광고 제작은 의미가 없을 것이다. 광고는 이른바 '연출'이며, 광고 표현에서의 이른바 '시(詩)적 허용(poetic license)'이다. 그 밖에도 '광고라는 거짓말'은 '용서받을 수 있는 거짓말'과 '용서받을 수 없는 거짓말'의 연속체 안에서 그 사회가 어디까지를 용서할 것인가를 문화에 비추어 결정하는 것이다. 그러나 합법적 왜곡과 본질적인 허위 사이에는 분명히 선을 긋는 것은 어렵다. 따라서 광고의 거짓말은 무조건 허용되는 것은 있을 수 없다.

용서받을 수 있는 거짓말과 용서받을 수 없는 거짓말 사이의 논쟁에서 고려해야 할 광고 사례들이 있다. 그것은 캐드버리(Cadbury)의 코코아이다. 캐드버리는 자사의 코코아를, 그림도 도안도 없고, 권유의 카피도 사용하지 않고, 단지 '캐드버리 코코아'라는 말만으로 광고했다. 이것에 대해 법철학자 막스 라딘(Max Radin)이 "사실 이외의 어떤 것도 말하지 않는 것, 권유의 형용사를 생략하는 것은 광고의 도덕성의 시작이지만 종점은 아니다."라고 결론하고 있는 것은 주목할 만하다.

2. 거짓 진위와 거짓 선악

광고에서의 '거짓말' 개념에 대해서, 거짓말을 본격적으로 논의한 윤리학자 보크(Bok)가 고찰하고 있듯이, 거짓말을 진실과의 대비만으로 이해하는 것은 '거짓말의 인식론적 영역'과 '거짓말의 윤리적 영역'의 혼동으로, 후자를 전자로 해소하는 잘못을 범하고 있다. 이것이 원인이 되어, 진위 판별의 어려움에 의해서, 거짓말의 선악이 애매하게 되어 버렸다고 할 수 있다.

즉, 거짓말의 윤리를 생각하기 위해서는 거짓말의 진위뿐만 아니라 거짓말의 선악이라는 규준을 명확히 해야 하는 것이다. 그렇지 않으면, 지금까지의 광고윤리 연구에서 반복되어 온 것과 같은 '의도된 진실과 거짓으로 이루어진 도덕상의 영역'과 '진실과 허위 일반이라는 훨씬 넓은 영역'의 두 가지 영역의 결정적인 차이를 간과해서 개념상의 혼란을 일으키는 큰 위험을 수반하고 있다고 할 수 있다.

선행연구에서의 '광고의 거짓말'의 취급 방법은 '사실인가 아닌가'라는 것과 '용서 가능한가 아닌가'라는 것이 혼동되고 있는 경우가 많기 때문에 거짓말의 '인식론적 영역'과 '윤리적 영역'의 명확화가 필요하다. 따라서 거짓말 개념의 고찰에 근거하여, 거짓말의 "진위"뿐만 아니라, 거짓말의 "선악"을 판단하는 윤리적인 규준을 검토해야 한다.

거짓말을 진실과의 대비만으로 파악하여 사실밖에 허용하지 않는 지금의 윤리기준으로는 너무 엄격한가 혹은 '추상론'으로 '너무 일반적이고 추상적'이기 때문에 광고의 실제로는 적응하지 못하고 있는 것이 아닌가 하는 다툼이 가능하다.

3. 광고에서 거짓말 개념

여기서 거짓말 현상의 분류나 거짓말의 종류 등 거짓말 개념에 관한 정리를 다시 실시하고, 문제가 되는 거짓말의 정의를 명확히 한 후, 광고에서 거짓말의 선악의 판단기준으로서 그것을 받는 자의 관점과 거짓말의 기능 두 가지를 문제로 제기한다.

· 거짓말의 종류

거짓말의 확산에 대해서 윤리학자들의 분류를 기초로 정리한다. 아리스토텔레스, 몽테뉴, 루소 등의 정의를 기초로 분류한 광의의 거짓말로서의 '거짓말 현상'을 정리하면 다음과 같다. 거짓말은 인간사회속에 널리 편재하고, 여러 가지 역할을 수행하고 있는 것을 알 수 있는데, 여기에서는 특히 의식해야 할 거짓말 종류를 3개 추출한다.

(1) 거짓말 현상의 분류
① 존재 · 사건으로서의 거짓말: 가식, 가장, 가공, 꿈, 유사, 위작, 카피, 모조, 위조, 변조, 대용, 인공, 담합, 승부 조작, 협잡, 허

구, 게임, 우화, 연극, 문예, 예술, 사회, 문화, 제도 등

② 태도 · 행동으로서의 거짓말: 위장, 기만, 모방, 사기, 부정, 불법, 연기, 모창, 척 등

③ 사항의 평가로서의 거짓말: 이상, 감탄, 비타당성 등

④ 사실언명에 관한 거짓말: 거짓, 오류, 부정확, 오인, 실수, 착각, 무지, 인식 차이, 오보, 허풍, 거짓말, 왜곡, 과장, 은폐, 위증, 거짓말증, 기억상실, 지적장애, 환각, 환청, 사교령, 의례적, 찬사, 조크 등

⑤ 약속 · 의도에 관한 거짓말: 불성실, 부실, 무책임, 약속 위반, 계약 불이행, 배신 등

⑥ 심리적 사실에 관한 거짓말: 부정직, 속임수, 자기기만, 비밀 등

(2) 인간적인 진실이라는 거짓말

거짓말을 한다는 행위는 한 인간의 내적 세계와 외적 세계의 상호교류의 일부를 이루는 것으로, 개인 간 과정과 개인 내 과정이 상대적으로 분화해서 우리는 '말하는 것'과 '생각하는 것' 혹은 '알리는 것'과 '알고 있는 것'을 구별한다. 인간의 심리는 언제라도 그러한 애매함 혹은 양의성을 포함하고 있어서, 그것을 어느 일면밖에 표현할 수 없는 말에 의해서 표현했을 때 어떤 종류의 거짓말이 파고들 수 있다. 그리고 엄밀한 의미의 진실이라는 것은 말로 표현된 세계에 있을 리는 없고, 거기에 있는 것은 몇 가지 거짓말을 포함한 진실뿐으로 그것이 원래 '인간적인 진실'이라고 하는 것이다.

(3) 권위로서의 진실이라는 거짓말

우리는 과학에 대해 마땅히 받아야 할 권위를 부여한다. 그 원인으로 두 가지를 들 수 있다. 하나는 과학의 한계를 이해하고 있는 인간이 거의 없다는 것이고, 또 다른 하나는 권위 전반에 대해 우리가 너무 의존하고 있다는 것이다. 일반 대중들은 과학자들과 과학자들이 그들을 단정 짓는 것에 대해 의심해야 하며, 또한 그렇게 해야 할 책임이 있다. 특히 선악의 문제는 과학적 고찰의 대상에서 제외하기에는 너무나 중요한 문제이지만, 이것을 전적으로 과학자의 손에 맡기는 것 역시 너무나 큰 문제이다.

(4) 소통이 만들어 내는 거짓말

광고를 포함한 소통이 만들어 내는 거짓말이 있다. 레빗(Theodore Levitt)은 "소통은 광고를 매개하든 시(poem)를 매개하든, 그 밖의 어떤 수단에 의해서든, 상징이라는 대용의 말에 의한 대체 체험을 의미하는 창조적인 개념화이다. 광고의 의사소통은 아무리 많은 말을 해도 진짜일 수 없다. 그래서 광고의 모든 의사소통은 어떻게 해서든 현실로부터의 이탈을 면할 수 없다."고 단언하고 광고는 "원망의 상징"이라고 한다.

• 문제가 되는 거짓말

지금까지 논의에 관련되어 왔던 것처럼, 광고에서 거짓말을 하는 것이 본질적으로 죄악이라고 생각하는 것은 아니다. 많은 철학자들이 '적어도 어떤 종류의 거짓말은 도덕적으로 정당화될 수 있고, 반대로 정직은 때때로 인정사정없는 냉혹한 것이 될 것'이라는 설득력 있는 이론을 전개하고 있다.

에크만(Ekman)의 말처럼, 어떤 관계라도 사람은 결코 거짓말을 해서는 안 된다는 것은 일을 너무 단순화하고 있다. 나는 칸트나 사르트르 등의 고찰을 토대로 윤리 문제로서의 거짓말의 성립 요건에 관한 검토를 해 보았다. 여기서 '문제의 거짓말'이란 '소통 관계에서 스스로가 믿고 있는 사실(리얼리티)과 다른 말로의 표현을 의도적으로 실행해서 그것을 다른 사람에게 은폐하고 있는 것에 의해서 다른 사람의 인상·행위를 변경시키려고 하는 것'이라고 정의한다.

이때 ① 진실 기준의 공통성, ② 자가성, ③ 비밀성·조작성이 판단의 도구이다. 여기에는 진실(사실)에 대한 공통기준이 존재하는 자기의 인격에서의 주관적 진실(사실)에 위배되는 주관적 사실(진실)을 은폐하고, 의도적으로 사람을 속이는 거짓이라는 메타 메시지를 포함하지 않는다.

· **거짓말의 기능**

그렇다면 문제가 되는 거짓말에서의 선악의 판단기준은 어떤 것일까? 이 장에서는 거짓말의 선악의 판단기준으로서 거짓의 기능을 알아본다. 다음과 같이 3가지로 거짓말의 기능을 정리하고자 한다. 보크(Bok)의 연구에서 보듯이, 거짓말은 힘을 가지고 있다. 대상에 대한 정보의 진위는 그 활동의 목적의 성패에 결정적 의미를 가지기 때문에 '거짓말의 위력'은 기본적으로는 인간의 행위에서 인식의 의의(意義)로부터 유래한다. 즉, 거짓말의 위력은 거짓말의 본질적인 기능이라고 할 수 있겠다.

거짓의 선악 판단기준으로 ① 속이는 자의 관점과 ② 거짓말의 기능(a. 공격적 기능: 지배를 위한 거짓말, b. 방어적 기능: 진실의 파괴력에 대한 거짓말, 약자의 거짓말, c. 오락적 기능: 놀이의 거짓말, 즐거움의 거짓말)을 적용할 수 있다.

(1) 거짓의 공격적 기능

거짓말과 폭력은 인간에 대해 의도적으로 이루어지는 공격의 두 가지 형태이다. 보크(Bok)가 말했듯이, 거짓말과 폭력은 다른 사람들을 지배하고 통제하기 위한 두 가지 주요 수단이다. 우리가 거짓말을 하는 것은 그것에 의해서 다른 사람의 행위 및 다른 사람과의 관계에 영향을 주기 때문이며, '거짓말은 광의의 힘이며, 지배의 기술이다.' 특히 문명사회에서 정보는 힘과 결부되어 있고, 공격적인 거짓말은 자신이 남보다 우위에 서려고 하는 것으로서 이기적이고, 타인에게 해를 끼칠 가능성을 가지는 것이므로, 대다수의 사람이 이것을 분명히 비윤리적이라고 간주하고 있다.

(2) 거짓말의 방어적 기능

엘리엇은 "인간은 너무 많은 진실을 참을 수 없다."고 말했다. 적나라한 진실은 종종 사회적 상호작용과 인간관계의 질서를 파괴한다. 일상의 상호작용 속에서 보이는 거짓말 현상은 일면에 있어서 그러한 '진실의 파괴력'에 대한 방위라고 할 수 있다.

진실은 상대방의 자부심이나 행복감을 파괴하는 잔혹한 무기가 될 수도 있기 때문에, 어떠한 공격으로부터 자신을 지키기 위해서, 궁지를 벗어나기 위해서 혹은 타인의 감정을 해치지 않기 위해서 거짓말은 널리 이용되고 있다. 방어적인 거짓말은 자신과 다른 사람을 보호하기 위해 하는 거짓말이며, 처벌이나 공격을 피하기 위해 이런 종류의 거짓말을 할 수 있다.

방어적인 거짓말이란, 사회적으로 약한 입장에 놓여 있는 사람이 강자의 지배나 통제에 저항하고, 자신의 자유와 자율성을 확보하기 위한 유력한 수단이며, 가장 알기 쉽고 또는 가장 정당화되기 쉬운 거짓말의 하나라고 할 수 있다.

(3) 거짓말의 오락적 기능

민속학자들은 거짓말이란 원래 놀이로서 즐길 수 있는 것이라고 주장한다. 이들에 의하면, '거짓말다운 거짓말'은 '정성스러운 거짓말'과는 달리 본래의 '거짓말'이며 '장난스런 놀이'의 의미가 강한 것이라고 한다. 이러한 거짓말론은 '놀이의 거짓말'이라고 하는 독자적인 영역과 그 의미를 두드러지게 하고 있다.

거짓말이 놀이로서 즐기기 위해서는 그것이 거짓임을 전하는 "메타 메시지"를 포함해야 한다. 하지만 중요한 것은 이 기능과 인간의 "창작행위"가 밀접하게 관련되어 있다는 것이다. 만약, 그들이 거짓말을 엄격하게 배제한다면, 우리 문화의 상당 부분을 잃게 될지도 모른다. 즉, 허위적 언어로 노는 것은 '모든 문화적 창조의 원천'이며, '거짓말을 즐기는 것은 진정한 의미에서의 어른의 즐거움'이라고 할 수 있다.

• 속이는 자의 관점

문제가 되는 거짓말의 선악의 판단기준으로서 거짓말의 기능과 더불어 속이는 자의 관점을 생각해 보자. 거짓말에 대한 논쟁은 거짓말을 한 사람의 관점에서 논해야 한다. 거짓말을 할 경우 어떤 거짓말이 사소한 것인지 판단할 방법이 없고 또 거짓말을 하는 사람이 그런 사소한 거짓말에 그칠지 모른다는 확신이 우리에게는 없기 때문에 속은 사람의 관점을 취할 경우 모든 거짓말에 신중해진다.

거짓말을 검토하는 기본적 관점은 '사회적으로 지배·관리받는 자, 피억압자, 사회적 약자가 거짓말을 당했을 경우를 기본으로 하여, 거짓말의 선악은 고찰되어야 한다'고 할 수 있겠다.

V. 윤리적 책임에 대한 고찰

1. 광고의 거짓말에 대한 윤리적 책임의 소재

광고의 거짓말은 사실이 아니라는 이유만으로 비판받아서는 안 된다. 거짓을 "진위"라고 하는 기준만으로 모두 부정하는 것은 거짓의 오락적 기능을 활용한 광고의 재미까지 빼앗는 엄격한 윤리규범이 되어, 결국 현실 세계에서는 무시되는 결과가 된다. 따라서 거짓의 선악을 판단하기 위한 윤리기준을 제정하고 그 윤리적 책임의 소재를 명확히 하는 것이 중요하다.

광고인에게 현저한 진보라고는 볼 수 없는 것은, 광고의 악폐에 대해 광고인 각자의 책임을 맡고 있다는 것을 인정하려고 하지 않기 때문이다. 그와는 반대로, 책임을 서로 미루고 있는 상태를 타개하지 않으면 안 된다. 설문 조사에 의하면, 광고의 책임에 대해서는 광고주에 있다는 응답이 전체의 59.8%로 가장 많았다. 전반적으로 여성들은 광고주, 남성들은 광고 미디어, 젊은 세대들은 광고회사, 광고인에게 책임이 있다고 주장한다.

한편, 소비자 단체나 정부 · 행정기관에 책임이 있다고 대답하는 사람은 1% 전후뿐이며, '누구에게도 책임은 없다'는 사람은 불과 0.5%밖에 되지 않는 것을 감안하면, 광고주, 광고회사, 광고 미디어에 책임의 무게 차이는 있다 하더라도, 이들 모두 광고의 윤리적 책임을 인식해야 하는 입장에 있음은 틀림없다. 광고회사는 특히 소비자가 광고 내용에서 어떤 정보를 얻었으며, 무엇이 실수를 저지르거나 잘못 기술한 것인지도 잘 알고 있을 것이다.

광고주는 자신에게 이익이 되고 소비자를 오도하거나 기괴한 광기의 거짓말을 생각할 수도 있는 위치에 있다. 이러한 경우에 광고 실무자들이 느끼는 유혹은 그 광고에 대한 책임이 자신에게 있는 것이 아니라 광고주 측에 있다는 느낌이다. 광고회사들은 광고주들이 의뢰한 대리인에 불과하다고 주장하는 반면, 광고주들은 광고의 전문가인 광고회사에 책임이 있다고 생각한다. 실제로는 이 양자에 책임이 있고, 그들은 함께 윤리적 책임을 회피할 수는 없지만, 광고회사는 반윤리적 행위에 가담하면서까지 일을 수행할 필요는 없으며, 자신이 다루는 광고의 내용이 위장적이라고 판단할 경우에는 그것을 조사하고 거부할 권리와 윤리적 책임을 가지고 있다고 할 수 있다.

확실히 광고 내용에 관한 주된 책임은 그 광고를 지시하는 당사자에게 있다. 스스로가 실시 혹은 의뢰하는 광고에 대한 외부적 책임은 광고주에게 있다고 생각할 수 있지만, 광고주만이 윤리적 책임을 지고 있는 것은 아니다. 그리고 다른 한편으로, 모든 언론은 노출된 광고가 비윤리적이라고 판단할 때 그것을 검열하고 거부할 권리가 있다.

그러나 그 책임은 판례에도 있듯이 합리적으로 허용되는 범위에 그칠 것이다.

이에 반해 광고회사는 배제되어야 할 광고가 무엇인지에 대해서도 전문적 지식을 가지고 있다고 생각되므로 광고 표현에 관한 윤리적 책임에 대해서는 광고주와 같은 주체성을 가져야 한다고 할 수 있다. 그렇지만 '광고 취급업자에게 조사기관이 없다든가, 법적 책임이 없다든가 해서 이것(책임)을 방임해도 좋을 리는 없다'는 지적이 수십 년 전부터 있었듯이, 광고회사의 윤리적 책임감에 관해서는 아직도 문제가 있다고 하지 않을 수 없다.

2. 윤리적 책임의 명확화와 광고의 신뢰

광고의 거짓말에 대한 윤리적 책임을 명확히 하는 것은 광고의 신뢰에도 크게 기여한다. 우리는 광고의 신뢰가 상실되는 원인은 광고의 거짓말 자체가 아니라 광고의 거짓말에 대한 윤리적 책임감 결여 때문임을 의식하여야 한다.

신뢰란 거짓말에 의해서 무너지는 게 아니라, 상대가 자신의 이익을 진지하게 고려하지 않았다는 불신에 의해 무너진다. 신뢰란 상대가 항상 진실을 말하는 것이라고 믿는 것은 아니다. 어떤 사람이 때로 거짓말을 한다고 해서 그 사람에 대한 신뢰가 양립할 수 없는 것도 아니다. 그러므로 거짓말에 대한 책임을 가지는 것이 더욱 중요하다.

조사 결과 현재 광고에 대해 신뢰하지 않는다고 응답한 사람이 전체의 33.2%였다. 광고에 전혀 관심이 없다는 7.8%를 포함하면, 전체의 40% 이상이 광고를 신뢰하지 않는다는 것을 알 수 있다. 광고를 신

악마의 가면

뢰하는 사람이 전체의 60%에 못 미치는 상황을 계속 방치하면 상황이 심각해질 것이라고 생각한다.

광고의 신뢰는 광고의 존립 기반이며 광고의 본질적인 기능에 대한 일반 소비자의 신뢰의 향상을 위해서 광고의 윤리적 책임을 인식하고 '광고윤리 수준'을 높이는 것이 불가결하다.

VI. 광고 실무에 대한 제언 및 과제

1. 광고회사의 조사제도 강화

광고의 거짓말에 대한 윤리적 책임을 자각하고, 광고 실무가의 윤리관을 함양하기 위해 광고회사에서의 조사부 강제 설치를 제안한다. 현재, 윤리적 판단에 근거한 광고 조사를 실시하고 있는 것은 매체사뿐이며, 광고회사 및 광고주는 법적으로 문제가 될 가능성이 있다고 의심한 것만을 법무 부문에서 검토하는 선에 그치고 있다. 따라서 윤리적으로 허용되는지 여부에 대한 판단을 실질적으로 점검하지 않는다고 할 수 있다.

특히 광고회사에 대해서는 광고의 신뢰를 획득해 광고의 영속성을 담당해 나가는 역할을 인식하고, 광고에 대해 책임을 가지고 조사를 실시함으로써 공식적으로 광고의 거짓말에 대한 윤리적 책임을 진다는 것을 스스로 표명해야 한다. 현재 대부분의 광고회사 법무실 인원은 소수이거나 아예 부서조차 설치되어 있지 않아, 자사가 하청받고 있는 광고를 모두 조사하는 것은 현재 체제에서는 불가능하다.

광고 계약을 중심으로 하는 법무실과는 별도로 광고 시험부서를 만들어 상당한 인원을 배치함으로써 확고한 광고시험 제도를 확립할 필요가 있다. 최근 몇 년간 매체에서 가장 엄격하게 시험을 치르고 있는 광고 중 하나가 보험상품을 포함한 소비자 금융광고이다. 광고 심사를 실시하는 조사 부문이 존재하지 않는 광고회사에서는 그 책임을 확실히 자각할 필요가 있다.

2. 광고인 윤리교육

장래에 걸쳐 윤리적 책임감을 가진 광고인을 육성해 나가기 위해서, 실제로 현장에 나가 실천을 쌓는 광고교육도 빼놓을 수 없다. 광고인의 윤리관에 대해서 "윤리란 자기 이외의 다른 인간이 따라야 할 무엇인가이다."라는 매디슨 애비뉴의 정의가 계속되는 한 바람직한 변화는 일어나지 않을 것이라고 우려하고 있다. 이에 비해 와이든과 케네디(Wieden & Kennedy)가 학생에게 실제 어카운트 작업을 담당하게 하는 광고 스쿨을 사내에 세우거나(New York Times), 위스콘신주의 초·중·고등학교에서 광고 인턴십이 행해지는(Watertown Daily Times) 등 주목할 만한 사례도 있다.

현장의 실천 속에서 윤리기준이 실제로 어떻게 기능하고 있는가를 알고, 어떻게 개선해야 하는가를 배우는 것은 매우 중요하다. 기준은 어디까지나 출발점으로서 거기에서 현실에 조우하는 윤리적 문제의 광범위한 연구로 나아가야 한다. 한편, 소비자에 대한 광고교육에 대해서도 거의 90%의 사람들이 그 필요성을 호소하고 있다. 교육이 요구되는 것은 광고 미디어나 제3자 기관, 그리고 소비자 단체, 정부, 행정기관 등이 있지만, 응답에서는 광고회사가 광고교육을 실시해야 한다고 응답한 사람이 가장 많다는 점은 주목할 만하다.

광고인은 스스로를 규율하는 윤리관뿐만 아니라, 확고한 윤리적 책임을 자각한 후, 소비자에 대한 광고교육도 요구받는다는 입장에 있음을 인식해야 할 것이다. 그런데도 교육체계의 정비는 구축되지 않고 있다. 실무상 불가결하다고 여겨지는 공정경쟁 규약이나 방송기준을 읽어 본 적도 없는 각 광고단체의 회원, 광고제작자가 얼마나 많은가 하는 현신에 위기감을 안고, 광고기업으로서 필요한 세노를 시급히 구축해야 할 책임이 있다.

3. 결론과 과제

현대 광고에 있어서는 윤리적으로 용서할 수 없는 거짓말에 대한 책임의 소재가 불명확하기 때문에 거짓말의 위력을 이용한 광고 표현이 편재화되고 있다. 이에 대해, 한국에서의 광고윤리 연구는 그 수가 적은 데다 연구계보라고 할 것도 없고, 광고의 거짓말에 대한 윤리적 책임에 대해서는 지금까지 전혀 없었다고 해도 괜찮을 만큼 논의가 전개되어 있지 않다. 또 선행연구에서는 광고의 거짓말이 진실이 아닌 것으로서 일면적으로 포착하여 거짓말 개념 그 자체에 대한 고찰이 이루어지지 않았기 때문에 과장이나 비유 등이 자주 이용되는 광고 표현에 대한 윤리기준을 광고 실무에 있어서 기능하는 것으로 할 수 없고, 광고는 용서되는 거짓말이라는 전철이 계속 발생하고 있다.

지금까지의 연구에서 '광고의 거짓말'의 취급 방법은 거짓말이 진실과의 대비를 기본으로 인식하여 '사실인가 아닌가'라는 것과 '용서 가능한가 아닌가'라는 것이 혼동되고 있는 경우가 많기 때문에, 거짓말의 윤리를 생각하기 위해서는 '거짓말의 진위'뿐만 아니라 '거짓말의 선악'이라는 규준을 명확히 해야 한다.

거짓을 진위라는 기준만으로 모두 부정하는 것은 거짓의 오락적 기능을 활용한 광고의 재미까지 빼앗는 엄격한 윤리규범이 되며, 광고의 실재에서는 무시되는 결과가 된다. 따라서 거짓말 개념의 고찰에 근거하여, 거짓말의 선악을 판단하기 위한 윤리기준을 검토하고, 그 윤리적 책임의 소재를 명확히 하는 것이 중요하다.

광고 표현에 관한 윤리적 책임에 대해서는 광고회사가 광고주와 같은 주체성을 가져야 한다고 생각하지만, 광고회사의 윤리적 책임감에는 문제가 있다고 하지 않을 수 없다. 광고의 신뢰가 상실되는 원인은 광고의 거짓말 자체가 아니라 광고의 거짓말에 대한 윤리적 책임감 결여에서 비롯되기 때문에, 광고회사는 공식적으로 윤리적 책임을 진다는 것을 스스로 표명해야 하는 입장에 있으며, 광고회사의 자체 조사 제도의 확립이 필요하다.

광고 표현과 관련된 문제 외에도 앞으로의 과제로 광고에 대한 윤리적 책임을 묻는 영역은 광범위하게 존재한다. 광고가 사회에 필요하고, 소비자로부터 신뢰받기 위해서, 광고인과 광고산업이 어떻게 존립해야 하는지 진지하게 생각하고, 광고의 윤리와 책임에 대해 확실히 자각할 필요가 있다.

2장

왜 사기는 성공하는가?
하이퍼 게임에 의한 분석

자신의 이익을 위해 타인을 속이는 행위는 동서양을 막론하고 예로부터 존재해 왔다. 조선 시대의 의용법률인 대명률에는 『형률 권24』에 사위(詐僞)에 관한 규정을 두고 있는데, 이들은 지금의 사기죄와는 거리가 멀고 주로 위조나 관직 사칭을 처벌하는 규정이었다. 자본주의가 발전하면서 1851년 후반에 들어서면서 단순히 개인의 재산권을 보호하는 역할로부터 경제체계의 기능을 보호하는 경제범죄로 탈바꿈하고 있다. 그러나 이 책에서 대상으로 하는 범죄로서의 사기의 보편성에는 주의가 필요하다.

예를 들어, 옛날 형법에서는 사기와 공갈은 구별되지 않았고 현행과 같이 사기가 범죄로 규정된 것은 정미7조약(丁未七條約), 제3차 한일협약(1907년 7월 24일, 일본이 대한제국을 강점하기 위해 체결한 불평등조약) 이후부터이다. 또 서양 각국에서도 19세기에 이르러서야 법적인 단속의 대상으로서 사기를 규정했다고 한다. 이처럼 절도죄나 강도죄가 비교적 오랜 역사를 가진 범죄임에 비해 사기죄는 자본주의사회가 형성된 이후에 생겨난 범죄이다. 절도죄나 강도죄를 곤궁범(困窮犯)이라고 하는 데에 비해 사기죄는 이욕범(利慾犯)이라고 한다.

I. 사기의 본질적 이해

사기, 즉 타인을 속여(기망) 금품을 편취하는 행위는 다양한 사회에서 관찰되는 현상이다. 예를 들어, 최근 한국에서도 보이스피싱이라고 불리는 수법의 금전 편취행위가 유행함에 따라 경찰청이 국민에게 주의를 환기시키는 등 사기로 인한 피해가 사회문제가 되고 있다. 사회학에서도 사기는 연구의 대상으로서 자주 다루고 있으며, 그 방법은 크게 나누어 다음의 두 가지 입장이 있다.

즉, 범죄사회학에서의 연구와 사람들이 행위나 제도에 대해 품는 주관적 의미에 주목한 연구이다. 전자는 사기를 일탈행동의 하나로 보고, 그것이 발생하는 사회적인 요인에 대한 분석을 실시하고, 후자는 제도와 행위자와의 관계나 사기라고 하는 상호행위에서의 현실 인식의 본질적인 자세 등을 논의해 왔다.

이 장에서는 그와 같이 다른 입장에서 수행해 온 지금까지의 사기 연구를 개관한 다음, 그것들을 가교로 해서 사기라고 하는 사회현상을 보다 총체적으로 파악하는 관점을 제공하는 것을 목표로 한다. 구체적으로는 게임 이론에 의거하는 것으로 사기의 본질적인 이해가 가능함을 보여 줄 것이다.

우선, 연구자들이 의거하는 이론적인 틀에 주목하면서 선행연구를 정리한다. 이때 법률상의 구성요건을 검토하여 사기를 정의하고, 그것을 단서로 하여 선행연구를 검토하기로 한다. 여기서는 하이퍼 게임이라고 불리는 게임 이론적인 틀을 이용해서 어떤 사기수법이 성공하기 위한 조건을 도출한다. 그리고 게임 이론적인 분석에 의해 도출한 조건들과 사기의 개념 정의에서의 구성요건 및 선행연구와의 관계를 밝힘으로써 하이퍼 게임이 총체적으로 사기를 포착할 수 있는 시각이라는 것을 제시하기로 한다. 또 이러한 분석에 의해서 사기를 둘러싸고 새로운 논점으로 부상한 것을 분명히 지적한다. 마지막으로 사회학에서 필요한 향후의 사기 연구에 대해서도 지적하기로 한다.

II. 선행연구의 정리

1. 사기의 구성요건

사회학에서 사기를 연구의 대상으로서 정의하는 것에는 곤란함이 따라다닌다. 이렇게 말하는 것은 일상적인 생활의 과정상 의사의 교환 속에서 이루어지는 거짓말이나 속임수와 사기와의 구별이 불명료하기 때문이다. 그렇다고 해도 사기의 연구를 진행해 나가기 위해서는 그러한 애매함을 제거할 필요가 있다. 그래서 이 상에서는 범죄로서의 사기의 특징을 명확히 설명하고 있는 형법상의 구성요건이라는 관점에서 우선 사기를 정의하기로 한다.

이하에서는 한국과 미국 양국에서 사기의 구성요건을 검토해서 사기의 정의를 제시하고자 한다. 우선 미국법에 의하면, 기만(deception)이 사기(fraud)가 되는 것은 다음 5가지 요건이 충족되는 때이다. 즉, (a) 거래에 직접 관계되는 또는 피해자의 행위에 직접 영향을 주는 사실에 대한 잘못된 발언이 있을 것, (b) 화자는 그 내용이 진실이 아닌 것을 알고 있을 것, (c) 화자가 피해자를 속이려고 하고 있을 것, (d) 그 내용을 피해자가 진실이라고 믿을 충분한 이유가 있을 것, (e) 그 거짓말에 의해 피해자가 불리한 상황에 처해 있을 것 등이다.

한편, 한국법에서 사기는 다음의 요건으로 이루어진 범죄로 규정되어 있다. 즉, 법률상 사기가 성립하는 것은 ① 속이는 행위, ② 상대방의 착오, ③ 착오에 기한 재산의 교부행위, ④ ① 내지 ②와 ③ 사이의 인과관계, ⑤ 재산의 점유의 이전, ⑥ 손해의 발생이라는 6가지 조건이 모두 충족된 때이다. 그런데 이상과 같은 한미 양국(대륙법과 영미

법)에서의 법적인 논의로부터, 사기의 성립에 관련되는 요건은 다음과 같이 정리할 수 있을 것이다.

우선, (c)가 가리키고 있는 사기가 의도를 가지고 행해지는 행위인 것은 다른 여러 조건에 논리적으로 선행하고 있다고 할 수 있다.

다음으로, 금전을 지불하도록 피해자를 유도하는 속임수가 행해지고((a) 및 (b), ①), 피해자가 그 내용을 충분한 이유하에 진실이라고 받아들일 필요가 있다((d), ②). 그리고 그러한 상황하에서 금전 등의 수수가 이루어지고, 기망된 측이 손실을 봄으로써, 사기는 성립하는 것이다((e), ③ 및 ④ 내지 ⑥). 따라서 이 장에서는 이하의 4가지 점을 가지고, 사기라고 하는 상호행위를 정의하려고 한다.

즉, 사기는 (가) 사기꾼이 의도를 가지고 속이는 것(사기의 의도성, 고의성), (나) 거래에 있어서, 금전의 수수에 직접 영향을 주는 속이는 것(거짓에 의한 유도), (다) 피해자는 사기꾼에 의해서 만들어진 상황이 진실이라고 믿을 충분한 이유를 가지고 그것을 진실로서 받아들이는 것(착오), (라) 그런 상황하에서 금전 등의 수수가 이루어지고, 피해자가 손해를 보는 것(착오하에서의 금전의 수수)이라고 하는 4가지 요건 충족에 의해서 성립되는 상호행위로서 정의할 수 있다.

2. 선행연구의 정리

이하에서는, 사기의 개념 정의에서의 4가지 요건 각각에 대응하는 물음에 대한 것으로서 범죄사회학적인 연구와 의미에 주목한 접근이 의거한 틀을 정리하기로 한다.[3]

• 사기의 고의성 · 의도성

우선, 범죄사회학적인 연구는 (가) 사기의 의도성에 관련된 것이다. '왜 사기를 행하려고 하는가?'라는 물음에 대응한 것이라고 할 수 있다. 즉, 범죄사회학은 사람들이 사기를 저지르는 사회적인 요인을 탐구해 온 것이다. 사기와 같은 범죄행위는 법적인 형벌과 같은 위험을 수반하기 때문에, 특별한 이유 없이 그 실행을 의도하고, 그리고 실행에 옮긴다고는 생각하기 어렵기 때문이다.

그렇다면, 그러한 연구는 어떠한 관점으로부터 이루어져 온 것일까? 일탈행동을 범하는 요인의 탐구는 범죄사회학이 과거부터의 과제의 하나이며, 그것에 대답하기 위한 다양한 이론이 전개되어 왔다. 즉, 일탈행동의 생성에 관한 이론들을 말한다. 그리고 그러한 연구에서는 개인에 의한 사기를 대상으로 할 것인가, 아니면 (합법적인 경제활동을 실시하는 것을 목적으로 하는) 기업에 의한 사기를 대상으로 할 것인가에 따라 의거하는 틀이 달라진다. 이하에서는 사례연구의 대상을 혼합하면서, 각각의 예를 소개하기로 한다.

우선, 전자를 대상으로 한 일탈생성이론의 하나로서 긴장이론을 들수 있다. 긴장이론이란 아노미이론에서 발단한 것으로, 그 요점은 일

• • •

3 이 책에서는 크게 다루지 않지만, 사기의 피해자를 분석하는 틀로서 고프만(Goffman)을 들 수 있다. 고프만은 실패에 대한 적응이라는 관점에서, 사기의 피해자를 필두로, 일이 뜻대로 되지 않았던 사람들이, 그로 인해 빠져든 혼란 상태로부터 자기를 회복해 가는 과정을 그리고자 했다. 이에 따라 해링턴은 금융시장에서 사기를 당한 사람들을 대상으로 인터뷰를 실시하였으며, 그 결과 금융시장에서는 사기가 빈번하기 때문에 크게 자신에게 상처를 주고 회복할 수 없게 되는 일은 없는 것으로 나타났다고 밝혔다. 또, 그 밖의 흥미로운 사기의 연구로 20세기 초 미국에서 발생한 사기 집단의 에스노그라피(Maurer)나, 사기꾼 개인의 생활사에 관한 조사(Conwell & Sutherland)를 들 수 있다.

탈자가 가지는 문화적 목표와 그것을 달성하는 제도적 수단과의 괴리가 일탈행동을 가져온다는 것이다. 쇼버(N. Shover et al.) 등은 그러한 관점으로부터, 텔레마케팅 사기(거짓 정보에 근거한 전화 권유 판매)범들과의 인터뷰를 실시하였고, 그들이 사기를 저지르는 요인을 설명하려고 시도하였다.

쇼버(Shover et al.) 등에 의하면, 텔레마케팅 사기에 관련된 사람들의 대부분이 경영자나 그에 준하는 지위를 가지는 부친 밑에서 자라, 10대 무렵부터 고수입을 얻는 것을 인생의 목표로 설정해 왔다고 한다. 하지만 그 목표를 합법적인 수단에 의해서 달성하는 것(예를 들면, 높은 학력을 취득하고, 급료가 좋은 기업에 취직하는 것)은 아무리 목표를 강하게 가지고 있다고 해도 모두가 달성할 수 있는 것은 아니다. 그래서 높은 수입을 얻고 싶지만 합법적으로는 그것이 이루어지지 않았기 때문에 높은 보수를 얻을 수 있는 사기에 손을 대는 것이라고 주장한다.

다음으로 기업에 의한 사기를 대상으로 한 이론적 틀로서 기업이 경제활동을 실시하고 있는 업계의 구조가 사기를 유발한다는 견해를 들 수 있다. 여기에서는 네트워크론의 지식을 원용함으로써 이루어진, 생명보험업계나 부동산 담보증권업계에서 사기가 만연한 것에 대한 분석을 소개한다.

틸만(R. Tillman)과 인더가드(M. Indergaard)에 의하면, 그때까지는 보험 가입 희망자와 보험회사와의 중개를 하고 있던 희망자의 고용주가, 보험업계 산업구조나 규제의 변화에 의해서 양자 사이에 들어가는 일이 없어졌고, 거기에 구조적 틈새가 생겼다고 한다. 그리고 그러한 틈새가 발생함으로써 보험회사는 생각하는 대로 정보를 조작하고 큰 이익을 얻는 것이 가능해져 사기라는 일탈행동이 촉진되었다고 지

악마의 가면

적한다. 또한 프리그스타인(N. Fligstein)과 로호커스(A. F. Roehrkasse)는 네트워크에 내장된 행위(그라노베터)라는 개념을 이용하여 부동산 담보증권업계에서의 사기 확산을 부문(section) 간의 연결이라는 관점에서 분석한다.

부동산 담보증권이라고 하는 상품이 유통되기까지는 크게 나누어 부동산을 담보로 돈을 빌려주는 것으로 대출을 만드는 부문(오리지네이터)과 그 대출을 묶어 하나의 증권으로서 발행하여 유통시키는 부문(발행체 · 인수회사)이라고 하는 2개의 부문이 관여하고 있다(논의가 번잡해지는 것을 피하기 위해서, 부동산 담보증권의 구조는 단순화하고 있다). 그리고 사기가 유행했던 2000년대 후반 당시, 양자는 서로 다른 기업이 담당하는 것이 아니라, 한 기업의 내부에서 양쪽 부문의 일이 동시에 이루어지고 있었으며, 또한 부동산 가격의 상승에 따라, 대출시장에서는 경쟁이 격화되고 있었다. 프리그스타인과 로호커스는 그와 같은 산업구조와 시장 상황이 다음과 같이 작용함으로써 기업이 사기를 행할 동기를 부여받았다고 설명한다.

우선, 2개 부문의 통합이 있었기 때문에, (대출이 없으면 기업의 이익을 올릴 수 없다) 발행과 유통 측으로부터 오리지네이터에 대한 압력이 증대해서 오리지네이터는 부정을 해서라도 대출을 실행하게 된다. 그러나 부정에 의해 만들어진 대출은 질 나쁜 대출인 부실대출, 즉 부도가 날 위험이 높은 대출이다. 그 때문에 발행체 · 인수회사는 이익을 올리기 위해서 상품의 질을 속이지 않으면 안 된다. 이러한 부정적인 연쇄 속에서 기업 내부에서 부정을 저지르는 것이 저항을 일으키는 것이 아니라, 일상적인 업무가 되어 간다는 것이다.

이상과 같이 범죄사회학적인 사기 연구는 (가) 사기의 의도성에 초점을 맞추어 사기를 행하도록 동기를 부여하는 사회적인 요인을 밝혀 왔다고 할 수 있다.

• 거짓말에 의한 유도

위에서 언급한 것처럼 범죄사회학에서의 사기 연구는 상대방을 속이면서까지 돈을 손에 넣으려는 동기가 형성되는 요인에 대해 논의해 왔다. 한편, (나) 거짓말에 의한 유도, (다) 착오, (라) 착오하에서의 금전 수수라는 3가지 요건에 대해서는 사기꾼이나 피해자에 의한 사회나 타인에 대한 의미 부여에 주목한 입장에서 연구가 이루어져 왔다고 할 수 있다.

우선, (나)에 관해서는 '피해자가 금전을 지불하기 위한 거짓말은 어떠한 특징을 가지는가?'라는 질문을 제기할 수 있을 것이다. 왜냐하면, 단지 아무렇게나 거짓말을 해서는 안 되며 사기꾼에게 유리하게 작용하도록 하면 피해자의 행동에 영향을 줄 수 없기 때문에, 그 거짓말에는 어떠한 특징이 있다고 생각하고 또 그래야만 사기는 성공할 수 있기 때문이다. 그러한 물음에 대한 응답으로는 버거(P. L. Berger)의 논의를 들 수 있다.

버거(Berger)는 고프만(Erving Goffman)의 '제2차적 조정'이라는 개념을 원용하면서, 사기꾼은 기존의 제도나 규칙을 악용하고 있다고 지적한다. 제2차적 조정이란 고프만이 전제적 시설에서 사람들의 생활을 논할 때 사용한 개념으로, 본래라면 사람들을 속박해야 하는 수용되어 있는 시설의 규칙을 역이용하여 자신의 이익으로 이어지는 행동을 일으키는 것이다. 버거는 이 개념을 보다 넓게 사회적 세계에 적용함으로써, 사기꾼은 사람들의 사회적 세계 안에 있는 제도나 규칙을 악용하여 거짓말을 함으로써 피해자를 조종하고 있다고 지적한다.

실제로 일어난 사기사건을 이러한 입장에서 분석한 연구도 있다. 연구자는 학력 위조 사기를, 학력제도나 그것에 대한 사람들의 의미 부여를 이용한 것으로서 분석을 실시한다. 거기에서는 예를 들면, 서울대생을 가장한 학력 사칭 사기에서는 '서울대생'에 대해서 사람들이 품는 경의나 신용이 악용되고 있고, 가짜 학위가 매매된 사건에 대해서는 지위나 돈을 얻기 위한 수단으로서 학력이 의미를 갖고 있는 것에 의해서 사기가 성공했다고 설명하고 있다.

· **착오**

다음으로 (다) 착오라고 하는 요건에서는, '피해자가 사기꾼의 말을 받아들이는 충분한 이유는 무엇인가?'라는 물음을 끌어낼 수 있다. 해링턴(B. Harrington)에 의한 사기와 신뢰와의 관계에 대한 논의는 이 물음에 답하려고 한 것이다.

해링턴(Harrington)은 사기의 사회학은 신뢰에 대한 사회학적인 고찰과 불가분한 것이라고 하며, 금융사기와 신뢰와의 결합을 논의한다.[4] 왜냐하면, 원래의 금융사회의 성립이 짐멜(Georg Simmel)의 말처럼 신뢰에 의해 뒷받침되고 있기 때문이다. 짐멜에 의하면, 화폐경제에서의 사람들의 생활은 신뢰에 의해서 지탱되고 있고, 그것에는 2가지 수준이 존재한다.

• • •

4 정확하게는 '사기의 사회학은 신뢰(trust)와 신용(confidence)의 사회학과 불가분하다.'라고 서술되어 있다. 그러나 그 이후의 논의에 대해서는 신뢰와 신용은 호환적으로 이용되고 있기 때문에 여기에서는 '신뢰'라는 용어로 통일한다.

첫째, 화폐제도의 성립 자체를 기초로 하는 신뢰이다. 화폐가 가치 있는 것으로서 사용될 수 있다는 것에 명확한 보증이 있다고는 할 수 없다. 그러므로 화폐에 대한 신뢰가 없으면 화폐경제는 성립할 수 없다. 그리고 그러한 신뢰는 그 대상에 주목함으로써, 다시 둘로 나눌 수 있다. 즉, 정부와 같은 기관이 충분히 가치가 있는 것을 발행하고 있다는 것에 대한 신뢰와 자신이 생활하고 있는 사회에서 손에 들고 있는 화폐가 장래에 다른 상품과 교환할 수 있는 것에 대한 신뢰이다.

둘째, 짐멜은 사람들의 상호행위도 신뢰에 의해서 성립하고 있다고 설명한다. 짐멜에 의하면, 사람들은 상대에 대해서 완전히 알지도 못하면서 다른 사람과 관계를 맺는다. 그것은 상호행위가 신뢰에 의해서 지탱되고 있음을 의미한다. 왜냐하면, 그러한 상대와 관계를 맺기 위해서는 신뢰, 즉 실제 행동의 기초가 될 정도로 충분히 확실한 장래의 행동의 가설로서 인간에 대한 지식과 무지 사이의 중간 상태 속에서 관계를 맺는 것이 요구되기 때문이다.

이상과 같은 짐멜의 주장은 고도로 발달된 금융상품이 난무하는 현대사회에서도 타당할 것이다. 즉, 현대의 금융 시스템은 금융기관이나 금융상품의 교환 가능성, 그리고 거래 상대방인 타인을 신뢰함으로써 성립하고 있는 것이다. 그리고 해링턴에 의하면, 신뢰에 힘입어 일상적인 거래가 이루어지고 있기 때문에 피해자는 사기꾼의 말을 진실이라고 받아들이는 것이다. 또, 사기꾼에 의한 신뢰 악용의 방법으로서 예를 들면, 정치가와 같은 지위가 높은 인물로 둔갑한다. 또는 신뢰할 수 있는 인물로서 행동하는 것,[5] 피해자와 긴밀한 관계를 맺음으로써 사기꾼에 대한 신뢰를 키우는 것, 그리고 이미 신뢰를 얻고 있는 대기업 등이 그것을 악용하는 것 등을 거론하고 있다.

· 착오하에서의 금전 수수

마지막으로, (라) 착오하에서의 금전의 수수라고 하는 사기의 요건에 관한 사회학에서의 연구에 대해서 알아보자.

사기가 성립하기 위해서는 위에서 언급한 바와 같이 피해자가 사기꾼을 신뢰하는 것만으로는 불충분하다. 왜냐하면, 피해자가 사기꾼의 말을 믿고, 실제로 금전을 건네고, 그것을 사기꾼이 받아 내는 교환이 필요하기 때문이다. 예를 들어, 피해자가 "반드시 돈을 벌 수 있는 사업이 있으니 투자하지 않겠는가?"라는 사기꾼의 말을 믿었다고 해도, 실제로 돈이 수수가 이루어지지 않으면 사기가 되지 않는 것이나. 이것은 착오에 빠진 피해자와 사기꾼 사이에, 적어도 금전의 수수를 둘러싼 상호행위가 이루어지는 것을 의미한다.

그리고 사기꾼에게 속고 나서 금전을 지불하기까지의 신뢰 교환은 중요한 것이다. 예를 들면, 20세기 초 미국의 사기꾼들 사이에서는 금전을 손에 넣을 때까지 피해자를 계속 속이는 기술은 '오리(속어: 봉)를 달래는 것'이라고 불렸으며, 그 어려움 때문에 높은 가치가 있었다고 한다. 그래서 여기에서는 사기꾼과 피해자의 상호행위에 주목하여 금전이 지급되기에 이르는 과정을 그릴 수 있다.

즉, '착오가 성립한 후의 사기꾼과 피해자의 신뢰 교환은 어떠한 것인가?'라는 물음에 대한 응답이 될 수 있는 틀로서 고프만의 프레임

• • •

5 해링턴도 예로 들고 있듯이, 그러한 점에 초점을 맞춘 분석의 틀로는 고프만의 '인상조작'이 있다. 고프만은 사람들의 일상적인 상호행위를, 상대에게 자신에 관한 정보를 (비)의도적으로 발신하고, 그와 동시에 상대로부터 나온 정보를 읽어 내는 '정보게임'으로서 파악했다. 그리고 상대에게 생각되고 싶은 자신을 연출하기 위해서 사실과는 다른 정보를 의도적으로 전하는 경우가 있다고 하고 그것을 '인상조작'이라고 불렀다.

(틀) 분석을 소개하고, '오리를 달래는 것'이라고 하는 행위에 대해 그 관점에서 기술하기로 한다.[6] 그런데 고프만은 프레임(틀)이라고 하는 개념을 이용해, 쌍방의 현실 인식의 양상에 주목해 상호행위를 파악하고 있다.

프레임(틀)이란 행위자의 현실 인식과 그 아래에서의 상호행위의 본질적인 자세를 규정하는 것이며, 사기에서는 피해자의 프레임이 사기꾼에 의해 바뀔 수 있다('프레임의 위조')고 한다.[7] 여기서 중요한 것은 그로 인해, 사기꾼과 피해자 사이에 현실 인식의 비대칭성이 생기는 것이다. 즉, 피해자가 위조된 프레임을 통해 현실을 인식하고 있는 한편, 사기꾼은 그것을 알고 있고, '이것은 사기'라고 하는 현실을 인식하고 있는 것이다.[8]

또 고프만에 의하면, 위조된 프레임은 취약하기 때문에 사기꾼은 자신이 위조한 프레임 아래에서 피해자를 계속 괴롭히기 위해서, 거짓말에 거짓말을 거듭해 나갈 필요가 있다('위조의 위조'). 즉, 거짓말을 한 상황에서 이루어지는 상호행위는 속은 측이 스스로의 현실 인식에 대해 의심을 품음으로써 불안정한 것이 되어 버리기 때문에, 그 우려가 있을 때는 차례차례로 프레임을 계속 위조해 나가야 하는 것이다.

• • •

6 사기꾼과 피해자 사이의 상호행위의 본질적인 자세를 '영도(零度)의 사회성'이라는 독특한 개념을 이용해 논하고 있다. 그러나 이는 '영도의 사회성'에서의 피해자로부터 사기꾼에게로의 금전의 인도를 증여라고 간주하고, 그 논의를 일반화함으로써, 증여에 의한 질서의 형성을 논하는 것에 주안점을 두고 있다.
7 고프만에 의하면, 위조는 프라이머리 프레임워크, 즉 행위자가 일상생활에서 이용하고 있는 프레임을 이용하는 것으로 이루어져 있다. 따라서 프레임 분석은 제2의 물음에 대응하는 프레임으로서도 취급할 수 있다. 그렇다고 해도, 고프만은 프라이머리 프레임워크에 대해 충분한 논의를 실시하고 있지 않기 때문에, 제2의 물음에 대답하는 이론으로서는 불충분하다고 할 수 있다.
8 다른 연구자들도 같은 지적을 하고 있다.

이하에서는 상술한 시각에서 고프만 자신도 예로 드는 것을 살펴보기로 한다.

빅콘(BigCon)이라고 불리는 사기 분석수법을 알아보기로 하자. 빅콘이란, 20세기 초의 미국에서 유행하였던 왜 사기는 성공하는지를 분석한 기법으로, '경마의 타짜로 돈을 벌고 싶지만 자금이 부족하다.', '몫은 제대로 지불할 테니 협조를 좀 해 달라.' 등의 가짜 이야기를 대량으로 준비한다. 이어 가짜 마권 가게로 안내해 피해자로부터 돈을 가로챈다는 대대적인 수법의 총칭이다.[9]

여기에서는 피헤지기 사기꾼에 의해 위조된 프레임에 의해, '지금 자신들은 경마의 타짜를 하고 있다.'라고 현실을 인식하고 있는 한편, 사기꾼은 '지금 자신들은 사기를 치고 있다. 그리고 그 사실을 피해자는 모른다.'는 식의 인식을 하고 있다. 즉, 양자의 현실 인식은 비대칭적인 것이다.

또, 사기꾼에 의해서 위조된 프레임은 취약한 것으로 설정되어 있기 때문에, 프레임의 위조를 반복할 필요가 있다. 그것이 '오리를 달래는 것'이라고 불리는 행위 속에서 수행되고 있다. 즉, 사기꾼이 속이고 있다는 것을 깨닫지 못하고 상대방이 돈을 지불하게 하기 위해서, '피해자가 돈을 벌 수 없는 것은 그가 경주마의 이름을 잘못 들었기 때문'이라든가, '마권가게에서 흘러나오고 있는 (가짜의) 발표(아나운스)가 기수의 말고삐를 잘못 보고 있었다.'라고 한 것처럼, 프레임의 위조를

• • •

9 빅콘에 대해서는 몰러(Maurer)가 잘 설명하고 있는데, 몰러에 의하면, 빅콘의 '빅'은 피해자에게 전 재산에 이르는 거금을 준비시키는 것에서 유래하고, 그에 반해 피해자가 그때 가지고 있는 금액만을 노리는 수법은 쇼트콘이라고 불리고 있다.

반복해 가지 않으면 안 되는 것이다.

그런데 사기에 관한 선행연구가 의거해 온 틀은 위에서 말한 것처럼 4가지로 정리할 수 있다. 즉, 사기꾼이 사기를 치도록 동기가 부여되는 요인에 초점을 맞춘 범죄사회학의 이론들, 제도나 규칙과 사람들과의 관계에 착안해서 거짓말에 의한 유도를 논하는 것, 사기꾼의 말을 진실로서 받아들이는 이유를 논하는 신뢰이론, 그리고 사기꾼과 피해자에 의한 상호행위의 장면을 그리는 고프만의 프레임 분석이다.

다음 항에서는 게임 이론의 일종인 하이퍼 게임에 의해서 사기의 상황을 모델화해서, 어떤 수법에 의해서 금전을 편취하는 데 성공하는 조건을 찾아보기로 한다. 그리고 게임 이론적인 분석이 사기의 정의나 선행연구와의 정합성을 유지하면서도, 지금까지 명확하게 논의되지 않았던 사기 연구에서의 논점을 이끌어 내는 것을 검토하기로 한다.

III. 하이퍼 게임을 통한 사기 분석

1. 빅콘(BigCon)의 분석

여기에서는 하이퍼 게임에 의해 사기가 행해지고 있는 상황을 모델화하기로 한다. 그러나 하이퍼 게임은 다소 특수한 틀이기 때문에 우선 표준적인 게임 이론에 대해 개관하고, 그것을 근거로 해서 하이퍼 게임의 특징을 소개하기로 한다.

게임 이론이란, 합리적인 행위자끼리 상대의 태도를 생각하면서 자신의 손익을 선택하는 상황을 게임에 가상해서 나타내고, 그 균형, 즉 실현되는 결과가 어떤 것이 될 것인지를 묻는 모델이다.[10] 이때 게임의 구성요소는 참가자의 인원수, 각 참가자에게 주어져 있는 행위의 선택사항, 그리고 각 참가자가 안고 있거나 있을 수 있는 결과에 대한 선호이다.

그리고 표준적인 게임 이론에서는 이러한 정보가 참가자 사이에 '공유지식'이 되는 것, 즉 '각인의 정보를 모든 사람이 알고 있고, 그것을 모든 사람이…'라는 상태가 가정되고 있다. 이 가정에 의해 모델 속의 행위자들은 서로의 선택을 읽으며 최적의 행위를 선택하는 것이 가능해지며, 연구자도 그 게임에서 생길 수 있는 결과를 엄밀히 예측할 수 있게 되는 것이다.

상술한 바와 같은 게임 상황은 일반적으로 동시 시작부터 끝까지인 경우에는 이득표 그리고 순서가 있는 경우에는 게임 트리에 의해 표현된다. 예를 들어, 가장 유명한 게임이론 모델인 죄수의 딜레마는 이득표나 게임트리를 이용해 [그림 1]과 같이 나타낼 수 있다. 여기서 매스 내 혹은 괄호 안의 값은 좌측이 A의 이득, 우측이 B의 이득을 나타내고 있으며, 양자는 모두 '협력한다'와 '배신한다'는 행위 선택지를 가지고 있다고 하자. 그리고 거기에서는 서로에게 '협력한다'를 선택하면, 서로에게 있어서 바람직한(파레토 최적인) 결과가 생기는데도 불구하

• • •

10 그런 의미에서, 이 책에서 전개하는 게임 이론적인 사기의 연구는 합리적 선택이론에 근거한 일탈행동의 연구라고 할 수 있다. 또, 합리적이라는 말은 종종 이기적이라는 의미로만 이해된다. 그러나 그것은 행위자 자신이 생각하는 최적의 결과를 선택하는 것을 가리키는 보다 넓은 개념이다.

고, 쌍방이 '자신이 협력을 하면 상대는 배신할 것'이라고 생각하기 때문에 양자가 '배신한다'라는 결과가 균형이 된다.

[그림 1] 게임 이론에서의 이득표와 게임 트리의 예(그물망이 균형을 이룸)

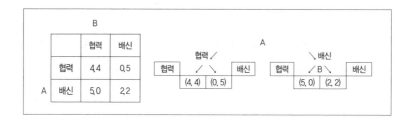

이와 같이, 표준적인 게임 이론이 공유지식의 가정을 둠으로써 분석을 가능하게 하고 있는 한편, 하이퍼 게임은 각 참가자가 다른 방법으로 상황을 인식하고 있는 상태에서 이루어지는 상호행위를 다룰 수 있는 모델이 된다. 그리고 그것을 이용하면, 기습작전과 같이 일방이 타방에 대해 은폐를 하고 있는 상황을 모델화해 분석할 수도 있다. 그러한 특징을 가진 하이퍼 게임을 이용하면 사기를 게임 이론적으로 분석하는 것이 가능할 것으로 생각한다.[11] 즉, 사기의 장면을 하이퍼 게임에 의해 모델화함으로써, 사기가 성공하기 위한 여러 조건을 도출할 수 있다는 것이다.[12] 그리고 예를 들면, 앞에서 말한 빅콘은 [그림 2]와 같이 모델화할 수 있을 것이다.

• • •

11 하이퍼 게임에 의한 사기의 분석을 주제로 한 선행연구는 찾아볼 수 없다. 여기에는 하이퍼 게임이 주로 경제학이나 경영학 혹은 정치학과 같은 영역에서 이용되는 도구이기 때문에, 그러한 영역에서 대상으로 되는 현상 이외에 대해서 모델의 적용을 시도하는 일이 적다는 배경이 있는 것처럼 보인다.

[그림 2] 빅콘의 하이퍼 게임 모델에서 왜 사기는 성공하는가?

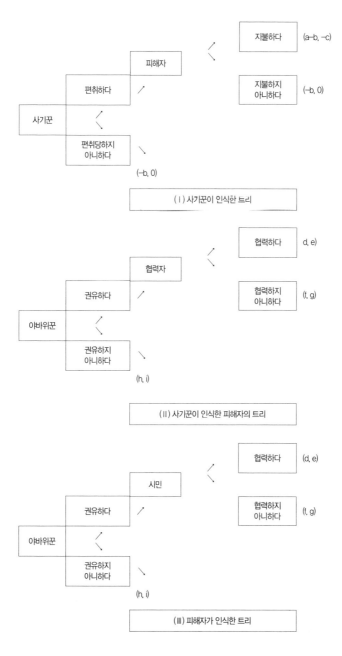

여기서 트리(Ⅰ)은 사기꾼이 인식하고 있는 트리로, 여기에서는 사기꾼이 속일 것인가 아닌가, 그리고 피해자는 사기꾼의 이야기에 따라 돈을 지불할 것인가 아닌가의 선택에 달려 있다.

또한 트리(Ⅱ)는 사기꾼이 인식하고 있는 피해자의 트리, 트리(Ⅲ)는 피해자가 인식하고 있는 트리이다. 여기서는 단순화를 위해 트리(Ⅱ)와 트리(Ⅲ)은 유사한 트리라고 했다. 즉, 피해자는 사기꾼의 의도대로 현실을 인식하고 있다.[13] 그리고 여기에서는 타짜가 이야기를 꺼낼지 말지를 선택하고, 꺼낼 것이 선택되었을 경우에는 게임 참가자는 그 이야기에 응할지 말지를 선택하게 되는 것이다. 단, 트리(Ⅰ)에서 사기꾼의 '속이다/속이지 않는다', 피해자의 '지불한다/지불하지 않는다'라는 선택지는 트리(Ⅱ), (Ⅲ)에서 '갖는다/갖지 않는다' 및 '협력한다/협력하지 않는다'라는 선택지와 각각 같은 행동을 나타낸다고 하자, 또, 각 트리의 ( )내의 a~i는, 왼쪽이 사기꾼, 오른쪽이 피해자의 이득, 즉 생길 수 있는 결과에 대한 각 사람의 평가를 나타낸다. 특별히 거절이

• • •

12 빅콘에서 속고 있는 피해자는 지불업소의 종업원에 대해서 사기꾼이라고 속이고 있다. 하지만, 여기에서는 단순화를 위해 참가자는 사기꾼과 피해자의 2명으로 한정하고, 사기꾼이 피해자를 속이고 있는 것에만 초점을 맞춘다. 또, 후술하는 보이스 피싱 사기에 대해서도, 피해자가 속은 척함으로써 범인을 끌어내는 수사 방법을 취해 그것을 사기꾼이 역수로 취하는 등 복잡한 교환이 이루어지는 것도 가능하지만, 이 책에서는 다루지 않는다.

13 이 가정은 너무 강하다고 생각될지도 모른다. 그러나 종종 '속고 있다고는 생각하지도 못했다'라는 사기 피해자의 말을 듣는 것처럼, 그것이 현실에 준거하고 있지 않다고는 단언할 수 없다고 생각한다. 또, 피해자가 망설임 없이, 돈을 주는 것밖에 생각하지 않는 경우도 있을 것이다. 그러한 경우는 사기꾼의 이야기에 응하지 않는 경우의 이득은 $-\infty$ 즉, 있을 수 없는 선택지로 함으로써 근사할 수 있다. 그렇다고 해도 피해자가 상대방의 말에 대해 반신반의하는 상태에 있다는 것도 충분히 생각할 수 있으며, 그 경우에는 (Ⅲ)(혹은 (Ⅱ))는 베이지안 게임이라는 모델로 나타낼 수 있다. 베이지안 게임은 상대의 타입이 불확실한 경우(여기서는 피해자가 상대를 타짜인지 사기꾼인지를 명확히 인식하지 못하고 있다)를 표현하는 틀이다. 다만, 그 경우의 균형의 분석은 기술적으로 곤란하기 때문에 여기에서는 다루지 않는다.

없는 한, 각 변수는 양음의 어느 값도 취한다. 또, 그것을 결정하는 요인(효용함수의 변수)에는 금전 이외에 심리적인 만족감이나 불쾌감 등도 포함된다.

우선, 트리(Ⅰ)에서, a는 사기가 성공했을 때에 얻을 수 있는 사기꾼의 이득, b는 사기꾼이 사기를 실행할 때에 드는 비용을 나타내고, −c는 사기가 성공했을 때의 피해자의 손실을 나타낸다(a, b, c>0로 한다). 그리고 사기꾼이 속이지 않았을 경우에는 현상 유지가 되기 때문에 쌍방의 이득을 0으로 했다.

다음으로, 드리(Ⅱ), (Ⅲ)에서의 d~i는 사기꾼이 제시한 상황(여기서는 경마의 타짜)하에서의 이득이다. 여기서 d, e는 타짜(사기꾼)와 참가자(피해자)가 협력해 타짜를 실행했을 경우에 얻을 수 있는 각각의 이득이고, f, g는 타짜가 이야기를 꺼내기는 했지만, 참가자에게 거절당했을 경우 쌍방의 이득을 나타낸다. 단, 여기에서는 사기꾼이 계획을 들고 나왔을 경우에 참가자가 협력해 준 쪽이 얻을 수 있는 이익이 크다고 생각되기 때문에 d>f를 가정한다. 또, h, i는 타짜가 이야기를 꺼내지 않았을 경우 쌍방의 이득이다. 그럼, 이하에서는 이 모델에서 사기의 성공이 균형이 되는 조건을 도출해 가는데, 그 분석에 들어가기 전에, 하이퍼 게임이 균형의 결정에 대해 안고 있는 난점과 그 해결책에 대해 언급해 둘 필요가 있다.

표준적인 게임 이론에서는 서로 상대방의 태도를 물어보면서, 그에 맞추어 생길 결과가 최선의 것이 되도록 스스로의 선택을 실시한다고 생각하고 있다. 그러기 위해서는 각 행위자가 상대방의 선택사항이나 이득에 대한 정보를 보유하고 있을 필요가 있다. 그리고 그 조건은 공유한 지식이나 정보의 성립이 가정되는 것에 의해서 보증되고 있다.

그러나 상술한 바와 같이, 하이퍼 게임에서는 쌍방이 서로 다른 게임 트리로서 상황을 인식하고 있다.

이는 공유지식(정보)의 가정과는 정반대로 각 행위자가 상대방에 대한 정확한 정보를 알 수 없다는 것을 의미한다. 즉, 하이퍼 게임에서는 표준적인 게임 이론처럼 균형을 구할 수 없는 것이다. 그래서 하이퍼 게임의 특성을 살리면서도 균형분석을 가능하게 하기 위해서 다음 두 가지 가정을 도입한다. 즉, 각 행위자가 주관적 공유지식(inside common knowledge)을 가지고, 주관적 합리화 가능성(subjective rationalizability)이라는 방법으로 균형을 선택하는 것이다.

먼저, 주관적 공유지식이란 '각 사람은 각자의 인식 내에 존재하는 어떤 이득표나 게임 트리가 상대방에 의해 공유지식으로 간주되고 있다고 가정하고 있다.' 즉, '그것과 같은 이득표나 게임 트리를 상대도 현실로서 인식하고 있는 것이다.' 한편, '상대가 그것을 각자에게 공유된 인식이라고 보고 있다'라는 것이 각 행위자에 의해서 가정되고 있다. 이 가정을 사용하면 [그림 2]에서 피해자는 트리(Ⅲ)에 대해 주관적 공유지식을 부여하고 자신뿐만 아니라 상대방도 같은 인식을 하고 있다고 가정할 수 있다.

한편, 사기꾼은 트리(Ⅱ)에 대해 주관적 공유지식을 부여하고, 그가 '상대방이 그것을 공유한 현실이라고 인식하고 있다'고 가정하고 있다.

다음으로, 주관적 합리화 가능성이란, 각 사람의 선택의 기준을 나타내는 가정이다. 이것에 의하면, 각 행위자는 자신이 주관적 공유지식을 부여하고 있는 이득표나 게임 트리 안에서 상대방의 행위를 예측하고, 그에 따라서 자신의 행위를 선택하는 것이다.

[그림 2]와 같은 상황에서는 피해자는 트리(Ⅲ) 중에서 상대방의 행

위를 예측하고, 자신의 행위를 선택하는 한편, 사기꾼은 트리(Ⅱ)에서 상대방의 행위를 예측하고, 그곳에서의 상대방의 행위에 대해 최적이 되도록 트리(Ⅰ)에서 자신의 행위를 선택한다고 생각할 수 있다. 그리고 이상과 같은 가정을 둠으로써, 빅콘이 성공하는 조건으로서 a−b〉0, e〉g, d〉h…[1]이라는 3개의 부등식이 동시에 충족되는 것을 도출할 수 있다. 이하에서는 이러한 조건이 도출되는 과정을 살펴보기로 하자.

우선 사기가 성공하기 위해서는 트리(Ⅱ), (Ⅲ)에서 이야기를 꺼낸 피해자가 타짜에게 협력하여 자금을 제공할 필요가 있다(e〉g). 그리고 그 조건이 충족되고 트리(Ⅰ)에서 사기가 성공했을 때의 이득이 현상 유지 상태를 상회할 때(a−b〉0), 사기꾼은 '속이기'를 선택한다고 할 수 있다. 그러나 다음과 같은 사정 때문에 그러한 조건만으로는 사기가 성공할 수 없다고 생각한다. 만일, 트리(Ⅱ), (Ⅲ)에서 이야기를 꺼내어 참가자에게 협력을 얻었을 때의 타짜의 이득이, 이야기를 꺼내지 않은 경우의 이득보다 낮은 것이었을 경우 사기행위에 '들어간다'라고 하는 타짜의 선택은 비합리적인 것이 된다. 그렇기 때문에 피해자는 그러한 이야기를 진실로 받아들이지 않는다. 즉, 트리(Ⅲ)과 같이 현실을 인식하지 않는다고 생각한다.

따라서 피해자의 인식이 트리(Ⅲ)과 같이 되기 위한 조건으로서 d〉h가 도출된다. 이 부등식은 빅콘에서는 단지 '잘하는 돈벌이 이야기가 있다'라고 돈을 요구하는 것이 아니라, '자금이 부족하기 때문에 협력해 달라'라고 하는 거짓말을 하는 것과 대응하고 있다. 즉, 상대의 협력을 얻을 수 없는 경우에는 스스로가 이익을 얻을 수 없다는 것이 전해지도록 이야기가 설계되어 있는 것이다. 반대로, 이 조건이 충족되지 않는 경우에는 '그런 좋은 이야기가 있다면, 왜 당신 혼자서 돈을 벌려고 하지 않는 것인가?'라는 사기 거절의 상투적 문구에 의해서, 사기꾼의 계획을 물리칠 수 있는 것이다.

2. 보이스 피싱 사기 분석

상술한 모델은 20세기 초 미국에서 유행한 수법을 기초로 한 것이었지만, 최근 한국에서 유행하고 있는 보이스 피싱 사기도 하이퍼 게임을 이용해 모델화할 수 있다.[14] 즉, 사기꾼이 아들(이나 손자)로 가장하여 사고를 당했다. 회사의 실수를 메워야 한다는 등의 이유로 원조라는 명목으로 금전을 지불하게 하는 모습을 [그림 3]과 같이 게임트리를 이용해서 그릴 수 있는 것이다.

[그림 3]에서는 [그림 2]의 경우와 마찬가지로 트리(Ⅰ)은 사기꾼이 인식하고 있는 게임 트리, 트리(Ⅱ)는 사기꾼이 인식하고 있는 피해자의 게임 트리, 트리(Ⅲ)은 피해자가 인식하고 있는 게임 트리이며, 트리(Ⅱ)와 (Ⅲ)은 같은 것이다. 또, ( )안의 j∼r은 각 게임 트리에서의 사기꾼과 피해자의 이득을 나타낸다.

여기서 트리(Ⅰ)에서 j는 사기가 성공했을 때 실제로 피해자가 사기꾼에게 지불한 금액, k는 사기꾼이 사기를 실행할 때 드는 비용, −l

• • •

14 보이스 피싱은 사기의 일종으로서 알려져 있다. 보이스 피싱은 피해자에게 은행에서 인출한 현금을 수거책에게 전달하거나, ATM기에서 돈을 입금시키는 수법의 총칭이며, 보이스 피싱 사기에서도 그러한 방법이 사용되어 오고 있다. 그러나 입금시키지 않고, 우송이나 직접 전달에 의해서 금전의 수수가 이루어지는 경우도 있기 때문에, 여기에서는 거짓말의 내용에 주목해 보이스 피싱 사기라는 명칭을 이용한다.

[그림 3] 보이스 피싱 사기의 하이퍼 게임 모델

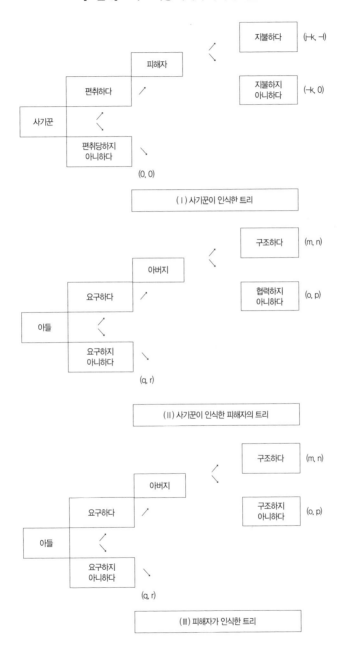

(Ⅰ) 사기꾼이 인식한 트리

(Ⅱ) 사기꾼이 인식한 피해자의 트리

(Ⅲ) 피해자가 인식한 트리

은 피해자가 사기꾼에게 돈을 건네주었을 때의 손실을 나타낸다(j, k, l>0). 그리고 트리(Ⅱ), (Ⅲ)에서 도움을 요청했을 경우 아들(혹은 손자)의 이득은 도움을 받았을 때가 m, 도움을 받지 못했을 때가 o로 나타나 있는 한편, 부모의 이득은 도움을 준 경우에 n, 도움을 주지 못했을 경우에는 p로 하였다.

아들이 도움을 요청하지 않았을 경우의 쌍방의 이득은 q, r로 표현하고 있다. 그리고 빅콘의 경우와 마찬가지로, 보이스 피싱 사기가 성공하는 조건을 구하면, j-k>0, n>p, m>q…[2]라는 3가지 부등식이 동시에 충족되는 것을 도출할 수 있다. 즉, 사기꾼에게 있어서는 사기를 행하는 것이 그렇지 않은 것보다 이득이 높은 것이고, 아들에게 돈을 원조하는 것이 하지 않는 것보다 부모에게 있어서 좋은 것이며 그리고 아이가 부모에게 원조를 구하는 것을 선호한다는 3가지 조건이 충족되었을 때, 보이스 피싱 사기는 성공한다고 할 수 있다.

지금까지의 논의에서는 하이퍼 게임을 이용해 두 가지 사기수법을 모델화하고, 각각에 대해 사기가 성공하는 조건을 도출해 왔는데, 그들의 공통점은 다음과 같이 나타낼 수 있을 것이다. 즉, 사기꾼이 사기를 행하는 것을 선호하는 것, 사기꾼에 의해 만들어진 사기 계획의 설정 안에서 피해자가 돈을 건네는 것을 선호하는 것, 그리고 사기꾼이 한 거짓말에 대해서 사기꾼이 피해자에게 이야기를 하도록 동기가 부여되어 있다는 3가지 점이다.

다음 항에서는 여기서 얻은 결과를 바탕으로 하이퍼 게임에 의한 사기의 분석이 가지는 함의에 대한 고찰을 실시한다. 거기에서는 게임 이론적인 분석과 선행연구와의 관계 그리고 그것이 가져오는 사기 연구에서의 새로운 논점이 초점이다.

악마의 가면

IV. 고찰 및 결론

1. 하이퍼 게임과 이론들의 관계

먼저, 하이퍼 게임에 의한 분석과, 제2항에서 말한 사기의 정의에서의 4가지 요건, 즉 사기의 의도성, 거짓말에 의한 유도, 착오, 착오 하에서의 금전의 수수와의 관계를 살펴봄으로써 양자의 정합성을 확인하기로 한다.

우선, 하이퍼 게임에 의한 분석은 사기의 의도성을 모델 내에 포함하고 있다고 할 수 있다. [그림 2, 3]에서 사기꾼이 트리(Ⅰ)과 같은 상황을 인식하기 위해서는 사기를 행하려는 의도를 가지고 있는 것이 필요하다고 생각된다. 그리고 그가 사기를 치지 않는 것보다 사기를 치는 것을 선호한다는 조건이 충족되었을 때, 속일 의도로 사기가 실행에 옮겨진다고 볼 수 있을 것이다. 즉, 게임 이론적인 분석에서, 고의로 속이는 것이 사기의 성공 조건으로 도출되고 있는 것이다.

또, 앞항에서 도출한 사기의 성공 조건은 제2의 요건, 즉 거짓말에 의한 유도에 대한 언급으로 볼 수 있다. 사기의 성공이 균형이 되는 조건 중에는 사기꾼에 의해 만들어진 상황 속에서, 피해자가 사기꾼에 대해 돈을 지불하는 것이 합리적이라고 인정되어 있다는 것이다. 즉, 하이퍼 게임에 의한 분석은 피해자를 유도할 수 있는 거짓말의 특징을 성공 조건이라는 방법으로 나타내고 있다. 그리고 제3, 제4의 측면에 대해서도 그에 대응하는 하이퍼 게임의 성질이나 성공 조건을 들 수 있다.

우선, 피해자에 의한 착오가 생기는 것은 사기꾼이 이야기를 거는 것이 합리적으로 되어 있다면, 그 이야기에 의해서 인식한 트리에 대해서, 피해자가 주관적으로 공유한 지식을 부여하기 때문이라고 할 수 있다. 그리고 그 트리에서 피해자가 사기꾼에 대해 돈을 지불하는 것을 선호한다는 성공 조건은 그것이 충족될 때에는 모델 내에서 착오에 근거한 금전의 수수가 이루어지는 것을 의미한다.

이상과 같이, 하이퍼 게임에 의한 분석은 사기의 정의에 적합한 것이며, 또한 그것이 충족되는 조건을 도출한 것이라고 할 수 있다. 그렇다면, 앞에서 기술한 사기를 둘러싼 4개의 질문 및 그것들에 대응해 온 선행연구와 하이퍼 게임에 의한 분석의 관계는 어떤 것일까?

먼저, '왜 사기를 치려고 하는가?'라는 물음과의 관계를 살펴보자. 하이퍼 게임을 통한 분석은 그 물음에 대해 사기꾼이 사기를 좋아한다는 답변을 줄 것이다. 그러나 그러한 응답은 항상 참이 되는 토톨로지(항진명제)가 된다. 따라서 그것이 유효한 분석이 되기 위해서는 그러한 선호가 형성되는 과정에 파고들 필요가 있다. 즉, 사기라고 하는 죄를 범하는 것을 선호하게 되는 요인에 대해 논하지 않으면 안 되는 것이다.

극히 단순화해서 말하면, 사기를 행할지 말지의 결정에 관련되는 이득의 형성은 사기가 성공하는 것에 의해서 얻어지는 물질적·심리적 만족감과 위법행위를 행하는 것에 따르는 심리적인 저항감이나 체포되는 것에 대한 두려움이라고 하는 정부(正否) 양면의 요인을 동시에 고려하여 이루어진다고 할 수 있다(그림 2, 3에서의 a, b나 j, k가 그러한 상황을 나타낸다). 그리고 범죄사회학에서의 연구들은 어떠한 사회적인 조건이 있을 때에 양의 효과가 증대하는가 혹은 음의 효과가 감소하는가 하는 것을 물어 왔다고 할 수 있다.

예를 들어, 앞서 말한 긴장이론에 따르면, 어떤 사람이 자란 환경에 의해서, 고수입을 얻음으로써 부유한 상태에 있는 것에 의한 만족감이 현상의 만족감보다 크게 견적되기 위해서 법에 반하더라도 그것을 얻으려 한다는 것은 왜 사기가 성공하는지를 알 수 있다. 또는 업계 내 네트워크의 구조에 주목하는 것은 어느 부서가 부정을 저지르는 것이, 다른 부서도 사기라는 부정을 저지르는 것에 대한 심리적인 저항감을 저하시키고, 그로 인해 사기가 만연해진다고 평가할 수도 있다.[15]

다음으로 '피해자에게 금전을 지불하게 하기 위한 거짓말은 어떠한 특징을 가지는가?'라는 물음과의 관계를 살펴보자. 형식적으로는 사기꾼은 피해자가 돈을 지불하는 것처럼 거짓말을 한다는 성공 조건이 그 물음에 대한 대답이 되고 있다. 하지만 그러한 논의 역시 참·거짓의 어떤 조합에 대해서도 참이 되는 토톨로지가 되어 버렸다고 할 수 있을 것이다. 따라서 분석을 진행하는 데 있어서는 거짓말의 유도를 가능하게 하는 거짓말의 특징을 구체적으로 묻는 관점이 필요할 것이다.

이때에 참고가 되는 것이 버거(Burger)의 관점이라고 할 수 있다. 즉, 사기꾼은 기존의 제도나 규칙 혹은 그에 대한 사람들의 의식을 악용함으로써 피해자가 금전을 지불하는 것처럼, 게임 트리에서의 그의 이득 구조를 조작하고 있는 것이다. 예를 들면, [그림 3]에서 나타낸

• • •

15 에스노그라피나 저널리스트에 의한 취재에 의하면, 빅콘이나 보이스 피싱 사기는 모두 일탈자 집단에 의해서 이루어지는 것이라고 한다. 따라서 빅콘이나 보이스 피싱 사기에 있어서 작동하는 요인을 분석하기 위해 유용한 틀로서는 차이적 접촉 이론을 생각할 수 있다. 그것은 일탈자 집단과의 접촉이 그들의 가치관을 내면화하는 것을 재촉해서 그로 인해 일탈을 저지르고 이익을 얻는 것이 일상생활에서의 목적이 된다는 것이다.

보이스 피싱 사기의 경우에 n>p가 되듯이, 부모와 자식이라는 제도에 대해서 사람들이 안고 있는 '부모는 자식을 원조해야 한다'라는 의식이 악용되고 있다고 할 수 있다.

또, 빅콘에서는 경마의 결과를 경주장에서 마권업자에게 전하는 구조의 구멍을 보이고 있다(고 보여 주는 것)는 것에 의해서 피해자가 돈을 벌 수 있는 이야기로서 사기를 디자인하고 있다고 할 수 있을 것이다.[16] 이와 같이, 제1의 물음이나 제2의 물음과의 관련을 보았을 때, 범죄사회학에서의 이론이나, 제도·규칙의 악용이라고 하는 관점은 게임 이론적인 성공 조건의 분석의 불충분함을 보충하는 것으로서 재차 평가할 수 있다.

한편, 제3·제4의 물음에 관해서는 하이퍼 게임에 의한 분석은 해링턴이나 고프만의 주장을 수리적으로 정식화한 것이라고 할 수 있다.

세 번째 질문에 대해서 해링턴은 신뢰라는 개념을 사용하여 피해자가 착오에 빠지는 이유를 설명하고 있다. 사람들은 일상생활에서 다른 사람에 대해 완전히 알지 못하기 때문에 상호행위를 하기 위해서는 그들이 어떤 행동을 하는지에 대해 가설적인 태도를 취할 필요가 있다. 해링턴은 그러한 태도를 신뢰라고 부르고, 사기꾼은 그것을 악용함으로써 피해자에게 자신의 말을 진실로 받아들이게 한다고 논하고 있다.

한편, 하이퍼 게임에서는 다른 참가자에 대한 정확한 정보를 얻을

• • •

16 빅콘의 경우에는 피해자가 가지는 호기심을 역이용하고 있다고 할 수 있을지도 모른다. 티투스 등(R.M. Titus et al.)이 실시한 사기 피해자에 대한 대규모 전화조사에 의하면, 왕성한 호기심을 가지는 사람은 사기의 피해를 당하기 쉽다고 한다(Titus et al., 1995; Titus & Gover 2001).

수 없기 때문에, 자신이 인식하고 있는 상대의 인식이 실제 상대의 인식과 같은 것이라는 가정을 각 참가자가 품는 것이 요청되었다(이를 주관적 공유지식이라 한다). 이러한 이론 구성은 짐멜이나 해링턴의 신뢰론과 동형의 것이라고 할 수 있을 것이다. 따라서 하이퍼 게임에서의 주관적 공유지식의 가정은 신뢰를 수리적으로 정식화한 것이라고 할 수 있다.

그리고 이는 금융상품을 취급한 사기만을 대상으로 했던 해링턴의 논의를 사기 전반으로 확장할 수 있음을 의미한다. 예를 들면, 보이스 피싱 사기의 피해를 당한 것으로 '다시 속는 것은 아닐까?'라는 생각에 더 이상 누구도 믿을 수 없게 되어 지역으로부터도 고립된 노부부의 모습은 거기에서도 신뢰라는 주관적 공유지식이 악용되고, 그 때문에 일상생활을 지지하는 태도를 유지하는 것이 곤란해졌음을 나타내고 있다고 할 수 있다.

또 제4의 질문과의 관계에 대해서도, 하이퍼 게임은 선행연구와 같은 시각을 가지고 있다고 할 수 있다. 즉, [그림 2, 3]에서 트리(Ⅰ)·(Ⅱ)라는 방법으로 표현되고 있듯이 모델 내의 사기꾼의 인식은 다층적인 것이다.

한편, 피해자는 트리(Ⅲ)이라는 사기꾼에 의해 위조된 상황만을 현실로 인식하고 있다. 즉, 모델 내에서는 고프만의 지적과 마찬가지로 쌍방의 인식에 비대칭성이 있는 상태에서 상호행위가 이루어지고 있는 것이다. 즉, 여기에서는 게임 트리를 참가자에 의한 상황에 대한 의미 부여로 본다는 입장을 취하고 있다. 그리고 고프만이 말하는 위조의 위조, 즉 거짓말이 거짓임이 발각되지 않도록 하기 위한 시도는 그때마다 새로운 게임으로서 기술할 수 있을 것이다.

이상의 논의를 통해 하이퍼 게임에 의한 사기분석에 대해 다음과 같이 설명할 수 있다. 우선, 하이퍼 게임은 사기를 총체적으로 파악한 후에 사기가 성공하는 조건을 도출할 수 있는 틀이라고 할 수 있다. 그리고 사기의 게임 이론적인 분석을 실시하려고 할 때, 기존의 틀은 그 분석을 보강하거나 또는 그것을 기초로 하여 다시 자리매김할 수 있는 것이다. 즉, 사기를 둘러싼 4가지 물음에 대해 사회학적인 답변을 주려는 시도는 사기의 성공 조건을 묻는 것으로 취급할 수 있다.

2. 새로운 두 번째 물음

앞서 기술한 논의에 의하면, 사기의 성공 조건은 그 정의에서의 4가지 요건과 중복되는 것이었다. 그러나 하이퍼 게임을 통한 분석은 사기가 성공하기 위해서는 또 다른 조건이 있음을 시사한다. 그리고 그것은 사기를 둘러싼 새로운 질문을 제기하는 것이다. 이하에서는 우선, 그 조건이 어떠한 것인지를 분명히 해명하기로 하자.

앞항에서의 논의에 의하면, 사기가 성공할 때 모델상에서 나타나는 결과는 사기꾼이 상대를 속이고, 피해자는 타짜에게 협력한다. 또는 아들에게 돈을 지불하는 것이었다. 하지만 실제로 생기는 결과는 사기꾼에게는 위에서 말한 것과 같으나, 피해자에게는 크게 다른 것이다. 즉, 피해자는 타짜에 대한 협력이나 아들에 대한 원조가 아니라, 실제로는 사기꾼에 대해 돈을 지불하고 있는 것이다. 모델상에서 예상과 실제의 결과 사이에 이러한 차이가 발생하는 원인은 피해자의 인식이 사기꾼에 의해 위조된 것인 데 반해(그림 2, 3에서의 트리(Ⅲ)), 사기꾼의 인식은 정말로 일어나고 있는 것과 일치하고 있는 것에 있다고 생각한다(그림 2, 3에서의 트리(Ⅰ)). 그러한 인식의 차이에 의해서, 피해자에게 있어서만 예상외의 사건이 발생하게 된다. 이것은 사기의 성공이 그 발각과 불가분하다는 것을 의미한다.

피해자에게 있어서 자신이 돈을 건넨 상대가 실은 타짜나 아들이 아니었다고 알 수 있는 것은 (사기꾼에 의해서 위조된) 현실 인식의 갱신을 재촉하는 것이며, 갱신 후의 인식의 내용에는 '나는 속고 있었다'라고 하는 것이 포함된다고 생각한다.

한편, 사기꾼에게는 피해자가 그러한 인식을 갱신하는 것은 바람직하지 않은 사대일 것이다. 만일, 사기 피해자로 하여금 돈을 지불하게 하는 것에 성공했다고 해도, 그 자리에서 거짓말이었다는 것을 깨닫게 되면 피해자에 의한 추궁을 받아 사기가 성공했다고는 말하기 어려운 상황에 빠져 버리기 때문이다. 따라서 사기가 성공하기 위해서는 피해자에 의한 인식 갱신에 의한 영향으로부터 벗어나는 것이 필요하다. 여기서 주의해야 할 것은 이러한 조건이 이 책에서 논의한 사기의 성공과 법률상의 사기의 성립이 다르다는 것이다.

법학적인 정의에서 금전의 수수가 이루어진 시점에 사기는 성립(기수)한다고 하지만 그때 초점이 맞추어져 있는 것은 피해자에 의한 재산의 교부나 재산의 점유이전과 같은 금전(에 대한 권리)의 움직임이었다. 즉, 금전 수수가 이루어진 후에, 사기꾼에게 닥치는 어려움은 법률상 사기의 성립에는 영향을 주지 않는다. 왜 사기는 성공하는가? 그러한 어려움은 사기가 성공한 것을 방해하지 못한다. 즉, 상대방을 속이고 돈을 챙겨 도망갈 수 있기 위한 조건을 사회학적으로 생각할 때에는 간과할 수 없는 것이다.

그렇다면 사기꾼은 어떻게 이러한 어려움을 극복하고 있는 것일까? 이것이 사기 연구에서의 새로운 다섯 번째 질문이다. 즉, 금전의 수수에 이르는 과정에 초점을 맞추어 온 앞서 기술한 4가지 물음(범죄 구성요건) 외에, 피해자의 현실 인식이 갱신되는 것에 의한 영향을 면하기 위해서 사기꾼이 이용하고 있는 방법을 분석의 도마 위에 올리는 것이 사기의 성공을 논하는 데 있어서 추가로 요구된다. 이하에서는 실제의 사기수법을 단서로 하여 이 물음에 대한 간단한 고찰을 하기로 한다.

우선, 그러한 곤란을 해소하기 위해서 사기꾼이 실행하고 있는 것으로서, 피해자에 의한 현실 인식의 갱신을 막는 것을 생각할 수 있다. 즉, 고프만이 위조의 위조라고 부른 행동처럼, 피해자의 현실 인식이 '나는 속고 있었다'가 되지 않도록 거짓말에 거짓말을 거듭해 가는 것이다. 예를 들어, 빅콘에 있어서는 앞서 설명한 바와 같이 '오리를 달래다'에 의해서, 피해자의 인식을 '자신은 속고 있다'와는 다른 것으로 갱신해 가는 것이다.

즉, 고프만은 사기꾼과 피해자에 의한 상호행위를 대상으로 하여, 제4의 물음에 임하는 가운데, 제5의 물음에 대한 회답도 주고 있다. 그러나 사기꾼과 피해자 사이의 거래에 주목하여 위조의 위조만을 제5의 질문에 대한 답변으로 하는 것은 다음의 두 가지 이유로 불충분하다고 생각한다.

첫째, 피해자가 '자신은 속고 있었다'라는 인식을 품지 않게 하는 것은 사기꾼에게 있어서 곤란한 일이다. 몰러(Maurer)에 의하면, '오리를 달래는 것'에 능숙한 것은 당시의 미국에서는 일류의 사기꾼의 조건이었고, 그 기술을 충분히 익혔어도 또 안전망으로서 인근의 경찰관을 미리 매수해 둘 필요가 있었다는, 즉 '오리를 달래는 것'은 사기꾼에게

악마의 가면

탁월한 기술을 요구하는 동시에 위험을 수반하는 것이다.

둘째, 사기가 성공하기 위해서는 피해자 인식의 갱신을 완전히 저지할 필요는 없다고 생각한다. 만일, 사기라는 것이 발각되었다고 해도 그렇게 되기 전에 도망칠 수 있다면, 그 영향을 받을 일은 없다고 할 수 있을 것이다. 이것은 제5의 물음이, 제4의 물음과는 독립적으로, 즉 착오하에서의 상호행위 이외의 요인을 고려해서 논의해야 할 문제임을 시사하고 있다. 그리고 사기꾼이나 피해자가 처해 있는 사회적 상황이나, 양자 사이의 지식의 비대칭성 그리고 제도 등을 검토 대상에 넣음으로써, 피해자의 인식 갱신에 의한 영향을 면하기 위한 방법에 대한 가설을 다음과 같이 세워 갈 수 있다.

우선, 다양한 사기수법에 공통적으로 보이는 것으로서 익명성의 확보를 들 수 있다. 예를 들면, 자주 지적하듯이 사기꾼이 '외지인'인 것은 사기꾼이 피해자 앞에서 자취를 감추는 것을 용이하게 하고 있다. 또 다른 예를 들면, 빅콘에서 사기꾼은 지방의 자산가나 부유해 보이는 관광객에게 눈독을 들여 도시나 관광지에 준비한 가짜 마권 가게로 안내해 돈을 가로챌 수 있으면 빨리 피해자를 현지로 돌려보낸다.

이러한 궁리를 함으로써, 얼마 후 피해자가 속았다고 생각한다고 해도, 그에 의한 추궁에서 벗어날 수 있다. 그리고 현대에는 정보통신기술의 발달에 의해 외지인이 아니더라도 익명성이 높은 교류가 가능해지고 있다. 즉, 전화나 인터넷상에서 원격지로부터 피해자와의 정보 교환을 실시하여 신상을 알 수 있는 염려가 없어져, 피해자는 인식 갱신의 영향을 받을 위험이 적어지는 것이다.

한편, 다음에서 기술하는 바와 같이, 각 수법에 특유의 자극도 있다고 할 수 있다. 예를 들면, 앞에서 소개한 보험이나 부동산 담보증권과 같이 취급되는 상품이 전문적인 것인 경우에는 (가짜의) 전문가인 사기꾼은 충분히 지식을 가지고 있는 한편, 아마추어인 피해자는 그 상품에 대해 거의 모른다고 할 수 있다. 그리고 그와 같이 양자 사이에 지식의 비대칭성이 있는 것은 생각대로 돈을 벌지 못한 피해자를 잘 달래는 것을 용이하게 하는 것 같다. 왜냐하면, 그 상품에 대해 충분한 지식을 가지고 있지 않은 피해자는 사기꾼에 의한 프레임의 위조를 다시 받아들이기 쉽다고 생각되기 때문이다. 즉, 지식의 비대칭성이 사기꾼에 의한 시간 벌기를 가능하게 하는 한 요인이라고 생각되는 것이다. 또, 투자 사기에서 이용되는 '폰지 스킴'도 같은 작용을 하고 있다고 할 수 있다.

20세기 초의 미국에서 암약한 사기꾼 폰지(Charles Ponzi)의 이름을 딴 이 사기수법은 'ㅇㅇ에 투자를 하면 원금이 △△ 늘어난다. 당분간은 배당금만을 지불한다.'라고 칭해서 자금을 모으고, 실제로 그것을 운용하지 않고 모은 원금으로부터 배당금을 조달하는 것으로 이익을 올리는 것이다. 즉, 금리나 배당이라고 하는 금융의 근간을 지탱하는 제도를 역수에 두고, 피해자에게 운용이 계속되고 있다고 생각하게 함으로써, 맡은 자금을 가지고 도망치려고 하는 것을 숨기는 데 성공하는 것이다.

마지막으로, 보이스 피싱 사기에서는 고령자만으로 이루어진 세대의 증가가 같은 작용을 하고 있다고 생각할 수 있다. 정부의 조사에 의하면, 1980년부터 2015년 사이에 고령자 부부만으로 이루어진 세대는 대략 5배로 증가하고, 또 고령자의 단독 세대는 6배 이상으로 증가하고 있다. 이것은 아들(손자)과 익숙해져 사는 부모(조부모)의 증가를 의미한다. 그리고 그것이 보이스 피싱 사기의 성공 용이성을 만들어

내고 있다고 할 수 있다. 왜냐하면, 아들이나 손자와 동거하고 있는 경우와 그렇지 않은 경우는 피해자가 속았다는 것을 깨닫기까지 큰 시간차가 있다고 생각되기 때문이다.

이상과 같이, 사기꾼이 피해자에 의한 현실 인식 갱신의 영향을 면하기 위해서 이용하고 있는 혹은 작동하고 있는 것은 사회학적으로 흥미로운 것이라고 할 수 있다. 왜냐하면, 거기서 행해지고 있는 것이 타자론(짐멜)이나, 전문분화가 진행된 사회에서의 지식의 배분 구조 또는 세대 구조의 변화나 경제제도라고 하는 사회학이 지금까지 주제로서 취급해 온 문제와 밀집하게 관련되어 있기 때문이다. 그리고 이러한 지식을 참조하면서, 여기서의 물음에 대응해 가는 것은 사기라는 현상을 보다 세밀하게 파악해 가는 것을 가능하게 한다고 생각한다. 왜냐하면, 제5의 물음을 탐구해 가는 것은 선행연구가 대응해 온 물음과 다음과 같은 관계에 있다고 할 수 있기 때문이다.

우선, 제5의 물음은 제1의 물음, 즉 '왜 사기를 행하는가?'라는 물음에 관련되어 있다고 할 수 있다. 인식의 갱신에 의한 영향을 면할 수 있을지 어떨지는 사기의 실행에 관계되는 문제이기도 하다고 생각되기 때문이다. 즉, 수법에 따라서는 제5의 물음을 묻는 것이 사기의 실행과 관계되는 요인을 묻는 것으로 연결된다. 예를 들어, 생명보험업계의 사기 연구에서 일탈생성의 요인으로 꼽혔던 구조적 간극은 일반적으로 정보의 비대칭성을 낳는 것으로 파악되고 있다. 따라서 제5의 물음이라는 관점을 도입함으로써, 그로 인해 발생하는 이익뿐만 아니라 속인 후의 속임수의 용이성에도 주목하여, 구조적 틈새가 사기의 성공에 영향을 미치는 과정을 그릴 수 있게 되는 것이다.

또, 제5의 물음은 제2의 물음이나 제3의 물음과 함께 거짓말의 내용을 언급하고 있는 것으로 보는 것이 '왜 사기는 성공하는가?'이다. 즉, 여기서의 논의는 지불의 유도나 이야기를 꺼내는 것의 합리성과는 다른 측면도 관찰 범위에 넣어, 사기에서의 거짓말의 내용을 다각적으로 논의해 가는 것을 가능하게 하는 것이다. 예를 들면, 보이스 피싱 사기가 성공하는 것은 아들이나 손자로서 도움을 요청한다는 거짓말이 고령자가 그 이야기를 믿고 돈을 지불하도록 동기부여하는 것이기 때문만은 아니고, 그러한 거짓말을 해도 그것이 거짓말이라고 즉시 발각되지 않는 사회구조가 배경에 있기 때문이라고 생각할 수 있다.

즉, 다섯 번째 질문에 관련된 거짓말의 내용으로는 제도나 사회구조에 의한 작용을 이끌어 내는 것 외에도, 예를 들면 빅콘에서의 야바위 내부자 거래, 또는 보이스 피싱 사기에서의 불상사의 은폐와 같은 비합법적인 계획을 들이는 것으로, 피해자에게 죄의식을 안겨 경찰에 고발하지 않도록 하는 것도 생각할 수 있을 것이다.

3. 결론

이 책에서는 먼저 법학적인 사기의 정의(구성요건)를 참조하면서 기존의 사기 연구를 소개하였다. 거기에서는 선행연구를 각 구성요건과 관련하여 '왜 사기를 행하는가?', '피해자에게 금전을 지불하게 하기 위한 거짓말은 어떠한 특징을 가지는 것인가?', '피해자가 사기꾼의 말을 받아들이는 충분한 이유는 무엇인가?', '착오가 성립한 후에 사기꾼과 피해자의 교환은 어떠한 것인가?'라는 4개의 물음에 대응한 것으로서 평가했다.

이어서 하이퍼 게임을 이용하여 사기 상황을 모델링하고 어떤 방법이 성공하는 조건인지에 대해 분석하였다. 그 결과 게임 이론적인 분석이 선행연구와의 정합성을 유지하면서도 보다 총체적으로 사기를 포착하고 그것이 성공하는 조건을 도출할 수 있는 시각임이 밝혀졌다. 그리고 사기의 성공 조건을 물을 때, 선행연구가 답한 4개의 물음과는 별도로, '어떻게 피해자의 현실 인식이 갱신되는 것을 면하고 있는가?'라는 물음을 세우는 것이 사기 연구에 있어서 유용한 것으로 나타났다. 그런데 상술한 바와 같은 논의는 게임 이론적인 분석이 가지는 추상성의 높이 때문에 사기를 범죄의 하나로서 보는 것에서 벗어나, 사회학적인 연구를 실시하는 데 있어서의 방침을 나타내고 있는 것 같다.

우선, 사기를 범죄로서 파악하는 것이 아니라, 상호행위의 하나로서 파악해 가는 길이다. 예를 들면, 사기에서 타인의 통제라는 측면을 강조함으로써, 교육이나 정치의 현장에서의 상호행위와 동렬의 것으로서 사기를 평가할 수 있다. 그런 다음, 이 장에서 사기에 대해 수행한 것처럼, 그러한 제 상호행위를 게임 이론적으로 모델화해서 각각의 관계 사이의 이동(異同)을 분석하는 것이 가능할 것이다. 또, 사기수법을 모델화하여 사기의 비교연구를 실시해 가는 것도 가능할 것이다. 예를 들어, 모델 내에서의 피해자의 의사결정 기준에 주목하면 [그림 2]에서 피해자는 이기적으로 행동하고 있는 한편, [그림 3]에서는 이타적으로 행동하고 있다고 할 수 있다.

그리고 각 그림은 빅콘이나 보이스 피싱 사기만이 아니고, 전자는 투자사기 전반, 후자는 결혼사기와 같은 피해자에게 이타적으로 행동하게 하려는 수법 전반의 모델이라고 할 수 있다. 이는 거짓말에 의한 유도의 방식에 의해서 사기수법을 유형화할 수 있음을 시사하고 있으며, 그 여러 유형을 잣대로 측정함으로써 시대나 나라마다 나타나는 수법을 비교·검토해 나갈 수 있을 것이다. 그리고 그와 같이 사기의 비교 사회학적인 연구를 실시하는 것은 사기를 하나의 범죄로서 연구하는 것을 넘어 그것이 행해지는 여러 사회의 양상을 구분 짓게 하는 것으로 연결될 것이다.

사기 연구에 의해서 사기꾼이 악용하는 사회구조를 밝혀 나가는 것은 한 사회의 특징을 밝혀 나가는 것이나 다름없다. 사기는 사회를 비추는 거울인 것이다.

3장

인간애를 위해서라면 거짓말을 해도 좋은가?

-칸트 도덕철학의 보편화 가능성

도덕적 가치규범은 보편성을 요구한다. 가치관이 다양해지고, 사회적·역사적·문화적으로 가치의 상대성이 떠들썩하며, 가치의 다원적 병립이 요구되는 상황에도 불구하고, 기본적인 도덕적 가치에 관해 확고한 보편성이 주장된다. 왜냐하면, 인류사회가 존속하는 한 '사람을 죽여서는 안 된다.', '약속은 지켜야 한다.', '거짓말을 해서는 안 된다.'와 같은 기본적인 가치규범은 인류에게 공통될 것으로 기대되기 때문이다.

특히 우리는 어릴 때부터 '거짓말을 해서는 안 된다.'고 가르쳐 왔다. 그와 동시에 지리면서, 반드시 악의는 아니고 거짓말을 할 수밖에 없는 상황에서 많은 거짓말을 하고 그중에 '거짓말도 하나의 수단'이라는 말이 우리의 일상생활에 친숙하게 적용되고 있다. '거짓말도 선택할 수 있는 수단'이라는 말은 원래 불교의 『법화경』 '유례품 화택삼차'의 비유에서 유래한 것이다.

불타고 있는 화재 현장의 집 안에서 불이 난 것을 모르고 노는 아이에게, 양차, 사슴차, 소달구지를 주겠다며 야외로 나가게 했다는 비유에서 등장한 것인데 불교에는 대승·소승 구분이 있지만, 결국은 동일한 깨달음이라는 목적으로 이끄는 수단이라고 가르치는 것이다. 그래서 '목적 달성을 위해, 편의상의 수단으로, 때로는 거짓말을 해야 한다.'라는 속담이 되어, 경우에 따라서는 일의 실현을 위해서는 수단을 가리지 않는 것에 대한 변명이나 구실로 사용되고 있다.

그러나 정말 '거짓말도 수단'일까? 좋다고 하면 목적 달성을 위해서, 거짓말을 수단으로서 사용하는 것은 도덕법칙에 합당한 것일까? '인간은 거짓말을 할 수 있다. 거짓말을 하지 않는 사람은 없다.'는 사실판단으로부터, '인간은 거짓말을 해도 좋다.'는 가치판단은 성립하지 않는다. "악의적인 거짓말을 해서는 안 되지만, 선의의 거짓말은 용서받을 수 있다. 아니, 오히려 거짓말을 하는 것이 더 나을 수 있다." 라는 판단이 우리 행동의 지침이 될 수 있는가?

오래된 도덕의 기본문제인 거짓말에 대해 현재까지 여러 가지 검토가 이루어지고 있는데 칸트의 폴레믹(polemic)한 논설을 단서로 고찰하고, 거기에서부터 칸트의 도덕법칙의 보편성의 근거를 밝힌다. 그리고 가치관이 다양해진 현대에서도, 그럼에도 변함없는 도덕적 가치의 보편성의 가능성을 검토하는 것이 이 장의 목적이다.

I. 인간애로부터의 거짓말

『아돌프』나 『세실』의 작가, 프랑스의 벤자민 콘스탄(Benjamin Constant, 1767~1830)은 잡지 논문 『정치적 반동에 대하여』에서 칸트(Immanuel Kant, 1724~1804)로 추정되는 독일 철학자의 도덕설에 대해 비판을 전개했다. 그것에 대해 칸트가 콘스탄의 주장을 소개하면서, 자기 도덕론의 근본 전제를 설명하고, 논박을 시도한 것이 칸트 최말년 1797년의 논설, 『인간애로부터 거짓말을 해도 좋다고 잘못 생각된 권리에 대해서』(Über ein vermeintes Recht aus Menschenliebe zu lügen)이다. 콘스탄은 제일 먼저 문제를 제기한다.

독일의 철학자 칸트가 다음과 같이 주장하고 있다. "사람을 죽이러 범인이 쳐들어오는데 쫓기는 친구가 집 안으로 도망쳐 들어오지 않았느냐고 우리에게 물어본다면 이때에도 사실을 말해야 하고 이 상황에서 거짓말을 하는 것은 범죄가 될 것이다."(Weischedel Bd. 7, S. 637.) 콘스탄은 이 주장에 대해 다음과 같이 반박한다.

> 진실을 말하는 것은 의무(Pflicht)이다. 의무의 개념은 권리(Recht)의 개념과 불가분이다. 의무는 한 존재자에서, 다른 존재자의 권리에 대응하는 것이다. 권리가 존재하지 않는 곳에 어떠한 의무도 존재하지 않는다. 진실을 말하는 것은 그러므로 의무이다. 그러나 그것은 단지 진실에 대한 권리를 가진 사람에 대해서만 의무이다. 그러나 어떠한 인간도 타인에게 해를 주는 진실에 대해서 권리를 가지는 것은 없다. 그러므로 살인자에게 진실을 말할 의무는 없고, 오히려 진실을 말하는 것이 살인에 도움이 되고 반도덕적이 될 것이다.

칸트에 따르면 "거짓말은 혀에 붓는 것과 가슴에 담고 있는 것이 별개다(aliud lingua promptum, aliud pectore inclusum gerere, (야망은 마음속에 숨길 한 가지를 만들었고, 또 다른 말은 혀로 준비했다)."라는 것, 즉 자신의 생각을 표현하는 경우의 고의적인 부진실로 비열하고 가장 수치스러운 행위이며, 인간의 존엄을 포기하는 것과 마찬가지로, 살인광에 대한 경우에도 절대로 용서받지 못하는 행위이다(윤리 형이상학: Die Metaphysik der Sitten) 제2부 제2장 Ⅰ. '거짓말에 대하여'). 그리고 위 콘스탄의 비판에 대해 칸트는 다음과 같이 반박한다.

우선, '거짓말을 한다/거짓말을 하지 않는다'라고 하는 행위와 그 결과에는 원인-결과의 필연적인 인과관계는 성립하지 않는다. 당신이 '친구가 없다'고 거짓말을 하면 친구가 도움이 되고, '있다'고 진실을 말하면 친구가 도움이 되지 않는다. "없다"라고 거짓말을 해도, 친구가 갑자기 살인을 당했다가 잡혀 죽을지도 모른다. "있다"라고 진실을 말하면, 친구가 빠져나와 완전히 도움이 될지도 모른다. 거짓말을 하면 친구가 도움이 되고, 진실을 말하면 죽는다는 인과관계는 존재하지 않는다. 또, '내가 진실을 말한다 → 친구가 살해된다'는 사건이 발생했다면, 이것은 '내가 친구를 죽인다'와 같은 의미가 될 수 없다. 내가 진실을 말하는 것과 친구가 살해당하는 결과 사이의 관계는 우연적일 뿐 필연성은 없다. 게다가, 결과에 대한 책임에서 보면, 거짓말을 하면 그 결과에 책임을 져야 한다. 그러나 진실을 말하고, 그 상황에 좌우되는 우연적인 결과에 대한 책임을 지는 것은 아니다.

이처럼 칸트는 '인간애'와 '수단으로서의 거짓말'이라는 가정된 대응관계를 분리한다.

II. 의도의 선악

피히테는 또한 칸트의 도덕적 이론을 계승하고, 같은 예를 이용해서 열정적으로 거짓말 금지를 호소한다. 피히테의 1798년 『도덕론의 체계』(Das System der Sittenlehre nach den Principien der Wissenschaftslehre, 『지식학의 여러 원리에 의한 도덕론의 체계』)에 의하면, 도덕법칙의 지시는 부정적인 금지명령으로 간주된다.

'절대로 타인을 잘못으로 이끌어서는 안 된다.', '타인에게 거짓말을 하거나 타인을 속여서는 안 된다.'라는 금지명령은 피히테에 의하면 주장의 내용(진실이냐 거짓이냐)의 언명에 관계되는 것이 아니라, 그 언명을 할 때의 의도에 관계된다. "내가 속이려고 하면, 나는 거짓말쟁이다." 따라서 인간은 어떠한 타인에 대해서도 "절대로 정직하고 성실하도록 의무화되어 있다."는 것이다. 피히테는 칸트를 계승하여 행위 자체가 적법(합법)인 것만으로는 선이라고 할 수 없고, 그 행위가 의무이기 때문에 선이라고 말한다.

타인에게 부정을 저지르지 않거나 타인의 권리를 침해하지 않는, 즉 타인에 대한 관계에 있어서 타인을 자신의 행위가 합법임을 증명하는 수단으로 볼 것이 아니라 선한 의도를 가진 의무행위의 대상으로 보아야 한다. 그러므로 실제로 합법적인 행위를 목표로 하고, 타인을 매개로 하여 그것을 달성했다고 해도, 나는 의무에 반한 것이 된다.

피히테는 단순한 합법성을 목적으로 하는 것은 허용되지 않으며 선에 대한 사랑을 바탕으로 해야 한다고 말한다. 거기서부터 속이려고 해서는 결과적으로 적법한 행위가 되지 못한다. '선한 행위'는 있을 수 없는 것은 물론, 결과적으로 타인을 속이는 '선한 의도로 거짓말을 한다'는 것도 전혀 길을 잃고 있다. 예를 들어, 거짓으로 인해 다른 사람의 잘못된 행위를 방지하려고 의도했다고 해서, 거짓을 면죄하려고 하는 경우에도, 잘못된 행위를 방해해야 하는 것은, 그 행위의 잘못을 바로잡는 객관적 진실 그 자체 때문이 아니라, 잘못된 행위를 하려는 다른 사람의 부도덕한 의도, 즉 다른 사람의 부도덕성을 바로잡기 위한 것이다.

행위 자체의 부정은 합법이거나 비합법적이지만, 도덕적으로는 의도의 선악에 의거해서 행위의 선악이 결정된다. 그래서 피히테는 칸트와 같은 예를 사용하여 '인간애에서 나온 거짓말'을 비판한다. 이 비판은 칸트의 답변에 부여된 형식주의 논란을 피하기 위한 것이다. 즉, "칼을 든 적에게 쫓기는 사람이 당신 앞에서 몸을 숨긴다면, 적이 다가와 당신에게 남자가 어디 있냐고 물어본다. 당신이 진실을 말한다면, 무고한 사람은 살해당하고 말 것이다. 그러므로 당신은 거짓말을 해야 한다."고 결론짓는다. 피히테는 이 주장에 대해 다음과 같이 열정적으로 논박한다.

⑴ 왜, 당신은 추격자에게, 진실인가 거짓인가 어느 쪽을 말해야 하는가? 왜, 중간의 제3의 길이면 안 되는 것인가? 즉, 그가 나쁜 의도를 가지고 있는 것처럼 보이므로 물음에 대답할 의무는 없다거나, 그 의도를 포기하도록 온당하게 충고한다거나, 또 쫓기는 사람의 편에 서서 당신 자신의 생명을 위험에 빠뜨려도 그를 지키려고 한다든지 하는 길이다. 이 경우 추격자들의 분노가 당신 자신에게 향하게 되는 것도 고려해야 하겠다.

⑵ 당신의 정당성과 저항의 대담함이 당신을 괴롭히고, 당신의 추궁을 단념하고, 보다 냉정하게 당신과 협의할 가능성도 있다.

⑶ 쫓기는 자를 당신 자신에게 숨기는 것이 당신의 의무이다. 만약 당신의 생명이 위험에 처해 있다면, 당신은 더 이상 당신 자신의 생명을 고려할 수 있는 권리를 갖지 않을 것이다.

악마의 가면

⑷ 당신의 거짓말의 당좌(当座)의 목적은 이웃의 생명을 구하는 것이 아니라, 자신의 몸을 무사히 해 두는 것에 지나지 않았던 것이 아닌가? 당신이 거짓말을 하는 것은 당신이 손해를 볼 가능성을 피하기 위한 것이 아닐까?

⑸ 당신은 저항하고, 도망칠 시간, 원조자가 올 시간이라는 등의 시간을 벌어야 한다. 이러한 일, 모든 일이 일어나지 않더라도 그렇게 해야 한다.

⑹ 당신은 부정을 결코 용서하지 않겠다는 확고한 결의와 선에 대한 당신의 열의가 당신에게 주는 힘을 믿지 않는가? 그리고 이 부정 의식이 적에게 퍼져야 할 약점을 고려하지 않는가?

⑺ 나는 나 자신이 도덕적일 뿐만 아니라, 그가 잘못하고 있다면, 그 잘못으로부터 탈피시키는 것은 나의 의무이기도 하다.

이러한 피히테의 주장은 매우 감동적이고 설득력은 있지만, 너무 낭만주의적이어서 도덕적 법칙성을 가진다고 말하기는 어렵다. 칸트는 인간애로부터의 거짓말을 둘러싼 이 문제는 '거짓말을 하는 권능'의 근거에 관련되어 있다고 한다.

Ⅲ. 권리와 의무

피히테의 '인간애로부터의 거짓말'에 대한 비판이 전형적으로 나타내듯이, '거짓말을 하지 않는다'는 것은 인간 내심의 동기 문제이고 따라서 의무의 문제이다. 그러나 콘스탄은 "권리와 의무란 불가분하며, 진실을 언명하는 것은 인간의 의무이지만, 권리가 없는 살인에 대해서 진실을 말할 의무란 존재하지 않는다."라고 한다.

권리가 의무와 불가분이라는 주장은 17세기 중엽부터 현대에 이르는 법적 권리개념의 기본으로 여겨진다. A의 B에 대한 권리는 B의 A에 대한 의무와 표리일체를 이룬다는 의미에서 상보성을 요소로 한다. 칸트 또한 자신의『윤리 형이상학』'법론' 중에서, 고의로 허위를 말하는 것은 '법적 의미에서는 직접 타인의 권리를 침해하는 거짓말'을 가리킨다(『윤리 형이상학』, 일반의 구분 II의 원주 1).

그리고 권리와 의무를 갖는다고 하는 관계에 대해 말하자면, '권리와 의무도 함께 가지는 존재자들에 대한 인간의 법적 관계만이 실재한다.' 왜냐하면, 그것은 인간과 인간의 관계이기 때문이라고 한다. 그런 점에서 보면, 표면상으로 콘스탄에 대한 비판은 타당해 보인다. 칸트에 의하면, 그러나 '진실을 말하는 것'에 관한 초점은 다음의 문제에 귀착한다.

(1) 명제의 '진위=진실', 즉 'Yes나 No'로 대답하지 않을 수 없는 경우에, 사람은 부진실적인 권능(Befugnis), 권리(Recht)를 가지는가 하는 문제이다.
(2) 부당한 강제에 의하여 발언을 강요받고, 자신에 대한 악행을 방지하거나, 타인을 지키기 위하여 불진실적인 것은 의무이기까지 하는가 하는 문제이다.

악마의 가면

사실, 칸트의 '권리와 의무'와의 관계는 콘스탄과 역방향의 관계에 있다. 콘스탄과 달리 칸트에 따르면 도덕적 행동강령은 철저하게 우선 자기 의무의 위상에 존재한다. 우선, 주체의 자율, 즉 주체의 자유가 확보되어야 하기 때문이다.

　도덕규범은 대타의 사회관계 속에서 현상하는데, 그러나 그 기반으로서 자기의 주체성의 확립이 이루어져야 하는 것이다. 칸트는 우선 첫 번째 오류는 콘스탄의 다음 표현에 있다고 한다. "진실을 말하는 것은 의무이지만, 그것은 진실에 대한 권리를 가진 사람에게만 의무이다." 그러므로 "진실에 대한 권리를 가진다."라는 표현은 무의미하다. "진실에 대한 권리"라는 표현은 주관에 대해서만 의미를 가진다. 인간은 자기 자신의 진실성(성실함, veracitas)에 대한 권리를 갖는다.

　인간은 자기가 진실하고, 성실하고, 정직할 권리를 가진다. 즉, 타인으로부터 불진실, 불성실, 그리고 거짓말을 하도록 강요받아서는 안 된다. 이것은 인간의 주관적 진실에 대한 인격권이다. 거짓말을 하고 타인을 속이는 것은 당연히 타인의 권리를 침해하는 것이므로, 고의로 허위를 말하지 말아야 하는 것은 법의 의무이다. 객관적 · 대상적으로 '진실에 대하여 권리를 가진다'라고 하는 경우, 객관적으로 '권리를 가진다'라는 표현이 의미를 가지는 것은 '나의 것', '너의 것'과 같은 소유물에 대한 권리에 관련되는 것과 같은 경우이다.

　따라서 예를 들면, '내가 소유권을 주장한다' 혹은 '내가 소유권을 포기한다'와 같은 경우처럼, '진실은 이 경우에 친구가 있는가 없는가 하는 명제의 진위'를 '내가 소유하는 것을 주장한다/내가 포기하는 것을 주장한다'와 같이 '나'의 의지에 의해 결정하는 것과 같은 것으로 상당히 기묘한 말투이다.

객관적인 진실이란 '명제의 진위는 친구가 있느냐 없느냐'의 어느 하나이지, 의지의 주장에 관계되지 않는다. 의지가 관련된 것은 자기에게 진실인가 아닌가이다. 따라서 살인에 대해 거짓말을 하느냐 마느냐의 문제는 칸트는 '타인'의 권리에 '나'의 의무가 대응하느냐의 문제가 아니라고 파악한다. 문제는 주체 측에 존재한다. 반드시 이성적인 것은 아니고, 자기애의 감정에 흐르는 자기의 의지에 대해서, 의무란 자기 자신으로부터 명하는 강제라고 보는 것이다.

칸트에게 의무는 도덕의무(officia virtutis s. ethica) 또는 법의무(officia iuris)의 어느 하나이며, 법의무는 다른 사람으로부터의 동기에 근거한 외적 입법(법칙을 수립하는 것)이 가능한 의무이며, 도덕의무는 그러한 입법은 불가능한 것이다. 왜, 도덕에서는 외적 입법이 불가능한가? 칸트에게 일체의 권리 및 의무의 성립 기반은 인간 자기 자신의 자유라는 것이다. 그리고 자유를 자각할 수 있는 것은 도덕적인 명법(命法)에 의해서만 인정되기 때문이다. 이 명제는 의무를 명하는 명제로서, 이 명제를 기초로 하여 타인을 의무화하는 역능, 즉 권리의 개념이 전개된다. 다시 말해, 자기가 자기에게 강제하는 도덕적 명법이 법적 관계에서의 권리와 의무를 기초로 하는 것이다(『윤리 형이상학』 일반의 구분 I).

의무란 도덕적 명법(命法)에 의한 강제이다. 인간에게 자연적으로 가해지는 충동과 자애와 경향성(애착)이 도덕법칙을 위반하고 반항한다. 그 힘에 대해 인간은 외적 강제(법적 의무)에 의하거나 내적 자기 강제(도덕 의무)에 의해서 이겨 낼 수 있다. 그러므로 본래 도덕적 가치를 가지는 의무는 인간 스스로가 자기에게 강요하고, 자기의 의지 규정의 근거로 하는 것이다. 즉, "도덕법칙이 자신에게 행해야 한다고 무조건적으로 명하는 것을 자신은 할 수 있다."라고 판단하지 않으면 안 되는 것이다.

　게다가 칸트에 의하면, 인간행위의 도덕적 가치는 행위가 단지 의무에 적합하게 이루어지는 것에 있는 것이 아니라, 의무를 의무로서 존경하는 도덕적 심정(Gesinning)으로부터 행위가 의무에 의해서 이루어지는 것에 존재하는 것이다.

IV. 의무와 자율

　칸트는『윤리 형이상학의 기초: Grundlegung zur Metaphysik der Sitten』(1785)에서 의무를 '자기 자신에 대한 의무'와 '타인에 대한 의무'로 양분하고, 또 '완전의무', '불완전의무'로 구분한다. 완전의무란, 경향성을 이롭게 하는 어떠한 예외도 인정하지 않고 어떠한 사정하에서도 따라야 하는 엄격한 의무를 말하며, 불완전의무란 완전의무만큼 엄격하지 않고, 그것에 따를 경우 그 사람의 공적(플러스알파)이 되는 느슨한 의무이다. 이 각각의 의무의 조합은 다음의 4가지가 있다.

　(1) 자기에 대한 (내적) 완전의무 ─ 예: 자기의 생명을 유지하고, 곤경에 처해 있어도 결코 자살하지 않는다.
　(2) 타인에 대한 (외적) 완전의무 ─ 예: 타인에게 거짓말의 약속을 하지 않고, 또 타인의 자유나 재산을 침해하지 않는다.

(3) 자기에 대한 (내적) 불완전의무 – 예: 게으르게 지내지 않고, 자신의 재능 계발에 노력한다.

(4) 타인에 대한 (외적) 불완전의무 – 예: 타인의 행복을 가능한 한 촉진한다.

위 (1)의 '자기 자신에 대한 완전의무'는 주체적 자유를 갖춘 이성적 존재자, 즉 인격(Person)으로서의 인간이 자기에 대해서 해야 할 의무로서, 인생을 비탄하고 자애의 마음으로부터 자살하는 것은 자기의 인격에 대한 무조건적인 의무위반이 된다. 또 (3)의 예와 같이, 풍족한 자연적 소질을 개발해 향상에 노력하지 않고 향락에 소비하는 것은 인간으로서는 존속할 수 있지만, 인격으로서는 '자기 자신에 대한 불완전의무' 위반이 된다.

그에 반해 '타인에 대한 관계', 즉 외적인 사회적 법관계로서 (2)의 경우는 곤궁한 환경을 헤치기 위해서 '거짓의 약속을 한다'는 자애 및 사리의 이념에 의한 완전의무 위반이 된다. 그리고 (4)의 예와 같이, 타인의 궁박한 상황을 도울 수 있음에도 불구하고 '자신에게 무슨 관계가 있는가?'라고 생각하고, 타인의 행복에 기여하지 않는 것도 가능하지만, 의무로서는 '타인에 대한 불완전의무'위반이 된다.

인간의 의지는 보통 자애나 자기 행복 같은 원리에 의해 규정된다. 칸트에 따르면, 자기애나 행복은 경험적, 즉 욕구의 대상에 의해 촉발되고 수동적이며, 자발성에 근거한 이성적인 것이 아니다. 그러므로 의지는 자애나 행복의 원리에서 보이는 감성적 대상에 의존하는 단계로부터 씻겨져, 순수한 의지로 여겨지지 않으면, 진정한 자발성, 자유를 가지지 않는다.

순수한 의지를 규정하는 것을 실천이성이라고 한다. 칸트에게서 인간은 감성적인 존재이자 이성적인 존재이다. 인간은 현상계에서 감성적 존재자로서 자연의 인과법칙에 종속되며, 그 한에서는 자유가 존재하지 않는다. 그러나 인간은 감성적 충동에 의한 강제와는 독립적으로, 자기 자신을 규정하는 능력, 자기에게 법칙을 주는 능력, 즉 자율의 능력이 존재한다. 이 자율의 능력이야말로 인간이 이성적 존재자로서 자유를 가지는 계기이다. 따라서 행위에 대한 의지를 규정하는 것은 이성에 의한 명령이다.

행위가 행위 그 자체와는 별개로, 어떤 다른 것을 얻기 위한 수단으로서만 선이다. 명법은 가언명법이다. 즉, '만약 ~이라면, ~해야 한다'고 행위를 규정하는 방식이다. 그것에 대해 실천이성이 어떠한 다른 것을 얻기 위한 수단이 아니라, 단적으로(절대적으로) 의무로서 자기에게 '~해야 한다'라고 명령한다. 이 아무런 조건 없는 행위의 명령, 이것이 정언명법(Kategorischer Imperativ)이라고 불린다.

정언명법의 범식(範式)으로는 "당신의 의지의 준칙이 항상 동시에 보편적 입법의 원리로서 타당할 수 있도록 행위하라(Handle so, daß die Maxime deines Willens jederzeit zugleich als Prinzip einer allgemeinen Gesetzgebung gelten könne)."(Weischedel, Bd.6, S.140) 준칙(Maxime)이란 개인의 경험적 · 감성적 · 주관적 행위원리를 말하며, 보편적 입법이란 보편적 · 필연적 법칙성을 스스로가 자기에게 부과하는 것이다.

법칙에는 물론 자연법칙과 법률과 도덕법칙도 포함된다. 자연법칙은 어떤 일정한 조건하에서 어떤 사태가 보편적으로 발생하는가를 기술하는 기술적 법칙이지만, 법률이나 도덕법칙은 어떤 일정한 조건하에 놓여 있는 인간이 보편적으로 따라야 할 사항을 규정하는 지령적 법칙이다. 따라서 준칙이 도덕적이기 위해서는 그것이 단지 주관의 원칙일 뿐만 아니라, 객관적 법칙의 표현, 즉 인간이 보편적으로 따라야 하는 법칙의 표현이어야 한다.

준칙은 일정한 내용을 가진 것이지만, 그대로 실질적인 법칙으로 간주하는 것은 무반성적인 절대화에 빠진다. 도덕적 법칙이 자기애나 행복 혹은 목적을 얻기 위한 수단이 아니라 일체의 내용을 배제한 무조건적인 의무로서의 명령은 성립 가능한가? 도덕적 가치를 지닌 행위를 지시할 수 있는 실질적인 행위의 표현에 필요한 것은 법칙의 한 형태이다. 즉, 준칙의 내용으로 보면 객관성은 성립하지 않는다.

객관적 필연성을 성립시키는 것은 법칙의 형식이고, 그 본질은 보편성이다. 그것은 바로 법칙성의 명령이며, 모든 내용을 배제하고도 남는 법칙성이란 보편성의 요구이다. 법칙화할 수 있는 자연법칙 내지 법률이나 도덕법칙은 모두 '보편성,' '보편 타당성'이라고 하는 공통의 형식적 본질을 지니기 때문이다. 그러므로 행위의 주관적 원칙인 준칙이 도덕적 가치를 지니기 위해서 그것은 보편성이라는 객관적 법칙의 형식을 갖추고 있어야 한다.

V. 정언명법과 보편화 가능성

칸트는 『윤리 형이상학의 기초』에서 정언명법에 다섯 가지 다른 정식을 부여하고 있다. 엄밀히 말하면, 정언명법은 오직 하나만 존재하며, 나머지는 일반적인 정식으로 여겨진다. 즉, 일반정식 "당신의 행위의 준칙이 보편적인 법칙이 되는 것을 의욕하고, 당신이 동시에 의지할 수 있는 그 준칙에 따라서만 행위하시오."(Weischedel, Bd.6, S.51) 그에 반해, 보다 특수화된 3개의 정식이 주어져, 일반정식이 실천적으로는 어떻게 적용되는지를 보다 명확하게 나타내기 위해서, 일반정식을 바꾸어 말한 것으로 여겨진다.

- 정식 1. "당신의 행위의 준칙이, 당신의 의지에 의해서 마치 보편적인 자연법칙이 되는 것처럼 행위하라."(ebd. S.51)
- 정식 2. "당신 자신의 인격(Person) 속에 있는 인간성(Menschheit), 그리고 다른 모든 사람의 인격에 예외 없이 존재하는 인간성을 항상 동시에 목적으로서 취급하고, 결코 수단으로서만 취급해서는 안 된다."(ebd. S.61)
- 정식 3. "각인의 의지야말로, 모두 그 준칙을 통해서 보편적으로 입법하는 의지나 다름없다."(ebd. S.67)

분명히 일반정식과 정식 1은 같은 것을 표현하고 있으며, 일반정식의 보편적 법칙이 보편적 자연법칙의 성질을 띠는 것을 설명하는 것이다. 그러나 정식 2와 정식 3은 일반정식과는 근본적으로 다른 것으로 보인다. 왜 이것들은 일반정식을 재정식화한 것으로 간주하는가? 이 점에 칸트의 도덕법칙의 보편화 가능성의 문제가 분명히 드러나는 것 같다. 정식 2는 주체적 자유를 갖춘 이성적 존재자로서의 '나'의 준칙이 보편성을 지니기 위해서는 나의 내적인 인간성, 즉 객관적인 이성적 존재자의 이념이 예외 없이 다른 모든 사람들에게 적용될 수 있다는 것의 표명이다.

내 인격의 내적인 인간성은 나에게 당연히 목적이며, 그것은 '항상 동시에' 다른 모든 인간에게도 목적 그 자체이며, 나의 준칙의 보편화는 목적이라는 것의 보편화에 지나지 않는다. 이처럼 나와 다른 인간이 예외 없이 타인을 수단으로서가 아닌 목적으로서 관계를 주고받는, 즉 모든 인간이 이성적 존재자로서 주체적 자유와 자율의 능력을 갖는다는 목적을 요구하는 것이다. 또한 정식 2와 정식 3을 집약하는 것과 같은 명법으로서 다음의 정식이 주어진다.

- 정식 4. "자기의 준칙에 따라, 당신은 단지 가능성일 뿐인 목적의 나라에서, 보편적으로 입법하는 성원의 준칙에 따라 행위하라."

모든 인간이 이성적 존재로서 인격의 존엄성이 인정되어야 하고, 나는 자기의 행복이나 목적을 위해 다른 사람을 수단으로 삼아서는 안 된다. 게다가 나는 타인에 대해 타인 자신의 이성적 존재자로서의 목적의 실현을 위해서 노력하지 않으면 안 된다. 이러한 대타 관계는 목적의 국가라고 불리지만 실현 가능한 요청으로서 존재한다. 즉, 정식 1은 나 개인의 주관적 원리의 보편화 가능성을 성립시키는 명령인 것에 비해, 정식 2와 3 및 그 집약으로서의 정식 4는 나와 모든 타인과의 관계에 있어서 도덕법칙의 보편화 가능성에 관련되어 있는 명법인 것이다.

나와 모든 타인이 행위할 때의 근본적인 규칙이 예로부터, 도덕의 '황금률'(golden rule)로서 전승되고 있다. 그것은 '자신에게 해 주기를 바라는 대로, 남에게도 그렇게 하라'는 기독교의 교훈(루카, 6-31)이며, '자신이 원하지 않는 것을 남에게 베풀지 말라'(자신이 원하지 않는 것을 남에게 가해서는 안 된다)는 유교의 가르침(『논어』「안연(顏淵)」12)이다.

만약 당신이 어려울 때 도움받기를 원한다면, 당신은 다른 사람들이 어려울 때 도움을 주어야 한다. 당신이 간섭받는 것을 싫어하는 어떤 것에 대해 다른 사람에게 간섭해서는 안 되고, 자신이 상처받기 싫어하는 것을 다른 사람에게 행해서는 안 된다. 만약, 당신이 공평하게 대우받기를 원한다면, 다른 사람들에게도 공평해야 한다. 이 황금률의 요점은 자신을 예외로 해서는 안 된다는 점이다.

이는 '모든 자를 한 사람으로 세고, 누구도 한 사람 이상으로 세어서는 안 된다.'라는 평등의 원리이다(J.S. Mill, '공리주의론(Utilitarianism)', 1861). 내가 용서할 수 있는 행동은 당신이 하는 것과 동등하며, 모든 사람들이 같은 행동을 하는 것을 인정한다는 것이다.

칸트의 경우, 행위의 도덕적 선이 행위자의 욕구와 같은 주관적 조건에 좌우되어서는 안 된다. 도덕적 관점은 이러한 욕구나 성향에 근거하지 않고 어떤 방식으로 의지를 규정할 수 있는가에 존재한다. 게다가, 의지 규정의 실질적인 내용이 배제된 이상, 도덕적인 의지 규정의 근거로 남는 것은 보편성이라는 법칙의 형식뿐이다.

준칙의 보편화 가능성은 한편으로는 '보편화할 수 없는 행위를 해서는 안 된다'는 부정적인 형태로 검증한다. "사람의 생명을 살리기 위해서는 약속을 어겨도 좋다"는 준칙은 어떤 경우에도 절대적으로 타당한가? 약속을 지키지 않는 경우가 있다는 예외를 가진다면, 약속이라는 행위 밖에서 그 행위의 타당성을 모두 열거하고 검증해야 한다. 그것은 불가능하며, 약속이라는 행위 그 자체를 불성립으로 한다.

약속에 예외를 둔다면 약속행위 자체가 자기모순에 의해 성립하지 않는다. 또한 "어려울 때는 도둑질을 해도 좋다"는 준칙은 모든 사람에게 타당한가? 자기도 예외로 하지 않고, 다른 사람이 자기 소유물을 훔치는 것을 허용할 수 있는가? 이와 같이, 자기를 예외로 하지 않는다면, 자기의 주관적 준칙 자체가 자기모순에 빠져 성립 불가능하게 된다. 그러므로 도덕적 판단이 보편화 가능하다고 하면, 어떤 행위가 도덕적으로 선이나 악인지를 판단하는 사람은 예외를 인정하지 않는다. 즉, 중요한 점에서 유사한 어떤 행위에 대해서도 같은 판단을 내릴 것임을 일반적으로 인정해야 한다.

맥기(John Leslie Mackie)에 의하면, 도덕의 기초적 원리로 간주되어 온 보편화 가능성의 원리는 다음의 3가지 방식으로 정식화한다. 보편화의 제1단계의 원칙은 '수적 차이를 중요하지 않은 것으로서 배제하는 것'이다. 즉, 한 개인과 다른 개인이 단지 다른 사람이라는 이유만으로, 이 두 사람에 대해 별개의 판단을 내릴 이유는 존재하지 않는다는 것이다. 따라서 고유명사의 중요성이 부인되고, 또한 수의 다소도 도외시된다.

그러나 개인과 관련된 사태에 성질상의 차이가 있는 경우, 첫 단계의 용건으로는 반드시 충분하지 않으며, 때로는 불공평을 조장하는 일도 생긴다. 예를 들어, 힘이 세고 운동을 잘할 수 있는 사람과 병약해서 움직일 수 없는 사람에게 똑같이 치열한 경쟁을 요구하는 것은 사실 불공평할 것이다. 따라서 보편화의 제2단계로서 '타인의 입장에 자신을 놓고 보는 것'이 필요하다. 예를 들면, 부자든 돈에 궁색하든 또 건강하든 병약하든, 그것과 관계없이 승인할 수 있는 의료와 복지의 공급을 지원할 수 있는 원칙을 인정할 수 있는가 하는 것이다. 만약, 이때 원래의 판단을 유지할 수 없다면, 그 판단은 보편화 불가능하다고 봐야 한다.

그러나 이와 같이 자기 자신을 타인의 입장에 두고, 자신이 하고 싶은 것을 타인도 또한 해 주었으면 하고 타인에게 행하는 것이 도덕적으로 타당하는 것은 자타의 욕구가 같은 경우이다. 사람들 사이에 욕구나 가치관이 다를 경우에는 이 두 번째 단계도 충분하지 않다. 그래서 맥기는 보편화의 제3단계로서 '자기 자신과는 다른 취미나 대립하는 이념을 고려에 넣을 것'을 요구한다.

'다른 사람의 입장에 나를 놓고 본다'는 원칙이 잘 작동하지 않는 것은 비록 나를 다른 사람의 입장에 놓아두더라도, 그 자신은 여전히 본래의 요구나 이념을 유지하고 있기 때문일 수밖에 없다. 그렇지 않고, 본래의 의미에서 타인의 입장에 둔다는 것은 바로 그 타인을 그 타인 자신의 요구나 가치관에 입각해서 고려한다는 것이다. 즉, 자신의 관점과 타인의 관점 모두에서 사물을 고찰하고 양쪽의 관점에서 받아들일 수 있는 행동의 지침을 찾는 것이다.

하지만 이 보편화의 제3단계의 원칙이, 모든 사람의 취미나 이념을 동등하게 고려하라고 요구하는 것이라면, 이 원칙에 의해서 구속력 있는 답을 주는 것은 거의 불가능할 것이다. 왜냐하면, 사람들의 다양한 취미나 가치관을 과부족 없이 만족시키는 것은 거의 불가능하고, 보편성이라는 법칙의 형식의 요구는, 바로 그것들의 다양성을 추상(사상)하는 데에 존재하기 때문이다. 거기에서 말하면, 실질적인 가치를 도덕적 판단에 포함시켜 보편화하는 것은 본래 모순된 요구이다.

VI. 칸트의 도덕법칙 보편화 가능성의 의의

사실 칸트의 정언명법의 보편 타당성에는 두 가지 의미가 있는데, 그 혼동이 오해의 소지가 있다고 생각한다. 즉, (1) allgemein(보편적)의 의미는 내가 채용하는 주관적 준칙(Maxime)이 모든 다른 사람, 즉 누구나 채용하는 것이어야 한다는 것이다. 어떤 상황에서는 나를 예외로 한다. 이 경우, 나를 예외로 하는 것으로는 모든 사람에게 타당하지 않다. 그러므로 보편 타당성이 자기모순에 빠진다. 거기서부터, 보편 타당성은 '나의 예외화'를 인정하지 않는다. 즉, 고유명사와 수적 차이성을 도외시하는 것을 의미한다. 이것은 평등의 원칙이다.

하지만 칸트의 보편 타당성은 그것만의 의미는 아니다. (2) allgemein의 또 다른 의미는 언제, 어떠한 경우에도 행위가 일관된다는 의미이기도 하다. 그 행위의 일관성을 증명하기 위해 그 행위의 모든 상황과 상태를 설명하는 것은 불가능하다.

어떤 경우에도 행동이 일관될 수 있음을 보여 주기 위해서 가능한 모든 상황을 망라하는 것은 불가능하다. 바로 칸트가 말하듯이, 현실의 행위에 있어서 인과관계는 결코 일의적이고 필연적인 것은 아니다. 상황에 따라, '거짓말을 하지 말 것, 약속을 지키는 것'이 필요하며, 선이더라도, 좋은 결과를 가져오는 경우에도, 그 상황을 망라하여 객관적으로 판별하는 것은 불가능하다. 그렇다면 행위의 일관성이 언제, 어떤 경우에도 성립하는 근거는 어디에 있는가?

밀(J.S. Mill)은 이 근거를 구하기 위해 '칸트 정언명법의 재작성'을 시도하였다. 밀은 누구나 준칙으로서 채용할 수 있어야 한다는 것, 즉 수

악마의 가면

적 차이를 무시하는 보편 타당성이라는 형식적인 조건을 칸트가 도덕성의 기준으로 삼았다고 보고, 그렇다면 이 원리는 무의미하다고 본다. 왜냐하면, 모든 인간이 극단적으로 이기적인 준칙을 채택할 가능성을 부정할 수 없기 때문이다.

밀에 의하면, 칸트가 이것을 도덕의 근본 원리로 삼는 이상, 그는 어떤 실질적인 조건의 고려를 이 원리에 포함시켰음이 틀림없다고 추정한다. 이 실질적인 조건이란 곧 인류 전체의 행복이라는 목적이다. 따라서 칸트의 정언명법은 밀에 의하면 다음과 같이 정식화된다.

우리는 이성적인 존재가 모두 채용되면 그들 전체의 이익에 도움이 되는 준칙에 따라 행위를 규제해야 한다(공리주의론, 제5장). 이와 같이, 밀은 칸트의 정언명법의 보편 타당성을 인류 전체의 행복을 목적으로 하는 모든 경우의 행위의 일관성으로 본다.

어떠한 사람도 '거짓말을 해서는 안 된다'라는 언명이 모든 인간에게 해당된다는 것, 즉 한 사람의 예외를 인정하지 않는다는 것과 '모든 언명에 있어서(모든 상황에 있어서)' '거짓말을 해서는 안 된다.'라는 행위규범의 보편성, 즉 규범의 예외를 인정하지 않는다는 것과 같은 것은 아니다. 모든 상황에서 거짓말을 해서는 안 되는 것은 자신의 인격 내의 인간성에 대한 진실성(성실성)의 증거이다. 그리고 그것은 동시에 모든 다른 사람의 인간성을 존중하는 것이다.

더욱이 '거짓말을 해서는 안 된다.'는 것의 근거로서 거짓말을 하는 것의 예외를 허용하면, 계약이나 약속의 준수가 손상되고, 나아가서는 언명 일반의 진실성을 파괴한다. 따라서 이것은 '사회에 대한 배반 행위'라는 것이 칸트의 설명(그것은 또한, 전통적인 거짓말 비판의 주장)이다. 예를 들면, 몽테뉴는 사회의 존속이 모든 인간 즉, 인류 전체의 존중을 표명하고 있는 것이 분명하다고 한다(Weischedel, Bd.7, S.638). 그러므로 정언명법 정식 2가 나타내는 인간의 내적인 인간성이란, 나와 타인이 함께 목적으로 하는 이성적 존재자로서의 유적(類的) 본질 그 자체일 것이다.

칸트가 포착하고 있는 보편성의 근거는 자기의 성실성, 즉 자신의 인격 안에 있는 인간성의 존엄성을 훼손하지 않는다는 데에 존재한다. 자기가 자기 안의 인간성에 대해 성실하고 동일할 것, 자기의 인격 안의 인간성을 존경하고, 그 명령에 위배되지 않을 것, 자기에 대해 진실을 가지고 수치스러운 행위를 해서는 안 될 것, 모든 인간이 이 의무에 따를 것, 여기에 도덕법칙의 보편성의 근거가 존재하는 것이다.

인간이 물리적 여러 규정을 가지고, 그 자연성(동물성)에 의해서 충동과 자애와 애착으로 가득 차, 자연의 힘에 굴복하고, 그것에 빠져드는 대로 행위한다면 자유는 존재하지 않는다. 인간이 자유로운 주체적 존재라는 증거는 자연성에 자발적으로 대항하고, 초극하려고 의지하는 도덕성에 존재하는 것이다. 그것은 현상인(現象人)인 인간에 대해서, 인격으로서 내적인 인간성을 존경하고, 인간성이 명하는 법칙에 따르는 것이다.

칸트는 "피할 수 없는 진술에서 성실한 것은 모든 사람에 대한 인간의 형식적(formative) 의무"라고 한다. 이 형식(form)은 바로 형상적(形相的), 따라서 본질적 · 목적적 의무인 것이다. 불성실은 자기 자신에 대한 의무를 손상시키는 것, 즉 자기에 대한 완전의무의 침해가 되는 것이다. 그러므로 '내가 친구의 생명을 돕기 위해 거짓말을 하는 권능 (Befugnis)을 가진다고 주장하는 권리(Recht)는 발생하지 않는다.'

4장

거짓말에 관한 재설

-칸트에 대한 두 가지 비평

'모든 사람을 믿으라'는 것은 진리이다. 한 사람 사이에 신뢰가 끊긴 세계야말로 바로 지옥이라고 해야 한다. 신뢰야말로 바로 진실과 성실의 바탕이 되는 지반이다. 그러나 오늘날 특히 우리나라에서는 신뢰는 거의 땅을 쓸었다는 평가가 있다. 특히 정치인들에 대한 신뢰는 땅이 아니라 지하실로 떨어졌다는 것이 솔직한 말이다.

　위정자와 국민, 고용주와 근로자, 판매자와 구매자, 학교 당국과 학생, 학교 친구들 사이, 교사와 학생, 동료 사이는 물론, 부모와 자식, 형제자매나 부부 사이에 있어도 진정한 신뢰는 얼마나 희유한 것일까? 참으로 베르댜예프(Nikolai Alcksandrovich Berdyaev)의 지적과 같이, 오늘날 모든 사회집단에 관계없이 대략적으로 사람과 사람 간의 모든 관계에는 관습적 허위가 존재한다.

　국가도, 정당도, 교회도, 민족도 모두 거짓에 의해서 스스로를 유지하고 있으며, 과학이나 사상의 제학파, 예술이나 문학의 제류파조차 예외는 아니다. 삶의 근원에서 인간의 고절이 드러나지 않은 관계는 일절 없다.

　'모든 사람을 믿으라'는 진리가 있다. 그것은 이러한 세계에서도 용도가 유용하고 그 진리는 성질을 잃지 않는다. 모든 사람을 믿을 수밖에 없는 것이 현실이다. 더구나 이 현실을 벗어나서 우리는 살 수 없고 그 안에서 살아야 할 운명을 벗어나지 못한다.

　사람을 믿는 것은 선(善)이다. 그 선을 지키지 못한 것은 인간의 죄이다. 역사상 죄가 온 땅을 덮은 일은 자주 있었다. 그럼 이 허위의 세상에서 우리가 어떻게 진실을 말할 수 있겠는가? 우리는 사람을 믿을 수 없는 스스로의 죄를 깊이 깨닫고, 진리의 가면을 쓰고 유혹하는 악마의 감언에 항거해야 한다.

이 허위의 세계에서는 그러나 거짓은 너무나도 많다. 그리하여 "말하자면 진실을 말하라"라고 칸트는 가르쳤다. 그것에 대해 두 사람이 던진 비평을 통해 위의 문제에 대해 생각해 봄으로써 칸트 도덕철학이 포함된 문제를 조금이라도 밝히고자 한다.

칸트는 거짓말을 '고의(故意)의 부진실(不眞實) 일반'이라고 정의하고, 준칙의 보편 타당성 위에서 그것을 준거한다. '결코 거짓말하지 말라.'는 정언명령에 의해서, 거짓말은 이성의 자율의 원리로부터 악하게 행동해서 배척된다. 그것은 자기 자신에 대한 의무위반의 으뜸인 것으로, 스스로의 인간으로서의 존엄을 포기하고 멸종시키는 것으로, 진리가 자립적인 것에 반해 자기모순과 자기붕괴성을 내포하고 있으며 스스로 고립적이다.

거짓말은 또한 단지 한 개인에 대한 부정이라기보다는 '인류의 권리'에 대한 침범, 인류 일반에 대한 부정이며, 계약에 의해 성립되는 사회를 근저로부터 파괴하는 악이다. 그리고 거짓말은 아무리 좋은 결과라도, 아무리 훌륭한 목적으로도 정당화될 수 없다.

칸트는 대략 일체의 실질적 실천원리도 진정한 도덕원리로 간주하지 않고, 경험 속에서만 주어지는 그러한 실질로부터 독립적으로, 법칙 속에서만 근거를 가지는 형식적 원리를 도덕의 유일 진정한 원리로 인정한다. 그리고 이 원리에 비추어 거짓말은 형식부터 악인 것이다. 즉, 의도의 선악은 문제가 되지 않는다. 도덕적 존재자인 인간과 자연적 존재자로서의 인간 사이에 거짓말을 둘러싸고 일어나는 갈등에서도, 인간의 경험적 성격 위에서 다가오는 거짓말에 대한 유혹을 배척하고, 형식적 원리 위에서 엄격한 판단을 내리는 것이다. 궁여지책의 거짓말도 칸트는 인정하지 않는다. 어떤 경우, 어떤 상대라도, 설령 진실을 말함으로써 절친한 친구에게 해를 가하게 될지라도 진실을 말해야 한다.

진실을 말할 의무는 모든 인간관계에서 타당한 제약이 없는 의무이다. 인간은 도덕률의 순수성이 어떤 예외도 인정하지 않는 자기의 언어표현을 수단으로만 사용할 수 없다. 다시 말해 인간은 거짓말을 한다는 뜻이다. 그러나 사람이 '치욕스런' 거짓말을 하는 것을 발견할 수 없는 것은 인간의 내부에 낮은 소질이 있기 때문이지, 그 때문에 발생하는 난문제에 의해서 그 사람이 사람인 까닭으로 내려지는 존엄한 존재라는 명령의 보편성을 해치는 것은 허용되어서는 안 되는 것이다. 일체의 악의 근원에 있는 것도 역시 허위이며, 인간이 인간인 한 마음속에 그것을 듣지 못하는 사람은 없는 것이다. 거짓을 말하는 것은 도덕률의 명령을 한결같이 해석하여, 자기를 속이려고 하는 내적 허위인 것이다. 칸트는 그의 보편타당한 도덕률에 의해 표현되는 엄격한 실천적 진리에 의해서, 거짓말을 단호히 파쇄한다. 그러나 이 준엄한 생각에 대해, 여기에 등장하는 사상가의 한 사람인 베르댜예프는 기독교적 도덕론을 전개한 『인간의 운명』(The Destiny of Man)에서 엄격한 비판의 눈을 돌리고 있다.

Ⅰ. 베르댜예프: 윤리의 원칙으로서 신(神)

창조성의 윤리에 선 베르댜예프는 칸트와 거짓말의 문제에 대해서도 날카로운 대립을 하고 있다(베르댜예프 자신은 14~5세 때 칸트의『순수이성비판』을 읽고, 객체적 세계에 대한 주체적 세계를 자각하는 데 이바지한 이래, 칸트에게 배울 점이 많고, 행복주의를 배제하고, 인격의 존엄을 중시하는 칸트의 도덕설에는 깊은 공감을 느끼기도 했다).

"철학자 중에서는 칸트가 나에게 가장 큰 의의가 있었다. 칸트의 철학은 자유의 철학"이라고 그가 말년에 말하고 있다. 궁여지책의 거짓말에 대해서 그는 "도덕적 삶에서의 진실과 허위의 문제는 예를 들면, 칸트가 본 것과는 전혀 다른 평면으로 보인다."고 말했다.

베르댜예프에 따르면, 칸트는 한 사람의 인간의 생명을 구하기 위한 지극히 무사한 거짓말도 허용하지 않고, 그 때문에 '율법주의적 추상론'에 어긋나는 것이다. 진위의 문제는 형식적 율법적이지 않고, 존재론적이며, 그것은 도덕적 공론에 의해서는 해결될 수 있는 것도 아니다. 칸트가 일체의 거짓말을 거부한 근거인 도덕률의 보편 타당성을, 베르댜예프는 군집도덕(herd-morality)의 특징으로 보고 있다. 칸트가 주창한 도덕적으로 선(善)인 정언명령에 따르는 것 하나하나는 추상적이며, 구체적 독자적인 도덕 문제에 있어서는 힘이 없다고 보는 것이다.

칸트는 친구를 진실을 말할 의무의 희생에 제공하는 것을 선으로 보았지만, 베르댜예프에게는 이것이야말로 율법주의의 극단인 것이다. 그는 "살아 있는 진선미라면 이웃 사랑보다 윗자리에 있어도 좋으련만, 추상적 관념으로서의 진선미는 그렇지 않다."고 말한다. 인간 위에 있는 것은 오직 한 사람 신적인 것뿐이고, 추상적인 것은 결코 인간 위에 서지 않는 것이다. 따라서 '살아 있는 존재자, 개개의 사람에 대한 사랑을 인간 일반이라든가 인류라든가 하는 추상관념에 대한 사랑을 위해서 희생시키는 것은 악이다.'라고 한다.

베르댜예프는 윤리를 율법의 윤리(Ethics of Law), 속죄의 윤리 (Ethics of Redemption), 창조성의 윤리(Ethics of Creativeness)의 3단계로 나누어, 도덕적 행위는 뛰어난 의미에서 개성적 창조적인 성격의 것이며, 진정한 의미에서 자유이지, 칸트류의 율법에 대한 복종이라는 자유가 아니라고 말한다.

윤리의 기초는 도덕적 경험이지만, 칸트는 실생활에서는 그것을 가지면서 이론상으로는 부정했으며, 칸트가 도덕률의 제약 그 존재 근거(ratio essendi)로서 도덕철학의 요체로 삼은 자유에 대해서도,

> "칸트의 자율설은 인간의 자유와는 아무런 관계가 없다. 자율적인 것은 도덕률이지 인간이 아니다. 자유는 오직 도덕률을 실행하기 위해서만 필요로 한다. 칸트의 자율적 윤리는 확실히 인간을 무시하고 있다."

라고 단정하고, 창조적 자유에야말로 윤리가 바탕이 되어야 한다고 비판하고 있다. 베르댜예프가 말하는 창조적 자유란, 개개의 도덕적 문제의 해결에 있어서 창조적 자발적으로 해결을 창시할 자유이며, 도덕률을 받느냐 거부하느냐의 단순한 선택의 자유가 아니라, 가치 창조의 자유이다. 자유는 새로운 현실을 형성해야 할 가능성이며 힘이다. 악을 훼손할 뿐만 아니라, 악을 돌아서 선으로 변용시키는 힘이다.

따라서 창조적 자유란 단순히 거짓말을 거부하는 것만이 아니라, 거짓말을 통해 더 깊은 진실을 드러낼 수 있는 힘이다. 칸트의 도덕철

학에서 도덕률의 담당자는 사회가 아니라 인격으로서의 인간이며, 도덕률은 인간이 자기에게 스스로 부과하는 자율적 법칙이다. 그러나 베르댜예프의 말에 의하면 인격이 자기 자신 안에 자유롭게 구현해야 할 도덕률은 사회에 의해 결정되고 있다.

도덕률은 보편타당하지만, 보편성은 항상 사회적 성격을 띤다. 율법은 개성이나 독자성을 인정하지 않는다. 도덕률은 조금도 개인의 도덕적 경험이나 영적 갈등에는 관여하지 않는다. 칸트에게 도덕적 경험이나 도덕적 고투(苦鬪)에 대해서는 완전한 무관심으로 보인다. 율법에서 중요한 것은 개인이 그것을 준수하느냐 준수하지 못하느냐의 문제일 뿐이다. 따라서 이러한 윤리에서는 사람의 개성도 단지 추상적이고 치환할 수 없는 구체적 인간의 개성과는 아무런 관계가 없다는 것이다.

칸트가 주창한 순수실천이성의 명령은 인간뿐만 아니라 대략 이성적 존재자 모두가 듣고 따라야(聽從) 하는 것으로, 그것은 만인에게 있어서 동일한 이성적 본성에 관한 것일지라도, 구체적인 살아 있는 인간 그 자체, 그 사람의 운명·체험·갈등에는 관계가 없다고 베르댜예프는 평가한다. 따라서 칸트가 순수실천이성의 정언명령으로 세워서 도덕률의 근본이라고 본 '당신의 인격에서의 인간성도, 다른 모든 인격에서의 인간성도, 당신은 항상 동시에 목적으로서 사용해야 하고, 결코 단지 수단으로서 사용하지 않도록 행위하라.'는 것도, 칸트 도덕철학의 율법적 성격 때문에 전복된다고 본다.

칸트는 인격성을 중시한 도덕적 입법자로서의 인격, 자기 자신을 목적으로 하는 자율적인 자유의 주체로서의 인격에 비길 데 없는 존엄성을 주었다. 이것은 베르댜예프도 인정한다. 그러나 칸트가 말하는

악마의 가면

인격성은 추상적이라고 말하는 것이다. 각 개인은 칸트가 설파하는 추상적, 비인격적, 보편타당한 도덕률이 실현되기 위한 수단이자 도구라고까지 극언한다.

칸트의 도덕은 자유에 바탕을 두고 있다. 자유는 도덕률의 존재 근거이다. "그러나 인간은 자유롭지도 않고, 자율적이지도 않으며, 율법에 완전히 종속되어 있는 것이다." 앞의 거짓말의 예에서도 분명히 알려지듯이, 칸트는 인간이 도덕률을 지배하는 것(안식일에 주요한 것)을 수긍하지 않는다. 베르댜예프는 그러므로 '살아 있는 인간의 인격은 칸트에게 아무런 가치가 없다.'고 말한다.

'개성이라는 것이 칸트 윤리에서는 존재하지 않는 것은 하나하나가 독자적인 해결을, 즉 창조적 도덕적인 해결을 요구하는 개성을 가진 독자적인 문제가 칸트에게서는 존재하지 않는 것과 같다.' 특히 칸트는 개성을 보편타당한 도덕률의 적용의 단순한 하나의 예로밖에 보고 있지 않는 것에 베르댜예프는 반대하는 것이다.

칸트는 도덕성을 단순한 쾌락이나 감정이라고 하는 감각적 원리에 근거하는 것에서 구하고, 한편 법제나 습관이나 교육이라고 하는 외적 원리에 근거해서 그것을 상대화하는 것으로부터도 구하고, 도덕성을 인간의 의지의 자유에다가 순수실천이성이라고 하는 내적 지적 원리를 바탕으로 한 것이다. 게다가 이론이성의 영역에서는 단순한 이념에 머무른 신, 영혼의 불사(不死)에 실천적 입장으로부터 그 존재를 요청하고 실천적 믿음을 주어서 부조(父祖)의 신앙을 지켰다고 하는 것이다.

베르댜예프도 이와 같은 칸트 윤리의 기독교적 배경은 인정하면서도, 칸트의 가르침은 (톨스토이의 가르침과 마찬가지로) '기독교의 율법주

의적 곡해'로서, '철학적으로 세련된 바리사이주의, 펠라기우스주의'
이며, 죄를 부정하고 따라서 은총의 필요를 인정하지 않고, 도덕지상
주의를 고취하는 것이라고 비평한다. 그리스도의 십자가를 통한 속죄
의 종교인 기독교에서는, 만인에 대해서 불변의 구속력을 가지며 언
제 어떠한 경우에도 타당한 추상적 도덕률은 존재하지 않는다고 베르
댜예프는 말한다.

은총과 죄의 속죄를 중심으로 하는 복음의 도덕은 "너의 행위의 원
칙이 보편적 법칙이 될 수 있도록 항상 행위하라."는 칸트의 정언명령
과 정반대로, "너는 항상 개인으로서 행위하라. 각 사람은 각기 다른
방식으로 행위하라."고 명하는 것이다. 도덕적 행위는 독자적인 개성
이 있어야 한다. 추상적인 선(善)이 아니라, 살아 있는 구체적인 인간
을 항상 응시하고 있어야 하는 것이다. 여기서 칸트의 윤리에 대해 위
와 같이 비판하는 베르댜예프의 윤리에 대해 약술하고자 한다.

베르댜예프는 자신의 윤리를 '창조성의 윤리'라고 부르고, '율법의
윤리' 및 '속죄의 윤리'와는 구별하고 있다. 그것에 의하는 칸트를 비판
하면서 '율법의 윤리'란 구약적 성격을 특질로 하는, 그리스도 이전의
도덕으로, 이교에서도, 원시사회에서도, 아리스토텔레스에서도, 스토
아에서도 또 성 토마스에서도 볼 수 있는 것으로 보고, '속죄의 윤리'가
인격적인 것에 대해 사회적 · 종교적 · 철학적이라고 평가한다. 그것
은 선악의 대립을 전제로 하여 개인의 악을 벌하고 금하지만, 세계와
사회 속의 악은 중시하지 않는다. 따라서 세계는 정의의 법으로 다스
려지고 있다고 생각하고, 도덕률의 가치와 의지의 자유와 악인의 처
벌을 믿는다는 낙천관 입장에서 세계를 해석한다.

이때 인간의 필요에는 지극히 적합하면서, 개인의 인격성과 운명에

는 신경 쓰지 않는다. 선행을 쌓는 것에 의해서 사람은 선이 된다고 말하지만, 선행은 개인의 내적인 투쟁에는 도움이 되지 않으며, 그것은 정신 상황을 변혁시킬 힘도 없다. 그러나 그리스도의 강세(降世)에 의해서, 이 율법의 윤리는 폐절되는 것이 아니라, 복음의 윤리에 의해서 고조되어 마침내 거기에 포함되기에 이르는 것이다. 그것이 실재한 가장 큰 것은 정의이다. 그러나 인간의 자유, 인간의 인격의 존엄성이 문제가 되면, 율법은 은총과 속죄의 윤리에 의해 지양된다.

'속죄의 윤리'는 선악이 대립하거나 악을 극복할 수 없는 상태에 머무르는 것이 아니라, 은총하에 선을 실현하는 것이다. 속죄와 구제는 단순히 악으로부터의 해방이 아니라 선악의 율법적 대립으로부터 해방되는 것이기도 하다. 그것은 사람이 되어 죄의 세계로 내려가, 스스로를 희생하는 살아 있는 신과의 만남이다. 이 세계의 악과 비참을 신에 의해 극복하는 것이다. 이것에 의해서 일체의 도덕적 평가는 근본으로 고쳐지게 된다. 율법이 인간적 사회적인 것에 대해 '속죄 · 복음의 윤리'는 '신적=인간적'이다. 이 윤리에서 도덕적 행위는 사람과 신과의 협동으로서, 사람을 위하지 않는 것도 신에게는 가능하다.

그것은 추상적인 최고선을 목적으로 하는 것이 아니라, 살아 있는 존재자, 인격을 목표로 한다. 그것은 규범보다는 실존을, 삶을, 구체적인 살아 있는 존재를 존중한다. 그것은 도덕적 문제를 개성적으로 해결한다. 그것은 인간 개개인에 대한 구체적인 인격적 사랑의 윤리이다. 그것은 지극히 역동적이며, 선인도 악인도 그 윤리에는 고정된 것이 아니며, 죄에 대해서도 용서받지 못할 것이 없다. 그것은 인간을 생명의 원천으로 데려간다. 그것은 타협을 허락하지도 않고 가혹하지도 않다. 그것은 타인에게 돌을 던지지 말고, 자신에게 엄격한 것을 요구하며, 스스로를 바로잡고 구원받았다고 하는 것을 가장 잘못된 길로 본다. 그것은 율법의 도덕이 미치지 못하는 중요한 의의가 있는 상황에서, 즉 인생의 위기에서 현현(epiphany)한다.

만인이 죄인이고 또한 구원받아야 할 까닭에 그것은 극악인 중에도 신의 닮은 꼴을 인정한다. 그리고 우리 존재의 중심은 자기 안이 아니라, 신에게, 그리스도에게 있기 때문에, 그것은 세상에 극한 힘을 주고, 고뇌를 받아 그것을 견뎌 내는 능력을 준다. 그것은 사회의 일원으로서의 인간에게 호소하는 것이 아니라 내적인 영혼으로서의 인간에게 호소한다. 그것은 사회적 업적을 추구하지 않고 영성의 각성과 갱생을 요구한다. 그것은 역사적 시대를 넘어, 사회적 변화를 넘어, 사람의 영혼 속의 영원한 원리에 호소한다. 그것은 정식화된 규범을 마련하여 도덕적 문제를 푸는 것을 용이하게 하지는 않으며, 인간이 직면하는 근본적으로 가장 중요한 문제의 해결을 함에는 인간의 자유에 맡긴다. 그것은 해결책을 주지 않으면서 사람의 영혼 구조를 근본적으로 의롭고 새롭게 한다.

베르댜예프가 도덕의식의 마지막 단계라고 생각하는 것은 '속죄의 윤리'를 완성해야 하는 '창조성의 윤리'이다. 인간은 복음에 의해 그 죄를 용서받고 신의 것으로 여겨지는 것을 바라는 것과 동시에, 창조적 활동도 원하는 것이다. 복음은 또한 인간에게 신이 내린 창조력을 위해 활동하고 창조적 사명을 달성하기를 요구한다. 창조란 전혀 존재하지 않은 새로운 것이 생겨나는 것으로, 무에 대한 유가 아니라, 절대의 무, 시원적(始源的) 자유, 무저(無底)의 자유(meonic freedom)를 전제한다. 그것은 신의 천지창조의 비의(祕儀) 속에 계시(啓示)된다.

사람은 신에게 창조된 자이며, 또한 스스로 창조하는 존재이다. 신은 인간의 응답(창조의 활동)을 기다린다. 창조는 필연적인 은총이 아니다. 신으로부터 그 일체가 나오는 것도 아니다. 창조는 인간의 기여, 즉 근원적 자유를 필요로 한다. 이 같은 무규정적 원초적 자유 없이는 창조도 없다.

창조는 활동인 이상 어떤 불완전과 결부되며 완전한 완료는 창조에 위배된다는 역리를 포함한다. 창조는 각자가 자기의 도덕적 개선 진보를 잊고, 자기 하나의 구제조차 염두에 두지 않을 것을 요구한다. 구제는 죄와 겸억을 전제로 하는데, 이것이 창조를 막기 때문이다. 따라서 도덕적 창조에서는 영혼 속에 앞의 두 윤리와는 다른 도덕 원리가 있음이 밝혀진다.

창조는 속죄 이전의 인간의 사명을 상기시키는 것으로, 선악을 초월한다. 창조적 활동이야말로 인간이 이 지상에 만들어진 사명과 운명을 증명하는 것이다. 법의 윤리도 속죄의 윤리도 그것에 대해서는 말할 것이 없다. 도덕적 행위, 도덕적 삶, 도덕적 평가의 창조적 성격은 율법이나 규범에 의해서는 밝혀지지 않는다. 창조적 태도를 가지고 삶의 전반에 임하는 것이 인간의 의무이며, 도덕적 명령이다.

'창의성의 윤리'에서는 대체로 도덕적인 문제는 모두 개성적이고 창의적이다. 그것은 일반적으로 보편타당한 규칙을 자동적으로 적용하는 것으로는 풀리지 않는다. 인간은 단순한 도덕적 자동기계, 수동적 집행인이 되어서는 안 되는 것이다. 여기서는 자유도 다른 의미를 얻는다. 율법의 윤리에서 자유는 단지 선의 법칙을 받느냐 거부하느냐를 의미하는 반면, 여기서 자유는 가치의 개별적 창조를 의미한다.

반복 불가능한 도덕적 행위에서도, 전혀 존재하지 않는 새로운 선이 만들어지고 있으므로, 인간은 항상 선의 창조자여야 한다. 여기에서 윤리의 동적 성격이 보인다. 악은 단순히 타파되는 것이 아니라, 선으로 바꿀 수 있다. 따라서 거짓말도 칸트처럼 단순히 금지되는 것만이 아니다. 거짓말도 더 높은 진실로 변하게 할 수 있다.

'창조성의 윤리'는 '속죄의 윤리'와도 다르다. 그 첫 번째는 죄의 속죄와 구제라는 소극성이 아니라, 정의와 가치의 창조적 실현이라는 적극성이다. 진정한 도덕적 동기는 현세적 자기애가 아님은 물론, 천상적 자기애(자신의 구제)여서도 안 된다. 그것은 신에 대한 무한의 사랑, 삶에서의 신적인 것, 진리, 완전 및 일체의 가치에 대한 무한의 사랑이어야 한다.

도덕적 행위는 구체적 인격성에서 비롯되며, 독자적 개성적이다. "너 자신이라도 너 자신에게 신실하라."는 것이 그것의 절대명령이다. 그러나 또한 '창조성의 윤리'는 인격주의이지, 개인주의와는 다르다. 즉, 자기 자신인 것은 자기에 대해서 신이 가지고 있는 관념을 실현하는 것, 말하자면 인격성의 영적 실현이다. 인격성은 신이 지니고 있는 관념으로서 또 신의 닮은 모습으로서 도덕의식의 중심이며, 지상의 가치를 가지는 것이다.

인격성의 가치는 칸트와 같이, 그것이 담당하고 있는 보편타당한 법칙에 의한 것이 아니라 그것이 삶에서의 신적 원리의 담당자인 것, 즉 신의 닮은 모습인 것에 의하는 것이다. 창조성의 윤리는 영원의 시간적인 것에 대한 승리를 요구한다. 창조적 행위는 영원한 가치를 지향하고 있기 때문이다. 모든 것이 썩어 가는 이 세상에서도 창조의 불은 불멸이다. 그것은 구원의 수단으로서의 사랑이 아니라 가치 그 자체로서의 사랑, 창조의 힘으로서의 사랑이다.

창의성의 윤리는 가장 성숙한 도덕성이고 도덕의식이며 또한 영구적으로 젊은 도덕성이다. 그것은 발전을 거듭한 끝에 형성될 수 있는 고체화되고 냉각된 규범과 제도가 아니다. 그것은 원초창생, 열화와 같이 또 처녀와 같은 직관이며 자유이다. '창의성의 윤리'는 선악의 대립에 대해서도 독자적인 태도를 취한다. 악의 존재를 절대로 허락하지 않는 절대의 완전, 절대의 선은 신천지가 된 신의 나라에서 가능한 것이며, 신의 나라 이외에서 절대적 질서, 절대의 합리성을 장래에 성립시키려고 하면, 반드시 혹은 악에 대한 자유를 포함한 불완전한 삶 이상으로 나쁜, 반기독적인, 대심문관의 폭압의 왕국을 초래한다. 이 세계에서는 대립하는 원리 사이의 갈등, 길항, 즉 자유의 행사가 있어야 한다.

지상에서의 절대선은 덕의 강요가 되고, 도덕의 부정이 된다. 창조성은 행복과 지복을 주겠지만, 그것들은 결과일 뿐이지 처음부터 목적이 되어서는 안 된다. 이 윤리는 상승하여 신에게 이르고, 성령의 은사를 받아 영적 귀족주의에 이르지 못하려 함과 동시에, 죄의 세상에 내려와 세계와 인간과 운명을 같이하며, 동포를 돕고, 상승에 의해 얻은 영의 힘을 반포한다. 정사(맑은 생각)와 사랑이란 끝이 없는 것이다. 세속을 초월한 상승은 세상을 사랑하는 것의 하강과 결합해야 한다. 이것이야말로 기독교가 처음으로 인류에게 준 바이다. 자유와 사랑과 창조야말로 창조의 윤리가 인간의 도덕생활의 목표로 간주하는 바이다.

베르댜예프는 이상의 윤리관에 서서 칸트를 비판한 것으로서, 그의 비판은 따지고 보면, 칸트는 이성에 신의(信倚)하고, 이성이 내리는 율법에 절대적으로 따르는 자율을 가지고 자유라고 보는 것에 반해, 베르댜예프는 인간 이상(以上)의 자(者)의 힘을 윤리의 원칙으로 세우고, 도덕적 자유를 신의 창조의 기능에 비유해야 하는 것으로 보는 것이 다른 점이라고 할 수 있다.

Ⅱ. 본회퍼: 진실이란 대체 어떤 것인가?

베르댜예프의 이러한 비평을 읽기 얼마 전, 칸트에 대해 같은 문제를 논한 문장이 눈에 띄었다. 그것은 본회퍼(Dietrich Bonhoeffer)의 '진실을 말하다니 무엇을 말하는가'(Was heißt die Wahrheit sagen? Ethik, 1949., Anhang. Chr. Kaiser Verlag) (Widerstand und Ergebung, zwölfte Auflage, 1964., Chr. Kaiser Verlag)였다.

본회퍼는 히틀러의 독일에 발을 들여놓은 이래 교회 투쟁에 그의 풍부한 재능을 모두 투자하고, 후에 형ㆍ매형과 함께 정치투쟁에도 가담해 반 히틀러 음모의 혐의로 투옥되어 2년에 걸친 옥살이 후 1945년 4월, 나치정권의 붕괴를 눈앞에 두고 히틀러의 특별명령으로 처형되어 39세에 생애를 마친 독일의 신학자이다.

위의 한 문장이 수록되어 있는『윤리』는 그가 일생의 과업(life work)과 가능한 한 반 히틀러 투쟁의 망중에 집중할 수 있는 시간을 내어 적어 두거나 또는 옥중에서 공습 그 밖의 여러 고난의 상태에서 기록하여, 미완성인 채로 유고로서 남긴 것으로 친구의 손으로 편집한 것이며, 위의 한 문장도 옥중에서 쓰인 것이다.

본회퍼는 '진실을 말하는 것'의 의미는 사람이 다른 사람에 대해 가지는 관계는 그 사람이 처한 장소에 따라서 항상 다르다고 생각하고 칸트가 부정한 진실에 대한 요구권을 인정하는 것이다. 진실이라는 것을 단지 사상과 말과의 일치라는 추상적인 측면에서 생각하지 않고, 구체적인 삶의 장소에서, 우리가 신에 대해 지고 있는 책임을 실현하는 것 속에서 찾아내고자 한 것이다. 말은 언제나 어떤 구체적인 경계에서 발하는 것이며, 항상 그 고향(발화자)을 가진다. 부모가 자식과 나누는 말은 부부, 친구, 사제, 적과의 사이에 이야기되는 말과 본질적으로 다르므로 그 포함하는 진실도 각각 다르다고 생각한다.

칸트가 거짓말을 '고의의 부진실 일반'이라고 정의하고, 원칙상으로 자기 자신에 대한 의무의 위반의 으뜸으로서 준별하여 판단(峻斷)한 것에 대해 본회퍼는 칸트가 생각하는 진실과 성실은 형이상학적 우상으로, 허위로 타락한다고 본다. "우리의 말은 원칙적으로가 아니라 구체적으로 진실에 충실해야 한다. 구체적이지 않은 진실에 대한 충실은 하느님 앞에서는 진실에 충실한 것이 아니다." 라디오, 텔레비전, 신문 등을 통해서 하는 말은 그 고향(발화자)으로부터 분리되어, 단지 추상적·공적인 말만이 범람하고 말이 진실성을 잃어버리고 있는 현대에는 그만큼 더 말을 현실과 밀접한 것으로서 파악하지 않으면 안 되기 때문이다.

구체적이라고 해도 좋은 현실이라고 하는 것은 우리가 실제로 놓여 있는 세계, 즉 사회이지만, 이것을 보편타당한 법칙 위에서 우연적인 것으로서 가볍게 생각해서는 안 된다. 이 세계는 그리스도가 오신 세계, 그리스도를 통해 하느님과 유화(宥和)시킬 수 있는 세계이다. 이 구체적 세계를 경시하고, 이 혼돈의 세계에서 자기가 가지는 구체적 관계를 일절 고려하지 않고, 그것을 단지 감성적인 것에 할애하여 추상적 원리만 존중하는 것은 그리스도를 부정하는 것에 지나지 않는다는 것이다. 그러나 그렇다고 해서, 진실을 모두 개개의 것으로 용해해서 그 보편성을 부정하는 것은 아니다. 오히려 진실을 그 살아 있는 관계에 근거해서 그것과 관계의 실체가 진실할 것을 요구하는 것이다.

"생활과 구체적인 다른 인간과의 관계에서 벗어나, 내가 누구를 향해 그것을 말하고 있는가를 고려하지 않고 '진실을 말한다'는 점에서는 그 진실은 진실의 외관만을 갖추고 있고 실체는 없는 것이다." 추적자에게 친구의 거소를 물을 수 있는 궁지에 몰린 경우에도, 인류의 권리라는 견지에서 결단코 진실을 말하지 않으면 안 된다고 칸트가 말할 경우, 여기서의 진실은 친구와의 진실한 관계를 깨는 것이며, 실체를 잃고 그 관계를 허위로 향하게 하는 것이다.

칸트는 언제 어떠한 때 어떠한 사람에게도 거짓말은 절대로 해서는 안 된다고 극언했지만, 본회퍼는 그것을 격렬하게 비판한다.

> 모든 장소에서, 모든 때에, 모든 사람에게, 같은 방식으로 '진실을 말할 것'을 요구하면서, 단지 진리가 죽을 수 있는 우상의 모습만을 보이려고 하는 것은 냉소적인(cynical) 사람이다. 그는 인간의 나약함을 전혀 고려할 수 없는 진리열광주의자(Wahrheitsfanatiker)의 위광(威光)에 굴복함으로써 인간들 사이의 살아 있는 진실을 파괴한다. 그는 수치심에 상처를 입히고 비밀의 위에 걸린 성스러운 휘장막(베일)을 뜯어내고 신뢰를 해치고, 그가 그 안에서 생활하고 있는 교제를 비웃으며, 그가 만든 폐허와 '진리를 참을 수 없는' 인간의 나약함을 오만하게 비웃는다. 그는 "진실은 파괴적이며, 희생을 요구한다."고 말하고, 스스로 그들이 약한 피조물 위에 군림하는 신인 것처럼 여기며, 그의 실

악마의 가면

제 악마를 섬기고 있다는 것을 모른다.

　진리의 가면을 쓰고, 만인에게 충성을 구하면서, 살아 있는 현실, 살아 있는 진실을 파괴하고, 신에 의해 만들어져 사랑받은 이 세계를 증오하고 훼손하는 것이 거짓의 아버지인 악마의 소행이라는 것이다 (요한복음 8.44). 진실을 말할 의무의 보편 타당성을 극단까지 밀어붙인 결과는 본래 어느 특정한 영역에서 살고, 특정한 고향(발화자)을 가져야 할 말을 그 뿌리로부터 끊고, 개성과 고유성을 빼앗고, 말(言)이 거기에서 사는 경계와 질서를 어지럽히고, 진실을 말하는 것이 허위인 사태를 초래한다. '말이 근거와 고향을 잃을 때, 말은 진실성을 잃고, 거의 필연적으로 허위가 된다.'

　가정에는 거기서 이야기해야 할 진실이 있고, 교실은 교실에서 이야기해야 할 진실이 있다. 양자가 경계를 침범하여 난입할 때, 거기에는 더 이상 진실이 발견되지 않는다. 교실에서 교사가 가정에 속한 비밀을 공언하도록 요구할 경우, 학생이 가정의 질서를 지키기 위해 거짓말을 해도 그 거짓말에 더 많은 진실이 포함되어 있기 때문에, 허위는 질서를 어지럽힌 교사의 편에 있다. 단순히 사상과 말의 일치를 가지고 진실로 생각하는 추상적 논리적인 시각으로는 거짓의 본질을 밝힐 수 없다.

　거짓의 본질은 더욱 깊은 곳에 있는 것으로, '말의 배후에 있는 인간이, 그 말을 거짓이라고도 하고, 진실이라고도 하는 것이다.' 그리고 거짓의 근원은 예수가 그리스도임을 부정하는 것이며, 하느님에 의해 만들어졌으며, 하느님 안에 그 근거를 가지고 있는 진실을 부정하고 의식적으로 파괴하는 것이다.

우리가 무언가를 말한다면, 우리는 하느님 안에 있는 현실적인 것을 표현하는 사명을 가지고 있는 것이다. 그러나 현실을 표현하려고 우리가 노력할 경우, 우리는 항상 여러 가지 질서 속에 자신이 놓여 현존하는 분열과 모순 속으로 끌려 들어가고 있음을 기억해야 한다

우리의 말이 진실하기 위해서는 이 속죄의 상태와 그것이 이미 극복되어 있는 신의 창조와 화해의 말을 모두 살펴보아야 한다. 본회퍼는 자신의 말이 진실이 되는 규정으로서 누가 나에게 말할 것을 촉구하는가에 대해, (i) 무엇이(누가) 나에게 말할 권능을 주는가를 아는 것, (ii) 내가 있는 곳을 아는 것, (iii) 내가 말하고자 하는 대상을 이 관련 안에 위치시키는 것이라고 하는 3가지를 들고 있다.

본회퍼의 칸트에 대한 비평은 그의 저작 『윤리』(Ethik)의 다른 곳에서도 분명히 이야기하고 있다. 그리스도를 통해 하느님과의 조화로움을 이룬 이 세상의 구체적 관계를 일체 사상(捨象)하고, 단지 보편적 법칙에 충실하려고 했던 것이, 도리어 진실을 희구해서 보다 깊은 의미에서의 허위로 전락했다는 칸트에 대한 비평은 거기에서도 그의 성인성(成人性: Mündigkeit), 세속성(世俗性: Weltlichkeit), 현세성(現世性: Diesseitigkeit)이라는 그리스도 중심의 근본 사상으로부터, 엄격하게 제기되고 있다.

그리스도는 시종에 관계없이 동일하지만, 세계 형성의 일원칙 일체계의 선전자는 아니다. 그리스도는 어떤 희생을 치르더라도 실행해야 할 추상윤리를 가르치는 윤리학자가 아니라 우리와 같은 현실의 인간이 될 것이며, 그러므로 우리에게도 특정 학파의 대변자가 되지 않고, 하느님 앞에 현실의 인간이 될 것을 요구할 것을 말하고 있다. 나아가 본회퍼는 다음과 같이 논평한다.

악마의 가면

"그리스도는 어떤 윤리학자처럼, 선에 관한 학설을 사랑한 것이 아니라, 현실의 인간을 사랑한 것이다. 그는 철학자처럼 '보통의 타당한 것'이 아니라, 구체적인 현실의 인간에게 있어서 도움이 되는 것에 관심을 나타낸다. '하나의 행위의 준칙이 보편적 입법의 원리가 될 수 있는가'(칸트)라는 것이 아니라, '나의 행위가 지금 이웃에게 있어서 그 사람이 하느님 앞에서의 한 명의 인간이기 위한 도움이 될 수 있는가'라는 것에 그리스도는 마음을 쓰신다. 신은 이념 원칙 · 프로그램 · 보편 타당성 · 율법이 되어 주신 것이 아니고, 신은 바로 인간이 되어 주신 것이라고 [성경에는] 쓰여 있다. 바로 그리스도는 현실에 힘을 주고, 현실을 긍정하고, 실로 그 자신이 현실의 인간이며, 이와 같이 모든 인간적 현실의 근거이셨다."

일체의 허위 · 거짓 · 기만을 배제하는 칸트의 보편타당한 윤리는 인간으로 하여금 도덕적인 신성성의 근원과 하나가 되어야 하는 것 때문이라고 보는데, 그러나 인간은 근원으로부터 분열하고 있는 것이 현실이며, 이 분열을 깨달으면서 이를 그냥 지나쳐 보편적인 율법을 타당하게 하는 것은 이 세계에서 인간의 입장을 초월한 월권을 이루는 것이라고 본회퍼는 주장한다.

칸트의 율법의 윤리는 도덕적으로 완전한 순수성을 요구한 나머지, 일체의 악의 존재를 용서하지 않고, 일체의 죄를 저지르지 않으려고 하며, 사랑으로부터 행하는 죄도 거부하는 엄격주의인 것이다. 본회퍼는 거짓말 예의 궁여지책에 대한 칸트의 견해를 기괴한 결론이라며 다음과 같이 비판한다.

"이러한 경우에는, 법외의 터무니없는 자부심에까지 고조된 양심의 자기 의인(義認)이, 책임 있는 행동으로 나가는 길을 방해한다. 만약, 책임이라는 것이 신과 이웃과의 요구에 대한 전체적인 현실에 즉응한 인간의 응답이라면 이 예는 원칙에 속박된 양심의 응답이 얼마나 부분적으로 치우친 것이 되는가 하는 것을 선명하게 보여 주고 있다."

　친구에 대한 사랑 때문에 굳이 거짓말을 하는 죄를 짓는 것을 거부하면, 그 행위는 도덕률에 일단은 맞을지라도, 현실에 기초한 책임에는 어긋나게 되어 진정한 구체적 진실에는 도달하지 못하게 되는 것이다. 칸트는 "만약 그가 친구를 구하기 위해 거짓말을 한다면, 그로 인해 발생하는 모든 예기치 못한 사건에 대한 책임은 자신에게 돌아가지만, 진실을 말하고 친구가 도망친 방향을 있는 그대로 알려 주면, 어떤 결과가 나오든 자신을 비난할 수는 없다."고 말했다. 이는 자신의 내면에서 그 행위의 궁극적인 정당성을 찾기 위한 노력이다. 그에 대한 책임 있는 행위는 모든 인격적인 객관적 상황을 책임 있게 판단하면서도, 그 행위가 정당한지 아닌지는 단지 신에게 맡기는 것이다.
　자기 자신의 행위의 선악을 최종적으로 자신은 모른다는 것, 따라서 단지 신의 은총에 의해 부탁하는 것이야말로 책임 있는 행위라고 본회퍼는 말하는 것이다. 일체를 신에게 맡기고 행위하는 사람은 율법으로부터 자유로워진 양심을 가진 사람이며, 이웃 사랑을 위해서라면 죄 가운데라도 기꺼이 들어가는 것도 불사하는 것이다. 율법에 어긋나지 않을까 하는 의구심을 항상 품을 필요는 없고, 이웃의 구체적인 곤궁에 대해서는 넓게 마음을 여는 것이다.

칸트는 충분한 가치를 인정하지 않지만('실천이성비판' 방법론), 생명을 구하기 위해 일신의 위험을 무릅쓰는 것도 이 사랑으로부터는 허용될 것이다. 책임 있는 행위는 이웃을 위해 죄를 지는 것이며, '책임 있는 인간은 죄 없는 자로서 죄를 지는 자가 된다.' 그러므로 책임의 기초는 그리스도에게 있는 것이다.

본회퍼의 『옥중서한집』 중에 「나는 누구인가」(Wer bin ich?)라는 시(詩)가 있다. 유유태연하고 자유롭게 태연하게 유수(幽囚)의 나날을 견디다 보면, 같은 죄수의 눈에 비치는 자신과, 혼자 있을 때의 낙착(落着)을 잃고, 가슴이 울렁거리고, 밖의 자연에 굶주리고 동경하고, 분노에 몸을 떨며, 기도와 사고에 지쳐 망연자실 범람하는 자신과의, 양자를 날카롭게 바라보고, 자기에 대한 재판의 결정(裁定)을 신에게 맡기는 심경을 읊은 것이다.

이 서한집 중에는 폭격을 받아도 죄수가 공포를 숨기려고 하지 않고, 울부짖고, 그 불안을 전혀 공개적으로 이야기하지도 않고 있는 것을 불가해하고, 불안이란 것은 수치스러운 것이며, 함부로 말할 일이 아니며, 그것을 말하는 것은 실존주의와 같이 후안무치(厚顔無恥)에 빠진다고 말하고 있다. 이 두 가지 이야기는 인간은 타인에 대해, 신에 대해 또 자기에 대해, 전혀 공개적으로가 아니라 은폐하려고 하는 것을 인간의 현실로서 긍정하고 있는 것이다. 그는 은폐와 개방의 변증법에 대해 말한다. 즉, 인간이 자기를 은폐하는 것은 필연적이며, 그것은 인간이 근원으로부터 분열하고 있는 것(죄지음)을 자각하게 하고, 수치를 일깨우는 것이다(창세기 3 · 7).

우리는 모두 엄폐해야 할 죄를 가지고 있다. 지금 있는 그대로 죄인이고 완전한 것이 아니다. 그러나 인간은 완전한 존재로 만들어진 것이다. 거기에서 은폐는 필연적인 일이다. 이것은 위선이 아니다. 오히려 분열된 채로 자기를 드러내는 것이야말로, 그래서는 안 된다는 자기의 심오한 소원을 속이는 것이다.

인간은 자기를 속이지 않는 자기 안의 악을 은폐하고 진실한 자기가 되기 위해 노력함으로써, 도리어 자기의 진실에 위배되게 되는 것이다. 가면은 필요하다. 니체가 '모든 깊은 정신은 가면을 필요로 한다.'라고 말하는 것처럼 그것은 없어서는 안 된다. 그러나 그것은 '변장'이 아니고, 타인을 조롱하는 목적으로 하는 것이 아니다. 그것은 근원으로부터 분열된 인간의 상황의 필연적인 표시이며, 그러므로 그것은 존중되어야 한다. 이 가면 아래에서, 잃어버린 일치를 회복하고 싶다는 소망이 살아 있는 것이다.

엄폐가 깊이 파고들어 깨지는 성(性)의 교류라든가, 신과의 교분에 있어서, 한층 부끄러움이 느껴지고, 은폐는 도를 더해 가는 것이다. 가장 깊은 의미는 죄의 정당과 근원과의 일치에 대한 희구이다. 거기에 변증법이 있다. 본회퍼는 칸트는 기도가 수치를 수반하는 것이므로 기도 반대론을 내세운 것과, 인간의 실존에 있어서 수치라는 것이 가지는 본질적 의미를 놓친 것에 대해 지적한다.

그리고 이 수치의 극복은 근원적인 일치의 회복, 말하자면 인간이 다시 다른 인간의 안에 있는 신, 즉 '하늘이 내려 주시는 주택'을 다시 입을 때에만 가능하다(Ⅱ 고린트, 5.2 이하). 다시 말하면, 죄의 용서에 의해 신 및 다른 사람과의 교제가 회복됨으로써, 스스로를 그만큼 한층 더 깊이 부끄러워하는 것에 의할 수밖에 없는 것이다. 사람은 거짓말의 경우와 마찬가지로 은폐도 피해서는 안 된다. 은폐라는 거짓을 통해, 보다 깊은 진실과의 일치가 성취되기 때문이다.

본회퍼는 덧붙여 칸트는 피조물을 창조주에게 연결시키는 복종과 그것을 신의 닮은 모습으로서 창조주에게 마주하는 자유와의 상보 상관성을 깨트렸고, 복종을 독립된 것이라고 생각해서 의무의 윤리를 세웠다고 비평했다. 칸트는 신을 인식과 삶의 영역으로부터 몰아내고 경험 세계의 피안에 자리를 차지하게 했다고 비판하고 있다.

III. 도덕률, 선의지

지금까지 현대의 두 사상가가 칸트에 대하여 특히 거짓말의 취급을 둘러싸고 제기한 비평을 검토해 왔지만, 여기서 칸트에 대해 조금 더 논의해 보기로 한다.

베르댜예프는 칸트의 '보편적 도덕성'이 '사회적으로 결정된 집단의 도덕'이라고 주장한다. 칸트의 도덕론이 도덕률을 중심으로 한 율법의 윤리인 것은 확실하지만, 그 율법은 사회적 제재를 위해서 만들어진 사회규범이 아니라, 자유로운 주체(선한 의지, 순수실천이성)가 일체의 경험적인 것을 떠나 자기 자신에게 부과하는 율법으로서, 그 도덕성은 환경 결정론이나 자연 결정론과 근본적으로 다르다. 또 감각적 원리나 관습 등에 근거하는 것도 전혀 아니며 다른 것은 칸트가 말하여 논하고 있는 것이고, 베르댜예프도 숙지할 것이지만, 그 선험적 자유의 주장 자체가 당시의 사회조직을 반영하고 있다고나 할까?

대체로 도덕은 현실 세계와 관련이 있는 것은 당연한 것이며 칸트도 그것을 무시한 것은 아니다. 아니, 칸트는 사회윤리의 처음 주창자라고도 일컬어질 정도이다. 거짓말을 교사 거부한 것도 그 때문이었다. 그리고 칸트가 도덕률로써 의미한 것은 결코 인간이라고 하는 존재의 어느 군집을 단지 위로부터 다스리기 위한 약속·법률이라고 하는 것은 아닌 것으로, 대략 이성적 존재자로서의 인간이 자기의 경험적·자연적·감성적이지 않은 성격, 예지적 성격을 자각하면 거기에 나타나야 할 내적인 도덕률인 것이다.

베르댜예프는 율법의 윤리를 그리스도 이전의 도덕이라고 부르는데, 칸트 윤리는 '인간이란 무엇인가'라는 그 철학 전체의 과제에서 알 수 있듯이 기독교를 빼놓고는 생각할 수도, 이해할 수도 없다. 칸트가 강조하는 율법(법칙)이라는 말을 단지 구약적 또는 이교적인 규칙으로만 해석하는 것은 칸트 자신의 의도에 반한다.

내적인 도덕률의 지배에 따르는 것을 베르댜예프와 같이 율법에 대한 예종으로 간주하고 자유로운 것은 도덕률뿐이며 인간은 불편하다고 보는 것은 필연성을 수반하는 외적 법칙(자연법칙·사회법칙 등)과 자유를 현연하게 하는 내적인 도덕법칙과의 칸트 철학에서의 근본적 차이를 무시하고, 인간이 도덕법칙의 주체임을 몰각하는 것에 지나지 않을 것이다.

칸트에게서는 인간이 도달할 수 있는 도덕적 완전은 덕으로서, 항상 경향성의 자극에 의한 위반의 가능성이 있고, 그렇기 때문에 근원적인 자유를 필요로 하는 것이며, 최고선은 인간에게는 필연적으로 달성되는 것이 아니고, 사람이 행위의 결단을 할 때마다 자기 안에 있는 도덕률을 의지 규정의 유일한 원리로서 하여 그것에 따르는 것에 의해서, 마침내 무한한 진보의 저쪽에 앙망(仰望)되는 것이다. 자유는 단지 도덕률에 따른다는 의미만이 아니라, 그 존재 근거인 근원적인 것이므로 자유로운 의지, 순수실천이성이 내리는 도덕률의 의식이 이성의 사실이라고 말하는 것을 깊이 생각하지 않으면 안 된다.

칸트의 도덕적 선은 추상적이며, 구체적 문제에 대해서는 힘이 없다든가, 칸트는 도덕적 경험을 스스로는 실천하면서도 이론적으로는 부정했다든가, 그러한 인격성은 추상적이다든가 하는 두 사람의 비평에 대해서 칸트는 도덕의 원리를 순수이성에 기초시키는 것이 도덕의 사실을 확립하는 유일한 가능한 길이라는 논증과 탐구에 의해 그의 도덕철학적 사색을 집중한 것이지, 개개의 구체적 사례나 문제에 대해서 또는 그것들을 통해서 논한 것이 아니다. 이렇게 생각하지 않으면 안 되는 것은 칸트가 개개 구체적인 현실의 도덕 문제에 대해 아무런 고려를 하지 않고, 가르칠 근거가 없어서 정언명령을 휘둘렀을 뿐이라는 것은 더더욱 아니다.

『도덕형이상학 · 덕론』이나, 『윤리학 강의』를 보면, 얼마나 풍부하게 일상의 구체적인 문제에 대해서 칸트가 정밀한 사고를 작용시키고 있는지 알 수 있다. 역사철학적인 여러 저작에도 도덕에 입각한 역사관이 구체적으로도 도입되어 있음을 알 수 있다. 가장 원리적인 저작인 『실천이성비판』 중에도 도덕교육의 지침을 포함하여, 수많은 구체적 행위가 논의되고 있다. 그러므로 칸트의 저작에 개개의 구체적 도덕 문제의 해결을 요구하는 것은 그의 도덕철학이 가진 가치를 잘못 인식시킬 염려가 있다.

칸트는 개개의 도덕행위를 말하자면 화학적 분석에 의해, 그것이 포함하는 이성적 요소를 경험적 요소로부터 구별해서, 전자에 도덕을 정위시킨다고 하는 도덕의 기초공사를 한 것이지('실천이성비판' 결어),

그 위에 세워져야 할 구축물을 세세하게 설계한 것은 아니다. 그것은 시대에 걸쳐 변화할 수도 있다. 따라서 구체적인 문제에 대해서는 베르댜예프도 인정했듯이, 오히려 칸트가 그 생애를 얼마나 자기의 도덕철학에 걸맞게 살았는지를 배우는 것에 부족함이 없다.

인격성에 있어서도 칸트가 주위 사람들과 어떻게 어울리고 어떻게 대했는지를 보면 추상적인 말로 정리할 수는 없을 것이다. 개개의 문제의 개성적 해결을 요구하였고 살아 있는 구체적 인간을 응시해야 한다는 비평에 대해서도 칸트는 인간이 가지는 여러 가지 능력을 원리적으로 비판한 것임을 항상 생각하지 않으면 안 된다.

칸트의 치열한 도덕의식의 밑바닥에 있는 것은 무엇인가를 바라봐야 하는 것이지, 칸트가 주려고 의도하지 않았던 것을 품에 안고 비평하고 떠나는 것은 공정성이 결여된 것이 아닌가 생각한다. 개인의 도덕 체험이나 도덕적 갈등의 기저에 깊이 침잠했기 때문에, 칸트는 도덕론을 세운 것이라고 역으로 말할 수 있지 않을까 생각한다. 그리고 칸트가 확립한 원리라고 하기보다도 원리의 정신을 살릴지, 원리의 문구에 구애되어 그것을 바리사이적으로 이용해 죽여 버릴지는 칸트 자신을 포함해, 각자의 문제인 것은 아닐까 생각한다(칸트에게 그러한 이용법이 없었다고는 할 수 없는 궁여지책의 거짓말은 그 한 가지 예이다).

칸트의 도덕론이 영적 갈등과 무관하다는 베르댜예프의 비평은 '단순한 이성의 한계 내에서의 종교'의 서두에 전개되는 칸트 도덕철학의 구성과는 일견 양립할 수 없는 근본 악의 문제에 대한 논술에 의해서 어느 정도 반박될 것이다. 율법의 도덕에 의해서, 이 세상에 최고선을 세우려 하고, 도덕적 절대의 완전을 얻으려 하는 것은 도리어 자유를 무시하는 폭압에 빠진다는 베르댜예프의 견해는 아이러니하게도 칸트와 똑같은 사고 노선에 서는 것이다.

칸트는 도덕의 목표인 최고선의 첫 번째 제약인 신성성, 즉 의지가 도덕률에 완전히 합치하는 것(행복할 만한 것)이, 이 세계에서의 존재에 의해서만 달성된다고 보고 있지 않다. 시대의 계몽적 사조와 진보주의적 경향은 칸트에게도 있다고 할 수 있지만, 그 진보는 무엇보다도 영의 진보이며, 내친김에 그것을 몸으로 체화한 역사적 진보였음을 잊어서는 안 된다. 베르댜예프가 창조성의 윤리는 선악을 고정하지 않고, 인간의 창조된 사명을 실현하는 것이라고 할 경우, 칸트가 도덕적 완성의 추구를 인간의 사명 또는 역사의 목적으로 본 것이라고 해도 역시 기조는 같다고 할 수 있다.

칸트도 베르댜예프와 마찬가지로, 인간의 죄만을 지적하고 그 선을 향하는 자질(창조성)에 눈을 돌리지 않는 현명한 철학가였다면 혐오스럽다('만물의 끝'). 인간의 완성, 인간의 내적인 자질의 모든 전개를 허락하는 세계 공민사회의 실현이야말로, 칸트가 항상 바라고 있던 것이다('역사철학'이나 '영구평화론'). 또 칸트는 악도 고정해서 생각한 것이 아니다. 심술(心術)의 혁명에 의해서 선으로 변할 수 있다고 보고 있었던 것이다. 또 개개가 칸트 철학에서 전혀 문제되지 않았던 것도 아니다.

합목적성이라는 사상을 중심축으로서, '판단력 비판'으로 전개되는 개체성의 논리는 직접적 덕에 관한 것은 아니라고 해도, 특수한 형태가 가지는 보편성을 논의해서 획기적인 것이며, 도덕의 영역(사물자체의 세계)이 자연의 영역(현상의 세계)과 하나가 되는 구체적 세계가 논의와 연구의 대상이 되고 있는 것이다. 거기서 문제는 단 하나로 좁혀져 온다.

베르댜예프가 칸트의 윤리를 "철학적으로 세련된 바리사이주의"라고 혹평한 근거는 칸트가 기독교로부터 사상을 확장하면서 은총을 인정하지 않고 속죄를 고려하지 않는다는 것, 즉 복음의 왜곡이라는 것이었다. 복음은 그리스도의 십자가에 의한 죄의 용서이다. 거기서 좁히면 칸트가 자기의 죄를 인정했느냐의 여부에 위의 비평의 당부가 달려 있다고 할 수 있다. 칸트에게 전혀 죄에 대한 배려, 사색이 없는 것은 아니다.

인간의 내적인 근본악은 성스러운 도덕률을 근본에 있어서 그르친 것이었고, 그의 날카로운 인간 관찰은 『인간학』과 『윤리학 강의』 등에서 많이 볼 수 있으며, 인간의 취약성 열악성에 대해서도, 그것을 궁극적인 것으로 보는 최악의 시각에는 빠지지 않으면서도 결코 눈을 가리고 있지는 않다. 예를 들면, 사람은 자신의 은인에 대해서 달갑지 않게 생각하는 것이라든가, 친구의 불행이 그다지 싫지도 않은 기분이 인간에게는 있다든가 하는 것이 언급되고 있으며, 어디까지 인간은 나쁜 것인지가 나타나 있기도 하다. 또, 시민사회의 불평등이나 국제사회에서 보이는 여러 가지 해악, 그 유래에 대해서는 루소의 영향도 많이 논의되고 있다.

신의 업인 자연의 역사는 선으로부터 시작되지만, 인간의 업인 자유의 역사는 악으로부터 시작된다고 보고, 인간이 그 자유를 행사함에 있어서, 개인으로서는 이기적으로 일하는 것을 인정하고 있고(『인류사의 억측적 기원』), 전쟁을 인류의 최대의 악으로 보고, 그 절멸 방책을 생각하기도 하였다. 그러나 칸트는 따지고 보면 도덕인의 한 사람이라 할지라도 신앙의 사람이라고 부를 수는 없다.

인간 내의 선한 원리에 부동의 확신을 둔 사람일지라도, 인간의 근본적인 죄를 직시하고 그 용서를 그리스도에게 구한 사람은 아니다.

칸트는 위의 모든 악에 대해서도 인간의 노력으로 제거할 수 있다고 생각했고, 원죄는 분명히 부정했다. 창세기 1장부터 6장의 철학적 해석인 『인류사의 억측적 기원』에서는 시조의 속죄도 인간이 이성에 눈을 뜬 첫걸음으로서 적극적인 측면에서 설명하고, 원죄는 도덕적 책임이나 자유와 양립할 수 없는 유전적 악성벽으로서만 논술하고 있다.

악과 죄가 다르다면, 칸트는 인간의 악이나 죄는 보지 않았다고 할 수 있겠다. 또 자기 죄도 피해 다녔다고 할 수 있을 것이다. 이것은 칸트가 기도를 근본적으로는 필요 없는 단지 주관적인 편안함 정도의 것으로밖에 생각하지 않았던 것(『윤리학 상의』의 '기도에 대하여')에서도 엿볼 수 있는 부분이다.

칸트의 신앙은 신의 존재와 영혼의 불사와 도덕의 위에서 최고선의 가능성의 제약의 하나로서 요청하기는 했지만, 어차피 이성신앙이며, 신앙의 일면은 드러내긴 해도, 신앙의 진수를 더럽히지는 않았다고 생각된다. 이성은 그르치지 않는 것으로 여겨지며, 따라서 나쁜 의지는 부정된다. 인간에게 자기 스스로라고는 해도 정언명령이 내려지는 것의 이면에는, 배신으로서 끊임없는 것의 존재가 전제되어 있음을 간과해서는 안 된다(명령은 어길 수 있는 것에 대해서만 내려진다)고 해도, 그것은 이성의 엄명이 내려지면 결국은 무릎 아래로 떨어지는 경향성이며, 감성적 요소이지, 인간의 전인격의 근저에 있는 죄가 아니다. 보이지 않는 자기의 인격성은 한 점의 오염이 없고, 일말의 죄업도 포함하지 않는 순수한 것이다. 거기에는 죄가 존재하지 않는다. 그리고 죄스러운 사실, 속죄도 구제도 필요는 없고, 예수도 그 도덕적 가르침에 의미가 인정되는 인류의 교사, 인류의 반려자가 되는 것이며, 십자가를 넘는 그리스도를 뺀 기독교가 된다.

본회퍼가 칸트를 자기의인적이라고 말하는 것도 이 의미라고 생각할 수 있다. 그리고 이 의미에서 보면, 근대의 신으로부터의 도주를 중도에 먹어치우고, 이성에 정위하여 인간의 존엄을 지키고, 도의의 본질을 밝히고, 거기에 신앙의 근거를 구하기 위해 열심히 후위전을 투쟁한 칸트도 도주의 분류를 멈출 줄 모르고, 이성에 신의하는 인간주의적 진보주의 때문에 결국은 스스로도 그 흐름에 애도하고 있었다고 평가할 수 있는 것이다.

IV. 인격과 거짓말의 윤리

본회퍼와 베르댜예프의 칸트에 대한 비평 중, 궁여지책의 거짓말에 대한 칸트의 견해를, 개개 인간의 인격의 가치를 해치고, 진실된 관계를 훼손하고, 율법 구니(拘泥)의 극으로 보는 것에 대해서는 도덕률에 대한 칸트의 엄격한 존경도 물론 역시 동의하지 않을 수 없다. 하지만 마찬가지로 칸트도 처음부터 그와 같이 형식적인 재정(裁定)을 이 문제에 대해 내린 것은 아니었다.

진실을 말하면 그것이 악용된다고 생각되고, 게다가 폭력으로써 언명을 강요당하고, 침묵으로 몸을 지킬 수 없을 때에는 궁여지책의 거짓말은 자위의 수단으로서 긍정되고 있었다. 그러나 자연과학, 특히 물리학처럼 예외를 허락하지 않는 확실한 자연법칙에 근본을 두고 학문으로서 흔들림이 없는 걸음걸이의 초석을 닦은 것과 비교적으로,

도덕에서도 비판으로써 학문으로서의 확실한 길을 일단 깔아 놓았다고 생각한 칸트가 도덕률의 적용에 예외적 조건을 허락할 수 없었던 것도 이해할 수 있으며, 그것으로 보아 형식주의적 윤리학의 중대한 결함이 드러난 것도 부정하기 어렵다. 그리고 이것은 칸트 철학이 인간의 신뢰에 게다가 인간의 내적인 이성에 대한 신뢰에 서 있던 것과 불리(不離)하다.

인간이야말로 칸트 철학 등 모든 철학의 궁극 과제이며, 칸트만큼 인간을 추구한 철학자는 적었다고는 하지만, 베르댜예프도 말했듯이 인간의 문세는 인간만으로 논할 수 없다는 것을 고려해야 한다. 칸트는 스스로 강한 사람이지만 인간의 나약함을 인정하기도 했고, 또 본회퍼의 말처럼 오만하게 약자를 비웃은 것은 결코 아니었다. 하지만, 인간을 지고의 성격인 이성에 의탁하여 굳게 서려 했던 것이지, 의자에 앉아 지팡이를 부탁하기에 충분한 것이 아니었던 것, 의거해야 할 유일한 것에 의거하는 것을 칸트가 거부한 것에 이 문제의 근본이 있으며, 이는 역사 속에서도 분명히 나타나 있다.

그러한 의미에서 나치스 밑에서 그야말로 비상시를 체험하고, 그런 체험을 통해서 사색을 진행한 본회퍼가 말하는 것은 경청해야 할 많은 것을 포함하고 있다. 그가 칸트가 추상적인 원리를 고수하고 구체적인 현실을 무시함으로써 그리스도를 부정한다고 비판하는 것에 대해서는 동의를 금할 수 없다.

인간이 이 지상의 삶에 있어서도 행복에 값할 수 있도록 노력할 것을 칸트는 요구하면서도, 그 완성은 영혼의 영원한 현존재에서 구하거나 인류 역사의 목표로서 멀리 바라보기는 했지만, 내적인 도덕률이 자기를 완전히 지배하는 것에는 예외를 인정하지 않았기 때문에 사랑이 결여된 것은 역시 부정할 수 없다.

칸트는 사랑을 도덕의 원리로 간주하지 않으며, 이웃 사랑에 대해서도 도덕률에 따라 이웃에 대한 의무를 다하는 것에 그 의의를 인정한다. 인간의 사랑은 변덕스럽고, 자기애와 자부심에 빠지는 것으로, 이성의 견고함에 미치지 못한다고 본 것이며, 인간의 사랑이 실은 유일하게 견고한 신의 사랑에 의한 것임은 칸트가 풀지 못했던 바이고, 이에 의하면 보편적 의무를 현실적 구체적 사랑에 우선시키는 것도 어쩔 수 없었다고 할 수 있다.

본회퍼는 칸트에 대해 다음과 같이 평한다.

> "칸트는 죄를 거부하고, 자기부죄적(自負的)인 양심의 자기 의인
> (義認)에 빠져, 신(神)이 현실을 통해서 사람으로부터 요구하는
> 응답(책임)이 결여되어, 원칙에 속박되는 처사가 된다."

이에 대해서는 칸트의 윤리가 자율의 윤리인 이상 자기의 입법을 옳다(是)고 할 수밖에 없는 것이고, 자기라고는 보이지 않는 자기, 자기의 예지적 원리, 이성적 요소로서 자기의인은 실은 이성의 자기변명이다. 그리고 이성이 작용하는 정당성에 대한 요구라고는 해도 역시 '선한 것은 오직 신뿐'이라는 근본적 진리로 돌아간다고 할 수밖에 없었다고 한다.

본회퍼가 칸트는 수치적인 것으로 보아 기도에 반대했다고 하는 것은 잘못된 것이며, 반대의 이유는 전지(全智)의 신(神)에 대해서는 그 필요를 인정하지 않는다는 것에 있었지만, 어쨌든 '칸트가 신과 인간과의 관계를 진정으로 인격적으로 이해하고 있지 않았다.'는 것을 지

적하는 것으로 보아 본회퍼가 말하는 '근본적으로는 이신론(理神論)'이라는 평이 들어맞을 것이다.

수치와 은폐에 대해서 말하자면, 칸트도 은폐의 필요는 인정했지만 그것은 사회적인 의미에 있어서이며, 본회퍼가 지적하는 것과 같은 사람과 신과의 분열과 일치라는 깊은 의미는 거기서 들고 있지 않았다.

칸트가 그의 유고 단편에서, 도덕으로부터의 요청이라는 형태가 아니라, 사람과 신과의 직접적인 접촉을 도덕 경험 속에서 인정하는 의미의 말을 남긴 것은 사실일지라도(Kemp Smith, "A Commentary to Kant's Critique of Pure Reason"), 그깃으로 해서 칸트 철학 전체의 방향을 움직일 수는 없다. 오히려 칸트 스스로 자기의 철학에 염치없는 것을 기억하고 있었다고 할 수 있다. 그러나 무엇보다 근본적으로 칸트와 본회퍼의 다른 점은 본회퍼가 이 세계를 화해를 이룬 세상으로서 받아들이고, 그것의 성인성(成人性)을 인정했다는 점이다.

이와 같은 성인성(成人性)에 대한 신학상의 논의는 차치하더라도, 그것이 '계몽이란, 인간이 자기의 미성년 상태를 탈피하는 것'이라는 칸트의 말과도 직접 연결되는 것임은 확실하며, 칸트가 고창(高唱)해 마지않았던 인간이 모두 성인이 되는 것은 극히 왜곡된 것이며, 아마 칸트 자신에게도 꺼림칙하게 생각될 것 같은 형태로 실현된 것을 본회퍼는 직시하고 있었다. 게다가 신(神)이라는 작업가설 없이 끝내는 근대의 성숙이라는 사실도, 이 세계가 그리스도를 통해 이미 신과 화합하는 세계에서라는 대(大)사실을 전복할 수는 없다는 것에 현실(세상) 존중의 근본을 두었던 것이다.

칸트는 이러한 근본 사실을 이성적으로 풀어서 신을 배경으로 배척하고 이성을 배경으로 가득 채웠다. 이 세상은 감성적 원리와 더불어

이성적 원리에 의해서도 지배되고 있다. 이 세계는 현상계이면서 역시 예지계에 관여할 수 있다. 인간은 현상인 자연적 존재자로서는 거의 무가치하면서, 그 본체인 예지적 존재자의 성격상으로는 무한한 가치를 실현하는 것이다. 자연적 필연의 영역과 도덕적 자유의 영역이란, 여기저기 지상에 있어서, 인간에 있어서 하나가 되어 있다.

별이 가득한 천공을 통할 수 있는 법칙은 내 안의 도덕률과 대립하는 것이 아니다. 그것을 통해서 진정한 의의를 얻는 것이다. 두 세계는 인간에게 있어서 하나가 된다. 자연의 세계(필연의 나라)와 자유의 세계(신의 나라)를 결합하여 구현해야 할 인간은 도덕률에 대한 청종(聽從)을 통해서, 한 사람 한 사람이 그 중보자(仲保者)가 되는 것이다.

창조의 의미를 신의 영광을 나타내는 것에 한정하지 않고, 인간의 도덕적 완성에 그 의미를 부여한 것도 인간 중심의 생각을 나타낸 것이다. 그리고 도덕적으로 실천에 그 의미를 인정하는 이상, 아무래도 이 세계를 선악 두 가지 원리의 투쟁장으로 보고, 선한 원리의 승리가 각각의 사람의 심술(心術) 안에 실현되어야 할 것이라고 생각하지 않으면 안 되었다.

칸트는 악의 극복, 죄의 속죄가 인간의 노력에 의하지 않고, 초월자의 사랑에 의해 이미 성취되어 있다고 생각할 수 없었다. 만인의 구제를 받는 유일신교보다는 오히려 선악에 따른 응보를 설파하는 이원교 쪽으로 진면목('만물의 끝')인 것도 그것을 잘 드러낸다. 씩씩하고 의로운 이 길을 칸트는 만인이 가야 할 길로 선택했다. 그러나 본회퍼는 그 길이 어디에 있었는지 아주 순수하게 보여 주고 있다. 본회퍼의 성인성에 대해서는, 그것이 제1차 대전까지의 근대 전체를 포괄적으로 이해하기 위한 적확한 말이라는 데는 수긍하지만, 그가 죽은 후 20년이

지난 오늘날 실은 성숙한 성인 성년이라는 말로 표현되는 근대의 깨어 있는(nüchtern) 의식은 이제 거의 잃어버린 상황에 처했으니 마치 광기와 치매의 상태에 빠진 것을 지적하지 않을 수 없다.

본회퍼가 말하는 성인이 되는 세계는 이제 아톰화의 세계, 분열병적 세계가 되고 있다. 본회퍼는 그가 나치 독일에서의 생활을 통해서, 현대의 인간에 대해서 날카로운 관찰과 통찰을 얻고 있었다. 신문, 라디오 등이 말을 끊고 그 고향(발화자)보다 더 이상 진실을 담는 그릇이 아니게 된 것, 인간이 더 이상 진정한 체험을 얻을 수 없게 되었고, 일체의 인상은 기억 없는 인간의 인을 헤쳐 나갈 뿐이며, 이 도덕적 기억 상실이 사랑 · 결혼 · 우정 · 진실 등 일체의 유대를 끊어 버려서, 인간은 들뜬 순간 적이 되어 버렸다. 따라서 책임도 지조도 없게 되었고 이제는 일을 하려 해도 더 이상 손을 쓸 수 없다는 생각에 보편적 · 포괄적인 교양은 18세기로 끝이 났다. 집약적 교양(전문가) 또한 19세기에 끊어졌고, 지금은 이미 기술자의 세상이 되었지만, 그것은 생활이 단편적인 것이 된 것과 괴리되는 것이다.

인간이 말로 모든 것을 말하는 시대는 가고, 내면성과 양심의 시대, 종교의 시대도 지난 일, 허무의 심연을 앞에 둔 인간은 아무런 영속적 인상도 없이 계속적 의무도 부담하지 않고, 오로지 깊은 망각성 속에 있고, 과거도 미래도 잃은 인간은 잠깐의 동물적 향락과 도박의 기괴함 사이를 움직일 뿐, 내면적 건설은 일절 보이지 않는다. 따라서 개인도 개인의 존엄도 이미 존재하지 않을 것이고, 이제 악마의 가면무도회가 된 세계에서는 종말에 직면한 결정적 대결이 문제인 것이다. 이성주의자도, 열광주의자도, 양심이나 의무에 서는 사람도, 개인적 자유에 서는 사람도, 사적 절조에 빠지는 사람도, 더 이상 굳게 서지 않고, 신의 소명에 응답하여 이상의 일체를 다 바치는 신앙인으로서의 사람만 굳게 설 수 있는 것을 그는 또다시 바라보고 있었다.

현대인을 보는 그의 눈은 피카트나 베르댜예프와 같은 현실을 동일시한 것이지만, 그는 체험을 통해서 그것을 싫어할 정도로 심신에 각인시켰다. 그리고 이것들을 단지 세상의 악, 시대의 악으로서뿐만 아니라, 자기 안에도 있는 죄의 문제로서 받아들이고 있었던 것이다. 그러므로 피카트가 내적 아톰화가 지나치게 명료하기 때문에 인간은 구원받을 수 있다거나 아톰화의 세계는 구제에 가까워지고 있다거나 아톰화의 세계를 우리는 유일한 것으로서 확실하게 받아들이지 않으면 안 된다고 하는(인격의 아톰화) 반면, 베르댜예프가 높은 정신을 가지고 있는 사람도 이 죄 많은 세상의 무거운 짐을 나누어 짊어지지 않으면 안 된다거나 허위에 가담하지 않고 게다가 사랑의 이름으로 그 무거운 짐을 짊어지지 않으면 안 된다는 통찰에 그는 도달해 있었다. 성인이 된 세계는 미성년의 세계보다도 한층 더 신으로부터 멀리 떨어져 있지만(gottloser), 그렇기 때문에 아마도 더욱 신에게 가까운(Gottnäher) 것이다.

V. 도덕철학의 길

칸트의 거짓말에 대한 견해에 대해 던져진 두 사람의 비평으로부터, 논의는 필연적으로 현대의 정신적 상황에 봉착했다. 칸트가 도덕의 순결한 사실을 어떻게든 확실한 기초에 놓음으로써 지켜 나가려고 했던, 그 선골(線骨)의 정신적 투쟁을 우리는 그의 도덕철학에서 배우지 않으면 안 된다. 칸트는 도덕의 기초가, 또는 감정에, 또는 제도 습관에, 또는 교육에, 또는 교회의 해석에 의해서 요구함에 따라, 무로 돌아가려고 했던 인간의 자유를 지킨다는 정신적 과제를 철저히 고찰한 것이었다.

칸트 철학의 정신은 그런 의미에서 현대적이며 또한 영원적이다. 그러나 역사는 칸트의 사후 160여 년간 수많은 예상치 못한 전개를 보였다. 오늘날에는 칸트가 추호(毫末)의 의심도 품지 않았던 이성에 대한 신뢰가 근저에서부터 흔들리고 있다. 칸트가 서양적 관점에 서서 미래에 상망(想望)한 인류 공동조직이 동서 해후(邂逅)의 결과에 매우 연민하는 모습을 취하고 나타났다. 칸트가 절대 침범할 수 없는 것으로 본 인격의 존엄이 인격을 상실한 인간의 유린하는 곳이 되었다. 칸트가 그의 전(全) 철학적 사색을 기울여 해명하려고 한 인간의 진실은 인간상의 붕괴에 의해서 흔적이 되었다.

칸트가 인류의 도덕적 완성에 대한 큰 도움으로 본 보통교육도 중우(衆愚)를 낳아 지혜(智慧)를 잃게 하는 수단이 되었다. 칸트가 우매의 극으로 본 인위적 종말은 원자수소 폭탄의 출현과 도의(道義)의 퇴폐(頹廢)에 의해 그 생각도 할 수 없는 열악한 상태 아래 이제 현실의 문제가 되었다. 칸트가 무엇보다 중시했던 정신의 자유는 정치적·경제적 자유의 주장하에 잊혀 진화론, 마르크스주의, 프로이드주의, 행동주의 등과 인간을 인간 이하의 것의 평면에 떨어뜨려 이해하려는 사상이 점차 퍼져 가고 있다.

이와 동시에 칸트가 희구한 살 만한 가치가 있다는 것은 저버리고 욕망 · 투쟁 · 행복 · 향락이 인생의 가치로서 긍정되고, 칸트가 계몽에 의해 자유로운 사고를 할 수 있는 자가 되기를 바랐던 인간은 내적 무연관, 비연속의 극에 이르렀다. 사람은 칸트가 계몽에 필요하다고 본 자유로운 논의에 지쳐서, 전혀 자발성을 잃고, 악의 지배도 기다리기에 이르렀다. 칸트가 일체를 숨김없이 말하는 솔직함은 인간에게는 없다고 하더라도, 말하는 한 진실을 말하는 성실은 있다고 본다. 하지만 그러한 진실성도 이 진위 혼분(混紛)한 보편적 용융(溶融)의 비세계(非世界)에 있어서는 전연 의미를 지니지 못한다. 칸트가 학문의 보호자로 본 철학은 해체 자괴하고, 그와 동시에 여러 학문도 그 기초를 잃었고 바로 세계도 인간도, 칸트의 시대, 또 칸트가 미래에 예상했던 것과는 일변(一變)한 것으로 이들 일체의 변모는 칸트 철학의 시야를 초월한 것이라 할 수밖에 없다.

시간은 가장 큰 교사이다. 오늘날 우리는 인간 안에 있는 것들에 대해 칸트가 추측조차 하지 않았던 많은 것들을 사실로써 알기에 이르렀다. 오늘날 이러한 사실들에 눈을 감는 것은 용서받을 수 없는 태만이라고 해야 하며, 그것이야말로 현실의 학문적인 철학의 정신으로부터 가장 먼 허위, 추상, 공리에 지나지 않을 것이다. 우리는 칸트가 그의 시대의 과제에 대하여 이룬 정신적 응답을 이해함과 동시에 그 응답의 정신을 바탕으로 지금 이 시간 유일하게 현실의 세계가 우리에게 제시하는 과제에 대응해야 한다.

칸트에 대한 두 사람의 비평도 그러한 시도로 보아야 한다고 생각한다. 칸트 도덕철학의 견제를 무너뜨리는 개미구멍은 이른바 형식주의도 아니고 또 추상성 · 엄격성도 아니며, 그의 종교관, 그리스도에 대한 태도에 있는 것이 감지되었다. 나날이 가까이 가는 종말의 오늘,

공구(攻究)할 일체의 과제는 전부 이 한 점에 수렴하리라고 믿는다.

자신의 깨끗한 젊은 피를, 나치 독일의 죄의 속죄에 바친 본회퍼의 다음 말이야말로, 초히틀러적인 오늘의 세계에 있어서 우리가 살아야 할 유일한 길을 말해 준다.

> "우리에게 남아 있는 길은 유일하고, 지극히 좁아 때로는 거의 찾아내기 어려운 길, 즉 하루하루를 종말의 날로 생각하고, 게다가 커다란 미래가 아직도 있는 것처럼 신앙과 책임으로 살아가는 길뿐입니다(Uns bleibt nur der sehr schmale und manchmal kaum noch zu findende Weg, jeden Tag zu nehmen, als wäre er der letzte, und doch in Glauben und Verantwortung so zu leben, als gäbe es noch eine große Zukunft)."

5장

칸트의 도덕적 형이상학의
토대에서 보는 거짓말

Ⅰ. 칸트의 거짓말에 대한 고찰

거짓말을 해서는 안 되는 이유는 무엇이며, 거짓말은 언제 어떤 경우에도 도덕적으로는 인정되지 않는 것일까?[17] 이 질문은 이 책의 처음부터 지금까지 탐구한 질문이다. 이 장에서 다시 이 문제를 검토하면서 대장정을 끝내려고 한다.

칸트는 『도덕형이상학의 기초』(Grundlegung zur Metaphysik der Sitten, 1786)에서부터 '인간애로부터 거짓말을 할 권리가 있다고 칭하는 것에 대해서'(Über ein vermeintes Recht aus Menschenliebe zu lügen)[18] [이하 '거짓말 논문']라는 논문(1797)에 이르기까지의 문제에 대해 다양한 저작이나 강의에서 거짓말을 주제로 채택했다. 그는 특히 '거짓말 논문'에서 언급한 사례에서 이러한 거짓말 금지에 관한 물음에 대해 가장 각양각색의 태도를 보인 것으로 잘 알려져 있다.

그는 이 논문에서 다음과 같이 사례의 상황을 설명한 바 있다. 즉, 지금 살인을 하려고 서성이고 있는 사람(A로 정한다)이 있다. A가 노리고 있는 사람(B라고 한다)과 그(B)를 집에 숨기고 있는 사람(C라고 한다)

• • •

17 칸트의 저작은 『순수이성비판』을 KrV, 『도덕형이상학의 기초』를 GMS, 『실천이성비판』을 KpV, 『단, 이성의 한계 내의 종교』를 R, 『이론에서는 올바르겠지만 실천에서는 도움이 되지 않는다고 하는 속언에 대하여』를 TP, 『법론의 형이상학적 정초』를 MR, 『덕론의 형이상학적 정초』를 MT, 『인간애로부터 거짓말을 할 권리가 있다고 칭하는 것에 대하여』를 ML이라고 한다. 모든 페이지 수는 아카데미판에서 볼 수 있다.

18 독일어의 Recht는 한국어의 '법', '권리', 그리고 '옳음' 등의 모든 것을 함의하고, 형용사의 recht 도 마찬가지이다. Unrecht는 그 반대, 즉 '불법', '권리에 반하는 것', '부정'을 함의한다. 이것들을 본고의 문맥에 따라 번역하는데, 특히 한국어의 3가지 의미를 모두 포함한다고 생각되는 경우는 그대로 Recht라고 표기한다.

이 있는 곳에, 즉 A가 C의 집에 와서 B가 집에 있는지 어떤지를 C에게 물어본다. 이 사례에 대해 칸트는 다음과 같이 말한다.

> 모든 선언에 있어서 진실(참 wahrhaft; 공정 ehrlich)인 것은 신성한 것이고, 무조건적으로 명령하는 어떠한 사정에 의해서도 좌우되지 않는 이성의 명령에 있다.

위의 주장에 의하면, '거짓말 논문'에 있어서 칸트 견해는 어떠한 상황에서도 C의 거짓말은 이성의 명령에 반하는 행위라고 평가하게 된다. 또 그는 다음과 같이 말한다.

> 만약 네(C)가 거짓말을 하고 그 표적이 되고 있는 사람(B)이 집에 없다고 말했다고 해서, 그 남자(B)가 실제로도 (네가 눈치채지 못하는 사이에) 밖으로 나가고, 그리고 그때, 살인범(A)이 떠나려고 하는 그(B)를 만나, 그에 대해 범행을 수행하기에 이를지도 모른다.

사실 칸트가 말했듯이, 거짓말을 한다고 해서 우리가 반드시 B의 생명을 구할 수 있는 것은 아니다. 그러나 C의 거짓말이 이성적 명령에 위배된다는 칸트의 주장이 이상하다고 생각하는 것도 상식적일 것이다. 왜냐하면, 보통 인명을 구할 의무를 다하려고 하는 C와 같은 사람이, 나쁜 일을 꾸미는 A와 같은 사람에게 한 거짓말로 인해 도덕적으로 비난받는 일은 없기 때문이다.

칸트가 왜 일반적인 견해를 거스르는지에 대해 많은 선행연구들이 고찰해 왔다. 그것들은 우선 '거짓말 논문'이 쓰인 배경에 주목한다. '거짓말 논문'은 프랑스 작가 벤자민 콘스탄(Benjamin Constant)의 '정치적 반동에 대해'라는 논문에 대한 응답을 빌미로 쓰였다. 논문에서 콘스탄 다음 두 가지 점을 주장하였다.

첫째, [진실을 말하는 것은 의무라고 해도] 도덕원칙은 만약, 그것이 무조건 그럴 뿐으로(unbedingt und vereinzelt) [즉, 어떠한 사정도 고려되지 않고] 받아들여지면, 모든 사회를 불가능하게 만드는 것이다.

둘째, 그러한 의무는 '진실을 요구하는 권리를 가진 사람에 대해서만 부과되는 의무'로, '어떤 인간도, 타인을 해치는 진실을 요구할 권리는 없기 때문에, 해(害)가 미칠 경우는 정직하게 말하는 것은 의무로서 요구되지 않는다'라는 것이다.

칸트는 이런 콘스탄의 주장을 어떻게 받아들였을까? 이와 같은 콘스탄의 주장은 예를 들어, '거짓말 논문'에서의 칸트를 '과잉한 엄격주의'로 판단한 페이튼(H. J. Paton)은 칸트가 콘스탄의 주장을 자기 자신과 조국 독일에 대한 비판으로 받아들였다고 본다. 그리고 칸트는 늙고 성미가 급해 그처럼 지나치게 엄격한 견해를 보인 것이라고 생각했다. 페이튼의 견해로는 '거짓말을 해서는 안 된다'는 도덕법칙은 정언명법과는 달리 '필연적인 예외'가 인정될 수 있다.

그리고 '거짓말 논문'의 상황에 있어서 거짓말을 하는 것은 자의적이 아니라 그야말로 필연적인 예외이며, 따라서 거짓말을 하는 것은 의무이기도 하다. 그것은 인간의 생명을 지킬 의무는 살인자에게 진실을 말할 의무보다 더 준봉(遵奉)된다는 것이기 때문이다. 따라서 거짓말을 하는 것이 의무이기 때문에, 거짓말을 할 권리도 인정되어야 한다. 이러한 해석은 칸트는 엄격주의라고 하여 통속적인 이미지를 보강하는 역할을 담당해 왔다고 할 수 있겠다. 그것에 대해, 그는 칸트의 주장을 엄격주의와 비난으로부터 옹호하는 입장이다. 세지위크 (Sedgwick)는 다음과 같이 논한다.

> 콘스탄이 요구하는 그때그때의 상황에 따른 관대함은 칸트에게 있어서는 반자코뱅주의의 정치적 운동에 동기가 부여되고, 따라서 콘스탄 자신이 '자기 이익'을 추구하는 데 동기가 부여된 것으로 받아들여졌다. 바로 칸트가 '거짓말 논문'에서 경고하고 있는 것은 자기이익을 위해서 법이 정치에 맞춰지는 것 같다면, 인간의 제 권리는 [확정적으로는] 지켜지지 않는다.

또 그녀는 다음과 같이 말한다.

> 칸트의 생각으로는, 어쩌다 정권의 자리를 차지한 사람들이 가지는 목적의 이름에 있어서가 아니라, 선험적으로 정해진 '객관적인' 것과 '이성적인' 인간성의 목적, 즉 개인의 자유의 보호의 이름에서, 우리의 공법(public laws)은 법(justice)의 원리[한쪽의 선택의지와 자유의 보편적 법칙에 따라서 통합된다는 원리]에 일치하지 않으면 안 된다. 즉, 공법은 자의적인 개인의 의도나, 그때그때의 정치적 상황에 맞추어 변경되는 것이어서는 안 되며, 단지 모든 인간의 자유의 권리를 보호하고, 그러한 자유가 양립하도록 하기 위해서만 정해져야 한다.

그녀와 마찬가지로, 최근 몇 년간은 거짓말 논문을 칸트의 법철학

(Rechtsphilosophie)으로 해석하는 경향이 있다. 또, 비판철학에서의 성실성의 관점에서 거짓에 주목하는 고찰이나, 자율적인 행위자의 준칙에 대한 성실성의 관점으로부터의 고찰도 있다.

그것들은 칸트의 『이론에서는 옳지만 실천에서는 도움이 되지 않는다고 하는 속된 말에 대해서』(Über den Gemeinspruch: Das mag in der Theorie richtig sein, taugt aber nicht für die Praxis, 1793)(이하, '이론과 실천'), 『도덕형이상학』(Die Metaphysik der Sitten, 1797) 제1부의 '법론의 형이상학적 정초'(Metaphysische Anfangsgründe der Rechtslehre, 이하 '법론')와 함께 '거짓말 논문'을 포착하려고 시도한다. 이 관점에서의 해석에 의하면, '거짓말 논문'에서의 칸트의 주장은 결국 다음과 같은 것이다.

즉, 언어로 표현한 바(言表)에서의 성실성의 의무는 사회를 불가능하게 하는 것이 아니라, 오히려 법적 · 시민 상태의 가능성의 조건이다. 그리고 이 의무는 '진실[성실함]을 요구할 권리를 가진 사람에 대해서만, 부과되는 의무'가 아니라, 인간성 일반에 대한 의무이다. 즉, 칸트는 '거짓말 논문'에 있어서 법의 형이상학을 논하고 있는 것이며, '거짓말 논문'에서의 칸트를 '과잉한 엄격주의'라고 보는 사람은 이 점을 간과하고 있는 것이다.[19] 이 책도 이러한 견해가 적절한 것이라고

• • •

19 이상에 관해서 집필자는 많은 것을 세지위크(Sedgwick)의 "On Lying and The Role of Content in Kant's Ethics"(1991)에서 얻었다. 다만, 그녀의 논의를 다룰 때는 다음 사항에 주의해야 할 것이라고 생각하고 있다. 그녀는 칸트의 논의를 '형이상학 레벨과 경험 레벨'로 구분하는데, 이 2분법적 분할만으로는 칸트의 형이상학 내의 '순수한 경험 레벨'을 간과하는 것으로 연결될 것이라는 것 그리고 '거짓말 논문'은 바로 형이상학 내의 '순수한 경험 레벨'에 있는 것으로서 이해해야 할 것'이라는 것이다.

생각하지만, 다음의 두 가지 점에서 우리는 '도덕형이상학의 기초'에 되돌아가서 거짓말 금지의 의무를 다시 파악할 필요가 있다.

첫째, 가이스만(Geismann)의 말처럼 칸트의 도덕법칙의 근거는 '도덕형이상학의 기초'와 '실천이성비판'에 있으며, '거짓말 논문'도 이러한 저작들을 전제하고 있다는 것이다.[20]

둘째, 회페(Höffe)가 지적하듯이, '법의무'로서의 거짓말 금지의 전례는 단지 '도덕형이상학의 기초'의 거짓말 약속의 사례에 한정된다는 것이다. 회페는 다음과 같이 말한다.

> "그[칸트]는 『도덕형이상학의 기초』에 있어서 신뢰성의 상실을 다루고 있고, 그러므로 타인의 반응을 다루고 있으므로, … 타인에 대한 불성실을 다루고 있는 것이다. 그런데 『도덕형이상학의 기초』에서의 거짓말의 약속은 유일한 법윤리학적 사례이다."

그는 자기 자신에 대한 의무는 칸트에게 있어서 단지 덕의 의무만을 의미하기 때문이다(Höffe [1990], pp.181 · 182). 그러므로 여기서의 '법의무'가 합의하는 것은 '타인에 대한 의무'이다. 또한, 회페는 위와 같이 말한 후, '도덕형이상학의 기초'의 거짓말 약속의 사례가 '해(害)가 있는 거짓말'과 '인간성 일반이 해치는 거짓말'의 두 가지 관점을 포함하는 것을 지적한다(Höffe [1990], p.182). 본서는 회페가 말하는 두 가지 거짓말이 '도덕형이상학의 기초'에서 구체적으로 어떻게 발견되

• • •

20　Geismann [1988], p.295. 가이스만은 이것을 지적하기는 하지만, [도덕형이상학의 기초]의 거짓 약속의 사례를 상세하게 검토하는 것은 아니다.

는지를 보다 분명하게 하려는 시도이다.

　물론, '도덕형이상학의 기초'에서의 거짓말 약속의 논의는 법의무로서의 거짓말의 약속만이 아니다. 그뿐만 아니라, '도덕형이상학의 기초'에 있어서는 애당초 법의무와 덕의무의 구별은 표면상 이루어지고 있지 않다. 그러나 칸트가 거짓말을 금지하는 그 이유의 기반은 역시 '도덕형이상학의 기초'에 있고, 또 거짓말의 금지가 법의무로서 논의될 경우에 함의하는 것조차 '도덕형이상학의 기초'에서 그 맹아를 찾을 수 있을 것이다. 이러한 전망하에서 이 책은 칸트의 거짓말에 대한 고찰을 보다 넓은 시야에서 파악하기 위해서, 재차 '도덕형이상학의 기초'에서의 거짓말의 금지를 검토하고자 한다.

Ⅱ. '도덕형이상학의 기초'에서 '거짓말 약속'의 사례

　'도덕형이상학의 기초'에서, 거짓말의 금지는 '거짓말의 약속'(lügenhaftes Versprechen)의 사례에 의해 3단계로 논의하고 있다. 칸트는 lügenhaftes Versprechen 외에 unwahres Versprechen이라고도 한다.[21] 순서에 따라 그 내용을 확인하기로 하자.

1. 보편적 합법칙성의 원리에 있어서 거짓의 약속

'도덕형이상학의 기초'에서 '약속을 지키지 않는다는 의도를 가지고 하는 약속, 즉 '거짓말의 약속'이 처음으로 논의되는 것은 '영리(怜利: 영민, 명민, Klugheit)'와 '의무에 적합한(aus Pflicht) 행위'의 구별이 논의되는 제1장의 종반이다. 여기서 영리하다는 것은 자신의 행복에 기여하는 결과만을 고려해서 행위한다는 것이다. 이에 대해 의무로부터 (aus Pflicht) 행위한다고 하면, 그 말은 행위 그 자체가 이미 나에 대한 법칙을 포함하고 있다는 것을 근거로 행위하는 것이다.[22] 이와 같이 칸트는 영리(怜利)와 의무로부터의 행위의 구별을 한 후, 다음과 같이 말한다.

> 그렇지만, 거짓말의 약속이 의무에 적합(pflichtmäßig)하게 이루어지고 있는지 어떤지와 과제에 관해서는 가장 간략하고 게다가 틀림없는 방법으로 교시(教示)를 하기 위해서 다음과 같이 자문하자. 나의 준칙(거짓말의 약속에 의해서 곤혹스런 상황으로부터 탈출한다고 하는 준칙)이 보편적 법칙으로서(나에 대해서도 타인에 대해서도 항상) 타당한 것에 과연 나는 만족할 수 있을까?

> 그리고 이와 같이 물으면, 행위자는 "자신이 거짓말을 하는 것을 의

• • •

21 이 책은 이러한 내실을 같은 것으로 간주하고, 모두 '거짓 약속'이라고 번역한다.

22 aus Pflicht의 보다 명확한 해석을 요구한다면, 『실천이성비판』에서의 '법칙에 대한 존경으로부터 행위하는 것'(KpV 81)이라는 칸트의 설명을 보는 것이 좋을 것이다. 페이튼은 aus Pflicht의 내실을 해석함에 있어서, 이 부분을 중시하고 있다(Paton [1947], p.63).

욕할 수는 있어도, 거짓말을 해야 한다는 보편적 법칙을 의욕할 수는 없는 것이라는 것을 깨닫는다."고 한다. 왜냐하면, 만약 거짓말을 하는 것이 보편적 법칙이 되어 모든 사람이 그 법칙에 따른다면, 장래의 행위에 관한 자신의 의지를 전해도, 아무도 그 주장을 믿지 않기 때문이다. 혹은 경솔하게 믿었다고 해도 거짓말을 당했다는 것을 깨닫고 보복을 하기 때문에 본래 한 가지 약속도 존재하지 않게 되어, 준칙은 자기 자신을 파괴하는 것이기 때문이다. 이상의 거짓말의 약속의 고찰에 있어서, 우리가 주의해야 할 것은 다음의 두 가지이다.

첫째, 칸트는 '의무로부터의(aus Pflicht) 행위'가 아닌, '의무에 적합한(pflichtmäßig) 행위'인지를 확인하는 사례로 거짓 약속을 다루고 있다는 것이다. pflichtmäßig의 내실은 여기에서는 자세하게 설명하지 않는다. 하지만 칸트는 이 부분 이전에, 손님을 공정하게 취급하는 점주의 행위를 pflichtmäßig의 사례로서 언급하고 있다. 이 점주는 의무에 적합하다고는 하지만 이기적인 의도를 위해 그런 행위를 하고 있다고 간주한다. 이로 미루어 볼 때, 의무의 부합 여부는 그들이 그들의 의무를 주관적으로 수행하는지 여부와 상관없이 단지 그들의 행위의 외부적인 측면에 의해 결정된다고 이해할 수 있을 것이다.[23]

하지만 칸트는 『도덕형이상학의 기초』의 목적을 '도덕성의 최상 원리의 탐구와 확정'(die Aufsuchung und Festsetzung des obersten Prinzips der Moralität)으로 하고 또 도덕성(Moralität)에 있어서 중요한

• • •

23 칸트는 『실천이성비판(Kritik der praktischen Vernunft)』(1788)에서는 pflichtmäßig와 aus Pflicht 의 차이를 다음과 같이 설명한다. 전자는 '행위에 있어서 objektiv에 법칙과 일치하는 것', 후자는 '행위의 준칙에 있어서 subjektiv에 일치하는 것'이다(KpV 81).

것은 의무로부터 행위하는 것이라고 강조한다. 그러나 칸트가 거짓말 약속의 준칙에 대해 '의무에 부합하는지'를 검토하는 것은 이상해 보인다. 그는 왜 위의 가게 주인들처럼 거짓 약속을 자제하는 사람들을 자기 이익의 추구자로 취급하지 않았을까? 손님을 공정하게 취급해야 하는 점주에 관한 앞의 대답은 다음과 같이 설명할 수 있을 것이다.

칸트는 분명히 도덕의 본질이 의무에서 비롯된 행위에 있다고 생각한다. 한편, 우리는 사람이 도덕법칙을 근거로 행위하고 있는지를 인식할 수 없다는 것도 확실하다. 그런데 페이튼은 우리가 의무를 위반했는지 알 수 있다고 생각하는 것 같다. 그는 다음과 같이 말한다 (Paton [1947], pp.49-50).

> "우리가 이 기준[보편적 법칙]의 정식에 의해서 행해야 할 행위를 결정한다면, 우리는 그러한 의무로부터 행위하고 있는 것이며, 우리의 행위는 선한 행위인 것이다. … 칸트에게 있어서 행위는 그것에 쾌유가 수반되든, 어떤 쾌유의 욕구조차 수반되든, 도덕적 가치를 잃는 일은 없다."

그러나 칸트가 "일체의 경향성 없이 단지 의무에 의해서만 행위한다면, 그 행위는 처음으로 진정한 도덕적 가치를 가지고 있다."라고 하고 있는 것으로부터 보면, 페이튼의 이러한 견해는 논란의 여지가 있을 것이다. 물론, 칸트는 경향성이 행위의 동기로서 들어가는 것을 인정하는 '법론'을 '도덕형이상학'의 일부로서 말한다. 그러나 '기본법'의 보편적 법칙의 정식 단계에서 페이튼과 같은 해석을 뒷받침하기는 어려워 보인다. 또한 칸트가 정언명법에 따라 자신의 행위를 점검하는 것을 의무에서 행위하는 것과 동의(同義)한다고 생각하는지도 의심케 하고 있다.

따라서 우리가 행위에 관해서 틀림없는 방법으로 알 수 있는 것은 '그 행위의 외면적인 측면이 의무에 적합한가?'라는 것이다. 확실히 행위가 의무에 적합하다는 것을 확인하는 것만으로는, 그 사람이 의무로부터 행위했다고 믿기에는 불충분하다. 칸트는 여기서 분명히 의무에 부합하지도 않는 행위를 명시하는 것에 대해 논의하기 시작했을 것이다.

둘째, 칸트는 거짓 약속을 해도 좋은지 아닌지를 도덕적으로 고찰할 때, 그 준칙이 '보편적 법칙으로서(나에 대해서도 타인에 대해서도) 타당하다'는 가부를 고찰하고 있다는 점이 중요하다. 즉, 어떤 행위가 도덕적으로 문제를 포함하는지 포함하지 않는지 고찰하고 싶다면, 그 행위를 누구나 할 수 있는 '행위 일반'으로 생각해야 한다는 것이다.

왜 개별적인 행위가 아닌 행위 일반을 취급하는가 하면, 칸트는 애당초 윤리학 및 도덕론을 '자유의 제 법칙을 취급하는 것'으로 하고 있기 때문이다. 자유, 즉 도덕의 법칙을 다루는 도덕론에서 행위의 개별적인 사정이나 우연적인 사정은 배제되어야 한다. '도덕형이상학의 기초'에서 그 사정들은 행위의 '동기나 결과'로서 논의되고 있다. 따라서 칸트는 다음과 같이 서술한다.

어떤 의지가 무조건 좋다고 말할 수 있기 위해서는 법칙의 표상이 그로부터 이어지는 결과를 고려하지 않고 의지를 결정해야 하는데, 그럼 이 법칙은 과연 어떤 종류의 법칙일까? 나는 어떤 법칙을 따르는 것으로부터 의지에 생길지도 모르는 모든 동기를 내 의지에서 빼앗았기 때문에, 거기에 남는 것은 행위 일반의 보편적 합법칙성(allgemeine Gesetzmäßigkeit der Handlungen überhaupt)뿐이며, 이 합법칙성만이 의지에 대한 원리로서 도움이 될 것이다. 즉, '나의 준칙이 보편적 법칙이 되는 것도 나는 의욕할 수 있다.'라고 하는 방법으로만 나는 행동해야 한다. 이 책은 이 원리를 '보편적 합법칙성의 원리'라고 부른다.

이와 같이, 행위 일반으로서의 거짓말의 약속이 보편적 법칙인 것처럼 취급되는 것에 수반되는 사태는 개별적이고 우연적인 결과와는 구별되는 것으로 칸트의 도덕론의 고찰의 대상이 된다. 거짓 약속에 관해서 그것은 행위에 관한 주장을 서로가 믿지 않게 되는 것, 그리고 약속과 하지 않는 행위가 애초에 없어진다는 것이다. 이러한 고찰해야 할 결과에 의해 거짓말의 약속이라는 행위는 보편적 법칙으로 생각할 수 없고, 따라서 도덕적으로 인정할 수 없다고 결론지을 수 있는 것이다.

2. 보편적 법칙의 정식에서 "거짓말의 약속"

『도덕형이상학의 기초』 제2장에서, 거짓 약속은 정언명법의 두 버전 '이른바 보편적 법칙의 정식'과 '인간성의 정식'과 함께 두 번 논의된다.

칸트는 "당신은 당신의 준칙이 보편적 법칙이 되는 것을, 그 준칙을 통해서 동시에 의지할 수 있는 준칙에 따라서만 행위하라."고 한다. 보편적 법칙의 정식은 제1장에서 제시된 "보편적 합법칙성의 원리"와 매우 비슷하다. 다른 점은 명법(命法)으로서 제시되고 있는 점이다. 제

2장에서의 중요한 논점의 하나는, 유한한 이성적 존재자인 인간에게
는 도덕법칙이 '명령'으로서 표상된다고 이해하는 것이므로, 제1장에
서 제시된 원리가 명법(命法)으로서 제시되는 것은 당연하다. 여기서
의 거짓말 약속의 사례는 다른 3가지의 사례, 즉 ⑴ 자살 금지 의무의 사
례, ⑵ 자신의 재능을 발전시킬 의무의 사례, ⑶ 어려운 사람을 도울 의
무의 사례와 함께, 보편적 법칙의 정식 사용 예로서 논의되고 있다.

이번에는 보편적 합법칙성의 원리의 사례보다 행위자의 상황이 다
음과 같이 상세하게 논의된다. 즉, 어떤 사람이 가난 때문에 차금(빚)
을 필요로 하는 곤란한 상황이다. 그는 상환이 불가능하다는 것을 잘
알고 있다. 또, 갚을 기한을 약속하지 않으면 돈을 빌릴 수 없다는 것
도 알고 있다. 그리고 그는 상환이 불가능하다는 것을 알면서도 상환
기한을 제시하고 약속하는 것이 의무에 어긋나는 것은 아닌지 자문할
만한 양심까지 가지고 있다. 그래도 그가 거짓말 약속을 하고 빚을 지
기로 했다고 치자. 그는 "나는 내가 돈이 궁핍하다고 생각할 때 돈을
빌리고, 내가 나중에 결코 갚지 않을 것이라는 것을 알면서도 갚겠다
고 약속한다."고 말했다.

칸트는 위의 사례들의 준칙을 '자애의 원리' 혹은 '자기이익의 원리'
라고 부르며, 이 원리가 당사자의 행복과 일치하는 것임을 인정한다.
그러나 이미 말했듯이, 행위에 대해 도덕적으로 문제가 없는지를 고
찰할 때, 내 개인의 행위의 원리인 준칙은 보편적 법칙으로 전환되어
야 한다. 그렇다면, 역시 거짓 약속은 도덕적으로 인정할 수 없는 것이
된다. 그 이유는 앞의 논의와 같이, '신뢰성'의 상실과 '약속'이 불가능
하게 되는 것으로 되기 때문이다.

덧붙여진 점은 거짓말의 약속을 보편적 법칙이라고 하면 '자기모순'

에 이른다는 표현, 그리고 '약속에 의해서 도달하게 되는 목적' 또한 불가능해진다는 것이다. 만일 전자를, 약속하고 싶다고 생각하고 있으면서 약속을 할 수 없게 되는 사태를 의지한다는 것은 모순이라고 한다면, 그것은 보편적 합법칙성의 원리의 경우에서 보는 '자기를 파괴한다'는 표현이 함의하는 것과 같다. 후자는 우선 가난으로부터의 탈출이 불가능해지는 것이라고 생각해도 좋을 것이다.

이상에서, 제2장의 보편적 법칙의 정식에서 거짓말의 약속에 관해서는 대체로 제1장의 보편적 합법성의 원리에서 거짓 약속과 같은 주장이 되풀이되고 있음이 확인되었다.

마지막으로 칸트가 "지금 문제는 이것(거짓말 약속에 의한 빛)이 과연 옳다(recht)는 것인가 아닌가?"라고 말하고 있는 것에 주의하자. 칸트는 거짓말 약속 이외의 세 가지 사례에서는 이와 같은 언급을 하지 않았으므로 거짓말 약속만이 행위가 옳은 것(recht)인가 아닌가의 문제가 된다고 판단되는 것으로 보인다. 칸트는 옳은 것(recht)에 대해 여기서 더 이상은 논하지 않기 때문에, 지금은 이 점에 관한 심도 있는 해석은 삼가고, 이제 하나의 거짓 약속의 사례를 확인한 후, 선행연구와 함께 다시 고찰하기로 한다.

3. 인간성의 정식에서의 거짓말의 약속

거짓 약속이 『도덕형이상학의 기초』에서 논의되는 마지막 부분은 이른바 '인간성의 정식'의 직후이다. 이 정식은 다음과 같이 명한다. "너의 인격이나 다른 모든 사람의 인격 중에 있는 인간성을, 언제나 동시에 목적으로서 취급하고, 결코 단지 수단으로서만 취급하지 않도록 행위하라." 이 정언명법에 이어서, 칸트는 보편적 법칙의 정식에서 다룬 4가지 사례를 다시 거론하며 명법(命法)의 사용 방법을 제시한다. 보편적 법칙의 공식에서 거짓말 약속의 논쟁과 다른 점은 다음과 같이 거짓말 약속이 금지되는 이유에서 찾을 수 있다.

> 다른 사람에게 거짓 약속을 하려고 하는 사람은 자신이 다른 사람을 [수단으로 취급하는 것과] 동시에 목적을 그 안에 포함된 사람으로 취급하는 것이 아니라 단순한 수단으로 취급하려는 것을 즉시 알아차릴 것이다. 왜냐하면, 내가 이러한 약속에 의해서 나의 의도를 위해 이용하려고 하고 있는 사람은 내가 그에 대해서 하는 방식에 동의할 수 없고, 그러므로 그 자신은 이 행위의 목적을 포함하는 것은 불가능하기 때문이다.

여기서는 보편화를 명할 수 없다. 칸트에 의하면, 거짓 약속의 준칙을 설정한 행위자는 자신의 준칙을 잘 고찰하면 자신이 약속의 상대를 '단순한 수단으로서 취급하려고 하고 있다'라는 것을 즉시 깨닫는 것이다. 다만, 이번에도 역시 자신의 행복만을 기준으로 자신의 준칙을 채용할지 말지를 결정하는 것은 제외되어 있다. 인간성의 정식이 거짓 약속을 금지하는 이유는 약속을 수락할지를 결정하는 '상대'가 약속을 제안하는 행위자의 준칙의 방식에 동의할 수 없기 때문이고, 또 그 준칙의 목적을 포함하지 않기 때문이다.

이것이 구체적으로 무엇을 의미하는지는 불분명하지만, 다음과 같은 점을 분명히 하면 인간 본성의 공식에서 거짓 약속의 사례의 논점이 더 명확해질 것이다. 즉, 약속을 수락하는 사람이 약속을 제안하는 사람의 방식에 동의할 수 없는 것은 어째서인지, 또 그러므로 약속을 제안하는 사람의 목적을 포함할 수 없다고 하는 것은 어째서인지 하는 것이다. 이것이 밝혀지면, 사람을 '목적으로 취급'하는 것 및 '단순한 수단으로 취급'하는 것의 내실을 본질적으로 그리고 구체적으로 보여 줄 수 있을 것이다.

이 검토도 다음 항에서 선행연구와 함께 실시하기로 하고, 여기에서는 칸트가 말한 사례의 마지막에 옳다(recht)고 언급한 것을 확인하는 데 그치고자 한다. 칸트는 다음과 같이 말한다.

> 다른 사람들의 원리와 그것의 대립은 이러한 다른 사람들의 자유와 재산에 대한 공격을 예로 들면, 다른 사람들의 원칙과의 충돌은 일목요연하다(in die Augen fallen). 왜냐하면, 다른 인격은 이성적 존재자로서 언제나 동시에 목적으로서 … 평가되어야 한다는 것을, 인간의 권리(Recht)의 침해자는 고려하지 않고, 다른 사람의 인격을 단지 수단으로서만 이용하려고 하는 것은 명백하기 때문이다.

위에 기술되어 있듯이, 여기서 칸트가 '권리의 침해'를 언급하는 것은 단지 거짓말의 약속을 할 뿐인 사례보다도, 준칙이 각하된다는 것이 한층 '일목요연'하기 때문이다. 그렇다면 왜 권리침해가 있을 경우, 준칙이 기각되는 것이 '일목요연'해지는 것일까? 칸트는 애초에 권리침해에 대해 어떻게 생각하고 그것을 자신의 도덕적 이론에 어떻게 설명하고 있는가? 우리는 이 문제에 답을 하려고 할 때 나중에 법철학의 저작을 필요로 한다.[24] 하지만 칸트는 물건뿐만 아니라, 타인의 선택의지나 인격도 획득하는 권리의 실질에 포함하고 있다. 하지만 여기서 말하는 획득한 타인의 선택의지는 물건의 급부를 위한 선택의지이며, 또 타인의 인격은 물건에 대한 방법으로 획득하는 것이다. 따라서 권리의 침해는 모두 물건의 파손과 같이 일목요연하게 '눈에 보이는(sichtbar)' 것이라고 할 것이다. 그러므로 권리의 침해에 대한 강제는 정당화될 것이다. 이 점에 있어서 '법론'은 순수이성비판의 인식론과 결부된다. 순수이성비판과 법론의 결부를 검토한다는 관점을 유지하며 읽어야 한다.

다음 항에서는 '도덕형이상학의 기초'의 거짓 약속의 선행연구를 다루고, 이 항에서 분명하게 밝혀지지 않은 점을 논한다. 그리고 『도덕형이상학의 기초』에서의 권리(Recht)에 관련된 논의가 후의 저작에서 어떻게 발전했는지를 고찰해 보자.

• • •

24 법론에서 칸트가 권리의 침해라고 할 경우, 그것은 대체로 물건(Sache)에서의 권리의 침해라고 생각하는 것이 적절할 것이다. 칸트가 실질적인 권리를 소유하고 있기 때문이다. 하지만 칸트는 물건뿐만 아니라, 타인의 선택의지나 인격도 획득하는 권리의 실질에 포함하고 있다. 하지만 여기서 말하는 획득한 타인의 선택의지는 물건의 급부를 위한 선택의지이며, 또 타인의 인격은 물건에 대한 방법으로 획득하는 것이다. 따라서 권리의 침해는 모두 물건의 파손과 같이 일목요연하게 '눈에 보이는(sichtbar)' 것이라고 할 것이다. 그러므로 권리의 침해에 대한 강제는 정당화될 것이다. 이 점에 있어서 '법론'은 순수이성비판의 인식론과 결부된다. 순수이성비판과 법론의 결부를 검토한다는 관점을 유지하며 읽어야 한다.

Ⅲ. 도덕형이상학의 기초에 관한 거짓 약속의 선행연구

　앞항에서 확인된 사실은 거짓 약속이 '의무에 부합(plichtmäßig)'하는 문제로 취급되었다는 것이다. 그리고 이런 문제로서 거짓말의 약속을 다룬다는 것은 거짓말의 약속으로 하는 행위가 외면적으로 의무에 적합한지를 고찰하는 것이었다.

　다음으로, 거짓말의 약속은 '빚(차금)'과 함께 논의되는 경우에 '올바른 것(recht)인가 아닌가'의 문제와 바꾸어 말하고, 또 '권리(Recht)의 침해'가 수반되는 경우에는 정언명법에 의해 각하되는 것이 '일목요연' 해진다는 것이었다. 이것들은 칸트의 『도덕형이상학의 기초』에서 거짓 약속에 대한 고찰이 후대의 법철학으로 발전하는 단계들을 이미 암시하는 것으로 볼 수 있을 것이다. 다만, 위의 견해를 뒷받침하기에는 논의가 불충분하다.

　그러므로 각 정식의 해석에 남겨진 불명료한 점을 검토함으로써, 도덕형이상학의 기초의 거짓 약속의 사례, 특히 정언명법의 표현의 차이가 어떻게 후의 칸트의 저작을 기초하고 있는지를 밝혀야 한다. 또, 거짓말 논문에서는 빚을 탕진한다는 것이 실해(實害)와는 관계없이 거짓말은 인간성 일반에 대한 법의무로서 금지되는 것이 논의되고 있다. 이 표현의 핵심은 앞항에서 유보한 요점을 검토함으로써 찾을 수 있을 것이다.

악마의 가면

1. 보편적 법칙의 정식에서의 '자기모순'

앞항에서는 보편적 법칙의 정식에서의 거짓말 약속의 자기모순을, '약속하고 싶다고 생각하면서도 약속을 할 수 없게 되는 사태를 의지한다는 모순'이라고 했다. 이 해석은 최근의 칸트 해석의 고전이라고 할 수 있는 코스가드(C.H. Korsgaard)의 견해에 근거하고 있다. 그녀는 전통적인 보편적 법칙의 정식적 자기모순에 대한 해석을 다음과 같이 설명한다.

첫째, '논리적 모순'이라고 불리는 것이 있다.[25] 그것은 약속을 하고 싶어하면서도 약속이 없는 상황을 의지하는 모순이다.

둘째, '목적론적 모순'이라고 불리는 것이 있다. 그것은 거짓의 약속으로 하는 행위가 인간 이성의 자연적 목적과 모순된다는 것이다. 앞의 '논리적 모순' 해석은 코스가드(Korsgaard)가 제안하는 '실천적 모순'과 매우 비슷하다. 하지만, 그녀의 경우와 달리, 이 해석은 행위의 개념이 '존재하지 않게 된다'며 일을 강조하기 때문에 문제가 생기는 경우가 있다. 또한 '목적론적 모순' 해석은 다음 중 하나의 문제를 포함한다.

첫 번째는, 준칙을 보편화해 보지 않고 판정할 수 있게 되는 것이다. 이는 거짓 약속에 대한 칸트의 보편적 법칙의 정식의 논의에 입각하지 않았던 것이다.

두 번째는, 이성이 여러 목적의 조화에 조응하는 것 그리고 이 조화에는 약속이 필요하다는 것을 설명 없이 전제해야 한다는 것이다. 페이튼 보편적 법칙의 공식의 해석이 이에 해당한다.[26]

• • •

25 디트릭슨(P. Dietrichson)과 켐프(J. Kemp), 우드(A. Wood) 등이 이 견해에서 보편적 법칙의 정식의 자기모순을 각양각색으로 해석한다(Korsgaard [1985], p.81, 103).

물론 코스가드는 보편적 법칙의 정식의 자기모순의 2가지 의미, 즉 '개념에서의 모순'과 '의지에서의 모순'을 띠고 있다. 전자는 준칙의 목적인 바 개념이 보편화에 의해서 모순에 이르러 존재할 수 없게 되는 경우의 모순이다. 즉, 거짓 약속의 모순을 '논리적 모순'으로서 설명하는 방법이 이것이다. 한편, 후자는 비록 보편화에 의해서 모순에 이르지는 않는다 하더라도, 그 준칙을 이성이 의지할 수 없다고 하는 모순이다. 즉, 목적론적 해석이 중시하고 있는 것은 '의지에서의 모순'인 것이다. 그러나 이미 보았듯이, 거짓말의 약속은 '개념에서의 모순'에 의해 설명되고 있다. 그런데 의지의 모순을 중시하는 해석자는 다음과 같은 문제를 지적한다.

'거짓말 약속의 사례의 경우의 자기모순은 개념에서의 모순으로 해석할 수 있지만, 살인과 같은 행위를 개념에서의 모순에 호소할 수는 없다.'라고 한다. 이 문제를 검토하기 위해서 코스가드가 꼽는 준칙은 '잠을 잘 수 있도록, 보통 이상으로 밤울음을 하는 아이를 죽이라.'는 것이다.[27] 확실히 이 준칙을 보편화하더라도, 아기 죽이기라는 행위

• • •

26 그는 자기모순의 해석에 있어서, 보편적 법칙의 정식으로부터 파생된 보편적 자연법칙의 정식을 중시한다. 이 정식을 중시함으로써 그가 주장하는 것은 칸트의 사례에서의 행위는 모두, 우리가 인간 본성에 합목적적인 목적을 가지는 것이 의무로서 부과되고 있다고 하는 것을 나타내기 위한 것이라고 하는 것이다(Paton [1947], p.149). 그는 보편적 법칙의 정식이 단지 나쁜 행위를 명백하게 하는 것이지, 적극적인 의무를 부과하는 것은 아니라는 것도 주장한다. 그러나 그들은 결국 거짓 약속에 대해 도덕적 판단을 하기 위해서는 다음을 가정해야 한다고 주장한다. 즉, 그러한 약속을 지키는 것과 그것에 의해 불러일으키는 상호신뢰는 인간의 여러 목적의 체계적 조화에서의 본질적인 요소라고 하고, 상정을 실시하지 않으면 안 된다(Paton [1947], p.153).
27 Korsgaard [1985], p.82. 코스가드(Korsgaard)는 이 준칙을 디트릭슨(Dietrichson)이 제안한 '만일 6파운드 이하의 아이를 출산한다면, 나는 가능한 한 그 아이를 죽이는 것이다.' 이와 같이 준칙을 기초로 하고 있다. 그녀의 견해로는 준칙은 행위를 위한 이유를 포함해야 하므로, 디트릭슨의 준칙은 고칠 필요가 있었던 것이다.

가 존재하지 않는 것은 일반적이므로 이 준칙이 도덕적으로 인정되지 않는다는 주장은 의지에서의 모순 또는 목적론적 모순에 호소하게 된다. 그러므로 다음과 같은 점에 주의해야 한다. 즉, 코스가드는 개념상 모순을 주장할 수 있는 경우 법적 의무에 위배된다는 점을 명심해야 한다.

한편, 의지에서의 모순밖에 호소할 수 없는 경우, 그 행위는 덕의무에 반한다고 하는 것이 아니다. 따라서 밤에 아이 우는 소리가 시끄럽다고 해서 그 아이를 죽인 어머니에 대해서 말할 수 있는 것은, 그녀는 '어머니로서의 덕이 없다'는 것뿐이나. 그러나 실인은 악덕이 아니니 권리의 침해, 즉 법의무 위반으로 취급되어야 한다. 따라서 보편적 법칙의 정식에서의 자기모순을 '개념에서의 모순'으로 하는 설명뿐만 아니라, 그것을 '의지에서의 모순'으로 하는 설명 또한 살인을 적절히 취급하지 못하고 있으며, 이 과제를 해결하기 위해서 코스가드는 거짓말의 약속과 살인을 다음과 같이 구별했다.

> 거짓말의 약속처럼 관습적인 특정한 규범(rule)으로 이루어진 행위는 '관습적 행위'이고, 살인과 같이 그러한 규범을 가지지 않는 행위는 '자연적 행위'이다.

칸트는 이러한 모든 행위가 보편적 법칙의 공식에 의해 결정될 수 있는 것처럼 말하지만, 그녀가 보여 주듯이 실제로 자연적 행위에 대해 결정될 수 있는지는 불분명하다.

한편, '도덕형이상학의 기초'에서의 거짓말은 약속이라는 특정한 규범을 수반하는 제도와 함께 논의되었기 때문에 개념에서의 모순에 이르는 것이 명확하다. 그리고 이것으로부터 우리는 다음과 같이 이해할 수 있다. 칸트가 거짓말의 '약속'을 다룬 이유는 그가 '도덕형이상학의 기초'의 관점에서 이미 도덕에서의 법의무의 위치를 찾으려 했기 때문일 것이라고 생각한다.

코스가드는 법적 의무에 반하는 자연적 행위를 다루기 위해서 그리고 '목적론적 모순' 해석의 결점을 보완하기 위해서 보편적 법칙의 정식에서의 '자기모순'을 '실천적 모순'으로 해석할 것을 제안한다. 여기서 실천적 모순이란, '행위자가 자신의 목적을 달성하기 위해서 관습적 행위에 관여하는 것을 의지하는 동시에 그 행위가 더 이상 작용하지 않는(no longer work) 상황을 의지하는 모순이다.' 그녀의 '실천적 모순'에 대한 해석은 행위의 '존재'를 언급하지 않기 때문에 살인과 같은 자연적인 행위를 어느 정도 적절하게 다룰 수 있다.

그러나 거짓말 약속을 다루는 것에 있어서는 거짓말 약속의 준칙이 특정한 규칙을 수반한다는 것을 꺼내는 것으로 충분하기 때문에, 더 이상 그녀의 해석을 논하는 것은 삼가고자 한다. 대신에 나는 다음을 주의하고 싶다. 만일, 행위자 자신의 목적이 달성되지 않기 때문에 행위를 보류하기로 결정한다면, 보편적 법칙의 정식에 의한 결정은 도덕적이라고 할 수 없다.

무엇보다도 자신의 목적을 위해 선택한 행위를 수행하기 위한 충분한 이유가 없다는 첫 번째 추론은 도덕적이라기보다는 '도구주의적 합리성'을 설명하는 것이기 때문이다. 그녀는 그렇기 때문에 칸트의 도덕론은 보편적 법칙의 정식으로 완결되지 않고, 인간성의 정식 및 목적 그 자체의 정식이 필요한 것이라고 생각하고 있다. 한편, 페이튼과 같이 보편적 법칙의 정식으로 자신의 준칙을 확인하는 것에 도덕성을 보는 견해도 있다. 계속해서 코스가드의 인간성의 정식의 해석을 참조하기로 하자.

2. 인간성의 정식에서의 '목적으로 취급하는 것'

앞항에서 제시한 바와 같이, 칸트의 도덕은 후의 저작에 있어서 법의무와 덕의무로 대별된다. 그리고 종종, 『도덕형이상학의 기초』에서의 보편적 법칙의 정식은 법의무의 도출에 깊이 관여하고, 인간성의 정식은 덕의부의 도출에 깊이 관여하는 것으로서 이해한다. 코스가드 역시, 인간성의 정식을 장래의 덕의무의 논의와 관련하여 이해하고 있다. 따라서 만약 지금까지 논의한 것과 같이 거짓의 약속이 법의무라면, 더 이상 인간성의 정식에서 시험할 필요는 없다고 생각한다.

그러나 앞항에서 보았듯이, 보편적 법칙의 정식에 의해 확인되는 것은 도덕성과는 무관하다. 즉, 어떤 행위가 법의무라는 것만으로는 그 법의무를 도덕론 안에 넣을 이유를 보여 줄 수 없다는 것이다. 따라서 법의무는 동시에 덕의무이기도 하다는 것, 즉 인간성의 정식에서도 그것이 의무임이 나타나야 한다.

또한, 거짓말의 약속을 인간성의 정식에 있어서 이해하는 것은 '거짓말 논문'에서의 '인간성 일반에 대한 부정'으로서의 거짓말의 부정에 대한 내실을 이해하는 데 도움이 될 것이다. 실제로 코스가드는 '거짓말 논문'의 논의는 보편적 법칙의 정식으로는 잘 설명할 수 없고, 인간성의 정식의 경우에는 해석할 수 있다는 것을 논하고 있다.

우선은 인간성의 정식에서의 목적으로서 취급하는 것이 어떻게 이해되고 있는지를 확인해 보자. 흔히 칸트의 이 표현은 우리의 직관에 호소한다고 간주하는 것이다. 이러한 견해는 정언명법이 몇 가지 버전을 갖추는 것이며 '이성의 이념을(일종의 유비[類比]에 의해서) 직관에 가깝게 하고, 그것으로 그것을 한층 감정에 가깝게 하는 데 도움이 된다.'라고 칸트 자신이 말한 데 근거하는 것이다. 그러나 이 표현이 구체적으로 무엇을 의미하는지에 대해서는 애매하다는 지적도 있다. 이러한 상황을 감안하여 코스가드는 목적으로 다루는 내용을 비교적 상세하고 구체적으로 검토하고 있다. 결론부터 말하자면, 그녀의 견해에 따르면, '목적으로 취급하는 것'은 다음을 의미하고 있다.

우선 목적을 설정하고(그것에 선(善)이라는 지위를 줌으로써 무언가를 목적으로 하며), 그것을 이성적인 수단(rational means)으로 추구하는 힘을 가진 자로서 사람을 다루는 것이다. 여기서의 '이성적인 수단'이란, '수행하기에 충분한 이유를 가진 수단'으로, 즉 보편적 법칙이 될 수 있는 수단이다.

거짓 약속의 경우, 행위자는 보편적 법칙이 될 수 없는 수단을 채택하려고 한다는 점에서 '스스로'를 목적으로 취급하지 않는다. 그러나 인간성의 정식에서의 거짓말의 약속의 사례에서 칸트가 말하는 것은 행위자가 '상대'를 단순한 수단으로서만 취급하고 있다는 것이다. 코스가드도 물론 이 사실을 알고 있으며, 계속해서 그녀는 거짓말을 하려는 사람들이 '상대'를 수단으로만 사용한다는 것을 다음과 같이 설명한다.

당신이 어떤 목적으로, 거짓말을 할 때, 거짓말은 대부분의 사람들이 진실을 말할 때만 잘한다. 대부분의 사람들이 진실을 말함으로써 당신은 믿을 수 있고 또한 거짓의 목적이 달성된다. 그러한 사례에서 당신은 거짓말하는 사람들뿐만 아니라 진실을 말하는 모든 사람들을 수단으로 취급하고 있다.

위에서 언급한 바와 같이, 거짓말을 하는 행위는 많은 사람들이 신뢰할 수 있는 말을 할 때 비로소 작용하는 행위이므로, 모든 사람이 거짓말을 하려고 하는 경우에는 물론 작용할 수 없다. 그러므로 만약 거짓말을 하려고 한다면, 그 사람은 다른 많은 사람들이 성실하기를 동시에 의욕해야 한다. 거짓말을 꾸미는 사람은 다른 사람들이 자신과 같은 일을 하려고 하지 않았으면 좋겠다고 생각해야 하는 것이다. 이 점에서 거짓말로 하는 행위의 유효성은 타인의 목적에 의존하고 있다는 것이 밝혀진다. 그리고 칸트의 '타인을 수단으로 취급하는 것'이라는 표현의 함의는 이것으로 이해해야 할 것이다.

언뜻 보기에 이 해석은 보편적 법칙의 공식과 전혀 다르지 않다고 생각할 것이다. 그러나 거짓말은 약속과 제도와 함께 논할 수는 없어도 정언명법에 의해 각하된다고 하여 이를 제시하고 있다는 점에서 앞의 정식 논의와는 다르다. 즉, '거짓말 논문'의 사례와 같은 약속으로 하는 실천 중에 없는 거짓말도, 인간성의 정식은 다룰 수 있다는 것이다. 그리고 코스가드는 보편적 법칙의 정식에서는 '거짓말 논문'의 사례를 잘 설명할 수 없지만, 인간성의 정식에서는 설명할 수 있다는 것을 다음과 같이 설명한다.

우선 보편적 법칙의 정식에서 '거짓말 논문'을 다루려고 하면, 준칙은 다음과 같다. 즉, 살인을 막기 위해서, 살인을 꾀하는 사람이 나타났을 경우에는 거짓말을 한다. 이러한 준칙이 보편적 법칙이 되었다고 치자. 그녀의 견해로는, 살인을 꾸미는 사람은 보통 자신이 무엇을 꾸미고 있는지를 말하듯이, 위의 준칙이 보편적 법칙이 된다고 해도 거짓말로 하고, 실천이 불가능하게 되는 일은 없다. 그러므로 보편적 법칙의 공식은 '거짓말 논문'에서 칸트의 주장을 설명할 수 없다.

한편, 인간성의 정식에서는, 거짓말은 항상 상대의 인간성을 수단으로서 이용하고 있다고 할 수 있다. 이것은 앞에서 말한 바와 같다. 또한 그녀는 상대방의 행위 방식에 동의할 수 없다는 것을 다음과 같이 설명한다.

> 사람들은 그들에게 기회가 주어지지 않을 때 그들의 행동에 동의할 수 없다. 이 가장 분명한 사례는 강제성이 사용되는 경우이다. 그러나 거짓에 대해서도 같은 말을 할 수 있다. 거짓 약속의 희생자는 거짓 약속에 동의할 수 없다. 왜냐하면, 그 사람은 요구되고 있는 것이 무엇인지 모르기 때문이다.

그녀가 명시하지는 않았지만, 거짓말의 희생자들이 '요구하는 것'은 거짓말을 꾸미는 사람들이 거짓말을 하게 하기 위해 거짓말쟁이의 말을 신뢰하는 것이고, 자신은 말의 신뢰성을 유지하기 위해 적절하게 말을 사용하는 것일 것이다. 거짓말의 피해자들은 그들이 그것을 요구하고 있다는 것을 모르기 때문에 당연히 그들의 요구에 동의할 수 없다. 코스가드는 다른 사람들에게 선택에 대한 지식이나 수단을 제공하지 않는 모든 행위는 다른 사람들을 단순한 수단으로 만든다는 것 그리고 거짓말은 바로 이런 종류의 행위라는 것을 주장한다.

그녀의 인간성 정식의 해석은 거짓말이라는 행위의 특성을 명확히 하고 있다고 해석해야 하지 않을까 생각한다. 다만, '거짓말 논문'에서 논의되고 있는 것은 '거짓말이 거짓말을 하는 상대방의 인간성이 아니라, 인간성 일반에 대해서 부정이 된다'는 것이었다. 코스가드는 이 구분에 주의를 기울이지 않는 것으로 보인다. 거짓말을 할 수 있는 상대방의 인간성을 수단으로 하는 것과 인간성 일반에 대한 부정의 차이는 어디에 있을까? 이 고찰은 다음 항에서 검토한다.

IV. '도덕형이상학의 기초'의 논의의 발선

도구주의적 합리성과 도덕성이라는 이유의 두 가지 관점은 칸트가 『도덕형이상학』에서 다음과 같이 말한 것을 예고하고 있다고 할 수 있을 것이다.

> 윤리학적 입법은 (비록 의무가 외적일지라도), 외적으로는 있을 수 없는 입법이다. 법리학적 입법은 외적으로도 있을 수 있는 입법이다. 그러므로 계약상의 약속을 지키는 것은 외적 의무이다. 그러나 다른 동기를 고려하지 않고, 그것이 의무라고 하는 이유만으로, 그 이행을 명하는 것은 단지 내적 입법에 속해 있다.

여기서 논의되고 있는 것은 약속을 지키는 것이 법의 의무에 속하는 이유이다. 약속 준수에 관하여 외적 입법이 가능하다는 것은 그것이 의무라는 이유 이외로 이행하는 것이 가능하다고 하는 것이다. 예를 들면, '경향성이나 혐오감'과 같은 선택의지의 패트로기시한 (pathologisch), 즉 감성적 동인에 의한 규정 근거로부터 약속을 지키는 것이거나 혹은 다른 사람으로부터 물리적으로 강제됨으로써 약속을 지키는 것이다. '너를 계속 좋아하고 있다'라고 하는 비슷한 약속은 남이 강제할 수 있는 것이 아니다. 일상에서 이러한 말의 교환을 약속이라고 부르는데, 여기에서는 고찰의 대상이 아니다.

칸트는 '타인의 선택의지에 의해서 [행위를] 물리적으로 강제할 수 있다는 것이, 덕의무 중에서 법의무를 한정하기 위한 본질적인 기준'이라고 하고 있다. 즉, 법론은 '외적 행위가 직접 명하는' 의무를 취급하고, 덕론은 '행위의 준칙에 구속을 부과하는 것으로, 행위가 실제로 행해지는지는 주체에게 맡겨져 있는 의무를 취급하고 있다'고 한다.[28]

한편, 약속 준수는 타인이 물리적으로 강제하는 일은 없어도, 그것이 의무라는 이유만으로 이행할 수 있는 행위이기도 하다. 즉, 칸트의 도덕적 의무는 법의무건 덕의무건 자기강제에 의해서 이행될 수 있는 것이어야 한다. 그리고 도덕적 의무 중 외적 강제가 가능한 의무는 법의무로 구분되고, 외적 강제가 불가능한 의무는 덕의무로 구분되는 것이다.

위에서 거론된 사례는 약속 준수이지만, 거짓말 또한 '덕론의 형이상학적 기초'(Metaphysische Anfangsgründe der Tugendlehre, 이하 '덕론')뿐만 아니라 '법론'에서도 취급되고 있다. 거짓말을 하지 말아야 할

• • •

<hr>

28 법론과 덕론 그 구별의 본질이 무엇인지에 대해서는 최근 몇 년 동안 논쟁이 계속되고 있다. 이 것을 지적하는 주장은 '법론'과 '덕론'의 구분을 이와 같이 결론지었다.

의무는 다른 사람이 물리적으로 강제할 수 있는 것이 아니기 때문에 '법론'으로 다루는 것에는 위화감이 따른다. 사실 칸트는 '법론'에서 거짓말을 언급하는 것은 각주뿐이다. 게다가 각주가 있는 본문은 다음과 같이 거짓으로 말하거나 약속할 수 있는 권한이 있음을 명시하고 있다. 여기서의 약속은 '너를 계속 좋아하고 있어'라고 하는 것과 비슷한 약속이 포함될 것이다.

> 그 자체로 남의 것을 감하지 않는 일을 다른 사람에게 행하는 권능이나. 예를 들어, 진실하고 성실히게(wahr und aufrichtig), 혹은 거짓이고 불성실하게(unwahr und unaufrichtig) 진정한 이야기나 거짓 이야기(veriloquium aut falsiloquium), 그 어느 쪽의 방법이든, 다른 사람에게 자신의 생각을 단지 전하는 것, 무언가를 말하거나 약속하거나 하는 것이다. 왜 이것이 권능이냐 하면, [발화한 말을 받은 후 이것을] 믿으려 하느냐 마느냐는 전적으로 다른 사람에게 달려 있기 때문이다. 이러한 권능은 모두, 생득의 자유라고 하는 원리에 이미 포함되어 있다.

칸트는 이와 같이 본문에서 진술한 후, 거짓말은 다른 사람의 권리를 침해하는 거짓말에 한해서만 법적인 의미로 취급된다는 것을 각주에서 논하고 있다. 주의해야 할 것은 그가 논쟁을 각주로 떨어뜨리면, 그는 그 논쟁이 완전하지 않다고 판단했다는 것이다. 칸트는 법론의 모두에서 선험적으로 구상되는 체계에 속하는 법을 본문에 넣고, 경험한 개별 사례에 관련된 여러 법은 각주로 돌린다고 하고 있다.

경험되는 개별 사례에 관련된 여러 법이 각주에 적용되는 이유는,

경험되는 것의 구별은 완전히 이루어지지 않기 때문이다. 즉, 권리를 침해하는 거짓말의 사례에는 완전히 이루어질 수 없는 구별이 있다는 것이다. 그러나 칸트는 여기서 무엇에 관한 구별이 불완전한지를 명기하지 않았고 따라서 이 점은 해석하지 않으면 안 된다.

칸트의 각주 사례는 '어떤 사람의 물건을 빼앗으려다 그 사람과 계약이 있었다고 거짓으로 주장하는'(das falsche Vorgeben) 것이다. 이 책의 견해는 이 사례에서의 '완전히는 이룰 수 없는 구별의 내실은 거짓의 제기가 실제로 상대의 권리침해를 일으키는지, 권리침해의 야기가 없는지'의 구별이다. 물홀랜드(Mulholland)도 이 부분을 검토할 때 말의 내용을 신뢰할지 여부에 대한 선택의 여지가 있는 경우의 말과 그러한 선택의 여지가 없는 말을 구별한다. 계약을 맺은 거짓말은 성실한 말로 받아들여야 하는 유일한 말이다.

계약을 했다는 거짓말의 사례에 불완전한 구분이 포함된다는 것은 무관하다. 이 견해는 '법론' 이후에 쓴 '거짓말 논문'으로 뒷받침될 것이다. 이 논문에서 칸트는 실제로 특정인의 권리를 침해하는지에 관계없이, 생각지도 못한 것을 말하는 것은 인간성 일반에 대한 부정이라고 주장하고 있다. 그리고 문제인 것은 '인간성 일반'에 대한 부정이므로, 거짓말에 의해서 '특정의 다른 사람'에게 야기되는 해가 아니라는 것 또 후자는 '우연'에 의하여 생기는 것이라는 것을 칸트는 반복해서 말한다. 이 우연성에 있어서, '법론'에서의 거짓말의 사례는 각주에 맡길 필요가 있는 것이다.

한편, 인간성 일반에 대한 부정과 거짓말은 실천적인 의미에서 필연적으로 결부되어 있다고 할 수 있다. 이와 같은 결과는 이미 앞에서 논의한 바와 같이, 그 준칙이 도덕적으로 인정되거나 인정되지 않는

악마의 가면

지를 판단하는 데 고려되어야 한다. 그리고 거짓말이 인간성 일반에 대한 부정이라는 것의 함의는 거짓말이 '말(표명) 일반의 신뢰성'을 해쳐, 모든 제 권리가 근거해야 할 곳의 계약을 불가능하게 하고, 그러한 '권리를 무(無)로 돌려보낸다'는 것이다. 전반부는 바로 보편적 합법칙성의 원리 및 보편적 법칙의 정식에 있어서 준칙을 각하한 이유와 다름없다. 칸트가 '거짓말 논문'에서 '도덕형이상학의 기초'에서 밝힌 거짓 약속이 도덕적으로 인정되지 않는 이유를 쓰고 있음이 분명하다.

이상의 논의를 통해 도덕형이상학의 기초에서의 두 종류의 정언명법의 각각의 역할을 기초로, 도덕형이상학의 법론과 덕론의 구별을 이해할 수 있다는 것이 제시되었다. 즉, 보편적 법칙의 정식에서 고찰하고 있는 것은 '그 행위가 옳은가(recht) 아닌가'이다. 또 '인간성의 정식에서 밝혀지는 것은 옳지 않은 행위는 동시에 상대를 단순한 수단으로서 취급한다'는 점에서 '인간성의 존엄을 훼손하는 부덕한 행위이기도 하다'는 것이다. 그리고 또 도덕형이상학의 기초에서의 인간성의 정식의 거짓 약속의 논의는 후의 저작에서 다음과 같이 엄밀하게 구별되게 되었다고 할 수 있다.

첫째, 인간성의 정식에서 거짓말 약속의 논의의 중점은 '상대를 간단한 수단으로서 취급하는 것'이었는데, 코스가드가 처음에 말한 견해 '자신을 간단한 수단으로서 취급하는 것'으로 중점이 이행하여 '덕론'에서의 '자기 자신에 대한 완전의무'의 거짓말 금지에 대한 논의로 발전했다.

둘째, '권리침해'가 있을 때, 거짓 약속이 도덕적으로 인정되지 않는다는 것은 '일목요연한가'라는 주장은 '법론'에서 거짓 주장에 의해 '우연적으로' 야기되는 '권리의 침해'라는 논쟁으로 이어졌다.[29]

셋째, 거짓말이 다른 모든 사람의 언어의 성실한 사용법에 의거하고 있다고 하며 요점은 '거짓말 논문'에서의 '인간성 일반에 대한 부정'의 논의로 발전했다.

이와 같이, '도덕형이상학의 기초'가 칸트의 도덕론의 기초라는 것은 칸트가 만년에 주장한 거짓말에 관한 모든 논쟁에서 찾을 수 있다. 그리고 그것들은 도덕형이상학의 기초에서의 거짓말의 약속의 논의와 연속적일 뿐만 아니라, 엄밀하게 구분되어, 특히 권리(Recht)의 영역에서 그 이론의 근저를 지지하는 것으로서 발전한 것이다.

• • •

29 단순한 이성의 한계 내의 종교에서도 일목요연하다(in die Augen fallen)고 하고, 그래서 '법'이 '덕'과 구별되는 것에 주의하여야 한다. 이러한 윤리적인 공동체에서는 행위의 (내적인), 도덕성의 촉진을 목표로 하여, 반대로 또 법률적 공동체를 형성하는 것과 같은 인간적인 법칙은 일목요연한 행위의 적법성을 목표로 하여 세워져 있다.

악마의 가면

색인

F

FBI 첩보원 • 53

Q

QEEG 검사(정량적 뇌파검사) •
  115

ㄱ

가면(假面) • 377

가식(假飾) • 376

가언명법 • 101, 493

가짜 뉴스 • 27, 29, 161

간편추론법 • 309

갈채욕망 • 179, 180

게오르그 짐멜 • 105, 163, 449

곤궁범(困窮犯) • 441

공리주의론(Utilitarianism) • 497,
  501

공상벽 • 180

과잉연기 • 373

관종 • 32, 118

광고윤리 • 415, 422, 435

광고제작자 • 418, 437

구니(拘泥) • 534

군집도덕(herd-morality) • 508

기만(deception) • 155, 443

기만탐지 • 158, 159, 160

긴장이론 • 445, 467

꾀병 • 36, 179, 181, 234, 235,
  236, 238

ㄴ

농담(거짓) • 229

뇌기능 화상법 • 135

ㄷ

다동증 • 94

다중비교(HSD) • 270, 271

다중회귀분석(강제투입법) • 351,
  353, 354, 360

단순주효과 • 213, 214, 252, 271

대뇌신피질 • 110

대승불교 • 21

도덕률 • 507, 508, 509, 510, 511,
  512, 524, 527, 528, 528, 529,
  531, 522, 534, 535, 536, 538

도덕법칙 · 481, 482, 485, 490,
　　493, 494, 495, 496, 500, 502,
　　528, 547, 550, 554, 557
도덕의무 · 490
도덕적 심정(Gesinning) · 491
도덕철학 · 6, 480, 506, 509, 510,
　　529, 530, 540, 541, 542
도리(道理) · 133
도피현상 · 180
독어(혼잣말) · 180
드라마투르기(dramaturgy) · 369,
　　393
디브리핑(debriefing) · 249, 268

ㄹ

라라에 퀴 · 53
로봇 연극 · 325, 328, 329
리처드 닉슨 · 50
리처드 와이즈먼 · 26

ㅁ

마틴 제이 · 148, 149
막스 라딘(Max Radin) · 425
말의 샐러드(Word salad) · 180
말참견 · 272, 276
망상성(猜疑性) 성격장애 · 65, 87,

112
맥락 일반화 정보 · 336
맹세(pledge) · 172, 173
맹자(孟子) · 137
메타분석 · 158, 283, 286, 287,
　　296, 297, 298, 303, 304, 333,
　　355
명법(命法) · 490, 493, 496, 557,
　　559
목적변수 · 351, 353, 354, 360
무저(無底)의 자유(meonic freedom)
　　· 514
뮌히하우젠 남작 · 180

ㅂ

반진실(Contre−vérité) · 151
발견법(heuristics) · 309, 339
발달장애 · 83, 84, 85, 91, 92, 93,
　　94, 95
발화휴지 · 258
번의(翻意) · 49
벤자민 콘스탄 · 482, 547
변연계 · 110, 111
보이스피싱 · 441
복장 규정(dress code) · 373
본회퍼 · 518, 519, 520, 522, 523,

524, 525, 526, 527, 534, 535, 536, 537, 538, 539, 543
분산분석 • 212, 213, 252, 270
분식결산 • 22
브라마차리(금욕) • 57
비언어행동 • 160, 267, 268
빅콘(BigCon) • 453, 454
빠끔살이 • 322

ㅅ

사뜨야(Sattya) • 57, 59, 60, 61
사실판단 • 362
사위(詐僞) • 441
사춘기 • 77, 78, 79, 82, 190, 191, 193, 198
사회규범 • 242, 527
사회심리 • 155, 156, 160, 161, 281
상담(counselling) • 378
상호동조 • 167, 168, 170, 175
생리심리학 • 158
서브리미널 광고(Subliminal stimuli) • 418
서사화(敍事化) • 325
선의지 • 100, 527
설명변수 • 351, 353, 534

성격장애 • 29, 30, 65, 87, 109, 111, 112, 113, 114, 115
성선설 • 137, 139, 140
성성(聖性) • 148, 149, 151
성악설 • 137, 139, 140
소꿉질 • 322
순자(荀子) • 137
승인욕구 • 32, 64, 67, 123
시보레 코르벳 • 417
시선혐오(gaze aversion) • 288
시셀라 보크 • 131, 142
신경과학 • 25, 109, 110
신성(神聖) • 399
신체 이디엄 • 371, 372, 393, 394
실증경제학 • 141
심리상담사 • 91
심리조작 • 418
심술(心術) • 531, 538

ㅇ

아동기 • 70, 71
아벨 • 20
아스테야(불도) • 57
아스퍼거 증후군 • 92, 116, 117
아우구스티누스 • 20, 130, 147
아파리그라하(불모) • 57

아힘사(비폭력) • 57

안톤 델브루크 • 111

알프레드 슈츠 • 167

야마(제계) • 57

양혀 • 21

어빙 고프만 • 365, 368

엄격주의 • 523, 547, 548, 549

에드워드 슈프랑거 • 399

에스노메소돌로지 • 164

에피메니데스의 역설 • 28

에피소드 • 169, 210, 211, 318, 319, 378, 379

역할파괴 • 375

연기(演技) • 313

연기성 성격장애 • 29, 65, 112, 113

연령사칭 • 22

오 헨리 • 102

요한복음 • 521

우월의지 • 399

위배실험 • 327

유아기 • 70, 198

윤리교육 • 331, 436

윤리위원회 • 132, 133

윤리학 • 6, 368, 421, 535, 555, 571

율법의 윤리 • 509, 512, 513, 515, 523, 527, 528

은닉정보검사법(Concealed Information Test) • 280

응석받이 • 229, 230, 231

의구심척도 • 305, 348

의태 • 112, 398

이기적인 거짓말 • 203, 204, 205, 209, 210, 214, 215, 218, 219, 220, 242, 243, 246, 253, 254, 283, 289, 397

이면성(二面性) • 349

이성신앙 • 533

이솝우화 • 23

이신론(理神論) • 537

이욕범(利慾犯) • 441

이타적인 거짓말 • 110, 203, 204, 205, 207, 209, 211, 213, 214, 215, 216, 217, 220, 243, 244, 246, 253, 254, 255, 289, 335

이화효과(異化效果) • 325

인격권 • 489

인도(人道) • 148

인상조작 • 259, 314, 315, 365, 370, 371, 374, 451

인자부하량 • 262, 347

인자분석 · 250, 262, 264, 305,
    347, 348, 349

인지편견 · 159

임마누엘 칸트 · 99

ㅈ

자기공개 · 226

자기공명영상법 · 135

사기긍정감 · 38, 79

자기방어 · 130, 178, 189, 367,
    405

자연법칙 · 493, 494, 495, 528,
    534, 564

자조철학 · 26

작위증 · 87, 111

작화 · 24, 179

저스틴 바리소 · 53

적응행동 · 181

전두엽 · 25, 110, 111, 139

전두전야 · 136, 137, 138, 139,
    140

정규분포 · 348

정미7조약(丁未七條約) · 441

정신과 의사 · 29, 91, 182

정신분열증 · 92, 111, 180

정신의학 · 7, 25

정언명법 · 101, 150, 493, 494,
    495, 500, 501, 502, 555, 556,
    559, 562, 568, 569

제시의례 · 373

조리(條理) · 133

조지 워싱턴 · 318

주관적 준칙 · 498, 500

주의력결핍 과잉행동장애(ADHD)
    · 83

중결정계수 · 353, 355

중우(衆愚) · 541

진리열광주의자(Wahrheitsfanatiker)
    · 520

진실편향(truth bias) · 339, 362

진위성 효과(veracity effect) · 159

ㅊ

초월론적 진리 · 151

최대우도추정법 · 347, 348

취업규칙 · 108

측좌핵 · 25, 140

ㅋ

카인 · 20

케네스 애로우 · 146

켄달 웰튼 · 322

코바코(KOBACO) • 416

쿠르트 괴델 • 146

크레타인 • 28, 146

클라리넷 • 189

ㅌ

타당도 척도(lie scale) • 221, 223

탈진실 • 152

텔레마케팅 • 446

토톨로지 • 322, 466, 467

퍼블리시티(홍보) • 421

ㅍ

편안한 삶(wellbeing) • 37

편취행위 • 442

평균값 • 213, 214, 219, 251, 269, 270, 271, 343, 346, 348, 356

폰지 • 474

폴리그래프(거짓말 탐지기) • 159

표준편차 • 213, 348, 356

프로맥스 회전 • 250, 262, 347, 349

프로파간다 • 29

피노키오 • 24, 318

피에르 부르듀 • 174

ㅎ

하이퍼 게임 • 442, 454, 456, 457, 459, 460, 463, 464, 465, 466, 468, 469, 470, 476

해리성 장애 • 93, 111

허구세계 • 320, 322, 325

허언증 • 118

허위성 장애 • 29, 87, 111, 112

허위지각 • 279, 283, 290, 302, 303, 304, 306, 307, 309, 341, 342, 349, 353, 354, 355, 356, 358, 360

허위탐지 • 159, 279, 280, 282, 283, 295, 298

현상인(現象人) • 502

현자(賢者) • 132, 133

확증편향 • 159

회피의례 • 373

후안무치(厚顔無恥) • 525

흉내놀이 • 319, 320, 321, 322

히스테리 • 179

참고문헌

* 이 책을 집필하면서 참고하고 인용한 문헌은 아래와 같습니다.

제1부

1장

▶ 조은경, "거짓말의 특징과 탐지," 한국심리학회 한국심리학회지: 일반 21(2), (2002.1), pp.33-65.

▶ 渋谷園枝・渋谷昌三, "嘘の発生とその展開," 山梨医大紀要 第13巻, (1996), pp.41-48.

▶ Blanton, B., "Radical Honesty: How to Transform Your Life by Telling the Truth," Stanley, Virginia: Sparrowhawk Publications (2005).

▶ Erat, S., and U. Gneezy, "White Lies," Management Science Vol.58(4) (2012), pp.723-733.

2장

▶ 강현경・박영신, "학령전기 아동의 연령, 성별, 의도적 통제에 따른 친사회적 거짓말의 차이," 한국심리학회 한국심리학회지: 발달 27(1), (2014.1), pp.1-18.

▶ 송미리・송현주, "거짓말과 참말 이해에 대한 상황적 요인의 영향: 4세 아동의 자료," 한국심리학회 한국심리학회지: 발달 27(2), (2014.1), 97-

112면.

▶ 송미리 · 송현주, "착한 거짓말과 나쁜 참말? 5-6세 아동의 상황에 따른 거짓말과 참말 이해," 한국심리학회 한국심리학회지: 발달 27(1), (2014.1), pp.55-71.

▶ 홍순희, "어린이와 거짓말," [엄마의 심리학] 새가정사 새가정 4(3), (1957.3), pp.24-26.

▶ 村井潤一郎(編著), 『嘘の心理学』ナカニシヤ出版 (2013).

▶ Ekman, P., & Friesen, W. V., "Unmasking the Face: A Guide to Recognizing Emotions from Facial Clues," New Jersey: Prentice-Hall (1975).

▶ Ekman, P., "Telling Lies: Clues to Deceit in the Marketplace, Politics, and Marriage," New York: W. W. Norton & Company (1985).

▶ Frank, M., & Ekman, P., "The Ability to Detect Deceit Generalizes Across Different Type of High-Stake Lies," Journal of Personality and Social Psychology Vol.72, (1997), pp.1429-1439.

▶ Granhag, P. A., Vrij, A. & Verschuere, B., "Detecting Deception: Current Challenges and Cognitive Approaches," Chichester, UK: John Wiley & Sons (2015).

▶ Greene, J. D., Paxton, J. M., "Patterns of Neural Activity Associated with Honest and Dishonest Moral Decisions," Proceedings of the National Academy of Sciences of the United States of America Vol.106, (2009), pp.12506-12511.

3장

▶ 권은영 · 이현진, "한국 아동의 거짓말 유형에 대한 이해, 도덕적 판단,

정서반응의 발달," 한국심리학회 한국심리학회지: 발달 25(1), (2012.1), pp.117-133.

▶ 이재정, "정치인과 거짓말: 그들은 왜 거짓말을 하는가?," 서울대학교 사회과학연구원 한국정치연구 23(3), (2014.1), pp.1-28.

▶ 阿部修士・藤井俊勝, "嘘をつく脳," 苧阪直行(編), 『社会脳科学の展望: 脳から社会をみる(社会脳シリーズ1)』, 新曜社 (2012), pp.35-61.

▶ DePaulo, B. M., & Kashy, D. A. "Everyday Lies in Close and Casual Relationships," Journal of Personality and Social Psychology Vol.74, (1998), pp.63-79.

▶ DePaulo, B. M., Lindsay, J. J., Malone, B. E., Muhlenbruck, L., Charlton, K., & Cooper, H., "Cues to Deception," Psychological Bulletin Vol.129, (2003), pp.74-118.

4장

▶ 구재선・김혜리・양혜영・김경미・정명숙・이수미・최현옥, "중학생의 마음이해 능력과 사회적 상호작용," 한국심리학회 한국심리학회지: 사회 및 성격 22(2), (2008.1), pp.17-33.

▶ 정호진・최 훈, "거짓말은 손가락도 멈추게 한다," 한국심리학회 한국심리학회지: 법 13(3), (2022.11), pp.169-184.

▶ 진경선・황지현・송현주, "내집단을 보호하기 위한 거짓말인 파란 거짓말에 대한 아동의 도덕적 평가," 한국심리학회 한국심리학회지: 발달 32(1), (2019.1), pp.87-104.

▶ 阿部修士・藤井俊勝, "嘘の脳内メカニズム: 脳機能画像研究を中心に," 箱田裕司・仁平義明(編), 『嘘とだましの心理学: 戦略的なだましからあたたかい嘘まで』, 有斐閣 (2006), pp.231-257.

▶ Buller, D. B., & Burgoon, J. K., "Interpersonal Deception Theory,"

Communication Theory Vol.3, (1996), pp.203-242.

▶ DePaulo, B. M., Morris, W. L., & Sternglanz, R. W., "When the Truth Hurts: Deception in the Nature of Kindness," in A. Vangelisti (ed.), Feeling Hurt in Close Relationships, New York, NY: Cambridge University Press (2009), pp.167-190.

▶ Gigerenzer, G., "Gut Feelings: The Intelligence of the Unconscious," New York, NY: Viking (2007).

▶ Riggio, R. E., "Assessment of Basic Social Skills," Journal of Personality and Social Psychology Vol.51, (1986), pp.649-660.

▶ Vrij, A., Akehurst, L., & Morris, P., "Individual Differences in Hand Movements During Deception," Journal of nonverbal behavior Vol.21, (1997), pp.87-102.

5장

▶ 김윤 · 송현주, "만3, 4세 아동들의 거짓말 이해와 사실추론 능력," 한국심리학회 한국심리학회지: 발달 23(3), (2010.1), pp.71-87.

▶ 이재웅 · 조은경 · 지정우 · 박판규, "진술분석을 통한 거짓탐지 연구: SCAN과 폴리그라프 검사 결과의 비교," 한국범죄심리학회 한국범죄심리연구 6(3), (2010.1), pp.241-268.

▶ 岩崎和美, "対人信頼感におけるパーソナリティの影響について－原子価論に基づく実証的研究," 奈良大学大学院研究年報 15, (2010), pp.57-68.

▶ 倉澤寿之, "嘘の知覚における初期疑惑の成立について," 白梅学園短期大学紀要 31, (1995), pp.143-151.

▶ Fiske, S. T., & Taylor, S. E., "Social Cognition: From Brains to Culture," Boston, MA: McGraw-Hill (2008).

▶ Lakhani, M., & Taylor, R., "Beliefs about the Cues to Deception in High- and Low-Stake Situations," Psychology, Crime & Law Vol.9, (2003), pp.357-368.

▶ Riggio, R. E., Tucker, J., & Throckmorton, B., "Social Skills and Deception Ability," Personality and Social Psychology Bulletin Vol.13, (1987), pp.568-577.

▶ Sissela Bok, "Lying: Moral Choice in Public and Private Life," New York: Vintage Books (1978).

제2부

1장

▶ 강신욱 · 정정주, "Patterns of Perceived Cues in Detecting Deception," 한국주관성연구학회 Journal of Human Subjectivity 10(2), (2012.1), pp.49-64.

▶ 이혜수 · 김재홍 · 오영록 · 이장한, "거짓진술 행동에서 나타나는 정서적 각성 및 인지적 부하," 한국심리학회 한국심리학회지: 사회 및 성격 29(4), (2015.1), pp.85-101.

▶ 전우병 · 김시업, "이해득실 상황에 따른 거짓말의 주관적 지표-대학생, 교도관, 범죄자들을 대상으로," 한국심리학회 한국심리학회지: 문화 및 사회문제 11(4), (2005.1), pp.1-26.

▶ 조은경 · 이미선 · 김재홍, "거짓말의 특징에 대한 신념-경찰관과 대학생을 중심으로," 한국심리학회 한국심리학회지: 사회 및 성격 19(1), (2005.1), pp.185-198.

▶ 古屋健, "対人影響過程における自己虚言行動に及ぼす個人特性の効果," 早稲田大学 社会心理学研究 第6巻 第3号, 1991年, pp.165-174.

▶ 渋谷昌三 · 渋谷園枝, "対人関係におけるdeception(嘘)," 山梨医大紀

要 第10卷 (1993), pp.57－68.

▶ 大坊郁夫・瀧本誓, "対人コミュニケーションに見られる欺瞞の特徴," 実験社会心理学研究 32, (1992), pp.1－14.

▶ Bond, C. F. Jr., Levine, T. R. & Hartwig, M., "New Findings in Non-Verbal Lie Detection," In P. A. Granhag, A. Vrij & B. Vershuere (eds.) Detecting deception: Current Challenges and Cognitive Approaches, Chichester, UK: John Wiley & Sons (2015).

2장

▶ 김수진 · 이장한, "거짓 진술의 인지부하가 안구 움직임에 미치는 영향," 한국심리학회 한국심리학회지: 사회 및 성격 27(2), (2013.1), pp.37－49.

▶ 육보람 · 현명호 · 홍현기, "Eye Tracker를 활용한 숨김정보 검사의 효용성 연구," 한국심리학회 한국심리학회지: 건강 20(1), (2015.1), pp.53－67.

▶ 이연실 · 이상현 · 방철 · 최훈 · 김석찬 · 이장한, "안구운동 추적장비를 통한 거짓말자의 동공크기 및 안구운동 연구," 한국심리학회 한국심리학회지: 사회 및 성격 30(2), (2016.1), pp.63－76.

▶ 함진선 · 정재영 · 이장한, "인지부하와 베타 주파수 분석을 이용한 거짓말 탐지," 한국심리학회 한국심리학회지: 사회 및 성격 25(1), (2011.1), pp.43－56.

▶ Hartwig, M., & Bond, C. F., Jr., "Why do Lie-Catchers Fail? A Lens Model Meta-Analysis of Human Lie Judgments," Psychological Bulletin Vol.137, (2011), pp.643－659.

▶ Marksteiner, T., Reinhard, M. A., Dickhäuser, O., & Sporer, S. L., "How do Teachers Perceive Cheating Students? Beliefs about

Cues to Deception and Detection Accuracy in the Educational Field," European Journal of Psychology of Education Vol.27, (2012), pp.329-350.

▶ Park, H. S., Levine, T. R., McCornack, S. A., Morrison, K., & Ferrara, M., "How People Really Detect Lies," Communication Monographs Vol.69, (2002), pp.144-157.

▶ Strömwall, L. A., & Granhag, P. A., "How to Detect Deception? Arresting the Beliefs of Police Officers, Prosecutors, and Judges. Psychology, Crime & Law Vol.9, (2003), pp.19-36.

3장

▶ 김시업 · 전우병, "남녀 대학생들이 거짓말시 나타내는 비언어적 행동단서의 차이," 한국심리학회 한국심리학회지: 사회 및 성격 20(2), (2006.1), pp.57-72.

▶ 김시업 · 전우병, "용의자의 거짓말 탐지를 위한 비언어적 단서탐색," 한국심리학회 한국심리학회지: 사회 및 성격 19(1), (2005.1), pp.151-162.

▶ 박희정 · 홍우한, "거짓말 탐지 상황에서 객관적 자기인식이 용의자의 심리상태에 미치는 영향," 한국심리학회 한국심리학회지: 사회 및 성격 30(1), (2016.1), pp.115-130.

▶ 장수경, "우아한 거짓말에 나타난 1인칭 시점과 다중시점의 서술전략과 욕망," 한국문예창작학회 한국문예창작 15(2), (2016.1), pp.145-177.

▶ 朴 喜静 · 大坊郁夫, "欺瞞時に生じる感情が非言語行動の変化に及ぼす影響-顔面表情に着目して," 電子情報通信学会 技術研究報告 111(464), (2011), pp.35-40.

▶ Bogaard, G., Meijer, E., Vrij, A., & Merckelbach, H., "Strong but

Wrong: Beliefs about Verbal and Non-Verbal Cues to Deception," PLoS One Vol.11, (2016), e0156615.

▶ Harrington, B., "Responding to Deception: The Case of Fraud in Financial Markets," B. Harrington ed., Deception: From Ancient Empires to Internet, Stanford: Stanford University Press, (2009), pp.237-53.

▶ Heejung Park and Ikuo Daibo, "Effect of Individual Traits on Changes in Nonverbal Behaviors When Lying," Japanese Journal of Applied Psychology Vol.39, No.3, (2014), pp.215-224.

▶ Taylor, R., & Hick, R. F., "Believed Cues to Deception: Judgments in Self-Generated Trivial and Serious Situations," Legal and Criminological Psychology Vol.12, (2007), pp.321-331.

4장

▶ 김호덕·심귀보, "fMRI와 TRS와 EEG를 이용한 뇌파분석을 통한 사람의 감정인식," 한국지능시스템학회 학술발표 논문집 17(2), (2007.11), pp.7-10.

▶ 滝口雄太, "日常生活における嘘の知覚に関する基礎研究," 東洋大学大学院紀要 第56巻, (2020), pp.73-95.

▶ 村井潤一郎, "青年の日常生活における欺瞞," 性格心理学研究 9, (2020), pp.56-57.

▶ 太幡直也, "嘘をつくことに対する認識尺度の作成," 心理学研究 91, (2020), pp.34-43.

▶ DePaulo, B. M., Kashy, D. A., Kirkendol, S. E., Wyer, M. M., & Epstein, J. A., "Lying in Everyday Life," Journal of Personality and Social Psychology Vol.70, (1996), pp.979-995.

Peck, M. Scott, "People of the Lie," Simon & Schuster, (1983).

5장

▶ 임은숙, "사회심리학적으로 살펴본 '거짓말' '거짓 증언'의 문제," 신학과 사상학회 Catholic Theology and Thought 38, (2001.12), pp.71-85.

▶ 足立京一, "嘘をつく人と臨される人のパーソナリテイに関する研究," 大阪信愛女学院短期大学紀要 第43集 (2009), pp.9-20.

▶ Abe, N., Greene. J.D., "Response to Anticipated Reward in the Nucleus Accumbens Predicts Behavior in an Independent Test of Honesty," Journal of Neuroscience Vol.34, (2014), pp.10564-10572.

▶ Cole, T., "Lying to the One You Love: The Use of Deception in Romantic Relationships," Journal of Social and Personal Relationships Vol.18, (2001), pp.107-129.

▶ Ekman, P. & Friesen, W. V., "Detecting Deception from the Body or Face," Journal of Personality and Social Psychology Vol.29, (1974), pp.288-298.

▶ Levine, T. R., & McCornack, S. A., "The Dark Side of Trust: Conceptualizing and Measuring Types of Communication Suspicion," Communication Quarterly Vol.39, (1991), pp.325-340.

제3부

1장

▶ 최윤형·변혜민, "그대 말을 철석같이 믿었었는데···거짓말, 거짓말, 거짓말": 무첨가 표기 식품광고와 개인변인이 제품태도 및 행동의도에 미치는 영향," 한국광고홍보학회 한국광고홍보학보 19(2), (2017.4),

pp.300-331.

▶ 国分峰樹, "広告の嘘に対する倫理的責任についての一考察," (株)電通 2006年8月, 広杵科学 第47集 (2006), pp.49-66.

▶ DeGeorge, Richard T., "Business Ethics," Macmillan Publishing, (1989).

2장

▶ 김고은 · 이상현 · 김재홍 · 최훈 · 방철 · 이장한, "거짓말 탐지상황에서 나타나는 용의자의 심리특성 연구," 한국심리학회 한국심리학회지: 사회 및 성격 27(3), (2013.1), pp.75-86.

▶ 小田中悠, "なぜ詐欺は成功するのか: ハイパーゲームによる分析," 慶応義塾大学大学院社会学研究科紀要: 社会学心理学教育学 人間と社会の探究 No.83 (2017.), p.15-34.

▶ 荻野昌弘, "詐欺の社会学序説," 社会学部紀要 第84号, (Feb. 2000), pp.137-143.

▶ Ekman, P. & Friesen, W. V., "Nonverbal Leakage and Clues to Deception," Psychiatry Vol.32, (1969), pp.88-106.

▶ Harrington, B., "The Sociology of Financial Fraud," K. K. Cetina & A. Preda eds. The Oxford Handbook of The Sociology of Finance, Oxford: Oxford University Press, (2012), pp.393-410.

3장

▶ 문성학, "칸트와 거짓말," 대한철학회 철학연구 53, (1994.11), pp.169-202.

▶ 이두연, "칸트 윤리학에서 거짓말의 문제," 새한철학회 철학논총 117, (2024.7), pp.165-183.

▶ 高橋 進, "人間愛からならば嘘をついてもよいか―カント道徳哲学の普遍化可能性の検討," 日本女子体育大学 日本女子体育大学紀要 35 (2005), pp.27-35.

▶ Levine, E. E., and M. E. Schweitzer, "Are Liars Ethical? On the Tension between Benevolence and Honesty," Journal of Experimental Social Psychology Vol.53, (2014), pp.107-117.

4장

▶ 맹주만, "덕과 규칙, 그리고 거짓말," 중앙대학교 중앙철학연구소 철학탐구 47, (2017.8), pp.25-55.

▶ 佐藤全弘, "嘘について(再説): カントに対する二つの批評," 大阪市立大学文学会人文研究 (1965年 發行), 第16卷 第11号, (2020), pp.920-942.

5장

▶ 강병호, "칸트의 거짓말 논문: 칸트의 실수로부터 배울 수 있는 것," 한국철학회 철학 124, (2015.8), pp.27-48.

▶ 上山愛子, "カントの『道德形市上学の基礎づけ』における嘘の約束," 実践哲学研究 34, 京都倫理学会 Dec-2011, (2020), pp.1-27.